国家出版基金项目
NATIONAL PUBLICATION FOUNDATION

■ 2015年度国家社会科学基金重大项目——中国西南少数民族传统村落的保护与利用研究

中国西南少数民族村落的保护与发展
保护研究系列

孙华　主编

侗族村寨保护概说

——贵州『黎从榕』、广西三江和湖南通道的侗寨

赵雅婧　陈筱　孙华
著

巴蜀书社

图书在版编目（CIP）数据

侗族村寨保护概说：贵州“黎从榕”、广西三江和湖南通道的侗寨 / 赵雅婧，陈筱，孙华著. -- 成都：巴蜀书社，2021.12

ISBN 978-7-5531-1638-9

Ⅰ. ①侗… Ⅱ. ①赵… ②陈… ③孙… Ⅲ. ①侗族—村落文化—保护—概况—中国 Ⅳ. ①K287.2

中国版本图书馆CIP数据核字（2021）第279249号

侗族村寨保护概说：贵州“黎从榕”、广西三江和湖南通道的侗寨

DONGZU CUNZHAI BAOHU GAISHUO：GUIZHOU“LICONGRONG”、GUANGXI SANJIANG HE HUNAN TONGDAO DE DONGZHAI

孙华 主编　　赵雅婧　陈筱　孙华 著

出品人	林　建
总编辑	侯安国
责任编辑	黄凤娇　马　兰
出　版	巴蜀书社 成都市槐树街2号　邮编：610031 总编室电话：（028）86259397
网　址	www.bsbook.com
发　行	巴蜀书社 发行科电话：（028）86259422　86259423
经　销	新华书店
印　刷	成都东江印务有限公司
版　次	2021年12月第1版
印　次	2021年12月第1次印刷
成品尺寸	210mm×285mm
印　张	17
字　数	320千字
书　号	ISBN 978-7-5531-1638-9
定　价	340.00元

ISBN 978-7-5531-1638-9

9 787553 116389 >

保护民族村寨，促进社会发展（代前言）

孙 华

（北京大学文化遗产保护研究中心）

中国的西南地区包括了四川盆地、云贵高原和青藏高原三大地理单元。这里是世界的屋脊，是中国长江、黄河和珠江三大河流发源的地方，是贯穿中国的半月形文化传播带经过的地方。西南地区的腹地，也就是青藏高原东麓地区（包括藏东南、川西高原和滇西高原），被称作中国西南山地热点地区。该地区东为海拔很低的四川盆地，西邻高耸的青藏高原，从海拔几百米的河谷到六七千米的山脉交替出现。复杂的地理环境和气候条件造就了这里独特的生物多样性、民族多样性和文化多样性。这里是中国民族最集中的地区，又是中国交通最困难的区域，许多民族还保留着东部发达地区早已经遗失了的行为方式、生活习惯、聚落形态、宗教礼仪和生产工艺，蕴含着极其丰富的民族文化信息，是进行民族学、人类学和民族考古研究最理想的区域。该地区少数民族聚居的村寨则成为所有这些历史和文化信息集中的一个个资料库，有待于我们去开启和利用。在现代化和城市化飞速发展的中国，许多西南边远地区的闭塞状况已经明显改善，村寨的文化景观也已经发生或正在发生悄然的变化。这些，更需要我们文化遗产保护研究的从业人员去迎接挑战，在当地人们生活水准提高的同时，努力保护好这份宝贵的遗产资源。

西南地区山高林密，交通困难，古代的统一事业相对进行得较为缓慢。直到今天，西南地区还生活着中国族类最多的少数民族，散布着星罗棋布的不同民族的村寨。这些村寨所在地区相对封闭，经济也发展缓慢，文化的演进还基本上沿袭着其千百年来形成的自然节奏，不像中国东部和中部地区那样，乡村文化景观已经发生了很大的变化。由于西南少数民族所在的自然环境差异很大，社会发展水平参差不齐，文化习俗异彩纷呈，其乡村文化景观也有着显著的不同。这种不同，最集中地体现在其民族居住的村寨内。丰富多彩的少数民族村寨蕴涵着居住在其中的人们的大量社会、历史、文化和艺术要素，对我们认识中国多元一体的民族结构，研究这些少数民族的社会历史，丰富和发展人类的文化艺术，促进当地社会的可持续和谐发展，有着重要的价值。这些价值具体体现在以下三个方面。

首先，西南少数民族村寨是中国大多数少数民族丰富多彩的传统文化的集中保存地，是世界多元文化的重要组成部分。西南地区是中国南北向的文化传播带和东西向的文化传播带经过的地方，云南高原地区更是这两条文化传播带交叉的地方。前一条南北向的路线被称为“半月形文化传播带”或“藏羌（彝）走廊”，是中国北方及西北地区的古代族群南下的主要通道。考古学的证据表明，从新石器时代的仰韶文化时期起，北方的居民就沿着这条通道不断南下。后一条东西向的路线，也是古代族群迁徙的重要通道，这些族群沿着从云贵高原发源或流经的多条大河（如长江的支流沅水和乌江，珠江的上游南、北盘江，元江／红河的上游礼社江），或从云贵高原东下至长江中游、珠江口甚至红河下游地区；或从中下游地区逆流而上，进入到贵州高原甚至云南东南部地区。正是这两大文化传播带和族群迁徙通道的存在，造就了西南地区，尤其是云贵高原地区民族和文化的多样性和复杂性。中国现有 56 个民族，西南地区就集中了汉、壮、回、苗、土家、彝、藏、布依、侗、瑶、白、哈尼、傣、傈僳、仡佬、拉祜、水、佤、纳西、羌、仫佬、景颇、毛南、布朗、阿昌、普米、怒、京、基诺、德昂、门巴、独龙、珞巴等民族，占我国已识别民族总数的三分之二；此外，中国绝大多数未识别民族，也都分布在西南地区。这些民族基本上是以农业为主要经济形态的定居民族，由于各村落的历史形成不同、文化渊源各异，因而形成了种类众多、风格多样、习俗也千差万别的村落乡村文化景观。无论是文化的多样性还是村落形态的多样性，在西南地区都得到最充分最集中的体现。

其次，西南少数民族村寨是人类发展历史的实物证据。严格意义上的历史时期，是指有文字记录的时期，这个时期在中心地区开始于商代晚期的殷墟时期，但西南地区则比较晚，且各区域进入历史时期的年代不尽相同。在云贵高原的古夜郎道沿线，历史时期开始于西汉中期；在西藏地区，历史时期始于吐蕃时代；而在其他地区，有文字记载的历史开始更晚。而这种狭义历史时期的西南地区历史，文献的记载都是西南地区古代族群的人们与中心地区的人们发生了重要接触行为时的记录，如汉武帝通西南夷、蜀汉诸葛亮平南中、唐与吐蕃调整关系、南诏侵益州及交州、忽必烈灭大理、明太祖时的平云贵、明万历时的平播州、清雍正时的改土归流、清乾隆时的大小金川之役，等等。除了这些重大历史事件以外，文献记载中关于西南少数民族地区的记载并不多。我们要认识这个地区的历史，其史料来源除了文献记载外，早期的主要是考古材料，晚期的则主要是蕴含在村落中的民族志资料。回顾历史可以知道，一个古族自从其共同的生活区域基本稳定以后，如果没有积累的内部冲突或外界干扰，其聚居的村落有的会一直延续下来（当然随着人口的繁衍等原因也不断会有新的村落建立）。云南云龙县白族的诺邓村，由于这里很早就发现有盐卤涌出，白族先民很早就在这里定居，唐代樊绰《云南志》中就已经有了“诺邓”之名，该村的形成肯定在唐代甚至更早的时代，是一个千年村名不改、聚落不迁的具有深厚文化积淀的传统村落。现代西南每个民族的村落中都蕴含着丰富的历史信息，通过这些信息，我们可以知道许多考古材料和历史文献所没有的古族历史的细节，从而为研究西南民族史做出贡献。除此以外，西南少数民族村落还能提供中国东部地区发展历史的重要参考材料。由于社会发展的地域性不平衡，我国东部地区许多历史上曾经有过的东西都已经消失了。“礼失而求诸野”，在中国西南民族村落中，就保存了许多中国中心地区曾经有过但现在已经消失的文化现象。研究西南民族村落的现在，很可能有助于了解我们的古代。

最后，西南少数民族村寨是西南地区社会发展的重要资源。西南地区各个不同的地域，是世世代代生息在这些地方人们的心灵家园。这里集中保存着他们祖辈的业绩，有他们世代相承的生存智慧、生活方式和文化传统。由于现代社会发展十分迅猛，特别是在现代化、全球化和城乡一体化的浪潮中，原先生活在相对封闭、节奏缓慢、发展滞后的西南少数民族村寨的人们，在使人眼花缭乱的外来信息的冲击下，自然会产生种种不适应，不仅对外界也对自身产生种种困惑，从而就会希望在自己的家园获得一些慰藉。如果说外来文化的冲击，使得西南少数民族村寨的传统发生某种程度的中断，当地村民持续而稳定的生活变得不那么具有连续性，是催生西南少数民族地区人们乡愁的纵向因素的话，那么，当今西南地区许多少数民族村寨的年轻一代离开世居的村寨到城市务工，置身于一个完全不同于传统乡村的现代城市中，这种空间距离和文化差距就是生成这些外出村民乡愁的横向因素。这样，作为家园的传统村寨就成为包括少数民族在内的现代人们用以寻求自我的心灵平衡、重新找到精神归属感的自我防御机制的重要“文化空间”。除此以外，中国西南地区山峦起伏，森林广布，自然景观随地区和地形而变化，既有云遮雾罩、山重水复的高原山地，又有天高气爽、环山嵌湖的高原平坝，还有白云蓝天、绿草如茵的高海拔草原，多样的自然环境加上多样的文化传统，造就了丰富多彩的建筑类型和建筑风格，形成了文化景观迥然不同的村落风格。优美的环境，奇特的建筑，再加上位于外地人很少去的偏远地区，西南少数民族村寨受到了国内外公众的普遍喜爱。早在20世纪前半期，俄国人顾彼得（Peter Goullart）就这样深情地写道：“我很早就梦想找到并生活在一个被大山与世隔绝的美丽的地方，也就是若干年后詹姆斯·希尔顿在他的小说《失去的地平线》中描写的‘香格里拉’。小说的主人公意外发现了他的‘香格里拉’。而我在丽江，凭我执着的追求寻觅，找到了我的‘香格里拉’。”前些年，《中国国家地理》曾发起过评选中国最美村落的活动，高居榜首的不是江浙水乡村落，不是皖南徽州村落，而是四川丹巴县甲居嘉绒藏寨，就说明了这个问题。西南少数民族村寨因而也就成了一种重要的旅游资源，成为促进当地经济、文化和社会发展的一个重要因素。

不过，也正是由于现代化、城市化、全球化的冲击，西南少数民族村寨才与中国其他地方的传统村落一样，几乎所有村寨都有了电灯照明、电话通信和电视信号接收。一条条公路、一根根电线和一道道电波正在将乡村与城镇连接起来，与世界其他地方联系起来，乡村也不可避免地要被卷入全球化的浪潮。即使在最偏僻的一些村寨，外来的观念、外来的文化和外来的设施都已经进入这些村民的头脑中、行为中和日常生活中。这种跨越自然区隔的道路建设和信息管道的建立，使得原先相对被“隔离”的乡村变得不那么封闭了，乡村的生态环境发生了变化。这种变化也必然导致乡村的许多方面向城镇靠拢，从而使乡村文化景观发生变异。这种变化的表象之一，就是许多民族村寨的人们受到城市和工厂的吸引，年轻人大多外出务工，村内剩下的大都是老人、孩子或中年以上妇女，失去了最有活力的青年群体，原先兴旺的村寨已经衰落和破败，村落面临着严重的空心化、老龄化、城郊化等问题。并且随着乡村经济走向多元化，西南地区许多村寨的家庭都有了兼业（副业），由于各家兼业种类和规模的不同，各个家庭的收入也有较大的差异，整个乡村社区的结构已趋向复杂。根据文化人类学或考古学的理论，越是复杂的事物，越容易发生变异。西南少数民族村寨的乡村文化景观，加快其原先基本稳定的发展演变节奏，已成为一个不可避免的现象。

在现当代全国统一的土地制度、行政制度和管理模式下，在当下城市化、城乡一体化和现代化的冲击下，西南地区少数民族村寨面临的问题与中国所有传统村落基本相同，主要体现在这样四个方面：一是普遍失去了传统的自下而上的自组织能力，自上而下的全国统一的他组织行为代替了具有个性化的自组织行为，传统文化多样性生成的土壤已经不复存在；二是伴随着现代化和城市化进程的迅速推进，村民大量涌向城镇，原先的基层政权对乡村的管控能力降低，导致村寨内部凝聚力下降甚至丧失；三是传统乡村与城镇的生产关系发生逆转，新的城乡关系导致多数西南少数民族村寨日益破败，城乡间的贫富差距进一步增大；四是开始于贵州湄潭县，进而在全国实施的农村土地的“两权分离”和“长久不变”，使得包括西南少数民族村寨在内的土地权属固化，无论是改善村民的居住用房和人居环境，还是试图致力于村寨的规模化产业的发展，都变得非常困难。除了这些问题，我们在相当长一段时期内，强化了城镇与乡村的差别。农村户口的人们一旦因读书、招工、参军等因素获得了城市户口后，就失去了再回到农村的可能性。他们退休后不能在故乡买房建房，为乡村建设发挥作用，只能在城市买房安度晚年，将积累的财富和资源留在城市。这与过去乡绅阶层不少是从城市退休返乡、将在城市赚取的财富和资源带回乡村的情况截然相反。而在不断推进城市化的今天，乡村的人们不再被一亩三分地束缚，他们大量在城市务工，不少人将挣得的工资储存起来在城镇买房，人才资源和资金资源不断从乡村被带到城市，而城市的人才资源和资金资源却很少进入农村。这些因素，导致城市与农村的差距加大，农村不免日益贫困化和边缘化。

中国西南少数民族村寨既然有重要的文化价值和社会价值，现在它们的存在状态和发展趋势又面临着许多问题，这就需要我们尽快选取保护对象，寻找保护对策并采取相应的行动，使这些承载着丰富文化信息的传统村寨能够更长久地保存和延续。

中国西南地区幅员辽阔，基本保持着传统风貌的村寨数量很多，有些位于高山陡坡、交通不便、存在地质灾害、不利于村民生产生活的村寨，当然只能采取拆村搬迁、合村并寨等方式进行处理；那些靠近城镇、已经或即将纳入城镇建设区的村寨，那些位于交通要道沿线、传统风貌正在迅速变异的村寨，已经无法也没有必要再采取保护行动。西南少数民族地区村寨数量众多，许多村寨都具有相近的自然环境和村寨建筑，如何在每个少数民族的众多村寨中选取具有典型性和代表性的村寨，这是保护好西南民族村寨的首要问题。中国是一个文明古国，又是资源相对缺乏的人口大国，遗产保护与民众生计的矛盾比许多国家都尖锐。即使是那些已经成为历史陈迹的古代遗址，保护起来仍然存在着保护性用地与乡村耕地和宅基地之间的矛盾冲突，更何况乡村文化景观这样的动态遗产。因此，在制定西南少数民族村寨的保护规划之前，先要对这些地区的村寨进行全面调查，基本掌握现有村寨的相关信息，才能进行一个民族或一个自然地理单元的各村寨的价值比较，才能从中选择出不同价值层面的村寨，并将其列入不同的保护层级，才能确定保护的范围、资源的取舍和发展的方向。

生活在中国西南山地的各民族，由于其村寨散布在交通不便的山区，被文化遗产学界了解情况的村寨只占其中一部分（这些村寨主要沿公路分布并距离城镇不是很远），还有许多村寨有待于重新调查和认识。到目前为止，我们已有的少数民族调查报告，注重的是人而非物，其公布的信息还不足以使遗产保护和管理者认知其价值。以苗族为例，早在20世纪50年代前，就已经涌现出了被誉为“苗学研究的三座里程碑”的三部苗族调查报告；20世纪50年代后，国家组织社会学家、民族学家和历史学家也开展了大量苗族社会历史调查工作，其调查成果除了“中国少数民族社会历史调查资料丛刊”中的苗族部分外，西南诸省区还分别编写了不少苗族的调查报告，贵州省民族研究所组织编写的“六山六水民族综合调查”就是其中之一。这些原始调查报告当然很珍贵，却存在一些缺憾。缺憾之一就是这些调查要么是区域民族调查，其调查范围主要是以州、县、乡为单位，很少能够具体到自然村寨这样基层的聚落单位；要么是某些专家进行的以某民族某一文化要素为对象的专题调查，缺少一个典型村寨全部结构要素的综合资料。因此，以自然村落为考察单位，首先进行各地区各民族的村寨调查，从中选取典型的村寨编写出版系列的“中国西南少数民族村落内容总录”，是开展该地区传统村落保护的前期工作。在此基础上，就可以通过村寨价值的比较评估，首先筛选出可以推荐列入省市级保护的相关村寨，然后再选出可以推荐列入全国重点文物保护单位和国家级历史文化名村的村寨，最后将价值最高、特征最典型的村寨推荐列入《中国世界文化遗产预备名单》及《世界遗产名录》，从而真正做到分级实施保护。

正是考虑到中国西南地区少数民族村寨的重要价值和面临的问题，北京大学文化遗产保护研究中心和贵州省文物局达成共识：少数民族村寨是中国西南地区文化遗产最重要的组成部分，这些村寨正面临着迅速改变和消失的威胁，亟须采取有计划的保护行动。由于西南地区自然条件复杂，民族成分多样，聚落形态千差万别，在开始保护行动之前，首先需要对西南地区不同民族、不同区域、不同社群的村寨进行系统的调查，在充分了解这些村寨基本情况和存在问题，以及深入思考这些村寨特点的基础上，通过对比分析这些村寨的文化面貌和价值分级，选取亟须采取保护行动的村寨群落和村寨个体，然后编制与乡村发展相结合的保护规划，采取恰当且适度的保护性干预行动。为此，我们在 2007 年开始了中国西南地区少数民族村寨调查的号召和动员，并于 2008 年起首先从贵州黔东南苗族侗族自治州的苗族村寨和侗族村寨开始，展开了少数民族村寨基本情况的调查。

从 2008 年到 2014 年，我们调查的范围从贵州黔东南州延伸到了邻近的湖南通道县和绥宁县、广西三江侗族自治县，其间还对云南大理白族自治州剑川县的白族村落、四川甘孜藏族自治州丹巴县的嘉绒藏族村落进行了调查。参加调查的人员主要是高等院校的师生，其中有以院系、研究所或研究中心名义组织的海峡两岸高校和科研单位人员，包括北京大学、同济大学、中央民族大学、四川大学、广西师范大学、台南艺术大学、贵州省文物保护研究中心、成都市博物院等，还有多所高校的本科生和研究生个人自愿报名参加了调查。这些调查都是利用每年的暑期进行。七年间参加调查的人员数量，即使不计当地文物部门派遣的干部和当地参加调查的大学生，其数量也达到了 309 人次（其中有的师生多次参加，人员名单附后）。在此行动中，既有白发苍苍的老教师，如台湾清华大学的徐统、台南艺术大学的陈国宁教授，也有刚刚在大学修完“文化遗产概论课”参加实习的大学低年级学生，但主力则是来自历史学、考古学、社会学、民族学、建筑学、城乡规划学、博物馆学的大学毕业生和研究生。这些师生冒着酷暑，在西南偏僻的山村进行田野调查，先后调查了苗族、侗族、藏族、白族的村寨超过五十个，另对与少数民族村寨相关的贵州锦屏县隆里古镇、四川宝兴县曹家村进行了调研，撰写了这些村寨的调查简报。有了对这些村寨地理环境与资源、传说与历史、基本构成单元、内部与外部结构、人群与社会组织、生业与经济结构、生活方式与风俗、宗教信仰与禁忌、相关文化事项和村寨保存状况的基本了解，再着手选择需要列入保护的村寨，并开始对一些村寨开展保护所需的更详细的综合调查和专题调查，在现状勘察报告完备、存在问题厘清的基础上，开始编制保护与发展规划，并开展保护行动。

选取要采取保护行动的保护对象，无论是从岛屿生态地理学的理论来说，还是从尽可能多地保存我国传统村落的角度来说，都应当尽可能多地对有明显地理边界的成片传统村落和村落群进行整体保护。不过，传统村落不是简单的不可移动文物，我们不应当一味追求列入保护单位的传统村落数量。我们需要关注已被列为国家级或省（市）自治区级文物保护单位的传统村落的情况。这些村落通常都是以“某某村古建筑”的名义被列入保护单位的，保护的对象是这些村落中年代较早、规模较大的建筑群，不是整个村落，更不包括这些村庄赖以存在的农田、山林和川泽，也不包括这些村寨中的社会组织、生产工艺、民俗节庆、宗教礼仪等非物质文化事项，即其文物保护只是村落中个别物质文化要素的保护。这就容易出现传统村落中的公共建筑和个别民居保护较好、而整个村落及其载体却疏于保护的现象。我们还应当吸取中国历史城市保护的经验教训，这些教训是多方面的，其中的一个教训就是国家级的历史文化名城数量过多，先后公布的三批国家级历史文化名城总数达 99 座，这些历史文化名城大多基础研究还比较薄弱，针对历史文化城市不同类型所制定的保护策略又有欠缺，保护范围（整体城市文化景观保护、城市轮廓及街区文化景观保护、部分街区文化景观保护、重点城市建筑遗产保护）也不够明确，结果现在的历史文化名城除了被列入世界遗产的城市以外，绝大多数是名存实亡了。西南少数民族村寨规模一般不大，即使在贵州黔东南州有号称“苗都”的最大的西江千户苗寨，居民户数也不过 1258 户，人口不过 5326 人，其空间范围的大小和结构的复杂程度都无法与城镇相比，其保护难度比城镇要小些，保护模式应当以整体保护为主。不过，越是强调整体保护，在选取保护单位时就越应当注意代表性，否则有的地方会以为类似的村寨很多，改变几处无关紧要。一旦被列入高等级保护单位的民族村寨被人为破坏，而没有采取问责制追究有关责任人，就会使有关保护的法律规章失去其应有的权威，破坏行为就会蔓延，就如同大多数中国历史文化名城的遭遇一样。

我们早就认识到，一个完整的传统村落不仅是村落的建筑，还应当包括村落赖以存在的田地、水泽和山林，包括活动在这个区域内的人们及其传统行为模式。按照文化遗产的分类体系，传统村落应当归属于文化遗产的特殊类型——文化景观。文化景观是联合国教科文组织倡言的文化遗产的特殊类型，它是一定空间范围内被认为有独特价值并值得有意加以维持以延续其固有价值的、包括人们自身在内的人类行为及其创造物的综合体，其生活方式、产业模式、工艺传统、艺术传统和宗教传统没有中断并继续保持和发展的城镇、乡村、工矿、牧场、寺庙等，都应当属于文化景观的范畴。农业文化景观由于产业模式不同，又有传统村落文化景观和农场文化景观的分别，前者由于地理的区隔、传统的差异，文化面貌也异彩纷呈，是农业文化景观的主体，也是世界多元文化最重要的构成要素。中国西南的少数民族村寨，其地理环境多样，文化传统各异，许多地处偏僻山区的少数民族村寨迄今仍然保持了自己鲜明的传统和特色，是中国乃至世界的文化景观类型遗产的重要组成部分。不过，“文化遗产”不同于“文物”，前者包括了物质和非物质的遗留，后者则只针对物质的遗存。文物保护专家很容易将诸如少数民族村寨这样的遗产划分为两部分：村寨的聚落、民居和公共建筑被视为不可移动文物；而村寨内人们的日常用具、服装饰件则被归为可移动的民俗文物。至于传统村落赖以存在的田地、山林和丰富多彩的非物质文化事项，却没有被纳入文物保护的范畴。浏览目前已经公布的七批全国重点文物保护单位的名单，不难发现，几乎所有传统村落都是以“某某村古建筑”“某某民居（某某大院）”等名目出现的，文物保护面对的不是传统村落的整体，而是村落中的部分古建筑或代表性建筑。由于以文物保护单位这样的模式保护传统村落，尽管有国家《文物保护法》的法规作保障，仍然很难做到保护村落的完整性、真实性和延续性；但如果将文物保护单位的范围推广至整个村落，甚至村落外的田地和山林，那么如何制定文物保护和管理的规定，如何处理村民因人口增长而新建的住房，以及如何对待村民改造自己原有住宅以提高自己生活品质？凡此等等，都是目前从事传统村落保护，尤其是西南少数民族村寨保护需要思考的问题。

我们这套“中国西南少数民族村落的保护与发展丛书”，正是上面这些思考和工作的产物。全书由“内容总录”“勘察报告”“保护研究”三个系列组成，涵盖了西南部分少数民族村寨基本情况调查、专题研究与综合研究以及保护与发展规划和实施报告三个方面。

“中国西南少数民族村落内容总录”系列，以村寨为基本单位，全面介绍该村寨基本情况。本系列已经编写了12册，分苗族村寨、侗族村寨、藏羌村寨、白族村寨四卷。其中已经调查的重要侗族村寨分布于贵州、湖南、广西三省区，故又细分为《贵州侗族村寨调查简报》《湖南侗族村寨调查简报》《广西侗族村寨调查简报》若干分册。每一分册由2—5篇调查简报组成，我们希望关注传统村落保护与发展的学者和机构，能够通过这些调查简报，对这些村寨的历史文化和当下状况有一个最基本的了解。由于我们的田野工作以贵州黔东南州为中心，因而贵州的苗族和侗族村寨调查报告的数量也最多，占了这个系列的半数，这也是苗族和侗族村寨以黔东南地区数量最多、保存最好、文化事项最丰富现状的反映。

“中国西南少数民族村落勘察报告”系列，由多本典型少数民族村寨勘察报告、专项研究著述组成。由于内容相对简单的村寨调查简报还不能满足从事传统乡村研究、保护和发展的相关机构和个人的需求，需要对选取作为保护与发展对象的村寨做详细的勘察记录，找出该村寨存在的普遍性和特殊性问题，以便采取有针对性的保护与发展措施。计划撰写的勘察与研究报告有《贵州榕江县大利侗寨调研报告》《贵州榕江县大利侗寨勘测报告》《贵州锦屏县文斗苗寨调研报告》《贵州黎平县堂安侗寨整治报告》《四川丹巴县中路藏寨调研报告》《云南云龙县诺邓村调研报告》等。除此而外，我们还将在西南少数民族村寨保护与发展的实践中，选取一些典型案例，将其记录汇集成册，以提供其他从事传统村落保护的同志参考和评判。

“中国西南少数民族村落保护研究”系列，是西南少数民族村寨保护的综合研究。它包括了村寨的历史、特点、价值和问题的基础研究，包括了针对中国传统村落、西南民族村寨、某一区域和族群村寨、某个自然村落存在问题及应对措施的研究，还包括了某些正在采取保护行动的传统村落的保护规划、展示规划、发展规划、方案设计等。如《中国传统乡村文化景观研究》《侗族村寨文化景观研究》《苗族村寨文化景观研究》《坪坦河流域侗族村寨保护与发展初论——从生态博物馆的角度》《川西高原藏羌碉楼研究》《云南云龙县诺邓村专题研究》《贵州控拜村苗族银匠村研究》《贵州榕江县大利侗寨文物保护规划》《贵州榕江县大利侗寨保护与发展规划》等综合和专题研究专著，以及《西南少数民族村寨研究文集》这样的论文汇集。

最后，我要代表我们全体作者，向支持西南少数民族村寨调查、研究和保护工作的单位和个人表示衷心的感谢。首先应当感谢的是联合国教科文组织北京代表处，该处的遗产项目专员杜晓帆博士最早提请我们关注西南地区少数民族村寨的保护与发展，希望中国这样一个大国能够利用自己的优势给东南亚少数民族村寨的保护探索符合亚洲特点的路径，我们正是在晓帆博士的鼓动下分别从不同的领域投入到西南地区少数民族村寨保护之中。其次是海峡对岸世界宗教博物馆的陈国宁馆长，她不顾自己年事已高，在自己原先任教的台南艺术大学的支持下，多年来承担起了组织台湾高校师生到祖国的西南地区参加少数民族村寨调查的重任，除了将她在台湾从事社区博物馆和社区再造的经验带给我们，还增强了海峡两岸师生的交流和了解。其三是要感谢中央民族大学民族及社会学院、同济大学建筑与城市规划学院、四川大学历史文化学院、台南艺术大学文博学院、云林科技大学文化资产维护系等高校相关院系所的负责人，他们协助我们动员学生参与西南地区少数民族村寨调查，是我们调查组人力资源和学术资源的可靠保障。其四要感谢四川、云南、湖南、广西诸省区文物局，他们在经费、人员、后勤保障上给予了我们许多支持和帮助，如果没有他们，我们许多工作没法顺利推进。最后，我们要特别感谢贵州、四川、云南、湖南、广西诸省区我们曾经开展调研工作的县（自治县）文化文物系统的工作人员和乡村的基层干部，他们或与我们调查组的师生一起进驻村寨，充当我们的进村“向导”并为我们排忧解难，或充当我们在村中的“翻译”，帮我们联系村民，协助我们做社区动员和召开村民大会。正是在以上单位和个人的无私帮助和支持下，我们的村寨调查、村寨规划和村寨保护实践才能够顺利向前推进。

就在“中国西南少数民族村落的保护与发展丛书”首批图书即将出版之际，我们高兴地得知，国家已将“中国西南少数民族传统村落的保护与利用研究”列为国家社科基金重大招标项目，我们北京大学与中山大学分别中标承担起该课题的研究任务。回顾过去，我们西南少数民族村寨保护与发展的项目，最初只是北京大学支持的一个小课题，所获课题经费也只有五万元校长基金作为启动资金。多年的调查工作使我们从各方面筹集资金，非常节约地使用，使得我们历时八年、参加人员达三百余人次的田野工作能够顺利完成。国家出版基金设立后，基金委将“中国西南少数民族村落的保护与发展”作为首批国家图书基金资助项目，使我们这些年积累的调查和研究成果，能够有资金资助顺利出版。

希望本丛书能够给我们认识这些村寨提供基础资料，同时也希望这套简报能给予城市规划、乡村规划和区域规划者一个参考的依据，在城市发展、新农村建设的时候，能重新思考中国文化的核心价值，吸取农村发展的经验，厘清中国不同于其他文明的特色，构拟出一个适合现代国人生活和居住的蓝图。

附：参加西南少数民族村寨田野调查和报告编写人员名单

2008年度（20人）

孙华、张成渝（北京大学考古文博学院教员）。

王书林、吕宁、王敏、王璞、黄莉、马启亮、高玉、黄玉洁、童歆、干小莉、刘杨、石慧（北京大学考古文博学院、城市与环境学院）；刘睿、刘翠虹、刘业沣（中山大学人类学系）；郭琼娥、李蜜、杜辉（厦门大学历史系）。

2009年度（40人）

陈国宁（台南艺术大学文博学院教员）；孙华；李慧（四川大学历史文化学院教员）。

余昕、李伟华、丁虞、韩爽、张娥凛、戴伟、李林东、王哲妍（北京大学社会学系、考古文博学院、元培学院）；杨向飞、龙成鹏、张悦、张志磊、徐菲、王皓、罗洪、赵丹、王妹娜、邱艳、谢莉亚、周海建、杨丽玉、李灵志、黄秋韵、董晓君、宋秋、刘争（四川大学历史文化学院）；沈天羽、王韵嘉、雷继成、高忠玮、黄胜裕、陈韦伶、高玉馨、朱仲苓、张雯茵（台南艺术大学文博学院）；刘亦方（郑州大学历史与考古学院）；黄尚斐（中国传媒大学摄影系）。

2010年度（44人）

陈国宁；孙华、张成渝；江美英（南华大学艺术学院教员）；朱萍、马赛（中央民族大学教员、民族学与社会学学院教员）；白露、李林东（成都博物院文物考古研究所干部）。

王怡萍、范子岚、陈筱、张娥凛、何源远、赵昊、荆藤、邹鹏、余昕、郭明、李颖（北京大学考古文博学院、社会学系）；张林、陶映雯、向阳、贾凯丽、郑宜文、杨力勇、司马玉、张一辉、来源、吴仙仙（中央民族大学民族学与社会学学院）；冯佳福、吴昭洁、张康容、黄雅雯、苏淑雯、王柏伟、王净薇、谢如惠、黄淑萍、谢玉菁、钟子文、邓佳铃（台南艺术大学文博学院）；杨丽玉、张绍兴（四川大学历史文化学院）；韩婧（中山大学社会学与人类学学院）。

2011年度（61人）

徐统（台湾清华大学材料科学工程系退休教员）；陈国宁；孙华；王莞玲（兰阳技术学院建筑系教员）；江美英；朱萍；李智胜、郭秉红（贵州省文物局抽调专业干部）。

陈筱、陈元棪、梁敏枝、黄莉、焦姣、韩爽、杨玲、庄惠芷、张林、邓振华、何月馨、孙雪静、李梦静、周仪、丁雨、张瑞、柳闻雨、张琳、刘精卫、李皓月、王晴锋（北京大学考古文博学院、社会学系）；贾凯丽、郭领、刘学旋、郎朗天、雷磊、于梦思、王东、王博、王金、董韦（中央民族大学民族学与社会学学院）；袁琦（北京理工大学工业设计系）；闫金强（天津大学建筑学院）；杨丽玉（四川大学）；熊芝莲（云南师范大学日语系）；沈天羽、蔡译莹、赵庭婉、陈昱安、许又心、萧淑如，张康容（台南艺术大学文博学院、视觉艺术学院、艺术史学系）；段品淇、叶怡麟、郭维智、龚琳雅（云林科技大学文化资产维护系）；唐君娴（台北艺术大学建筑与古迹保存研究所）；谢以萱（台湾大学人类学系）；许明霖（台湾“中央”大学艺术学研究所）；林孟荪、陈仲甫（兰阳技术学院建筑系）；黄雅雯（高雄市立历史博物馆）；林义焜（台湾清华大学）。

2012年度（51人）

陈国宁；孙华；周俭（同济大学建筑与城市规划学院教员）；江美英；赵春晓（兰州建筑科技大学教员）；寇怀云（同济大学城市规划研究院职员）；赵瞳（清华大学建筑设计研究院职员）。

陈筱、陈元棪、王晴峰、张林、袁怡雅、刘昇宇、韩博雅、王小溪、朱伟、孙雪静、张锐、娃斯玛、刘婷、李楠、李可言、王斯宇、杨凡、刘天歌、尚劲宇、张予南、李寻球（北京大学考古文博学院、社会学系）；曾真、董真、庞慧冉、刘小漫、卞晶喆、白雪莹、单瑞琪、张琳、俞文彬（同济大学建筑与城市规划学院）；石泽明、陈海波（中央民族大学民族学与社会学学院）；刘若阳（北京中医药大学毕业生）；陈沛妤、蔡泽莹、曾正宏、张康容（台南艺术大学）；段品淇、叶怡麟、龚琳雅（云林科技大学文化资产维护系）；杨贵雯（台湾）；林欣鸿（台湾清华大学）；林孟荪（台湾高雄大学）。

2013年度（42人）

孙华；朱萍；王红军、杨峰杨（同济大学建筑与城市规划学院教员）；赵春晓（兰州理工大学建筑学系教员）。

陈筱、李光涵、尚劲宇、王一臻、尚劲宇、吴煜楠、王宇、冯玥、王云飞、陈时羽、张夏、张高扬、张林、王思怡、温筑婷、张锐、刘畅、李唯、张予南、徐团辉（北京大学考古文博学院）；巨凯夫、门畅、尹彦、魏天意、娄天、陶思远、王正丰、陈艺丹、朱佳莉、罗蓝辉、陆盈丹、李缘圆、韩瑞、郑晓义、冯艳玲（同济大学建筑与城市规划学院）；曹玉钧（北京林业大学园林学院毕业生）；于炳清（南京解放军理工大学）。

2014年度（39人）

杨树喆、海力波、冯智明（广西师范大学文学院教员）；赵晓梅（北京建筑大学建筑学院教员）；孙华；郭秉红（贵州安顺市文物局退休干部）。

陈容娟、李哲、党延伟、谢雪琴、蔡检林、徐田宝、梁膑、彭翀、杨斯康、谢耀龙、李婉婉、周洁、辛海蛟、甘金凤、赵家丽（广西师范大学文学院）；李光涵、张巳丁、冯妍、尚劲宇、孙静、加娜古丽（北京大学考古文博学院、社会学系）；解博知、张逸芳、吕妍（北京建筑大学建筑学院）；于炳清、陈罗齐（南京解放军理工大学）；张力、杨中运、郑耀华（兰州理工大学建筑学系）；黄雨博（四川大学历史文化学院考古系）；Suvi Ratio（苏葳，芬兰赫尔辛基大学人类学系）；陈会、陈燕（贵州省文物保护研究中心）。

2015年度（12人）

石鼎（复旦大学文物与博物馆学系教员）。

李光涵（北京大学考古文博学院）；孙静（北京大学社会学系）；王霁霄（清华大学规划学院）；殷婷云（清华大学建筑学院）；石本钰、冉坚强、张芬（贵州民族大学民族学系）；刘威（山西大学考古学系）；杜菲（京都大学景观学系）；Joel Wing-lun（黄智雄，哈佛大学历史系）；张力（志愿者）。

——以上共计309人，没有注明教员身份的均为研究生和本科生。其中博士生陈筱、李光涵曾两次以辅导员身份带队，特此说明。

目 录

第一章

侗寨概述与研究回溯

第一节 侗寨概述

在中华人民共和国西南地区贵州高原东南部，集中分布着侗族村寨。其中，侗族南部方言区的行政区划分别属于贵州省黔东南苗族侗族自治州三县（黎平县、从江县和榕江县），广西壮族自治区三江县，以及湖南省二县（怀化市通道侗族自治县、邵阳市绥宁县）。该区是侗族分布

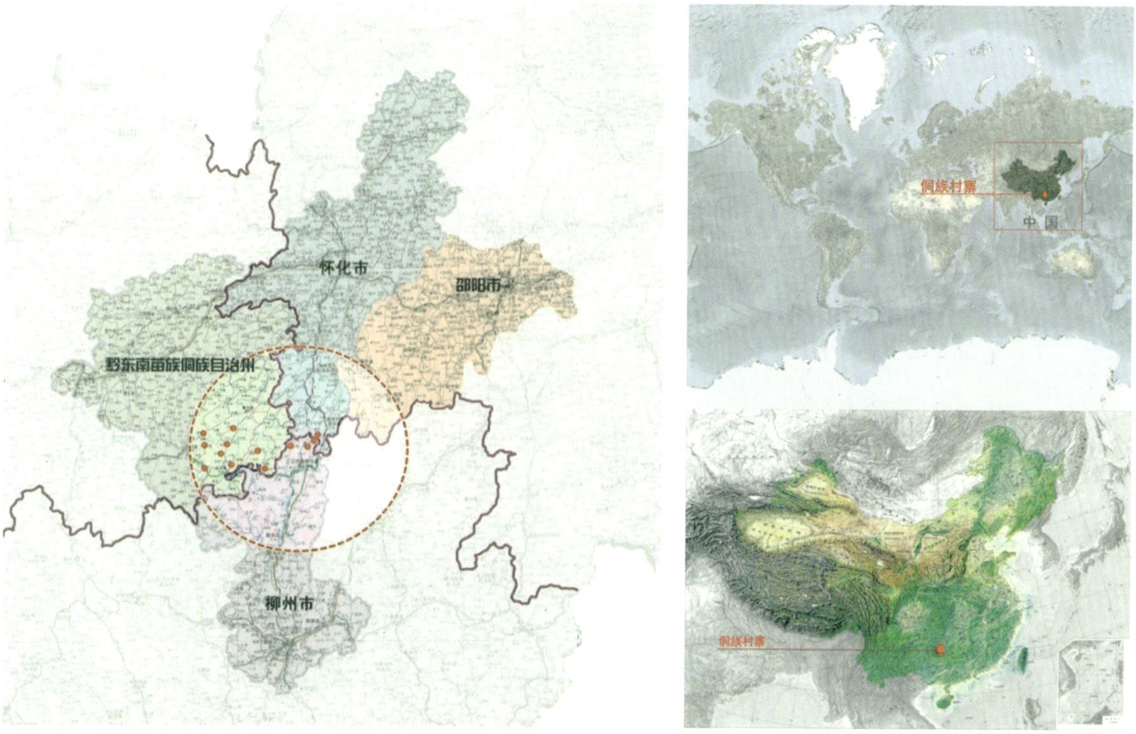

图1-1 侗族村寨地理位置示意图

最为集中的区域，也是侗族传统保存最完好的区域，还是侗族村落文化景观最为典型的区域。

侗族（侗语是 Gael）是中国西南地区的一个少数民族。据 2021 年中国统计年鉴汇总，该少数民族人口近 350 万人。侗族主要分布在贵州省的黎平、从江、榕江、锦屏、天柱、剑河、三穗、镇远、岑巩、玉屏、石阡、江口、万山、铜仁、松桃等县市；广西壮族自治区的三江、龙胜、融安、罗城、东兰等县（自治县）；湖南省的新晃、芷江、会同、靖州、通道、城步、绥宁、洞口等县（自治县）。此外，侗族也聚集在湖北省恩施土家族苗族自治州的恩施、宣恩、咸丰、利川、来凤等县市。然而，由于现代化和城镇化的进程，许多地区的民族特征逐渐消失。现在，中国境内仅存贵州高原东南部集中且连续的区域完整地保留着侗族的聚落形态、建筑风格、生产方式、文化生活以及宗教信仰。该区域以贵州省黎平县为中心，向外辐射至从江、榕江以及广西三江县、湖南通道县等周边地区。

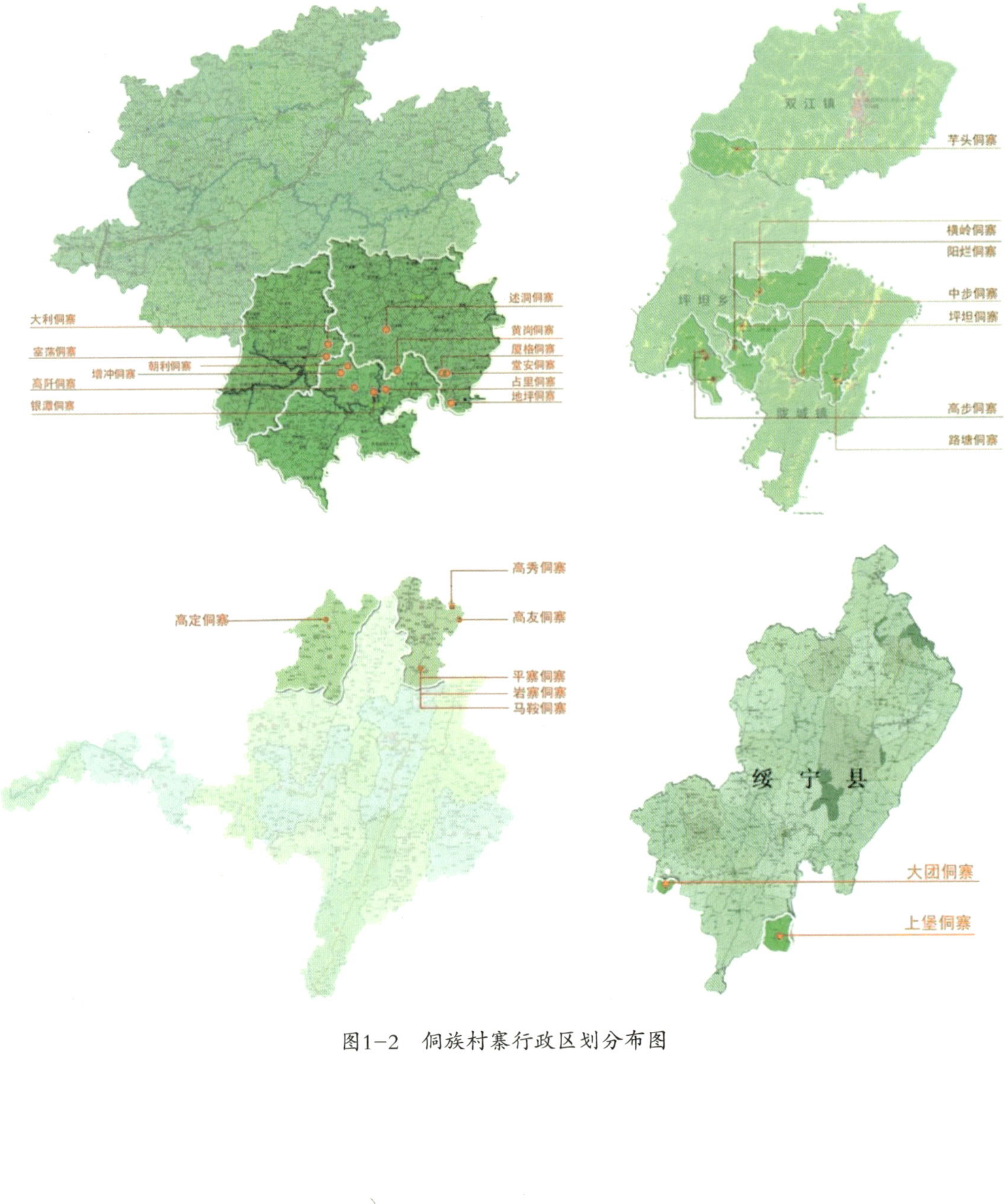

图1-2 侗族村寨行政区划分布图

侗族聚居区位于气候温和的云贵高原东南部的苗岭山脉向湘桂丘陵地带。该区山地交错纵横，峰峦连绵起伏，沟壑遍布山谷，河网蜿蜒稠密。沅江和柳江分别穿过该自治州的北部和南部，分属于长江水系和珠江水系。侗族聚族而居的自然村落散布在这片山地中，有的只有十几户人家，有的则超过上千户，它们主要分布在江河畔的山地中，村庄数量达到两千多个。

过去数百年来，侗族人居住在苗岭山脉和湘桂丘陵一带，在艰苦的条件下勤劳耕种，逐渐开垦出成千上万的层层梯田，并修建了以吊脚楼为特色民居的数千个山地村庄。由于高山峻岭、林木障避、交通不便等，侗族村寨长期处于封闭状态，在传统意义上的核心文化区之外的边缘地带，形成一个相对独立的文化族群。尽管没有文字记录，侗族人却有自己独立的语言、歌谣、故事、款词、戏剧、服饰和鼓楼、风雨桥，以及代代相传的风俗习惯等。

侗族村寨依山傍水，房前有汩汩溪水，村后是茂林修竹。侗族人在村寨前局狭的坡地上开辟了不同大小的水田以种植水稻，因为糯米是他们的主食。村寨的传统民居是古越式的“干栏”式木楼。这种吊脚楼多依山而建，廊檐相连，建筑紧凑而起伏，鼓楼高耸其中。村寨最壮观的公共建筑——鼓楼，是侗族村寨的标志，一般建在村寨中心的平坦地面上。鼓楼周围多修建鼓楼坪，这里是村民议事和庆祝活动的场所，也是侗族人举行芦笙歌舞和男女青年行歌坐月等活动的地方。

侗族的社会结构以族姓为单位，并以鼓楼为标志。通常情况下，一姓分为两个房族，同一房族聚集在同一村寨，族人围绕鼓楼营建房舍。若同一村寨内栖居多个房族，则各房族形成小的聚居点，分开居住，他们围绕该房族的鼓楼开展一系列的社交互动。各房族、各村寨平等相待、团结协作，修建路桥房门时，各家各户都会出力集体修筑。

侗族木楼的建造方式十分独特。侗族木楼通常用杉木建造，多为三层或四层，每层均有不同的功能：底层用来堆放柴草和蓄养牲畜，常设有石碓；二层设有火塘，一般作为长辈住所；三层为年轻人的卧室；四层用来贮存粮食或堆放杂物。侗族木楼的周围有走廊栏杆，供家庭成员休息，也是侗族姑娘纺纱织布的地方。木楼四周设有“吊脚楼”，楼的檐角上翻，就像大鹏展翅一样。侗族木楼的四壁和每层楼板，都用木板开槽密镶，两端通常搭有偏厦，使之呈四面流水状。南部侗族地区的木楼，常常是房廊或房檐相接，楼板相通。在喜庆节日，人们会在木楼上设宴待客，有句俗话是“侗屋高高上云头，走遍全寨不下楼”，这体现了侗族民居的特有风貌。侗族的建筑没有图纸，建筑工匠全凭巧手和经验搭建各种各样的建筑。侗族工匠可以在溪边漫滩、沿河水面、山丘陡坡或山缘梯坎上建造房屋，建出来的房屋“百年木楼身不斜，一身杉木坚似铁”。因为设计建造的自主性和自由度，侗族村寨几乎不会有两个完全相同的房屋建筑。不同类型的侗族建筑，如鼓楼，其造型和建造都为世界建筑史增添了新的内容，意义非凡。

通常来说，侗族村寨周围都有很多水塘，并且有多条小溪流穿过村寨。在村寨里，几乎每家住户的前面或后面都建有鱼塘，既可以养鱼，又可以防止火灾，还可以贮备生活用水，这显示出侗族居住在水乡的特点。村寨内部的交通系统，主线连接各个公共建筑的节点，支线则通往每个家庭。由于山路崎岖，村寨内的道路系统大多呈立体树状分布。道路表面多铺设青石板，或以鹅卵石镶嵌而成。村寨之间的道路，从村寨门处延伸出去，沿水路分布。侗族村寨的入口处都会建有村寨门，凡是有河流处还会搭建有风雨桥或石板桥。侗族人通常会在村寨门处设置路障，对进入村寨的人进行“拦路歌”盘问，这种迎宾仪式可能源自古代设置关隘以盘查外来人的传统。

侗族是在部族迁徙、人口流动的背景下产生的，在未经开发的原始洪荒山地的环境中生长，他们对自然怀以敬畏之心，与自然的关系带着某种原始宗教的色彩，甚至将自己的本质力量来源也归于自然。就这样，侗族人世世代代呵护着生养他们的土地，在这片土地上辛勤劳作，男耕女织，以山上的产出滋养自身，以清清的泉水泽润后代，使得侗族地区的山常绿、水长流、人长寿，如此也形成了侗乡的独特文化景观。

侗族文化是世界多元民族文化的重要组成部分，在全球范围内都具有普遍意义，值得我们永久性地保护。经过一系列工作，贵州省、湖南省、广西壮族自治区内 22 处侗寨文化遗产于 2013 年 1 月 29 日由中华人民共和国提名加入世界文化遗产预备名录（目前该遗产仍未正式列入世界遗产名录）。经过研究，我们建议将预备名单中 22 处村寨扩展至 27 处申报世界遗产，合并平坦河流域高升、高上、克中三村为高步侗寨一处，新增六洞九洞地区的黄岗、银潭、地坪三处侗寨，三江地区新增高定侗寨一处，平坦河新增中步、路塘、大团三处侗寨。

表 1–1 列入世界文化遗产预备名录的侗族村寨表

预备名录公布遗产点	中文译名	位置
Shudong Village	述洞侗寨	N 26°06′22″，E 108°55′21″
Dali Village	大利侗寨	N 26°02′26″，E 108°38′21″
Zadang Village	宰荡侗寨	N 26°00′15″，E 108°38′38″
Chaoli Village	朝利侗寨	N 25°57′37″，E 108°44′11″
Zengchong Village	增冲侗寨	N 25°54′55″，E 108°41′36″
Tang'an Village	堂安侗寨	N 25°54′03″，E 109°12′40″
Xiage Village	厦格侗寨	N 25°54′11″，E 109°12′07″
Gaoqian Village	高阡侗寨	N 25°51′18″，E 108°40′31″
Zhanli Village	占里侗寨	N 25°50′38″，E 108°54′39″
Ma'antun, Pingyan Village	平岩村马鞍屯侗寨	N 25°53′37″，E 109°38′14″
Pingzhai, Pingyan Village	平岩村平寨侗寨	N 25°54′00″，E 109°38′20″
Yanzhai, Pingyan Village	平岩村岩寨侗寨	N 25°54′25″，E 109°38′18″
Gaoxiu Village	高秀侗寨	N 26°09′26″，E 109°42′11″
Gaoyou Village	高友侗寨	N 25°59′02″，E 109°52′35″
Gaoshang Village	高上侗寨	N 26°01′37″，E 108°41′26″

续表

预备名录公布遗产点	中文译名	位置
Kezhong Village	克中侗寨	N 26°01′37″，E 108°41′26″
Gaosheng Village	高升侗寨	N 26°01′37″，E 108°41′26″
Yanglan Village	阳烂侗寨	N 26°1.9′，E 109°52.4′
Pingtan Village	坪坦侗寨	N 26°1.9′，E 109°52′
Hengling Village	横岭侗寨	N 26°04′04″，E 109°43′18″
Yutou Village	芋头侗寨	N 26°08′19″，E 109°42′22″
Shangbao Village	上堡侗寨	N 26°22′23″，E 110°07′46″

第二节 研究回溯

本节首先从“村落”出发，依次探讨国内外学者对村落文化景观的认识；其次，进一步聚焦于对中国西南地区少数民族村寨研究的讨论；再次，以区域为单位进一步综述近年的研究进展。最后，根据以上三个层面的研究综述归纳已有的遗产研究优势与不足。

一、国内外村落文化景观研究

1. 村落文化景观研究

村落文化景观（Rural Landscape，又译为乡村景观）研究始于20世纪30年代的美国和英国。自20世纪70年代起，学者实际上是将它作为对村落与文化景观学术的叠加研究，后经由世界遗产体系认定而具有遗产保护的实践意味。2011年，ICOMOS-IFLA国际文化景观科学委员会(ISCCL)发起了世界乡村景观倡议(WRLI)项目，旨在为乡村地区的文化遗产开发一套完整而系统的保护方法。《作为遗产的乡村景观主旨》（Principles Concerning Rural Landscapes as Heritage, ICOMOS 2017a）已于2017年纳入ICOMOS管理体系。根据该文件的定义，村落景观是指人与自然互动生产食物和其他可更新资源的区域，它可以是陆路也可以是水域。文件特别指出村落（Rural）与农业（Agricultural）的区别，前者范围更大，包括渔业、畜牧业、林业等①。

村落是社会的基本构成单位，是乡村文化的物质载体。村落景观与城镇景观相对，涉及历史、经济、农业、社会、地理、艺术、政府管理等多个议题。村落（文化）景观具有地域性和文化性的特点，是以农业为基础、以村落为客观核心的遗产类型②，是特定自然地理条件下融入

① Lionella Scazzosi. Rural Landscape as Heritage: Reasons for and Implications of Principles Concerning Rural Landscapes as Heritage ICOMOS-IFLA 2017. Built Heritage，2018，2(3)：39-52.

② 刘艺兰.少数民族村落文化景观遗产保护研究：以贵州省榕江县宰荡侗寨为例［D］.北京：中央民族大学博士论文，2011.

人类活动的产物[①]。村落（文化）景观表达出地域文化、社会结构、乡村民俗等多方面文化特色，以及地形、植被等环境特征[②]。因此，村落（文化）景观包括自然要素、人工要素与非物质要素三个方面[③]。自然要素是村落景观形成的物质基础，人工要素是村落文化景观的文化基底，非物质要素则体现了村落文化景观的独特性与差异性。进一步讲，因为景观改造的普遍性，村落景观更在强调其物理的“区域”外必须附加文化含义。

Marc Antrop 指出，存在于乡村的传统文化景观有助于维持乡村多样性，使其具有更好的可识别性[④]。Kelly R. 在分析欧洲乡村景观时指出，“居住在乡村的人，其邻里、农场、林地、河流、建筑都和地方休戚相关，具有深远的意义。地方的多样性和细节，以及与之相关的传统和记忆，是欧洲景观丰富性和独特性的根本所在”[⑤]。近年西方对乡村文化景观的研究视角与研究方法趋于多样化，Arriaza 选择地中海地区的两个乡村进行评价，研究发现乡村景观美学质量与大面积的原始景观、保护较好的人文景观、植被覆盖率、水域面积、山峦的出现和景观色彩反差有着很大关系[⑥]。Sung 结合人工神经网络，评价山区景观的美学价值并预测了韩国山区景观的发展趋势[⑦]。

我国对村落文化景观的研究，始于 20 世纪 80 年代初，以农业景观研究为开端。至 90 年代，围绕景观类型、空间分布开展文化景观的地域特征和发展变化研究，以及围绕聚落景观的空间结构、分布规律、特征等研究逐渐增多。在景观类型方面，经历了从土地分类和农业分类到研究整体乡村景观类型的过程。李振鹏从功能形态分类，将乡村景观划分为景观区、景观类、景观亚类和景观单元四级分类体系[⑧]。刘之浩认为村落文化景观划分的核心是聚落和土地利用，并从定量与定性的角度进行划分[⑨]。肖笃宁根据人们感知的不同，将乡村文化景观划分为有形的物

---

① 张浩龙，陈静，周春山 . 中国传统村落研究评述与展望［J］. 城市规划，2017(4)：74–80.

② 张成瑜 . 村落文化景观保护与可持续利用［J］. 国际学术动态，2009(3)：10–11

③ 刘艺兰 . 少数民族村落文化景观遗产保护研究：以贵州省榕江县宰荡侗寨为例［D］. 北京：中央民族大学博士论文，2011.

④ Marc Antrop. Landscape change and the urbanization process in Europe［J］. Landscape and Urban Planning，2004 (67)：9–26.

⑤ Kelly R.，Macinnes L.，Thackray D.，et al. The Cultural Landscape：Planning for a Sustainable Partnership Between People and Place［M］. London：ICOMOS–UK，2000.

⑥ Arriaza M.，Cañas–Ortega, J. F.，Cañas–Madueño, J. A.，et al. Assessing the visual quality of rural landscapes［J］. Landscape & Urban Planning，2004，69(1)：115–125.

⑦ Dong–Gwon Sung，Seoung–Hyeon Lim，Je–Woong Ko，et al. Scenic evaluation of landscape for urban design purposes using GIS and ANN［J］. Landscape and Urban Planning，2001，56(1–2)：75–85.

⑧ 李振鹏 . 乡村景观分类的方法研究［D］. 北京：中国农业大学硕士论文，2004.

⑨ 刘之浩，金其铭 . 试论乡村文化景观的类型及其演化［J］. 南京师范大学学报（自然科学版），1999(4)：120–132.

质文化景观与无形的非物质文化景观[①]。欧阳勇锋则将物质文化景观划分为传统聚落景观、农业生产景观和土地利用景观三类，其中非物质文化景观包括生产生活方式、风俗习惯、精神信仰、文化娱乐、历史记录五类[②]。

在村落景观评价体系方面，针对村落景观的宜居性、可达性[③]、社会效应、生态效应等方面的评价研究居多[④]。在村落文化景观规划方面，学界针对规划原则[⑤]、规划设计方法做了系统的研究与梳理[⑥]。在区域差异方面，伍家平通过贵州苗族、侗族文化差异研究，发现两个少数民族村落在各自文化传统指引下形成了迥异的空间形态、建筑布局[⑦]。

此外，我国学者针对不同案例，就保护对象、保护问题、保护措施与保护机制等多个方面，对村落文化景观进行了梳理与研究。张永勋系统地梳理了稻作农业文化遗产的保护对象、保护面临的问题与主要的保护措施[⑧]。角媛梅从哈尼梯田自然地理特征及形成、生物多样性、生态系统与景观方面、水资源、哈尼梯田文化与旅游五个方面总结了目前关于哈尼梯田的研究[⑨]。陈章鑫系统梳理了万年稻作农业文化系统，并分析了万年稻作农业面临的主要挑战，总结了相关应对的保护措施[⑩]。黄国勤认为目前万年稻作文化系统存在面积缩减、劳力减少、生态破坏、环境污染和物种减少等多方面的问题，亟待搞好规划，增加投入，完善法规，加强管理[⑪]。张浩龙提出通过发展旅游的方式，对文化景观进行复兴，以确保文化景观的延续性[⑫]。在研究方法上，马耀峰通过“景观基因法”，对文化景观的形成背景、形态、发展进行研究[⑬]。刘沛林关注传统村落的基因图谱构建与应用[⑭]。

---

① 肖笃宁，李团胜. 试论景观与文化［J］. 大自然探索，1997（4）：68–71.

② 欧阳勇锋，黄汉莉. 试论乡村文化景观的意义及其分类、评价与保护设计［J］. 中国园林，2012(12)：105–108.

③ 刘滨谊，王云才. 论中国乡村景观评价的理论基础与指标体系［J］. 中国园林，2002(5)：77–80

④ 谢花林，刘黎明. 城市边缘区乡村景观综合评价研究——以北京市海淀区白家疃为例［J］. 地域研究与开发，2003(6)：76–79

⑤ 王云才，刘滨谊. 论中国乡村景观及乡村景观规划［J］. 中国园林，2003(1)：55–58

⑥ 谢花林，刘黎明，李蕾. 乡村景观规划设计的相关问题探讨［J］. 中国园林，2003(3)：39–41

⑦ 伍家平. 论民族聚落地理特征形成的文化影响与文化聚落类型［J］. 地理研究，1992(3)：50–57.

⑧ 张永勋，闵庆文. 稻作梯田农业文化遗产保护研究综述［J］. 中国生态农业学报，2016(4)：460–469.

⑨ 角媛梅，张丹丹. 全球重要农业文化遗产：云南红河哈尼梯田研究进展与展望［J］. 云南地理环境研究，2011(5)：1–6，12.

⑩ 陈章鑫，林海，应兴华等. 万年稻作农业文化系统的开发、保护及发展对策［J］. 中国稻米，2012(6)：23–26.

⑪ 黄国勤. 江西万年稻作文化系统的特征、价值与保护［J］. 遗产与保护研究，2019(1)：17–22.

⑫ 张浩龙，陈静，周春山. 中国传统村落研究评述与展望［J］. 城市规划，2017(4)：74–80.

⑬ 马耀峰. 专题地图符号构成元素的研究［J］. 地理研究，1997(3)：23–31.

⑭ 刘沛林. 中国传统聚落景观基因图谱的构建与应用研究［D］. 北京：北京大学博士论文，2011.

2. 村落景观遗产保护与管理

目前国外遗产保护已经从依靠专家和具有专业知识的职能部门，转变成依靠一套由行政管理体系、资金保障体系、监督体系、公众参与所组成的综合保护体系，这套体系也成为文化遗产保护事业得以可持续发展的重要基础。在法律方面，遗产保护法律建设有两种模式：一种以英国为代表，以国家立法为核心；另一种以法国为代表，采用充分结合国家与地方的立法方式。在保护管理制度方面，西方各国建立了由“登录制度、建筑管理制度、保护官员制度、公众参与制度”等多项制度所构成的保护管理制度体系。在保护意识与保护能力的培养方面，西方国家一些重要的遗产保护组织都建立了比较成熟、面向公众的遗产教育体系与遗产保护技术的研发体系，形成了遗产保护研究机构。具体将村落景观上升到遗产层面，《作为遗产的乡村景观主旨》特别提出了村落景观作为遗产的特殊性：

村落景观的保存现状不影响其重要性判断；

对遗产的理解基于“景观”这种特殊类别和物质与非物质的具体载体；

村落景观遗产打破年代界限，既可以是传统的，也可以经过改造的活动行为。

以上对乡村遗产的认识是近四十年学术讨论与保护实践的成果。西方的村落遗产研究主要在遗产的保护管理，尤其是参与式、多主体保护上有显著优势。具体来说，在村落遗产的保护与管理方面，Antrop 认为城市化、灾难、技术性变革、村民生产生活方式的现代化趋势以及不当的自然保护规划、策略等是传统村落文化景观保护面临的威胁[①]。此外，村落遗产往往伴随旅游开发，其对村落遗产保护管理的影响研究存在双重认识。一方面，文化商品化能够助力传统文化保护是游客、村民和村落自身三个层面的因素相互作用的结果。Ahmad 基于对 Kampong Ayer 村落旅游的研究指出，旅游业发展可以保护、维持和复兴当地社区的社会文化遗产[②]。Fonseca 和 Ramos 也认为，发展遗产旅游是解决遗产衰落、促进遗产修复的最可行的路径[③]。另一方面，有学者认为相较于经济效益，旅游发展给传统村落保护管理带来的影响是利大于弊的。Greenwood 认为，商品化使得文化产品和活动逐步丧失了原来的意义和价值[④]。Mbaiwa 通过对奥卡万戈三角洲的三个村庄 Khwai、Mababe 和 Sankoyo 研究发现，发展旅游业虽然能够提高当地居民的收入，

---

① Marc Antrop. Why landscapes of the past are important for the future［J］. Landscape and Urban Planning, 2005, 70(1–2)：21–34.

② Azman Ahmad. The constraints of tourism development for a cultural heritage destination：The case of Kampong Ayer (Water Village) in Brunei Darussalam[J]. Tourism Management Perspectives, 2013, 8：106–113.

③ Fernando P. Fonseca, Rui A. R. Ramos. Heritage Tourism in Peripheral Areas：Development Strategies and Constraints［J］. Tourism Geographies. 2012, 14(3)：467–493.

④ Davydd J. Greenwood, Culture by the Pound：An Anthropological Perspective on Tourism as Cultural Commodification［A］. In：V L S mith. Hostsand Guests［C］. Philadelphia：University of Pennsylvania Press, 1977：129–139.

但是会导致当地传统生计方式发生变化，也会使村民对当地文化产生排斥和不满情绪，影响传统生活方式的传承和延续①。而在参与式与多主体合作保护管理方面，Azni Mohd Dian 对马来西亚文物遗址保护案例分析，发现公众影响决策的程度决定了公众参与遗产保护的水平，完善的法律能够提升公众参与遗产保护的质量和效果②。此外，Nakamura 指出引导本土村民自发参与到村落环境影响评价活动，能够促进当地传统文化遗产的保护③。Frank Masele 指出，文化遗产保护的可持续性要求改变当前自上而下的治理模式。换言之，就是要将相关权力下放至社区，建立起地方政府和社区共同保护文化遗产的合作模式④。Aisyah Abu Bakar 等人建议引进遗产保护教育机制，增进政府与村落之间的沟通与协商，将村民、遗产保护组织和旅游机构等纳入非物质文化遗产保护体系中来，实现多元主体共同参与保护管理⑤。

我国传统村落保护制度实施较晚，开展传统村落保护实践历史较短。法国 1930 年修订的《景观地法》就已将自然景观扩展到人文景观，乡村首次成为法国国家遗产保护的对象。法案修订之后，法国政府推动了乡村遗产的发掘整理工作，拓展了乡村遗产的概念，将其分为乡村风景、风土建筑、特色物产以及知识技术四个部分⑥。这一法律规定奠定了西方景观早期分类保护的方向。我国学者关于传统村落保护相关研究虽然起步晚，但主要从传统村落保护的整体状况展开，这是我国传统村落保护研究与国外相关研究的一大差异，或者可以说是可资借鉴的“自觉”。

中国学者普遍认为传统村落保护不能仅仅局限于历史文物和遗址的保护上，而要注重全方位保护，要遵循完整性保护⑦、原真性保护⑧和可持续性保护⑨等基本原则。在保护模式方面，王琼探讨福建省三个村落活化保护的案例情况，并将其概括为政府主导下专家介入的“自上而下”

---

① Mbaiwa, J. E. Changes on traditional livelihood activities and lifestyles caused by tourism development in the Okavango Delta, Botswana［J］. Tourism Management, 2011，32(5)：1050–1060.

② Azni Mohd Dian，Nuraisyah Chua Abdullah. Public Participation in Heritage Sites Conservation in Malaysia：Issues and Challenges［J］. Procedia – Social and Behavioral Sciences，2013，101：248–255.

③ Nakamura ，N. Towards a Culturally Sustainable Environmental Impact Assessment：The Protection of Ainu Cultural Heritage in the Saru River Cultural Impact Assessment，Japan［J］.Geographical Research，2013，51(1)：26–36.

④ Frank Masele. Private business investments in heritagesites in Tanzania：Recent developments and challenges for heritage management［J］. Afr Archaeol Rev，2012，29：51–65.

⑤ Aisyah Abu Bakar，Mariana Mohamed Osman，Syahriah Bachok，et al. An Analysis on Transmission of Ethnic Languages in Selected Communities in the World Heritage Site of Malacca，Malaysia［J］. Procedia Environmental Sciences，2014，20：612–621.

⑥ CHIAV I，BONNAIN R，CHEVAILLIER D.Une politique le parrioine cultural rural(R).Paries：Ministere de la culture et de la communiation，1994.

⑦ 张松 . 作为人居形式的传统村落及其整体性保护［J］. 城市规划学刊，2017(2)：44–49.

⑧ 屈虹 . 城市化背景下传统村落的保护与发展［J］. 理论研究，2020(2)：57–63.

⑨ 陈清鋆，余压芳 . 传统小村落的大保护观——以贵州为例［J］. 现代城市研究，2016(11)：98–102.

的保护模式、村民主导的“自下而上”的保护模式和专家引导下的村民“自助式”保护模式[①]。伽红凯则从经济学的视角提出了传统村落的三大类别，即改变物品属性模式、矫正性税收模式、补贴模式和使用权竞拍模式[②]。陈华文则提出通过复兴和重启乡村内部的旧有文化，赋予传统村落新的生命力，以实现传统村落保护的可持续[③]。

在西方普遍关注的参与式与多主体合作保护管理方面，少数中国学者也专注于此。主要的研究者则多以政府这一主体为研究对象，探讨了政府在传统村落保护中的职能和作用，部分学者注重公民作用的发挥。刘旺等人认为，政府在旅游保护与开发中没有发挥好对村落旅游资源的监督职能、激励约束和宏观调控职能[④]，地方政府需要组织当地村民积极参与到村落风貌和景观保护中，并积极指导村民的具体保护行为[⑤]。但是，我国多主体参与村落遗产保护管理确实存在困难。童正容从博弈论理论出发，分析了政府、村民和企业三大主体参与行为之间存在的相互博弈情况和博弈策略的组合模式，发现在传统村落保护中多元主体间的博弈行为难以达成最优解[⑥]。因此，学界积极倡导建立自下而上的体制机制，发挥乡镇、村级组织和乡村能人的作用[⑦]，并且以当地村民为主体，建立起能够发挥政府主导作用且企业、村民等社会各界力量能够广泛参与的运作机制[⑧]。

二、国内外中国西南村寨遗产研究回溯

作为我国传统村落的重要组成部分，西南村寨物质与文化的特殊性引起了国外学者的广泛关注。东亚国家，尤其是日韩地区对侗族村寨的研究主要集中于民族学的民族历史与文化变迁以及文化要素两个主题。以日本为例，侗族大歌、民族建筑、民间信仰等文化要素是日本学术团体研究的主要议题[⑨]，但是整体性村落研究有限。其中，日本学界对民族建筑代表性研究如下：早在 20 世纪 20 年代，白鸟芳郎分析侗族建筑的功能，如侗族建筑是第二层住人、第一层饲养

---

① 王琼，季宏，陈进国．乡村保护与活化的动力学研究——基于 3 个福建村落保护与活化模式的探讨［J］．建筑学报，2017(1)：108–112.

② 伽红凯．中国传统村落保护的矛盾与模式探析［J］．中国农史，2016(6)：136–144.

③ 陈华文．文化重启：传统村落保护可持续的灵魂［J］．广西民族大学学报（哲学社会科学版），2018(5)：47–52.

④ 刘旺，杨敏．旅游资源保护激励机制探析［J］．四川师范大学学报（社会科学版），2005(5)：126–131.

⑤ 孙立，孙美玲．传统村落景观的保护与发展研究——以洛阳市孙都村为例［J］．遗产与保护研究，2019(5)：22–26.

⑥ 童正容．传统村落保护与发展参与主体的行为博弈分析［J］．西南石油大学学报（社会科学版），2019(1)：28–33.

⑦ 陈清鋆，余压芳．传统小村落的大保护观——以贵州为例［J］．现代城市研究，2016(11)：98–102.

⑧ 郑文武，刘沛林．“留住乡愁”的传统村落数字化保护［J］．江西社会科学，2016(10)：246–251.

⑨ 段霞，叶霞，田俊．日本学界侗族研究的焦点内容与特征述略［J］．社会科学前沿，2020(5)：771–777.

家畜、放置农具的干栏式住房[①]。田畑久夫等则以图片的形式介绍了贵州省黔东南苗族侗族自治州的苗族与侗族状况[②]。1995年，水上章著《侗族：水上章写真集》，以照片的形式介绍侗族的民族风情，其中一部分涉及侗族村寨及建筑。浅川滋男对江南汉族及华南少数民族的建筑进行了简略介绍[③]。土田充义用图文并茂和数字化的方式详细记录了侗族民居的结构特征，剖析了从侗族火炉中所见的侗族生活方式以及集体住宅在分布形态上的规律性等一系研究成果[④]。片冈靖夫则运用朴素而扎实的建筑测绘方式对侗族建筑物的建造结构进行了测绘研究[⑤]。在比较性社会学视野下，冈田知子与伴丈正志、松尾有平等研究了中日韩三国的集体住宅文化，以广西合善侗族村落为代表，对侗族住宅形态、梁柱方向乃至共同生活空间进行了建筑学意义上的细致测绘勘察，文章指出“共生组织”在东亚集体住宅中的突出特点，比如侗族的鼓楼[⑥]。塚田诚之指出：同系的民族在中国与东南亚大陆诸国分开居住的情况并不少见，高床住居的“干栏”是很有特色的，但对建筑具体的演变研究尚未涉及[⑦]。以上对于遗产要素的研究是遗产价值提炼的基础，日韩所在东亚地区研究内容普遍注重扎实的田野调查，因此其研究结果也多可借鉴。

我国长期处于城乡二元体制之下，村落遗产保护受到政府、地方与村民等多方制约，西方研究者则多以土地为依托展开遗产保护利用的“社区研究”。Huirong Yu从土地利用的视角分析了中国南方，尤其是贵州与云南土地利用变化对乡村遗产保护带来的压力[⑧]。作为地方政府重要的财政收入来源，村落遗产旅游收入是一把双刃剑，在提振地方经济活力的同时，会给村落遗产的原真性与真实性带来不可逆风险。Courtney Kimmel以平安县为例，从可持续性发展视角论述了旅游业发展有利于维护平安县的文化传统，但同时面临文化遗产失去真实性与原真性的风险。当地开发可持续性旅游的前景，取决于如何管理以水和农业劳动力为代表的稀缺资源[⑨]。与

① 白鸟芳郎．华南文化史研究［M］．东京：六兴出版，1985.

② 田畑久夫，金丸良子，新免康等．中国少数民族事典［Z］．东京：东京堂出版，2001.

③ 浅川滋男．住居的民族建筑学——江南汉族与华南少数民族住居论［M］．东京：（建筑）资料研究社，1994。

④ 柳肃，土田充义．从湖南省新晃县侗族民居中的火炉使用法看侗族的生活方式——亚洲文化圈的民居和集体居住形态研究［J］．日本建筑学会研究报告九州支部（计画系），1999：473–476. 米森义辰，土田充义．关于湖南省新晃县侗族及周边少数民族居住平面图的研究——亚洲文化圈的民居和集体居住形态研究［J］．日本建筑学会研究报告九州支部（计画系），1999：477–480.

⑤ 片冈靖夫．建筑与社会Ⅲ中国少数民族侗族的建筑和社会［M］．松山：不二印刷出版，2007.

⑥ 伴丈正志，冈田知子．中国广西侗族村落的空间构成：从东亚的集体住宅文化看共生组织［J］．日本建筑学会，2005：721–722. 松尾有平，冈田知子．广西壮族自治区三江侗族村落的空间构成：从中国少数民族的住宅文化看共生组织［J］．日本建筑学会，2005：21–24，25–28.

⑦ 塚田诚之．中国壮族与越南侬族的民族关系与交流［J］．广西民族大学学报（哲学社会科学版）2007(5)：2–8.

⑧ Huirong Yu，et al. Spatial Analysis of Cultural Heritage Landscapes in Rural China：Land Use Change and Its Risks for Conservation［J］. Environmental Management，2016，57(6)：1304–1318.

⑨ Kimmel Courtney，Perlstein Ardrew，Mortimer Michael J，et al. Sustainability of Tourism as Development Strategy for Cultural–Landscapes in China：Case study of Ping'an Village［J］. Journal of Rural & Community Development，2015，10(2)：121–135.

上述研究略有不同的是，Qin 以榕江县那鲁村为例，发现传统村落的旅游业发展，对提高该村的知名度、增加村民收入、增强村民的依恋感和满意度具有重要作用，村民的自豪感反过来又使他们珍惜自己村庄的历史，成为维持传统村落发展连续性的动力①。在西南村寨的保护与管理方面，外国研究者更加关注遗产的保护与利用，多渠道、多手段记录与多主体参与村落保护的相关研究。Zhang 和 Stewart 从乡村景观转型和可持续旅游发展的视角，对红河哈尼梯田的可持续旅游发展和地方规划提出了相应的对策②。Nancarrow 以贵州鲍家屯为例，采用基于情感的村落遗产景观数字化记录方法，发现数字调查过程中的社区参与打破了专家与村落之间的边界，形成了更符合遗产的记录与表达③。Stojević 认为生态博物馆、乡村旅游和考古遗产是我国乡村文化遗产的三种形式，并且均存在政府“自上而下”的治理与地方参与遗产的可持续性开发之间相矛盾的问题④。上文对西方村落遗产保护研究的回顾已经显现出了西方研究特色，如围绕遗产主体展开。上述案例研究虽有普世价值，但是目前的研究范式多缺乏对遗产地方性的体现。

聚焦国内本土研究，西南村落尤其是侗族地区的研究主要包括历史背景陈说、遗产要素事实性阐释、遗产价值认识、保护现状、措施反思以及保护影响因素评估等。该部分的学术综述回顾主要以遗产分析流程为线索展开，下一部分以区划为界进行陈述。

首先，国内关于侗族村寨、建筑及其历史背景方面的研究成果比较丰富。早在民国时期，刘锡蕃就已详述了广西诸民族的种属、饮食、服饰、家庭、婚姻与丧葬、祭祀、娱乐等多个方面，提出汉蛮同族之十大证据⑤。中华人民共和国成立后，中央访问团到广西做了大量的社会历史调查工作，整理了二十多份调查材料，其中包括《广西少数民族历史资料提要》等。20 世纪 80 年代后，我国的民族研究与多学科多领域交叉融合，研究领域拓展到农业、民族语言、民族文化、壮族的土司制度、非物质文化遗产等方面。1999 年张柏如对侗族服饰中图纹与侗族建筑特征进行分析⑥，陆中午、吴炳升从遗产视角，总结了湖南通道侗族文化遗产集成⑦，吴浩⑧、朱慧

---

① Rui Jun Qin，Ho Hon Leung. Becoming a Traditional Village：Heritage Protection and Livelihood Transformation of a Chinese Village [J]. Sustainability，2021，13(4)：2331.

② Lin Zhang，William Stewart. Sustainable Tourism Development of Landscape Heritage in a Rural Community：A Case Study of Azheke Village at China Hani Rice Terraces [J]. Built Heritage，2017，1(4)：37–51.

③ Nancarrow，J H.，Chen Yang，Jing Yang. An emotions-informed approach for digital documentation of rural heritage landscapes：Baojiatun，a traditional tunpu village in Guizhou，China [J]. Built Heritage，2021，5(2)：1–13.

④ Stojević，Iva. Village and Heritage in China：A Discussion on the Influence and Future of Heritage Work in Rural Areas [J]. Heritage，2019，2(1)：666–680.

⑤ 刘锡蕃 . 岭表纪蛮 [M]. 商务印书馆，1934.

⑥ 张柏如 . 侗族服饰——图纹与侗族建筑特征 [J]. 民族论坛，1999(1)：46–47.

⑦ 陆中午，吴炳升 . 中国湖南通道侗族文化遗产集成　第一辑 [M]. 北京：民族出版社，2004.

⑧ 吴浩 . 中国侗族村寨文化 [M]. 北京：民族出版社，2004.

珍[①]、廖君湘[②]等人更加关注侗族社会、政治、文化、风俗习惯等方面的研究。从建筑学角度对侗族建筑及村寨进行的调查和研究始于中华人民共和国成立以后，斯心直[③]与张柏如[④]系统地总结了西南地区侗族建筑艺术。吴浩系统地分析了侗族鼓楼、风雨桥建筑[⑤]。另外，还有一些学者把侗族文化与村寨、建筑相结合进行论述，展示了较宽阔的维度。杨昌鸣以东南亚建筑文化圈为视角，从东南亚居住建筑的构成要素、传统干栏建筑的构架类型及体系演变、聚居环境、村寨及公共建筑四个方面进行研究[⑥]。蔡凌则更加关注侗族文化背景下的传统村落及建筑，探讨其产生和演变的规律与反映的文化意义[⑦]。

第二，作为村落文化景观的侗寨是寨民居住、活动的场所，这是侗寨遗产价值的基本物质载体。而侗寨聚落的文化价值则多植根于侗寨居民民族认同。这种认同建立于以亲缘、地缘联系为主的社会组织基础之上，比如，在建筑遗产上表现为空间本身的民族特征及其所表达的居民之间的关系，鼓楼与萨坛的象征意义则表达了聚落内部以及聚落之间居民的社会组织。

Tunbridge 与 Ashworth 总结了对遗产三种不同类型的使用[⑧]：作为文化资源、政治资源、经济资源直接作用于产业或间接地贡献于当地其他经济活动。侗寨村落兼具三种资源特征：侗寨居民与外来游客已经意识到侗族聚落与建筑所携带的民族文化特征，得到侗民族内部与外部的双重认同，因此成为展示侗族文化的场所；侗族作为我国少数民族的一支，展现了我国文化的多元与民族团结的精神；遗产旅游及相关产业为当地带来了经济效益[⑨]。遗产的非使用价值则包括存在价值、选择价值与遗赠价值等，侗寨文化遗产具有以上三种非使用价值[⑩]。

此外，非物质遗产承载着上述价值的同时，还扩展了其价值。惠楚云系统地总结了三江平岩村木构建筑营造技艺的文化内涵、功能与活态传承情况，厘清了侗族木构建筑技艺的文化价值与工艺价值[⑪]。王淞认为鼓楼社会结构中，民俗节日文化、家庭、家族等结构性要素，展现了黄岗侗族的社会合作价值，是以共同利益为主旨的社会性共存智慧[⑫]。范松认为六洞、九洞侗寨

① 朱慧珍，张泽忠．诗意的生存：侗族生态文化审美论纲［M］．北京：民族出版社，2005.
② 廖君湘．南部侗族传统文化特点研究［M］．北京：民族出版社，2007.
③ 斯心直．西南民族建筑研究［M］．昆明：云南教育出版社，1992.
④ 张柏如．侗族建筑艺术［M］．长沙：湖南美术出版社，2004.
⑤ 吴浩．中国侗族建筑瑰宝——鼓楼·风雨桥［M］．南宁：广西民族出版社，2008.
⑥ 杨昌鸣．东南亚与中国西南少数民族建筑文化探析［M］．天津：天津大学出版社，2004.
⑦ 蔡凌．侗族聚居区的传统村落与建筑［M］．北京：中国建筑工业出版社，2007.
⑧ Tunbridge J E，Ashworth G J. Dissonance and the Uses of Heritage［C］Smith L. Cultural heritage：critical concepts in media and cultural studies. London：Routledge，2007：206-248.
⑨ 赵晓梅．黔东南六洞地区侗寨乡土聚落建筑空间文化表达研究［D］．北京：清华大学博士论文，2012.
⑩ 赵晓梅．黔东南六洞地区侗寨乡土聚落建筑空间文化表达研究［D］．北京：清华大学博士论文，2012.
⑪ 惠楚云．广西三江平岩村侗寨木构建筑营造技艺活态传承研究［D］．贵阳：广西民族大学硕士论文，2021.
⑫ 王淞．黎平县黄岗侗寨鼓楼社会合作机制及价值研究［D］．贵阳：贵州民族大学硕士论文，2018.

的存在，其独特的艺术成就见证着在一些地方已经消失的亚洲南方地区的古代百越文明，是高原山地建筑群的杰出范例，人与自然和谐共处不仅展示出人类的聪明智慧，也为未来世界走向提供了不可多得的借鉴①。李金花从经济、生态与文化的角度系统地总结了侗族传统糯稻的价值，作者认为传统糯稻种植的经济性受到忽视；传统糯稻生产时的稻田养鱼体系以及食物结构的合理性，使得阳烂村民的生态资源处于一种良好优越的生存状态之下；而糯稻种植代表的是本民族悠久的历史，代表的是祖先前辈们的创祖功劳，因而，各种祭祀的场面都不能没有糯制品的存在。传统糯稻是一种传统文化生活的代表，它凝聚了原本拥有的淳朴民风和璀璨艺术②。

第三，目前侗族村寨保护面临着本体保护、非物质遗存保护与管理混乱等多重风险。通过田野调查，杜凡丁认为目前增冲鼓楼保护面临鼓楼本体残损严重、社会经济发展导致文物环境受到严重影响，生活理念、文化习俗受到破坏等问题③。周俭认为存在侗族村民对村寨的历史文化缺乏了解、新建民居破坏了村寨的传统风貌、民居改建损害了传统民居价值等问题④。李晓丹认为在物质遗产方面，侗族村寨新建筑的大量涌现，使传统村落风貌和建筑格局遭到破坏；在非物质遗产方面，侗族传统村落民风民俗淡化，生活方式和家庭结构转变，传统技艺濒临失传⑤。甘晓璟对桂北侗寨的田野调查发现，传统村落缺乏系统规划、空心化严重与当地村民价值和审美观念的转变，是村落文化景观遗产保护面临的主要问题⑥。阎照认为侗族村寨面临经济落后，保护动力不足；本土文化受到冲击，建设行为混乱；自建房需求与村落保护要求冲突；“政府主导”与“村民参与”脱离，缺乏保护意识等问题⑦。

第四，就目前侗寨的保护措施而言，学界多从保护思路、保护管理制度与保护规划等方面，对侗寨村落遗产的保护措施进行研究。在保护思路方面，罗洁以平等侗寨为例，梳理了平等侗寨保护思路：古建登记造册、老建修旧如旧、新建建新如旧、规划旧村新区、丰富人文景观五个方面⑧。黑洁锋针对侗族风雨桥提出了静态化保护（遗产保护、数字化保护）和活态化保

① 范松．试论“六洞九洞”侗寨的世界文化价值［J］．贵州民族研究，2012(3)：26-29.

② 李金花，刘景慧．侗族传统糯稻的价值分析：来自阳烂侗寨的田野调查［J］．怀化学院学报，2008(1)：6-9.

③ 杜凡丁，赵晓梅，贾玥．文化遗产保护中的“人”增冲鼓楼文物保护规划中的一些尝试［J］．中国文化遗产，2011(2)：54-65, 6.

④ 周俭，钟晓华．发展视角下的乡村遗产保护路径探讨：侗族村寨田野工作案例［J］．城市规划学刊，2015(1)：54-60.

⑤ 李晓丹，兰婷，杨灏．黔东南传统村落保护和发展研究——以侗寨为例［J］．中国名城，2013(7)：64-67.

⑥ 甘晓璟，霍丹，唐建．桂北传统村落文化景观遗产保护与更新——以平岩村为例［J］．建筑与文化，2017(5)：175-176.

⑦ 阎照，张飚，张倩倩．历史村落保护的公众参与及规划的角色［J］．北京规划建设，2015(6)：62-66.

⑧ 罗洁．少数民族传统村落建筑景观控制与保护研究——以广西龙胜县平等侗寨为例［J］．旅游纵览，2018(6)：144-146.

护（文化产业化发展、产业文化化发展与构筑文化产业链）相结合的路径①。余凌云以横岭侗寨为例，总结横岭侗寨应采取自然资源合理利用、拓展乡村旅游的活态保护原则②。而在保护管理制度方面，李晓丹认为应从技术层面对侗寨建筑实施分级保护、试点示范、采用新材料与技术、完善公共基础设施等措施；在管理层面，加强对非物质遗产的保护与传承③。村寨的物质空间与意义空间依赖生活于其中的人的创造而相互关照，杨浏熹认为加强当地居民主体性的认知与保障、建立以传统为根基的乡村现代化治理体系、依托传统产业升级，突破文化遗产保护和当地经济发展的矛盾是传统村落遗产活态化保护利用的三个路径④。在保护规划方面，杨燕从传统村落规划编制、实施以及运作机制三个层面分析并评估了九洞村落保护与发展规划，发现九洞保护规划存在盲目套用规划编制、缺乏模版化保障措施、忽视村落自组织管理的作用等问题，提出宏观层面政府与村民应双向联动监管、微观层面应有效结合"侗款"，完善村落分类保护发展的管控引导措施⑤。周俭提出以参与式规划解决侗寨问题的思路，以解决"自上而下"规划的困境，并与侗族村民建立互信关系⑥。作为一个有机的大系统，甘晓璟认为传统村落的保护必须对村落空间进行功能更新与重构，从而推动传统村落形成完善的景观格局⑦。

最后，就影响侗寨遗产的保护因素来说，自然因素和人为因素都对遗产的保护产生了一定影响。在自然因素方面，李晓丹认为，火灾是影响侗族传统木构建筑保护的主要因素，黔东南侗寨受到不同程度火灾的影响，给传统建筑遗产造成了巨大损失⑧。除此之外，饥荒、旱灾等，在一定程度上破坏了侗寨内部空间格局⑨。在社会因素方面，付静梅认为人口增长、家庭小户化、住房紧张与城市化是引发村落空间布局变化的因素⑩。才佳兴系统分析了黄岗侗寨劳动力分配、市场性经营活动、亲属关系与家户经济，认为黄岗侗寨延续"桃源"生活已不可能，只能依托自然资源寻求多种经营，或依托民族文化打造文化旅游村，但民族文化旅游与经济开发的矛盾

---

① 黑洁锋，石林，杨珍珍．作为侗族关键符号的风雨桥的保护与传承研究［J］．怀化学院学报，2017(7)：1–5.

② 余凌云，叶思兰，彭黎等．坪坦河流域横岭侗寨景观布局规划与保护探究［J］．现代园艺，2018(22)：55–56.

③ 李晓丹，兰婷，杨灏．黔东南传统村落保护和发展研究——以侗寨为例［J］．中国名城，2013(7)：64–67.

④ 杨浏熹．乡村振兴背景下传统村落的活态化保护研究——以西南侗寨为例［J］．中国特色社会主义研究，2021(4)：85–92.

⑤ 杨燕．黔东南九洞地区传统村落保护与发展规划实施评估研究［D］．昆明：昆明理工大学硕士论文，2021.

⑥ 周俭，钟晓华．发展视角下的乡村遗产保护路径探讨：侗族村寨田野工作案例［J］．城市规划学刊，2015(1)：54–60.

⑦ 甘晓璟，霍丹，唐建．桂北传统村落文化景观遗产保护与更新——以平岩村为例［J］．建筑与文化，2017(5)：175–176.

⑧ 李晓丹，兰婷，杨灏．黔东南传统村落保护和发展研究——以侗寨为例［J］．中国名城，2013(7)：64–67.

⑨ 李彬．传统侗寨空间格局的保护与发展途径研究——以榕江三宝侗寨为例［D］．长沙：湖南农业大学硕士论文，2019.

⑩ 付静梅．乡村聚落空间格局演变形态及其内外驱动机制——以桂北地灵侗寨为例［J］．广西城镇建设，2021(9)：26–28.

关系在发展过程中无法避免[①]。郑晓旭认为外来文化冲击、人口外流与自建房问题突出，导致坪坦侗寨风貌遭到破坏，并据此提出一系列改造方案[②]。在经济因素方面，曾芸从空间的视角分析堂安侗寨，认为堂安侗寨被迫纳入地方发展路径中，逐渐失去了自主选择的机会与发展能力，乡村发展话语深陷于权力主导的市场路径[③]。张春艳以地扪侗寨为例，认为开发投入资金不足、村落利益主体缺失是地扪侗寨村落遗产保护与经济发展脱轨的原因[④]。在文化因素方面，新媒体的快速传播与对自身村寨历史文化缺乏了解[⑤]，使村民保护侗寨的主动性面临丧失。此外，城镇化与信息化快速发展，挤压了传统村落，尤其是年轻人的原始生存空间，导致其生活理念、文化习俗受严重威胁与破坏[⑥]。

以上围绕“村落”展开学术性回顾。但是，西南地区独特的地理环境与人文特征，创造出集民族原生文化、自然生态与历史遗存为一体的“村寨”应值得注意，这是以往研究容易忽略的西南村寨的独特性，因其大多延续着原有的使用功能，“村寨”的使用体现着民族传统文化的延续性。最早的“寨”多与军事有关，尤其是在战乱纷争年代，“寨”的记录颇多。三国至魏晋南北朝，基于军事需要据山（岗）立寨、据岸结寨，这些“寨”具有一定的临时性。《三国志》记载：“赤乌四年（241）……魏庐江太守文钦营住六安，多设屯寨，置诸道要，以招诱亡叛。”村寨相连的称谓，始见于《旧五代史·末帝纪中》和《旧五代史·庄宗纪八》，分别为杨村寨、王村寨。从宋开始，以寨为名的自然聚落渐增，如《宋史·和斌传》说：“安南（今越南）入寇，复徙广西……斌提步骑三千进讨，方暑，昼夜趣兵，至怀远寨。”行至明朝，“寨”作为聚落的名称在西南地区已普遍使用。迟至清朝，位于平原地带、已入籍赋税的汉或壮民聚落多称为村，而聚居山林中或水岸边的、未入籍的少数民族聚落多称为寨。尽管寨的本质与村一样，均为农业型聚落，但是其军事防卫作用以及后期对于边陲地带、不在籍非汉族族群的称谓说法值得注意。自然与人共同构建的、自给自足的小规模群体是中国西南“村寨”研究的立足点。

---

① 才佳兴．黄岗侗寨的人口与家户经济研究［D］．北京：中央民族大学博士论文，2013.

② 郑晓旭，柳肃．湖南省通道县坪坦乡侗寨民居问题与改造对策［J］．小城镇建设，2010(2)：98-100.

③ 曾芸．空间视角下的民族地区乡村文化产业发展思考——基于贵州堂安侗寨的调查研究［J］．中国文化产业评论，2018(1)：175-184.

④ 张春艳．传统村落文化保护与经济协调发展研究——以黎平县地扪侗寨为例［J］．原生态民族文化学刊，2017(1)：101-105.

⑤ 周俭，钟晓华．发展视角下的乡村遗产保护路径探讨——侗族村寨田野工作案例［J］．城市规划学刊，2015(1)：54-60.

⑥ 杜凡丁，赵晓梅，贾玥．文化遗产保护中的“人”增冲鼓楼文物保护规划中的一些尝试［J］．中国文化遗产，2011(2)：54-65, 6.

三、国内侗寨遗产分区研究概述

本书聚焦的三个侗寨聚居区遗产研究各有千秋，它们分别是六洞九洞地区、三江地区和坪坦河地区。整体来看，首先，三个区域的物质遗产研究与非物质遗产研究并重，但是遗产保护管理方面除了六洞九洞地区相对丰富以外，另外两个区域研究较为薄弱。其次，物质与非物质遗产研究的割裂并不符合对该遗产类型的认知，二者内在的联系未在之前相关研究中充分体现。再次，一方面缺乏侗族文化各要素整体性的分布式认识，另一方面遗产要素的区域分布特征没有充分识别并加以区分，景观作为整体性的村寨面貌在保护中的落脚点不明，且侧重点还不够突出。总体来说，现有的研究丰富而扎实，为遗产保护奠定了坚实的基础。

1. 六洞九洞地区

在物质文化遗产方面，麻春霞从黄岗侗寨对水环境的再配置和森林系统的改造，论述侗族利用本民族文化去优化本民族的生息环境问题[①]。赵晓梅从功能性空间与仪式性空间分析六洞地区建筑空间所表达的民族文化，将建筑空间与民族文化、社区精神相联系[②]。蒲爽等以述洞鼓楼为例，分析了鼓楼的营造技艺和数理逻辑，探讨了侗族鼓楼的社会意义和文化内涵[③]。叶宝聪以侗族禾仓、禾晾架为例，分析功能性乡土建筑演变的历史进程，总结了功能性乡土建筑自汉至当代在侗族聚居区内的演变[④]。在非物质文化遗产方面，张国云认为黄岗侗族女性服饰符号体现其相关的生殖崇拜[⑤]。赵江红针对黄岗侗寨“喊天节”进行了考察，并梳理了其中的占雨术[⑥]。

在遗产价值方面，范松认为六洞侗寨展示出原真的民族建筑艺术，代表着侗族文化区的特色文化，是在一些地方已经消逝的亚洲古百越民族文化特殊的见证[⑦]。孙兆霞认为侗族梯田社会的标志文化及其内生的互嵌结构，催生出以梯田为主体的侗族同胞的社会记忆与合作传统，以鼓楼为中心的侗族社会规范和集体情感，“四个鬼”释义中的侗族人民的世界观和文化表达等遗产价值[⑧]。

---

① 麻春霞，罗康智．论民族文化对人居环境的优化——以贵州省黄岗侗寨为例［J］．原生态民族文化学刊，2012(2)：24–30.

② 赵晓梅．黔东南六洞地区侗寨乡土聚落建筑空间文化表达研究［D］．北京：清华大学博士论文，2012.

③ 蒲爽，樊浪波，黄川腾等．侗族独柱鼓楼构造特征及模态分析——以述洞鼓楼为例［J］．中国新技术新产品，2020(15)：92–94.

④ 叶宝聪．黔东南从江、榕江、黎平侗寨禾仓建筑衍变研究［D］．上海：华南理工大学硕士论文，2018.

⑤ 张国云．贵州黎平黄岗侗女服饰考察与研究［J］．装饰，2010(11)：122–124..

⑥ 赵江红．侗族的祈雨与占雨——基于黎平黄岗侗寨“喊天节”与存世文献的考察［J］．凯里学院学报，2019(5)：12–16.

⑦ 范松．试论“六洞九洞”侗寨的世界文化价值［J］．贵州民族研究，2012(3)：26–29.

⑧ 孙兆霞，曾芸，卯丹．梯田社会及其遗产价值——以贵州堂安侗寨为例［J］．中国农业大学学报（社会科学版），2015(6)：58–68.

在遗产的保护与管理方面，张子刚从物质文化遗产保护的视角指出，六洞地区物质文化遗产面临的最大危害是自然灾害，并且物质文化遗产保护与村民改善居住条件的诉求存在矛盾，由此大量建设性破坏出现[①]。李光涵以大利侗寨为例，分析文物保护原则与历史环境保存活化交互下侗寨鼓楼与风雨桥的保护重点不仅仅是技术性的结果，更是具有广泛意义的社会与文化进程的体现[②]。王早立从生活用水、地表水与生活污水方面分析了大利侗寨的水环境，并指出侗寨水环境系统存在水资源观念落后，阻断水道，潜在破坏乡村旅游等问题[③]。杜凡丁采用社会学调查的方法，肯定了增冲鼓楼保护规划中社区参与和尊重当地传统的重要性[④]。张乐以述洞侗寨为例，分析了传统村落保护的乡村治理经验，认为述洞村以村两委为主，寨老与村民小组为辅，实现了有效的乡村治理，保护了传统村落的山水格局，形成了自上而下与自下而上治理的结合[⑤]。

2. 三江地区

在物质文化遗产方面，陈倩婷、黄淑娟等分别从三江侗族地区村落形态原型与高定侗寨原生景观等视角进行归纳总结，得到“整体式”“机械式”村落原型[⑥]，以及鼓楼、民居组成的点，道路、水系组成的线和居住组团形成的面等景观要素[⑦]。秦红增以高友侗寨为例，描述侗族村寨的自然生态空间的形成与文化空间的建构，认为侗族村寨的空间结构体现了侗族人对人居和谐环境的追求[⑧]。陈容娟从村落地景的视角分析高定侗寨，认为高定侗寨的地域、地景相互联系、相互作用，形成复杂而多维度的空间结构，是基于侗族人对村落自然环境的观察和实践，并与其对空间和宇宙的认识相关[⑨]。杨明认为高定、马鞍侗寨形成过程是自组织的，体现了村寨选址和发展变化与地貌的联系性，且高定侗寨与自然环境的联系性较强[⑩]。秦红增从私人空间、公共空间与联系空间的建构，分析高友侗寨的空间结构，并将其与村寨历史、人伦观念、人际关系、

---

① 张子刚．物质文化遗产的保护与开发利用的思考——以九洞、六洞中心地区为例［J］．人口·社会·法制研究，2016(C1)：194–200.

② 李光涵．贵州大利侗寨的“保护”——以鼓楼和风雨桥为例［J］．建筑学报，2016(12)：16–21.

③ 王早立，张建林．浅论黔东南州大利侗寨水环境景观特征与保护策略［J］．贵州民族研究，2014(7)：64–67.

④ 杜凡丁，赵晓梅，贾玥．文化遗产保护中的“人”——增冲鼓楼文物保护规划中的一些尝试［J］．中国文化遗产，2011(2)：54–65, 6.

⑤ 张乐．传统村落保护中的乡村治理经验——以贵州省述洞村为例［C］//面向高质量发展的空间治理——2020 中国城市规划年会论文集．2021：626–636.

⑥ 陈倩婷．广西三江侗族传统村落形态原型及其适应性建构研究［D］．昆明：昆明理工大学硕士论文，2019.

⑦ 黄淑娟，黄铮，陆文超．桂北地区高定侗寨原生景观空间初探［J］．小城镇建设，2010(12)：90–93.

⑧ 秦红增，梁园园．侗族村寨的空间结构及其文化蕴涵：以广西三江高友侗寨为例［J］．西南边疆民族研究，2009(0)：55–69.

⑨ 陈容娟．侗族传统村落地景与空间结构研究——以广西三江高定侗寨为例［J］．怀化学院学报，2015(7)：9–13..

⑩ 杨明，李健．三江侗寨空间形态分形特征及场所性研究——以三个侗寨为例［J］．小城镇建设，2020(12)：92–99.

人与自然关系联系起来，系统地考证了高友侗寨的空间结构以及文化蕴涵[①]。在非物质文化遗产方面，蒋凌霞从村落布局、典型建筑分析高友侗寨是一种类型建筑群或景观的杰作范例，体现了侗族人民顺应自然、与自然和谐共生的关系[②]。在遗产价值方面，李晶晶通过田野调查认为高友侗寨韭菜节、四月八、五月五、斗牛、赛芦笙、坐夜、月也、侗族木构建筑技艺、侗族服饰制作技艺、银饰品制作技艺具有活态遗产价值[③]。

在遗产的保护管理方面，黄淑娟通过分析高定村的空间格局、民居布局与其他村落文化景观，提出动态保护与可持续发展高定村落保护策略[④]。谭丽林以旅游开发的视角，指出高友侗寨旅游开发缺乏规划意识，提出通过参与式规划，保留核心传统文化空间[⑤]。

3. 坪坦河地区

在物质文化遗产方面，姜又春通过明清以来坪坦河地区大量碑刻、木刻，研究村寨的“历史建构”，整理了“江西移民”与当地民族互动融合的历史事实[⑥]。谢伯军从乡村地理的视角出发，认为坪坦河流域侗寨在明末清初功能产生分化，初步形成以安全为导向、以“萨”为崇拜对象、以“补拉”为单元管理的聚落体系[⑦]。余凌云认为横岭侗寨形成“一轴两带多点”的景观空间布局[⑧]。此外，他总结坪坦河地区的侗寨具有因地制宜、讲究风水的选址特征，以鼓楼为中心形成山脊型、山麓沿河型与平坝型三种民居布局类型[⑨]。江维佳认为侗族的社会组织关系，即宗族关系、信仰体系与家庭结构，在不同程度上影响了芋头侗寨公共空间和民居室内空间：松散的社会结构和包容的宗族观念使侗寨内部公共空间自由发展，形成鼓楼等场所；对小家庭的重视，结合有限的山地资源，使民居具有多开间、模数化的特征[⑩]。肖彬依据城市意象的研究方法，将高步侗寨分为具有公共性的点状空间——土楼，具有连接性的线状空间——自然水系与道路系统，具有活动功能的面状空间——鼓楼坪等[⑪]。赵晓梅将阳烂聚落与建筑变迁纳入侗族历

---

① 秦红增，梁园园 . 侗族村寨的空间结构及其文化蕴涵：以广西三江高友侗寨为例［J］. 西南边疆民族研究，2009(0)：55–69.

② 蒋凌霞 . 侗族村寨的文化价值研究——以三江侗族自治县林溪镇高友侗寨为例［J］. 文化学刊，2020(12)：43–45.

③ 李晶晶 . 广西三江县高友侗寨田野调查［J］. 智库时代，2019(29)：168–169.

④ 黄淑娟，陆文超，黄铮 . 桂北高定侗寨村落文化景观保护与传承［J］. 山西建筑，2011(4)：1–2.

⑤ 谭丽林，吴笛霜 . 原生态侗族文化旅游开发研究：以三江县高友侗寨为例［J］. 广西师范大学学报 (哲学社会科学版)，2008(3)：53–56.

⑥ 姜又春 . 从“移民”到“土著”——坪坦河申遗侗寨的历史记忆与社会建构［J］. 民族论坛，2015(8)：40–45.

⑦ 谢伯军，姜又春 . 坪坦河流域传统乡村聚落地理研究［J］. 怀化学院学报，2016(12)：6–9.

⑧ 余凌云，叶思兰，彭黎等 . 坪坦河流域横岭侗寨景观布局规划与保护探究［J］. 现代园艺，2018(22)：55–56.

⑨ 余凌云 . 湖南怀化通道县坪坦河流域侗族民居布局研究［J］. 山西建筑，2015(30)：20–21.

⑩ 江维佳 . 湘西南地区侗族社会组织结构与建筑场所关系研究［D］. 长沙：湖南大学硕士论文，2018.

⑪ 肖彬 . 高步村侗寨公共空间“空间性”特征研究［J］. 城市建筑，2021(35)：130–132.

史与文化的整体中进行考察，分析其普遍性与独特性[①]。杨立国认为当地居民对不同景观基因如鼓楼、风雨桥感知不同[②]。巫涛采用空间句法对上堡侗寨进行分析，研究发现，随时间的推进，上堡侗寨文化空间景观从建筑内部的堂屋逐渐向建筑外部的院落发展；文化空间呈现两种自由随机的变迁方式发展；在简单民居内部，文化空间以堂屋为主，在有院落的民居中以庭院为主，在族系尺度则以公共空间为主[③]。

在非物质文化遗产方面，姜又春认为在村落社会中，土著、早期移民和后期移民通过“拟制血缘”和“宗姓联合”等文化手段建构其同一的侗族身份认同，沿坪坦河定居的各侗寨则经由“补拉联姻”这一特殊的婚姻制度实现地域社会的整合[④]。杜成材认为坪坦侗寨的萨岁文化属于侗族文化的子系统文化，是一动态的生命体，具有局部之于整体的结构价值；同时又是一个单独次级的文化主体，依其文化生态而赓续[⑤]。此外，李霞认为侗族民俗信仰还体现在衣服、住宅与节日等多个方面[⑥]。黄超男以坪坦侗寨芦笙舞为例，系统地梳理了侗族芦笙舞的流变及其现代化发展[⑦]。

在遗产的保护与管理方面，李金花从经济、生态、文化三个方面，分析传统糯稻的遗产价值[⑧]。范俊芳从布局形态、空间构成与空间层次分析，认为芋头侗寨具有自然、整体的美学价值[⑨]。

综上所述，围绕上述三个出发点，已有研究呈现出鲜明的特色，国内外学者对村落文化景观的认识各具特色，中国西南地区少数民族村落研究丰富而涵盖甚广，以区域为单位的小尺度研究逐步落实落细。但是，已有研究也存在诸多美中不足之处：

第一，国内村落遗产研究偏重遗产基础要素理论分析而缺乏遗产保护实践的深度反思。

第二，中国村落遗产保护研究紧跟世界遗产体系的步伐，但是未显现出特色，尤其是西南“村寨”本身的遗产特性阐释不足。

第三，物质与非物质遗产研究存在内在割裂，这不符合村落遗产类型的认识路径。

---

① 赵晓梅 . 阳烂侗寨的建筑与聚落空间［J］. 建筑史，2012(2)：106–114.

② 杨立国，林琳，刘沛林等 . 少数民族传统聚落景观基因的居民感知与认同特征：以通道芋头侗寨为例［J］. 人文地理，2014(6)：60–66.

③ 巫涛，黄宗胜，彭重华等 . 湘西南民族村落文化景观变迁研究——以湖南省上堡侗寨为例［J］. 安徽农业科学，2021(11)：189–193.

④ 姜又春 . 从“补拉”联姻和拟制血缘到地域社会整合——坪坦河申遗侗寨的迁徙与聚居［J］. 怀化学院学报，2015(8)：1–5.

⑤ 杜成材，龙先琼 . 侗族萨岁文化生态问题刍议——以湖南通道坪坦侗寨“萨岁安殿仪式”田野考察为背景［J］. 吉首大学学报（社会科学版），2016，37(1)：114–122.

⑥ 李霞 . 湖南通道侗族民俗信仰考察——以通道县坪坦乡为例［J］. 非物质文化遗产研究集刊，2020(0)：286–297.

⑦ 黄超男 . 侗族芦笙舞的流变及其现代化发展——以通道坪坦侗寨芦笙舞为例［J］. 辽宁体育科技，2019(3)：101–103，107.

⑧ 李金花，刘景慧 . 侗族传统糯稻的价值分析：来自阳烂侗寨的田野调查［J］. 怀化学院学报，2008(1)：6–9.

⑨ 范俊芳，熊兴耀 . 山水村落——芋头侗寨的村落景观空间及价值研究［J］. 华中建筑，2010（4）：107–110.

第二章

地理区划与历史背景

第一节 整体一致的自然地理环境

中国的侗族民族自治地区主要分布在中国西南，具体包括贵州省黔东南苗族侗族自治州、玉屏侗族自治县，广西壮族自治区三江侗族自治县和龙胜各族自治县，湖南省通道侗族自治县、新晃侗族自治县、芷江侗族自治县和靖州苗族侗族自治县。总体来看，侗族聚居区位于云贵高原东南边缘苗岭山脉与湘桂丘陵的交界地带，山脉纵横交错，河网密布，长江水系与珠江水系横贯其间。侗族村寨自然地理范围以苗岭山脉为北界，西为九万大山（广西融水苗族自治县三防镇、汪洞乡一带），东为八十里大南山（位于湖南省城步苗族自治县西南部），南抵珠江水系的都柳江与寻江汇合处。

侗族聚居区所在地理环境涉及喀斯特地貌、丹霞地貌两类典型的中国西南自然地貌，以地质地貌为基础，综合气候、水文、土壤及植被等各类要素，以侵蚀为主的自然地貌可进一步分为中山、低山丘陵、河谷三类区域。本书着重聚焦于六洞九洞所在的贵州省黔东南苗族侗族自治州中南部、三江地区所处的广西壮族自治区柳州市三江侗族自治县、坪坦河地区所处的湖南省怀化市通道侗族自治县东北和邵阳市绥宁县西南，以当代地理区划范围讨论其地理环境现状。以上三个地区的地理环境具有整体一致性，复杂而具体的地理环境又略有差别。黔东南与三江县地势连绵由西北略向东南倾斜，通道县则东、南、西三面高耸，中北部略低，与前两者形成围合态势。其次，三个区域村寨主要分布于低山丘陵台地、河谷两类地貌之间，区域内较为丰富的水资源为农业生产提供了基本保障。

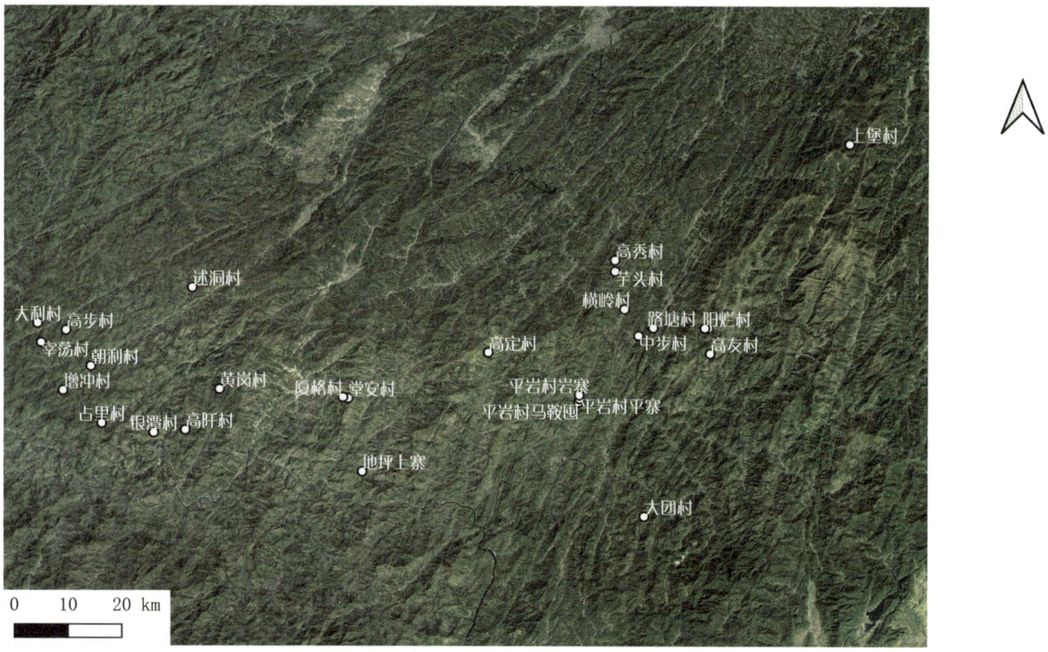

图2-1 侗族村寨地形地势分布图

一、六洞九洞地区：黔东南苗族侗族自治州中南部

黔东南苗族侗族自治州位于贵州省的东南部，其绝对地理位置坐标为东经 107° 17′ 20″ —109° 35′ 24″ ，北纬 25° 19′ 20″ —27° 31′ 40″ 。黔东南苗族侗族自治州北抵贵州省遵义市、铜仁市，南接广西壮族自治区柳州市、河池市，东连湖南省怀化市，西毗邻黔南布依族苗族自治州。自治州下辖州西部的凯里地级市和 15 个县，由北向南、由东向西依次是岑巩县、镇远县、施秉县、黄平县、三穗县、天柱县、台江县、剑河县、锦屏县、麻江县、丹寨县、雷山县、榕江县、黎平县和从江县。州境东西横阔 220 千米，南北纵跨 240 千米，据《黔东南苗族侗族自治州土地利用总体规划修改方案（2013-2020 年）》统计，土地总面积为 3028234 公顷[①]。其中，黎平县、榕江县和从江县为面积最大的三个区域。2020 年第七次全国人口普查数据显示，该州常住人口为 3758622。在 16 个县（市）中，仅凯里市城镇人口比重超过 50%，有 7 个县在 40%—50% 之间，有 8 个县低于 40%[②]。黔东南苗族侗族自治州是中国 30 多个自治州中总人口和少数民族人口最多的自治州之一。据 2018 年黔东南苗族侗族自治州户籍人口统计数据可知，33

① 黔东南苗族侗族自治州国土资源局 . 黔东南苗族侗族自治州土地利用总体规划修改方案（2013-2020 年）［EB/OL］（2018-04-14）.https：//web.archive.org/web/20180414234447/http：//www.qdngtzy.gov.cn/article.aspx?lb=41&id=3775.

② 黔东南州人民政府 . 黔东南州第七次全国人口普查公报［EB/OL］（2021-10-12）http：//tjj.qdn.gov.cn/tjsj/tjgb_57099/pcgb/.

个少数民族人口占总户籍总人口的 81.3%，约 391.21 万，其中苗族人口为首占 43.2%，侗族人口占 30.4%，约达 146.28 万人 ①。根据第七次全国民族人口普查可知，侗族人口数量居全国少数民族人数排名第十二位，民族人口近 350 万人。因此，黔东南苗族侗族自治州侗族人口占全国侗族人口的 41.8% 左右，由此可见该地区具有重要意义。

该州地处云贵高原东南部边缘的苗岭山脉向湘桂丘陵的过渡地带，处于中国地势三级阶梯中第二阶梯。该区域的地势西高东低，具体来讲，总体地势由西部向北、东、南三面倾斜。中南部苗岭山山系雷公山区以及南部九万山山系月亮山区的海拔最高，雷公山的主峰黄阳山海拔 2178.8 米，为州内最高点，月亮山主峰孔明山次之，海拔高度为 1427.4 米。受地质构造影响，起伏的山势构成了区域内地形的主体骨架，山地呈北东和北北东走向；东部和西北部主要为低山丘陵，地表起伏较小，相对高度多在 200 米以下；其余地区达 500–1000 米，呈山高谷深之势。黎平县的龙额区地坪水口河省界处海拔 137 米，为州内最低点 ②。

区域地貌将该州分为西北喀斯特岩溶地貌区和东南剥蚀侵蚀地貌区，二者界线大致以镇远县焦溪镇、台江县胞桐镇、凯里市挂丁镇、丹寨县复兴镇一线为分割界限。贵州喀斯特地貌为世界四种喀斯特地貌之一——亚热带季风型湿润喀斯特地貌 ③。具体来说，中部和西北部碳酸盐岩区内有碳酸盐岩、碳酸盐岩夹碎屑岩、碎屑岩和轻变质的千枚岩、板岩等交错分布，使岩溶地貌发育形成典型地貌，比如世界自然遗产施秉白云岩喀斯特地貌和麻江峰丛；向东南方向延伸为变质程度较低的板岩、千枚岩等构成的山丘，覆盖较厚的土层。中部至东南部非纯碳酸盐地貌（又称非喀斯特地貌）侵蚀—剥蚀作用为主的盆地、丘陵和山地（中山、低山）各类地貌，如黎平山地等。流水作用为主的河谷将山地切割导致区域地形破碎而复杂，比如都柳江两翼山势的递变轮廓和支流切割的小丘陵。

以苗岭为分水岭，全州河流分属长江和珠江流域，流长超过一万米的河流共计四百一十三条。州境内主要河流有三条：北部为沅江一级支流舞阳河及其主要支流龙江河、车坝河，源出福泉瓮安界山的大垴顶，由西向东流经黄平、施秉、镇远、岑巩，入玉屏侗族自治县境。中部为沅江上源清水江以及一级支流重安江、巴拉河、南哨河、乌下江、六洞河（邛下河）、亮江、鉴江、洪州河、对江河，二级支流台江河、乌密河、铜鼓河等，干流源出麻江都匀界山龙头岩，依次流经丹寨、麻江、凯里、台江、黄平、施秉、剑河、锦屏、天柱等县市。南部为柳江上游

---

① 黔东南苗族侗族自治州人民政府 . 人口民族［EB/OL］(2019–06–27) http：//www.qdn.gov.cn/zq/rkmz/201907/t20190730_5355292.html.

② 黔东南苗族侗族自治州地方志编纂委员会 . 黔东南苗族侗族自治州地理志［M］. 贵阳：贵州人民出版社，1990：134.

③ 景才瑞，刘昌茂 . 论长江以南地区岩溶地貌特征［J］. 华中师范大学学报(自然科学版)，1978(2)：47–62.

都柳江及其一级支流坝街河、寨蒿河、孖温河、平正河、家鸠河、双江、地坪河、西山河、雍里河、大年河，二级支流平永河等，属珠江流域、干流源出独山县境，自西向东流经榕江、从江、流入广西。各主要河流下游水流较为平缓，利于航运。

黔东南苗族侗族自治州属亚热带湿润气候，冬无严寒，夏无酷暑，年均气温介于14℃－19℃之间。近50年内的最高温超过38℃，一般在8月出现，最低温一般在1月出现，低于－7℃。该地降水较多，年均降雨量在1000–1500毫米之间，降水多集中于6月份，全年降水天数一般超过160天。日照年均约1200小时，无霜期长，为220–260天。

区域地貌地形破碎而复杂，州境又可分为高、中、低三个气候区。地理位置最南缘的从江县和榕江县属于河谷高温区，年均温在18℃以上，雨热结合最佳，南部地区无霜期平均为310天，年积温在6600℃以上，适宜热带植物生长。介于15.3–16.7℃的中温区分布于台江、剑河、天柱、锦屏、镇远、岑巩等县。麻江、丹寨、凯里、炉山和黄平等属于高寒低温带，年均温在

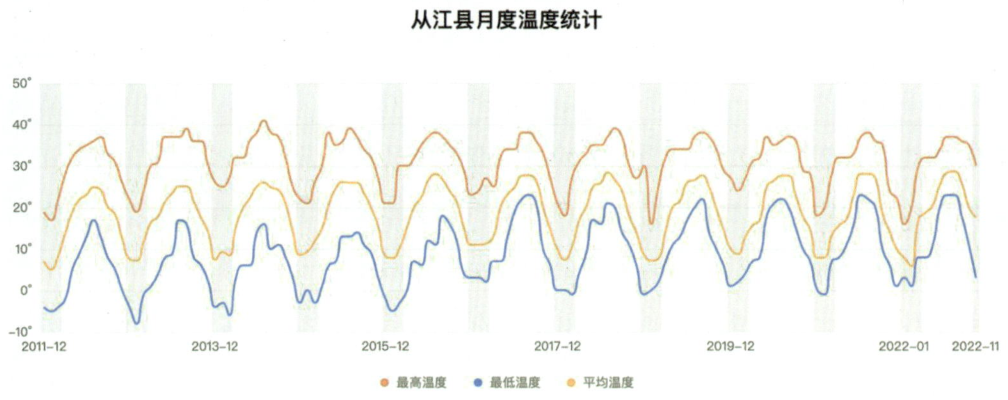

图2–2 从江县近十年气象数据图[①]

① 和风天气网从江县月度气温与降水统计数据 https：//www.qweather.com/historical/congjiang-101260517.html.

15℃以下，其年积温低于 5300℃。此外，区域内的近千座山地的气候也随着海拔的变化呈现出地带性山地立体气候。黔东南地区的太阳总辐射是全国低值区，北部岑巩和中南部的黎平、从江、榕江、丹寨及雷山是区域内光照高值区。但是，该地的光照最佳区域与雨热结合最佳的区域不完全符合，比如高海拔低温的三穗、台江、凯里、麻江、丹寨等在 7—8 月份也位于州境光照高值区①。气候的多样性使该区域农作物类型也极具多样性。

土壤分布与气候的地区性差异相适宜，州境内土壤有 11 个种类，以黄壤、红壤和水稻土为主。土壤类型的分布符合地带性山地立体性气候特征，西北部垂直性差异显著，海拔 300–400 米为红黄壤，400–700 米为黄红壤，700–1400 米为黄壤，1400–1800 米为山地黄棕壤，1800 米以上则为草甸土，其中黄壤占绝大多数。黄壤由板岩、砂岩、砂石岩和凝灰岩风化而成，适宜种植玉米、小麦、黄豆、红薯、烤烟和油菜，还适宜栽种油茶、水果或种草。南部以红壤为主，如天柱、锦屏、黎平、从江、榕江等县的低山丘陵地、盆地和谷地，红壤由板岩、砂岩、砂页岩和凝灰岩的风化物和第四纪粘土溶化而成。红壤适宜种植油菜、茶叶和水果。东部则主要为红黄壤。此外，水稻土主要发育于黄壤、红壤、黄红壤、紫色土以及冲积、洪积性土母质，在全州广泛分布于山间盆地和山缘旁坡地带，它们经过人工改良又进一步演化为坝田、梯田，水稻、小麦和油菜都适宜在此种植。除了这几类主流土壤外，黄棕壤红色石灰土、黑色石灰土、紫色土、粗骨土和潮土等也零散分布于各地山坡，低密度低强度的土地利用是其水土保持的重要组成部分②。

该州的植被随气候和海拔变化而变化，具有地带性山地立体性气候特征。南部河谷多常绿栎树，有岭南石栎、南石栎、罗浮栲、南亚栲、榕树和芭蕉等。东部地区多为黔中高原常见的青冈栎、枫香、光皮桦、锥栎和马尾松等。山地地貌中，雷公山、九万大山、月亮山等中山地区垂直地带性山地立体性气候显著，海拔 1400 米以下则多中亚热带常绿阔叶林，1400–1800 米为常绿阔叶落叶混交林，1800 米以上则为高山矮林灌丛。

综合地质、地貌、气候、水文、土壤和植被等情况，本书拟将黔东南苗族侗族自治州自然环境定性地分为四大典型区域：西北喀斯特地貌区、南部河谷地带、中部横贯东西的中山地带以及中部低山丘陵区域（非中山地带）。得天独厚的自然地理条件造就了黔东南州丰富的民族文化，尤以苗族、侗族的文化最具特色。黔东南苗族侗族自治州是苗族侗族文化保存最为完整的地区，其中又以村寨、稻鱼鸭共生耕作系统、服饰工艺、吊脚楼、音乐舞蹈、宗教祭祀、节日庆典等最具代表性。

---

① 吴德海 . 黔东南苗族侗族自治州志农业志［M］. 贵阳：贵州人民出版社，1994：9.

② 吴德海 . 黔东南苗族侗族自治州志农业志［M］. 贵阳：贵州人民出版社，1994：8.

二、三江地区：三江侗族自治县

三江侗族自治县是中国广西壮族自治区柳州市所辖自治县，它位于广西壮族自治区柳州市北端，下辖六镇（古宜镇、斗江镇、丹洲镇、八江镇、林溪镇、独峒镇）、六乡（梅林乡、洋溪乡、良口乡、老堡乡、和平乡、程村乡）和三个民族乡（同乐苗族乡、富禄苗族乡和高基瑶族乡）。三江侗族自治县位于湘、黔、桂三省（区）交界之处，地理坐标位于东经 108° 53′—109° 47′、北纬 25° 22′—26° 2′。该自治县北靠湖南省通道侗族自治县、贵州省黎平县，南邻广西壮族自治区融安县、融水苗族自治县，东连广西龙胜各族自治县，西接广西融水苗族自治县、贵州省从江县，全县县域总面积达2454公顷[①]。三江侗族自治区是湘、黔两省及西南地区东进南下的咽喉之地，东西南北经济、文化汇聚于此。

据最新数据，三江侗族自治县户籍总人口 41.8 万人，常住人口达 27.23 万，主要居民为侗、苗、瑶、壮、汉等民族，侗族人口约 18.11 万，占户籍总人口的 56.33%[②]。它不仅是广西唯一的侗族自治县，也是全国 5 个侗族自治县（广西三江侗族自治县、湖南省通道侗族自治县、贵州省芷江侗族自治县、贵州省新晃侗族自治县、贵州省玉屏侗族自治县）中侗族人口最多的县份，占全国侗族总人口的近 12%。

三江侗族自治县处云贵高原东缘、桂北山区与桂中丘陵的过渡地带，地形地势及山体形态复杂，地势由北向南倾斜的同时四周又向中南部倾斜。遍布山地、丘陵的三江自治县有超过 1000 米的中山主峰 11 座。其中，云贵高原苗岭山系自西向东南延伸的东翼山脉——白云山山脉，最高峰为白云山，海拔 1448 米，是该区域地形的骨架。绝大多数地貌则为低山丘陵（海拔 200—1000 米），相对高度仅有 200—300 米。此外，亦有少数河谷地带[③]。以上地貌又可以坡度为界，分为构造剥蚀中低山陡坡和缓坡两种类型地形[④]。构造剥蚀中低山陡坡地形主要分布于斗江镇、牛浪坡、板壁以东，北部林溪镇、独峒镇一带、同乐乡以西，并与贵州省构造剥蚀中低山相接，地形与上述贵州黔东南苗族侗族自治州中东部中山向低山丘陵过渡区相似。高强度侵蚀导致典型的 V 形深谷和独立的山峰或陡窄的山脊。而构造剥蚀低山缓坡则介于贵州黔东南苗族侗族自治州南部河谷地带与低山丘陵之间。三江侗族县构造剥蚀低山缓坡主要分布于浔江、榕江及其各大支流沿岸，具体包括河谷丘陵、河流谷地和残余山前坡地。相较河流深切陡坡，

---

① 广西柳州三江侗族自治县人民政府办．三江概况［EB/OL］(2021-12-15) http：//www.sjx.gov.cn/zjsj/sjgk/.

② 三江县统计局．三江县七人普公报解读：人口持续增长 优势与隐忧并存［EB/OL］(2021-06-29) http：//www.sjx.gov.cn/sjzt/sjfb/tjfx/202106/t20210629_2856978.shtml.

③ 三江侗族自治县农业局．三江侗族自治县耕地地力评价［M］．南宁：广西科学技术出版社，2016：12.

④ 蒙清荣．三江侗族自治县概况［M］，北京：民族出版社，2008：3.

此类低山山脊宽平，且山前坡积、洪积与流水沉积物汇合形成缓坡，以供人类栖居。此外，河流沉积所致沙洲、牛轭湖等也见于主干河流两岸。

三江侗族自治县位于区域构造抬升脊部东侧，因此广泛出露华南古老的地层，地层自元古代、早古生代一直延伸至晚古生代。区域地质调查显示丹洲群、震旦纪出露地层占全县面积的95%以上，下古生界寒武纪在斗南、老堡附近小面积出露，上古生界泥盆纪只在沙宜以西断裂带留痕，中生界白垩纪则在县域北部程阳呈点状分布①。地质地层中的砂页岩、泥岩以及冲积、洪积碎屑作为成土母质广泛分布。该区域地层陈述了较为完整的地质发展史，比如"广西运动"的大型地质构造活动呈现了海相、陆相的更迭。

三江侗族自治县属于低纬度地区，其亚热带、南岭湿润气候区与贵州黔东南苗族侗族自治州南部河谷地带相似。全年平均气温约为18℃，雨量充沛且雨热同期，年均降雨量1546毫米以上，年平均日照1332.3小时，无霜期315天。

在三江地区内，河流纵横交错，根据当地统计，全县有74条大小不一的河流，均属于珠江上游的西江水系，总长689千米，河网密度为每平方千米0.28条，主流和支流总长689千米，年径流量为25.57亿立方米，河流有较宽阔的集雨面积和丰富的水能蕴藏量。其中三条主要河流串联该区域，溶江（支流包括苗江、大地河、晒江河、小宾河、高露河、大年河、八洛江、西江河）、浔江（支流包括斗江、林溪河、漾口河、八江河、洒里河、燕茶河）以及苗江（支流包括西坡河、板江、田寨河）。

三江侗族自治县土壤土类与上述贵州黔东南苗族侗族自治州相似，以红壤为主，并呈现出海拔高度地带性差异。根据2019年第三次全国国土调查数据可知，全县耕地、园地、林地、草地、内陆滩涂湿地面积分别为1.6万公顷、2.5万公顷、1.7万公顷、0.14万公顷和0.06公顷，远超城镇工矿及交通运输用地②。

三江侗族自治县有丰富的矿产与野生动植物资源。根据《三江侗族自治县矿产资源总体规划》可知，三江县境内已勘查确认的矿产种类有石煤、铁、钒等20种，目前，经批准投入开发、利用的矿产资源主要有重晶石、铅锌矿等8种矿产。三江侗族自治县内野生动物有100多种，具体包括国家重点一级濒危保护野生动物（2种）、国家重点二级濒危保护野生动物（10余种）以及珍稀、地方重点保护野生动物（10余种）。三江侗族自治县野生植物资源以杉、松、茶、桐、竹等五类为主。国家重点保护树种则包括国家一级珍稀、濒危树种（4种），国家二级珍稀、

① 蒙清荣.三江侗族自治县概况［M］，北京：民族出版社，2008：2.

② 三江侗族自治县自然资源和规划局.三江侗族自治县第三次国土调查主要数据公报［EB/OL］（2022-04-26）http：//www.sjx.gov.cn/sjzt/sjfb/tjsj/202207/t20220725_3103231.shtml.

濒危树种（12 种以上），国家三级重点保护树种（10 余种），以及地方重点保护树种（11 种以上）。若以树龄计算，此地有国家一级、二级、三级古树，国家一级、二级、三级珍稀树种。

三、坪坦河地区：通道西南—绥宁东北

通道侗族自治县是湖南省西南边陲怀化市南部自治县，通道县下辖九镇（双江镇、县溪镇、播阳镇、牙屯堡镇、菁芜洲镇、溪口镇、陇城镇、万佛山镇、独坡镇）、一乡（坪坦乡）和一个民族乡（大高坪苗族乡）。湖南省邵阳市西部边陲绥宁县南与通道县相接，绥宁县下辖八镇（长铺镇、武阳镇、李熙桥镇、红岩镇、唐家坊镇、金屋塘镇、瓦屋塘镇、黄土矿镇）、一乡（水口乡）、八个民族乡（东山侗族乡、鹅公岭侗族苗族乡、寨市苗族侗族乡、乐安铺苗族侗族乡、关峡苗族乡、长铺子苗族侗族乡、麻塘苗族瑶族乡、河口苗族乡）。

通道位于湘、桂、黔三省（区）交界之处，绥宁则沿着河流与之呈西南—东北向接壤。通道县北接湖南省靖州苗族侗族自治县，南毗广西三江侗族自治县、龙胜各族自治县，东邻湖南省城步苗族自治县，东北接绥宁县，西连贵州省黎平县、从江县，是中原通往大西南的要道。县域的地理坐标为北纬 25° 52′—26° 29′，东经 109° 26′—110° 1′。县域土地总面积 333.8 万亩[①]。据第七次全国人口普查数据可知，全县常住人口为 20 余万，其中乡村人口超过城镇人口数量[②]。通道侗族自治县少数民族以侗族为主，其中侗族人口占自治县总人口的 77.9%，约 18.68 万[③]。

绥宁县北接湖南洞口县，南连城步苗族自治县，西邻会同县和靖州苗族侗族自治县，东与武冈市相接。县域地理坐标为北纬 26° 51'38"—27° 22'23"，东经 110° 8′40"—110° 57′10"。县域土地总面积约为 0.29 万平方千米。根据第七次全国人口普查数据可知，绥宁县人口大约有 28.82 万人，该区少数民族人口比例约为 62.17%，侗族人口约为 19760，约占总人口的 7%。

通道县境在云贵高原与南岭西部之间，东北与雪峰山相连，西南有贵州苗岭山脉。整个地区山多而田少，被称为“九山半水半分田”。八斗坡位于县内南部，它同时也是长江和珠江流域的分水岭。县域北部普遍高于分水岭，东、南、西边缘也较高，北部隆起，中部凹陷，地势向中部、西北部倾斜，形成山地夹丘陵、谷地的地貌，呈明显的带状分布规律。分水岭以北属于长江流域，占县总面积的 93.8%，地貌特征延续上述贵州省黔东南苗族侗族自治州中部区域。分

① 通道县人民政府 . 自然地理［EB/OL］（2021-12-24）http：//www.tongdao.gov.cn/tongdao/c101122/singleArticle2021.shtml.

② 通道县统计局 . 通道侗族自治县第七次全国人口普查公报［1］（第一号）［EB/OL］（2021-06-23）http：//www.tongdao.gov.cn/tongdao/c132531/202106/3d54dedfc09347f7a2544400810f9cff.shtml.

③ 通道县人民政府 . 通道人口［EB/OL］（2021-12-25）http：//www.tongdao.gov.cn/tongdao/c101124/singleArticle2021.shtml.

水岭以南，地势从北向南急剧下降，地表切割深，地势起伏大，山高谷深，形成独特的山地地貌景观，属于珠江流域，占县总面积的 6.2%，与上述两区域中山地地貌有一定共性。通道县域最高山峰为与东侧城步苗族自治县交界的烂泥界（又称牛皮界），海拔为 1620 米，最低点为坪阳乡新江河口处，海拔为 168 米。该区域区别于其他两地的独特地貌是居于县域中部的万佛山丹霞地貌景观，万佛山海拔仅有 597.9 米，红色碎屑岩却纵贯绵延一百多平方千米。绥宁县位于通道县东北，它地处南岭山脉八十里大南山北麓和雪峰山脉南支的交汇地带，山地是境内主要地貌，中部纵向隆起的山脉构成区域地形骨架，南、北、东三面均有高山环抱。其中，全县地势最高点是黄桑苗族乡的牛坡头，海拔 1913 米，而全县海拔最低点的地方是麻塘苗族乡境内的溪口河床，海拔约 205 米[①]。

通道县有集雨面积 5 平方千米以上的河流 94 条，河流水能理论蕴藏量大，达 10 余万千瓦。河流分属于长江和珠江两大水系，流域面积总共 5163.9 平方千米，其中境内流域面积 2238.8 平方千米，每百平方千米内有 4 条溪河。从八斗坡向南，依次是平等河、普头河、恩科河、里溪河、洞雷河，经广西龙胜、三江等县流入浔江，汇入融江，属珠江水系。县境内共计 89 条溪河汇集于渠水，经靖州、会同、洪江等县市，注入沅江，属长江水系。绥宁县也分为西部沅江、东部资江两大水系，沅水一级支流有巫水、界溪河，资水一级支流有蓼水、平溪。绥宁县境内共有河、溪、涧 2500 余条，流域总面积达 2900 平方千米。通道县、绥宁县两地主要通过沅水水系沟通。

通道侗族自治县和绥宁县均属于亚热带季风湿润气候，整年气候温和，冬季温和而夏季凉爽，两地平均气温为 16–17 摄氏度之间。区域雨量丰富，年降雨量在 1325–1480.7 毫米之间，年平均日照超过 1400 小时，无霜期在 300 天左右。

通道自治县的自然物产丰富，已发现的金属矿藏有 11 种，非金属矿藏有 6 种以上。绥宁县已探明的非金属矿和金属矿有 20 余种，其中铁矿、石煤、花岗石、锰矿等储量丰富，是本县的优势矿种。两地植物资源十分丰富，森林覆盖率均达 74% 以上，森林蓄积量大而种类繁多，是湖南省重点林区县区。据 1983 年的调查，通道县有兽禽 100 余种，其中国家一级保护动物有 5 种，二级保护动物 34 种，三级保护动物 21 种以上，属省级保护珍贵或有益动物 21 种以上。因为通道自治县介于华中、华南和滇黔桂植物区系的过渡地带，含三个区系的植物成分，以华中植物居多。具体来说有木本植物 109 科、352 属、1202 种，拥有全国亚热带植物种类的 40%，其中 44 种属国家保护稀有珍贵树种、24 种属省重点保护树种。除木本植物以外，还有 100 多种草本植物、500 多种竹类植物、21 种蕨类植物，以及丰富的藤本植物和菌类。通道自治县是湖

① 绥宁县人民政府 . 绥宁概况［EB/OL］（2022–12–03）https：//www.hnsn.gov.cn/hnsn/xzjsn/zjsn_newxx.shtml.

南省树种资源最多的县，被誉为“通道是一处不可多得的植物宝库”[①]。绥宁县也设置了黄桑国家级自然保护区，对植物进行整体性保护，其中包括木本植物 102 科、271 属、1021 种。其野生动物资源也十分丰富。

综上所述，本节所涉及的侗族聚居区地理环境均是以侵蚀为主的自然地貌，又进一步分为中山、低山丘陵、河谷三类区域。六洞九洞地区所在的贵州省黔东南苗族侗族自治州中南部、三江地区所处的广西壮族自治区柳州市三江侗族自治县、坪坦河地区所处湖南省通道侗族自治县东北和邵阳市绥宁县西南，均处于以上三类综合自然地理环境之中。而在历史研究中，这三类综合自然地理环境又有一与之相近的概念——“黔湘桂毗连地带”，其分布范围大致与上述自然地理范围吻合，下文将进一步深入对该区域历史地理信息进行探讨。

第二节　历史地理背景：边区隙地与文化堡垒

1985 年张民撰写《侗族简史》首次提出了“黔湘桂毗连地带”，而该书也是第一本侗族史书籍。张民指出“从古至今侗族主要居住在今湘黔桂毗邻地带的苍山翠谷之中”。“黔湘桂毗连地带”后来又被表述为“黔湘桂边区”或“黔湘桂毗邻边区”。

若将其置于历史的发展背景中研究，则需要聚焦于西南侗寨历史、地理研究。西南侗寨属于中原文明与少数民族交融碰撞的前沿地带，历史上多次人口迁移也在一定程度上推动了西南地区文化多样性的发展。因此，人口迁徙中的历史与地理是深入了解侗族发展的钥匙。《民族问题五种丛书》总结了史学界对侗族历史源流的不同看法，四种观点列述如下[②]：第一种认为侗族是土著民族，自古以来就劳动生息在这块土地上，是在这块土地上形成的人民共同体。如罗康隆认为侗族是形成于唐宋之交的“土著民族”，没有发生迁移过程[③]。第二种认为，侗族是从都柳江下游的梧州一带溯河而上迁徙到今日侗乡的，这一说又具体分为“梧州说”“西瓯骆越说”和“干越说”。如李斌以清水江地区侗族为例，认为侗族是沿都柳江而上古代百越族群发展来的一支[④]；张民则认为侗族是由西瓯发展起来的民族，起源于梧州，并且从语言的视角分析粤西桂东地区侗语的延续性[⑤]；田曙岚从侗水族群的习俗出发，认为侗族来源百越系统[⑥]。第三种认为，侗族是从

① 中华人民共和国国家民族事务委员会 . 通道侗族自治县［EB/OL］(2004-07-13) https：//www.neac.gov.cn/seac/ztzl/201207/1067840.shtml.

② 《中国少数民族》修订编辑委员会等 . 中国少数民族［M］. 北京：民族出版社，2009：701.

③ 罗康隆 . 侗族的“土著”与“外来”之辨［J］. 怀化师专学报，1994(1)：1-7.

④ 李斌，吴才茂 . 明清以来清水江流域民间移民的生存策略［J］. 凯里学院学报，2021(5)：31-37.

⑤ 张民 . 试探侗族形成［J］. 贵州民族研究，1994(2)：95-104.

⑥ 田曙岚 . 骆、僚研究［J］. 中南民族学院学报(社会科学版)，1986(A1)：4-11.

长江下游的温州一带经过洞庭湖沿沅江迁徙来的，因为属北部方言的侗语中流传的“祖公进寨”歌有这样的传说，但是20世纪40年代徐松石的联想被张寿棋等否定[①]。第四种认为，侗族的主体成分是土著，在长期的历史发展过程中融合了从外地迁来的其他民族成分。如廖耀南认为以侗族土著民族为主体并融合了来自骆越和干越族群[②]。目前，第二种说法和第四种说法是学界较为广泛的认识。邓敏文提出了一系列对于“族群”本土外来的界定，她一方面认为学者对远古民族的分类不同，文献的缺失使其难有可靠的论证，所以争论难以解决，她期待着考古学进一步揭示该迁徙路径[③]。回归遗产区所覆盖的区域，目前可资利用的文献说明至晚在唐代，侗族已分布于湘黔贵的交界地点，因此，此地在民族迁徙的激荡中始终处于侗族发展的中心地带。

在历史行政区划方面，三个地区历史区划形成年代不一，且发生过多次调整，侧面反映出三个地区侗族聚落聚合与离散的历史进程。三个地区在不同历史阶段虽各有归属，但其共性特征在于都处在核心历史区划的边缘交界地带，总体来说，明代的历史区划奠定了当代区划的基础。

黔东南苗族侗族自治州自秦统一后属于黔中郡，并在夜郎国设郡。西汉时汉武帝推进郡县制，黔东南苗族侗族自治州所在的贵州东部改秦黔中郡为武陵郡。隋代属牂柯郡、沅陵郡和始安郡交界地带。唐置黔州都督府，统辖六州，推行经制州与羁縻州并行制度，今黔东南苗族侗族自治州属黔中道黔州所领，与东侧通道县所在巫州相邻。宋代朝廷加授土著首领田佑恭贵州防御使，贵州成为行政区划名称，但当时仅限于今贵阳一带，因此，黔东南州所在地带属于黔州所领诸羁縻州边缘地带。元朝在民族地区推行土司制度，黔东南自治州属于湖广思州宣慰司镇远府；明代“改土归流”，“开辟苗疆”，废思州宣慰司，黔东南苗族侗族自治州东南部地区所在黎平府隶属贵州布政司，已见当代区划雏形。清代区划基本袭明代，除西北两侧略有扩张外，黔东南苗族侗族自治州的东南边界略同今日[④]。民国初期该州分属黔东道和黔中道，1935年后，分属全省第一、八、十行政督察区。1949年11月设镇远督察区专员公署。1956年建黔东南苗族侗族自治州，州府驻地凯里，黎平、从江、榕江、丹寨、麻江五县划入都匀专区，余庆县划归遵义专区，炉山县更名为凯里县（1984年撤县建市）。

汉代三江侗族被划归毗邻武陵郡南的交趾郡，唐代该地属于岭南东道融州东北部。北宋三江地区属于广南西路江州中北部，南宋依旧属于该路静江府西部融州区域。元代三江地区属于湖广行省静江路西、柳州路北、庆远南丹安抚司东融州地区北部。明代三江地区属于柳州府，但是尚未有独立的行政建制。明万历元年后，全县始设宜良、浔江、万

---

① 张寿祺．关于侗族名称的来源问题［J］．民族研究，1982(3)：56–59，62.

② 龙耀宏．侗族源于“干越”考［J］．贵州民族研究，1987(4)：144–150.

③ 邓敏文．《祖公上河》的成因与侗族族源［J］．贵州民族研究，1987(4)：151–158.

④ 见《贵州省历史地图集》。

图2-3　明代贵州省域历史地理行政区划图①

石、丹阳四镇及三甲八里。在少数民族聚居的诸营峒内，还设有土舍，由民众推举6名土舍长官管理。清朝时期，全县下辖镇、冬、甲、峒等行政区。清代三江县属柳州府，与黎平府、荆州遥相呼应。乾隆四十三年（1778）于古宜增设县衙门分署②。民国前期全县划为四区四十八团。三江县人民政府成立后，全县划分六区三十三乡。1951年4月，调整成以数字为代号的九区三十四乡。1980年4月，恢复古宜镇，三江县设一镇十一个公社。至2022年，全县下辖十五乡镇，其中六镇、六乡、三个民族乡，下辖一百七十个村（社区）③。

通道县与绥宁县历史悠久，春秋、战国时期已属楚黔中地，秦为古镡成地属象郡，汉高祖五年（前202）置通道县所在区域为武陵郡镡成县地，唐转为江南西道下叙州潭阳郡朗溪县地，北宋时期，通道与绥宁分属荆湖南路下靖州、黄冈军两地。其中，宋元丰七年（1084）置罗蒙砦（元祐三年废，沿今县溪镇），崇宁元年（1102）设罗蒙县，翌年

① 谭其骧．中国历史地图集（第七册）［M］．北京：中国地图出版社，1982: 80–81.

② 广西壮族自治区自然资源厅．广西历史地图集［M］．北京：中国地图出版社，2020.

③ 县史志研究室．三江县行政区划的历史沿革——广西柳州三江侗族自治县人民政府门户网站［EB/OL］（2022-07-25）http：//www.sjx.gov.cn/sjzt/jczt/dqzt/clw/zs/202207/t20220725_3102943.shtml.

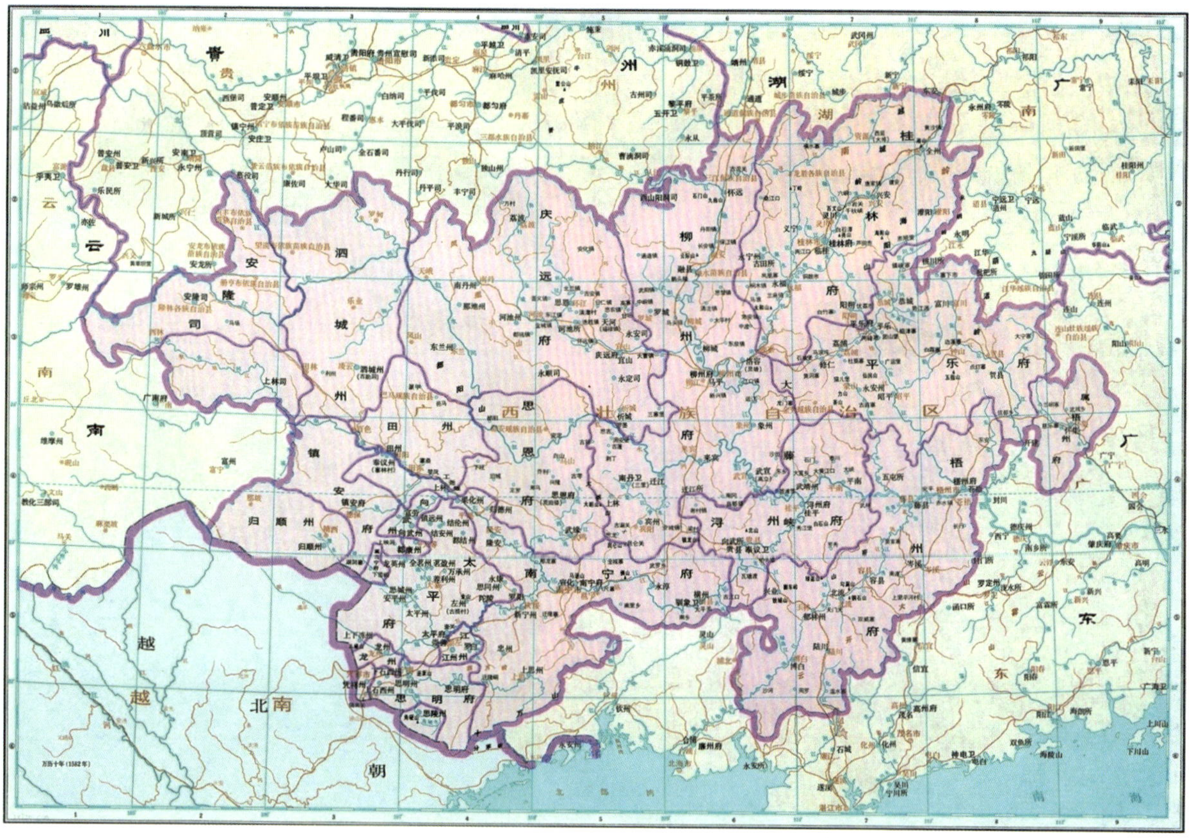

图 2-4 明代广西省域历史地理行政区划图 ①

改为通道县，属靖州（原诚州，同年改）。元至元十二年（1275）靖州改为靖州路，自此二者合并同属于一行政管辖区域。明洪武十年（1377）撤通道与绥宁同入靖州，洪武十三年五月复置，属湖广布政使司辖靖州。清沿明制，县境范围隶属关系无变。民国初期，通道县隶辰沅道，民国十一年（1922）废道，县直属于湖南省。解放初，先后隶会同专区（1949.10–1952.8）、芷江专区（1952.8–1952.11）。1981 年 6 月 30 日黔阳地区改称怀化地区，通道县随属。1998 年撤怀化地区，设地级怀化市，通道随属至今 ②。

三个侗族地区区划的确立可能存在时间差异，由此必然导致西南地区侗族群体形成存在一定时间差异。但是，这种地方的差异性远低于其历史进程中区域的一致性。具体到历史地理的专向门类，尽管目前系统介绍侗寨历史交通地理、历史文化地理的著作相对较少，但是，该区域对历史经济地理和人口地理研究有较前沿的认识。这在一定程度上有助于我们更加完整地理解不同地区侗族与侗寨的共同性与差异性。

① 谭其骧 . 中国历史地图集（第七册）［ M ］. 北京：中国地图出版社，1982: 74–75.

② 通道县人民政府 . 通道侗族自治县人民政府“历史沿革”［ EB/OL ］（2022–01–24）http：//www.tongdao.gov.cn/tongdao/c101127/singleArticle2021.shtml.

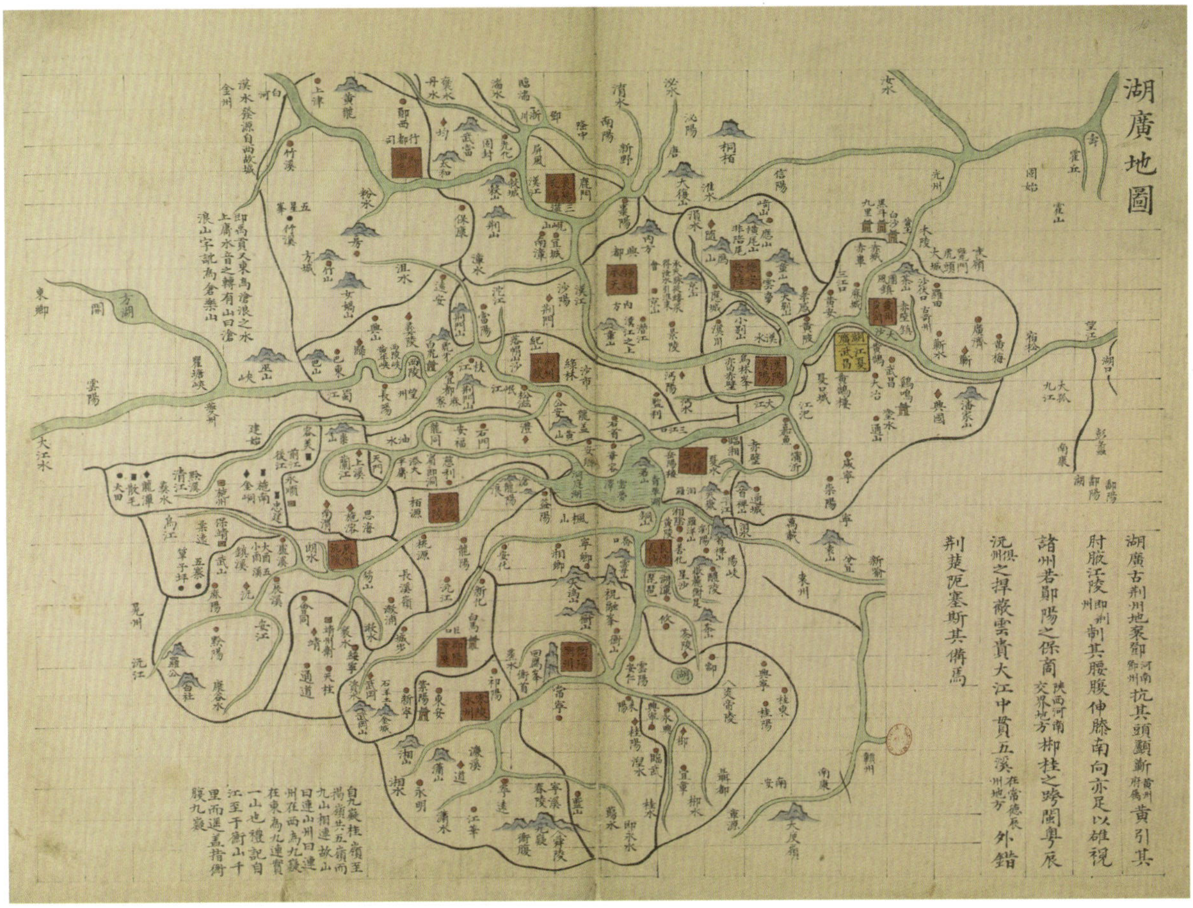

图 2-5 《皇明职方地图·湖广舆图》①

在历史经济地理方面，尽管三个地区经过了多次区划调整，但以农业生产为主的侗族，其产业传统在一定程度上影响着地理空间的识别。首先，以土地为根本的农业生产，必然涉及土地流转与产权分配的问题，最终影响侗族的社会经济结构。林芊分析了近代以来清水河凸洞侗族的土地契约文书（天柱卷），认为侗族中小农户地权转移活跃，不存在土地集中的现象，是一个以自耕农为主构成的侗乡社会②。其次，林业作为侗族又一赖以为生的生计，自清朝开始，形成了款约规范的商品交易体系。凌永忠认为，清水江流域大量清代林业买卖的契约文书，是当地木材商品化的体现③。最后，侗族农业产业传统的地理分布不仅体现于村落聚居地，同样体现于过往以农业产业为名的地理空间中。刘芳详细考察了湖南侗族地区地名，讨论了侗族农林渔

① （明）陈组绶绘：皇明职方大一统图［M］. 此本为清道光时期据崇祯九年刊本传抄的彩绘本，该本去除了崇祯本计里方格，其中湖广舆图为第二册第 10 页，现藏于哈佛燕京图书馆 .https://nrs.lib.harvard.edu/urn-3:fhcl:29094831.

② 林芊 . 近代天柱凸洞侗族地区的土地买卖和地权分配：清水江文书（天柱卷）研究之一［J］. 贵州大学学报（社会科学版），2013(2)：57-67.

③ 凌永忠 . 雍正年间“开辟苗疆”对商业经济的影响［J］. 贵州文史丛刊，2008(3)：15-19.

类经济与当地地名的联系[①]。经济的自给自足是该黔湘桂边区的重要特征，而历史交通地理也支持这一认识，并且呈现出鲜明的历史阶段。

栗明清认为湘黔桂边区向来是东南沿海到大西南的要冲，枝柳铁路、湘黔铁路、黔桂铁路贯穿 22 个县（市），其他县也在铁路辐射范围内，最远的也不超过 200 千米。有三条公路干线贯穿南北，两条干线贯穿东西。省际之间、县际之间均有公路交通，初步形成了铁路、公路交错的网状交通[②]。但是，在古代交通地理方面，以黔东南苗族侗族自治州北部施秉—镇远为中心的湘黔古官道是区域交通的干道，自平越驿（福泉）、偏桥驿（施秉）、镇远驿、清浪驿、平溪驿（玉屏）[③]、晃州驿（新晃）、便水驿（芷江）向东北怀化驿[④]。此条湘黔干道开辟于元代，湘桂、黔贵两线则开辟更早。始于长沙的湘桂驿路干道则向西南经过黄堡驿至衡阳、排山驿、祁阳，至

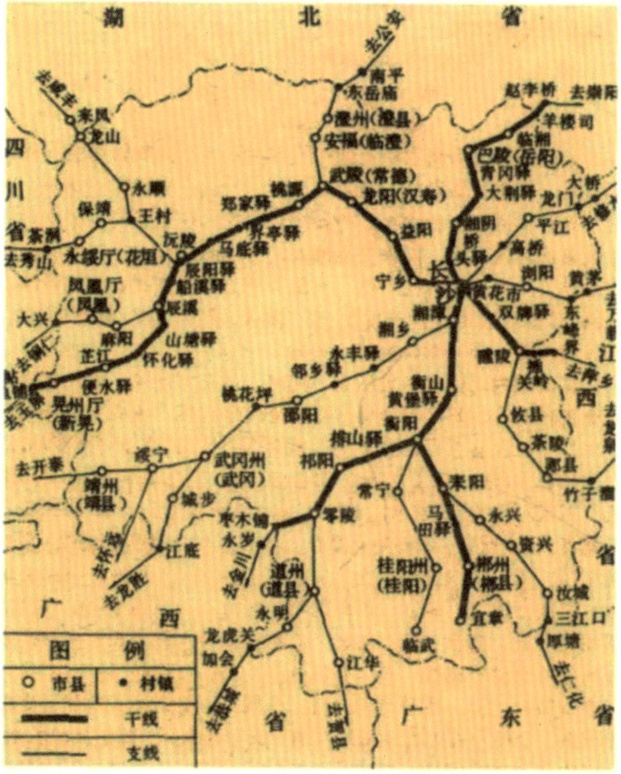

图 2-6 清代湖南古驿道示意图[⑤]

图 2-7 沅水中上游流域古代交通示意图[⑥]

① 刘芳 . 湖南侗族地区农林渔类经济地名探微［J］. 山西农经，2019(24)：82，84.

② 栗明清 . 关于建立湘黔桂边区少数民族经济开发实验区的几点浅见［C］// 湖南少数民族经济研究文集（六）. 长沙：湖南省民族事务委员会，1989：150.

③ 蓝勇 . 南方丝绸之路［M］. 重庆：重庆大学出版社，1992：120.

④ 蒋响元 . 湖南古代交通遗存［M］. 长沙：湖南美术出版社，2013：35.

⑤ 湖南省交通厅 . 湖南公路史（第一册）［M］. 北京：人民交通出版社，1998.

⑥ 余翰武 . 沿沅水去看看——传统集镇商贸空间形态及活力探寻［M］. 南京：东南大学出版社，2018：124.

枣木铺、永岁与广西境内金川，向西南沿官道至光华铺、唐家市至兴安县，再过古严关、大溶江、三街古镇、甘棠渡、乌金铺（即今乌石街）至桂林[①]。始建于汉代、拓宽于唐代而完善于南宋时期的黔桂古驿路主干道自贵阳经黔南布依族苗族自治州南下，短途经过黔东南西部麻江地带转而经黎明关、广西环江县经柳州再至桂林，此段为柳州通贵州大路[②]。自得胜分出广西南丹直至桂林的支线亦可经过贵州丰宁入贵州，或在南丹分出支线至董界也可通贵州荔波[③]，但以上二者均为黔南布依族、苗族自治州的南北向道路。虽然，安成祥将黔东南苗族侗族自治州视为“南方丝绸之路”“苗疆走廊”“茶马古道”以及京滇驿道、“抗日运输生命线”的一部分[④]，但是三省交界地带的南侗区域却是干线延伸出的晚期交通支线。

南北向的空缺至元代被打破，随着镇远、黎平府的独立建制地方开通了镇远—黎平—靖州道路。三条主干道围合，南侗所在区域交通真空区才真正被打破：以黎平为中心，明代先后开辟了东北黎平—武冈线、西北镇远—黎平、南北黎平—柳州线三线。自长沙至武冈州经绥宁经过湖南靖州，经湖南永坪、湖南石家、贵州西楼、贵州三里、江团、铁炉、铜古、黄团八驿至黎平府，该道全程约80千米[⑤]。万历年间黎平转向西北、经清江（剑河）至镇远，或经铜鼓（锦屏）、邓水长官司而达镇远，转而经清平驿（凯里）、在平越驿（福泉）与上述早已有之的湘黔主干官道汇合。清雍正年间强制黔东南改土归流而进一步拓展了镇远—黎平—丙妹（从江）道路，贯通的南北道路依次经过镇远府、碗溪铺、盘山铺、贵乌铺、长安铺、六洞铺、贵梅铺、执营铺，至天柱县的城铺、酱保铺、黄哨铺、亮江铺、大腮铺、秀洞铺、锦屏乡（铜古）、敦寨铺、中黄铺、六寨铺、罗团铺，到达黎平站继而向南经罗寨铺、潘老铺、永从站、顿洞铺、皮林铺、干团铺、贯洞铺、朝里铺，终至于丙妹（从江）在城铺，再南入桂石碑铺，全程共计277千米，总共设置两站二十九铺[⑥]。除了以上三条一级支线，另有十余条二级支线串联黔东南地方交通，它们分别是重安江—清江厅—古州厅—丙妹驿道、都匀—八寨—丹江（雷山县）驿道，八寨（丹寨）—都江（三都县）—古州驿道、清平—凯里—丹江驿道、古州—黎平驿道、清江—天柱驿道、丹江—台拱驿道、平越—旧州驿道、余庆—兴隆驿道、石阡—镇远驿道、青溪

① 蒋响元 . 湖南古代交通遗存［M］. 长沙：湖南美术出版社，2013：32.

② 贵州省文物局 . 夜郎故地遗珍［M］. 贵阳：贵州人民出版社，2011：27.

③ 广西壮族自治区地方志编纂委员会 . 广西通志交通志［M］. 南宁：广西人民出版社，1996：13.

④ 安成祥 . 石上历史［M］. 贵阳：贵州民族出版社，2015：9.

⑤ 黔东南苗族侗族自治州地方志编纂委员会 . 黔东南州志 · 交通志［M］. 贵阳：贵州人民出版社，1993：113.

⑥ 黔东南苗族侗族自治州地方志编纂委员会 . 黔东南州志 · 交通志［M］. 贵阳：贵州人民出版社 .1993：114.

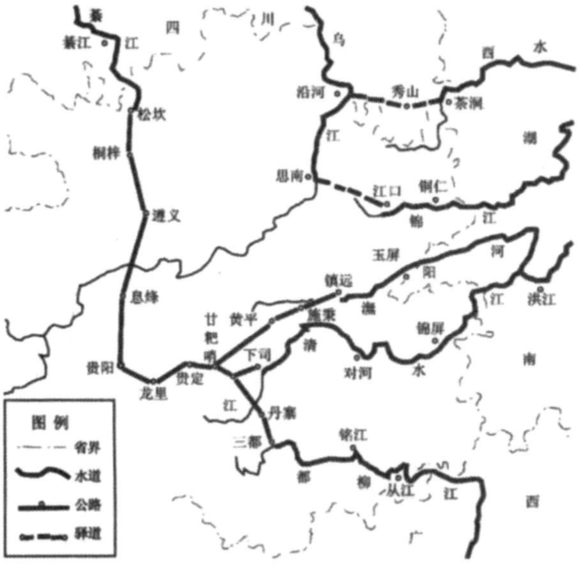

图 2-9 抗战时期沅水上游水陆联运主干道示意图[4]

驿—邛水县驿道。此后，清代咸丰同治时期农民起义增多，支道又有增辟与连通[1]。

除了陆路交通，以清江水和都柳江为主干的水路交通也是该区域重要的运输通道。罗美芳通过统计明清之际沿着清江河分布的村镇寨屯，证明明初和清早期是其疏浚后利用水运发展的重要时段[2]，其中重要段落也在抗战时期连通陆路成为区域主要运输干道。

清初改土归流是地方由封闭转向开放的决定性时段。根据杨春的意见，与其将“黔东南地区整体作为不隶版籍、不奉约束的不籍有司且大多无土司管辖的地区”，不如将雍正以前的黔湘桂毗连地带作为历史交通地理的隙地[3]。并且，随着黔东南改土归流后汉族对清江以南地域土地的侵占，侗族也随之向东、南偏移。因此，基于相近的自然地理环境和历史文化发展历程，这一黔湘桂毗连区反倒成为侗族经济文化延续的堡垒地带。

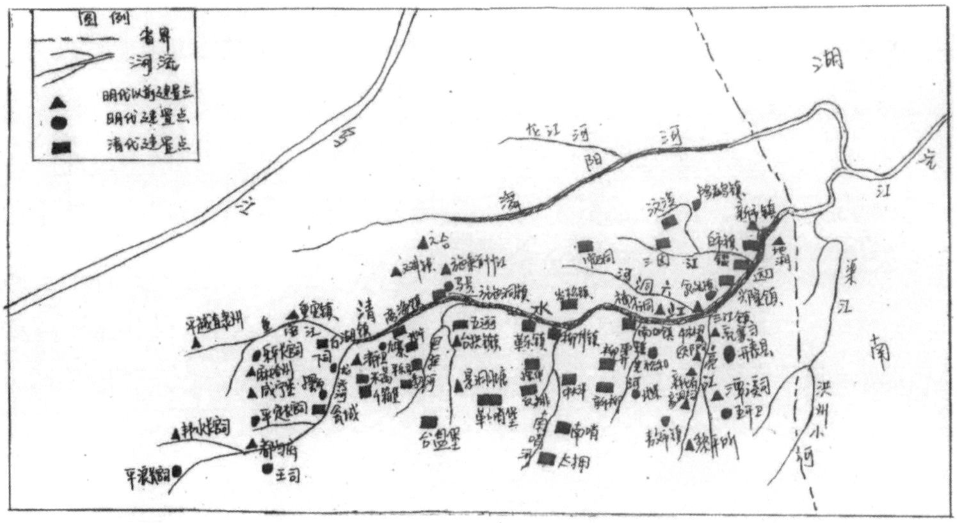

图 2-10 清代清降水流域水利利用情况图[5]

① 黔东南苗族侗族自治州地方志编纂委员会.黔东南州志·交通志［M］.贵阳：贵州人民出版社，1993：115.
② 罗美芳．明清时期清水江水道的开辟与社会发展［D］.贵阳：贵州大学硕士论文，2007.
③ 杨春．清代黔东南地区交通地理与民族关系重构［D］.武汉：中南民族大学硕士论文，2012.
④ 夏鹤鸣.贵州航运史［M］.北京：人民出版社，1993：189.
⑤ 罗美芳．明清时期清水江水道的开辟与社会发展［D］.贵阳：贵州大学硕士论文，2007：27.

近代以来，关于侗族人口及其分布的研究逐年增加。举例来说，石慧依据“五普”“六普”数据分析发现，侗族人口由农村到城市，由经济不发达地区向经济发达地区扩散，其中三江、黎平、榕江、从江侗族人口呈下降趋势①。姜刘同样依据“六普”数据分析认为，2010年侗族人口主要聚居地贵州所占比例下降5.4%，人口多流向经济发达省份②。它提示我们作为边区隙地和文化堡垒的边区——黔湘桂毗连地带，存在因城市化进程而消失的风险。

第三节 侗寨文化地理区划

通常，民族学学者以语言、信仰、移民、风俗等结合自然地理因素作为考察指标，划分不同的文化区域，考察某种文化特征或具有某种特殊文化的人群，学者将共享单一文化特征的区域称为文化区③。

一、侗族语言文化区

语言是划分文化区的重要标准。语言与文化休戚相关，无论是“语言决定论”“文化决定论”还是“语言文化双向影响制约论”都强调语言（方言）认同是文化认同的核心部分④。1957年初，中央政府联合贵州、广西和湖南地方政府全面普查了侗语的分布情况。根据词汇的差别、有特点的语法现象和语音差别，语言学家以贵州锦屏县清水江以南的侗、苗、汉杂居地带作为分界线⑤，将侗语具体划分成南、北两大方言区⑥。从此，北侗方言区以及南侗方言区的说法开始形成。总的来说，侗族分布在我国的贵州、湖南、广西三省毗连地区和湖北的西南一带，根据方言来划分，以苗岭、清水江等地理标识为界，可以把侗族分为南、北两个方言区，故学界存在“南侗”和“北侗”的侗区划分。

侗族南部方言区与北部方言区之间的分界，大致西起贵州省雷山县的雷公山东麓，向东沿着剑河县与榕江县、锦屏县与黎平县间的分界，向东一直到湖南西界，并在边界陡然转北，然后向东从湖南省靖州市与会通县间穿过，逐渐向东南终止于湖南绥宁县城东侧。具体说来，贵

---

① 石慧．从“五普”到“六普”看侗族人口数量及地区分布变化［J］．贵州民族大学学报（哲学社会科学版），2014(2)：9–22.

② 姜刘．侗族人口结构变化问题研究——基于六次人口普查数据［D］．贵阳：贵州民族大学硕士论文，2017.

③ Sauer Carl O. Agricultural Origins and Dispersals［M］. New York：American Antiquity Society，1952.

④ 陈坚林．语言政策与语言教育［M］．上海：复旦大学出版社，2018：44.

⑤ 冼光位．侗族通览［M］．广西：广西人民出版社，1995：223.

⑥ 石林．侗语汉语语法比较研究［M］．北京：中央民族大学出版社，1997：165. 龙耀宏．侗语研究［M］，贵阳：贵州民族出版社，2004：181.

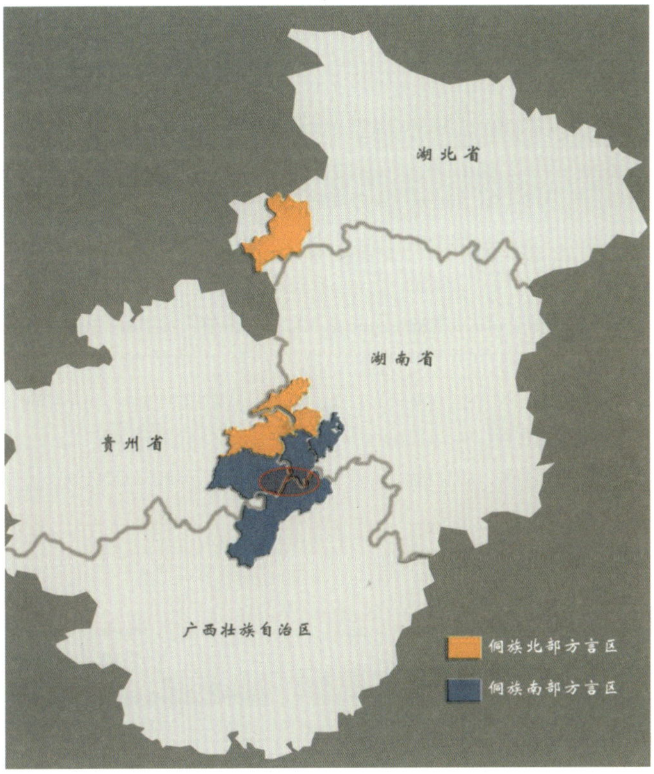

图 2-11 侗族北部、南部方言分布区图①

州省锦屏和天柱县、湖南省炮团和新晃侗族自治县，以及湖北省宣恩、恩施、咸丰等县的侗族都属于侗族北部方言区，贵州省榕江、从江、黎平县，湖南靖州、通道县，以及广西三江、龙胜、融安、融水、罗城等县的侗族都属于侗族南部方言区。秦秀强②，杨学军③，蒙晓情④等，对同属侗族但语言差异却如此之大的现象进行了深入的研究。他们认为，北部侗族方言区受汉地文化影响深入且广泛，其语言吸收了汉语的语言和语法形式，该地区的侗族村寨也变异较大，具有更多汉地文化特征。相比之下，侗语南部方言区则保留了更多古语的特征，侗族村寨的本族文化特征也保存较好。

列入世界遗产预备名单的侗族村寨均位于侗语南部方言区内，从某种意义上来说，这些侗族村寨可以简称作“南侗村寨”。明代以来受汉文化的影响，侗族逐步分化为如今的南、北侗文化区，南北侗语方言区除了语言的差异以外，还在民歌、民风民俗以及建筑风格等文化方面均产生了一定区别。侗族南部方言区的侗村寨保存了侗族更为丰富的文化内容，原始文化样态保存完整。这种差异在建筑上的表现也十分明显，侗语南部方言区的居住建筑都以干栏式的高脚楼与吊脚楼为主，民居是从山面进入以火塘为中心的建筑⑤，村寨核心建筑群包括鼓楼、萨坛、风雨桥等具有民族特征的建筑物；他们“信奉萨岁”女神，还保持着“月也”“多耶”等民族风俗，在服饰上也保留着侗族传统服饰的样式。相比之下，侗族北部方言区的侗族村寨建筑则不那么具有丰富的民族特色，村落中大多没有鼓楼、风雨桥、萨坛在内的侗族标志性建筑物，汉地飞山庙与土地庙则比较多见，肖华称

① 转引自 Huang Jie. A reconsideration of Dong People's Kinship Organization in Southern China[J]. Asian and African Area Studies, Kyoto University .2020(2) :159.

② 秦秀强 . 北部侗族文化涵化的过程和机制——天柱社区的个案研究［J］. 怀化学院学报，1993 (4)：6–10.

③ 杨学军 .“北侗” 文化研究之我见［J］. 黔东南民族师专学报，1995(C2)：54–56.

④ 蒙晓情 . 文化涵化背景下南北侗文化差异研究［D］. 贵州财经大学，2011：28.

⑤ 李哲，张梓侗，柳肃 . 湘西“南侗”与“北侗”传统民居比较研究［J］. 古建园林技术，2021(5)：33–37.

之为无中心均质村落空间，与南侗团聚式村落空间相对照[①]。北侗民居建筑也主要为矮脚楼和平地的地面式建筑。服饰与汉人基本相同，民族特殊的饮食、节日和习俗等也并不十分显著，多祭祖类活动。南侗、北侗音乐也各有所长，从体裁、内容到基本特征均有差异[②]。

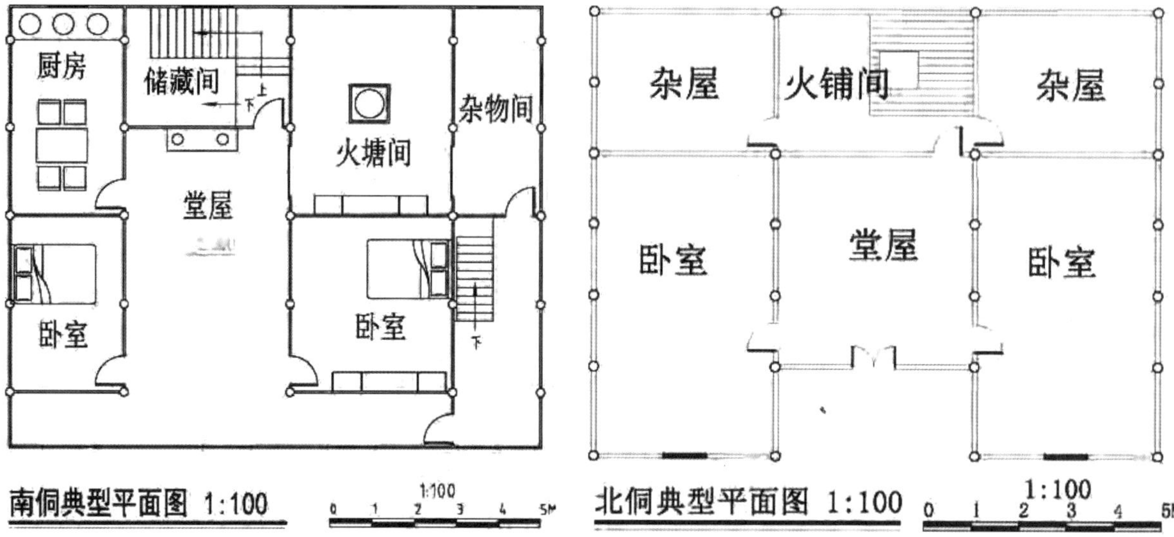

图 2-12　南侗、北侗传统民居典型平面图比较图[③]

这一区域分化不仅体现在当代民族调查中，亦存在于历史时期。唐代王昌龄等文人到侗族地区传播汉族文化，从当时的文献可以看出，该时期南北侗并没有形成文化差异。明洪武十一年（1378）吴勉起义，引起了明朝中央政府对侗族地区的重视，并加强了管辖。中央政府将其划入具体的行政区划，都柳江流域的侗族地区归黎平府管辖，清水江流域的侗族地区归镇远府管辖，而在两个区域之间则设有新化府以屯重兵，使其间逐渐形成了一东西长 60 千米、南北跨 40 千米的汉族区。这一中间地带隔离了侗族的南北区域，北部地区受荆楚文化的影响逐渐汉化，而南部地区仍旧保留原本的百越文化[④]。这种差异在清代咸同年间进一步扩大，北侗以姜应芳起义全面移用汉语书写体系，而南侗梁维干起义拒斥汉语书写，坚守侗族传统款组织体系[⑤]。

侗族南部方言区根据语言的差异，又分为三个土语区，即第一土语区、第二土语区和第三

① 肖华 . 湘西南侗与北侗村落形态比较研究［D］. 湖南：湖南大学，2011：26.

② 张佳男 . 中国民族吹奏类器乐发展及文化研究［M］. 北京：中国戏剧出版社，2019：177.

③ 李哲，张梓侗，柳肃 . 湘西“南侗”与“北侗”传统民居比较研究［J］. 古建园林技术，2021(5)：33–37.

④ 龙耀宏，郎雅娟 . 明清时期汉文化影响下的侗族南北文化差异［J］. 原生态民族文化学刊，2011(1)：35–40.

⑤ 杨经华 . 晚清南、北侗地区涵化差异管窥：以咸同年间侗民起义事件为分析中心［J］. 西南民族大学学报（人文社会科学版），2010(6)：31–35.

图 2-13 侗族南部方言区土语族族系分布图

土语区①。这一分类源自 1958 年《侗文方案》，这奠定了侗族研究的基础②。后又有相关研究者进一步细化语言分区，如南部方言区主要有四个土语区，北部方言区则有五个土语区③，本书暂遵照传统学术认识。这三个土语区的形成与侗族的三大支系的划分密切相关，即“佬侗（金佬）”“佼侗（更佼）”和“但侗（金但）”。侗族三大支系的形成与历史上侗族几次族群迁徙有关。佬侗与战国秦汉的骆越、隋唐时期的僚人一脉相承；佼侗与佬侗同源，到宋代从僚人中分流出来，形成独立的支系；但侗源于与骆越关系密切的西瓯、隋唐时期的峒人。据说佬侗的祖先是从梧州出发，进入都柳江流域上下定居，大概始于秦汉之际骆越人的北迁。佼侗的祖先先前也居住在岭南的梧州，唐代时向北迁徙。但侗源于岭南的西瓯人，也是在唐代从梧州浔江迁出。侗族的三大支系与方言土语区有一定的对应关系。佬侗属侗语南部方言的第二土语区；佼侗主要居住在北部方言区和南部方言第一土语区的部分地区；但侗的分布区域处在南部方言第一土语区西部，和南部方言的第二土语区毗邻，相当一部分还与佼侗杂居。贵州的六洞九洞侗族基本上属于侗语南部方言第二土语区，广西的三江流域侗族基本属于侗语南部方言第三土语区，而湖南的通道、绥宁县的侗族则都属于侗语南部方言第一土语区。

---

① 贵州省民族研究．贵州的少数民族［M］．贵州：贵州人民出版社，1980：51.

② 郝文明．中国民族［M］．北京：中央民族大学出版社，2001：212.

③ 石林．侗语汉语语法比较研究［M］．北京：中央民族大学出版社，1997：165. 龙耀宏．侗语研究［M］．贵阳：贵州民族出版社，2004：181.

二、侗寨的社会组织体系与区划

侗语南部方言区内部除了土语间的差异外，在侗族传统组织结构上还有“洞”区和“款”区的不同。侗族的民族学研究，尤其是社会组织体系研究是侗寨研究的重中之重。侗、款组织的性质、结构体系以及组织方式是该族群发展人际关系、组织社会活动的基础。南侗社会组织不同于北侗村落，北侗村落仅有家庭的基本组织，但没有斗、大小款等社会组织①。石开忠对侗款的文化人类学解释为主流研究认识奠定了扎实的学术基础，“(合)款组织”是侗族传统的社会组织成为学界共识②。杨昌嗣将这种组织定义为“民间性的自治联防组织”③，林淑荣等进一步强调这种组织运行中的平权原则④。结合邓敏文⑤、石开忠等的主流认识，目前学界根据人群数量和空间的组织形式，一般将该地区分为三四个等级——邻里村落小款、中款、大款和超大款，或五个等级——家庭、房族、村寨、小款、大款，其中家庭、房族两个层级并不纳入“款”的体系。已有洞款研究多轻“洞”而重“款”，洞区与款区之间的互动关系也尚待讨论，为便于读者理解，以下将依次对洞、以村寨为基本单位的款和以家庭为基本单位的房族进行基本的说明。

“洞”或写作“峒”，学界目前主要有四种认识：其一，洞是元代以前的基层行政单位，类似今天“区”⑥或“乡”⑦的概念，前者如六洞、九洞，后者如从江贯洞，且此类一般以平坝或溪谷大村寨为治所所在地，区域囊括附近高山小寨；其二，部分研究者将“洞区”等同于“款区”，若以活动开展的范围来定义，洞即一个牛塘⑧；其三，洞原是古越人的地域名，后来成为移民以后的祖籍地名⑨；其四，洞是一种非常古老的南方少数民族(古越人)的基层组织所在区域，广泛见于侗族、苗族、黎族、土家族等族群中，故自隋代以后，通称西南族群所居之地为“溪洞”或“洞”，如黎平岩洞区新洞⑩。在唐宋以后漫长的封建社会中，即便原先这些南方族群的栖息地也已经被纳入了封建王朝的地方政治构架中，“洞”这种基层组织仍然长期存在。因此，其由社会组织延伸至指代该群体所处空间是确定的，但是，从空间范围来看，洞所囊括的地理范围大

① 龙耀宏，郎雅娟．明清时期汉文化影响下的侗族南北文化差异［J］．原生态民族文化学刊，2011(1)：35-40

② 姚丽娟，石开忠．侗族地区的社会变迁［M］．北京：中央民族大学出版社，2005：28-47.

③ 杨昌嗣．侗族社会的款组织及其特点［J］．民族研究，1990(4)：31-36.

④ 林淑蓉．“平权”社会的阶序与权力：以中国侗族的人群关系为例［J］．台湾人类学刊，2006(1)：1-43.

⑤ 邓敏文，吴浩．没有国王的王国 侗款研究［M］．北京：中国社会科学出版社，1995

⑥ 王胜先等．侗族文化社会［M］．贵阳：贵州人民出版社，1991：10.

⑦ 吴江．黎平县志［M］．成都：巴蜀书社，1989：146.

⑧ 龙耀宏．黔东南苗族侗族传统节日斗牛文化的历史变迁［C］//贵州省文物局编．贵州民族传统节日文化保护与发展．贵阳：贵州科技出版社，2015：297.

⑨ 张寿祺．关于侗族名称的来源问题［J］．民族研究，1982(3)：56-59，62.

⑩ 王胜先等．侗族文化社会［M］．贵阳：贵州人民出版社，1991：8-10.

小不一。侗族的“洞”这种基层组织随着外部和内部政治环境的更迭，古老的“洞”区都已瓦解。然而，在贵州省黔东南苗族侗族自治州的南部，侗族居民至今仍然知道自己所属“洞区”，并能够辨别这几个“洞”区的分界，这说明这种古老的“洞”区组织的影响是深远的。

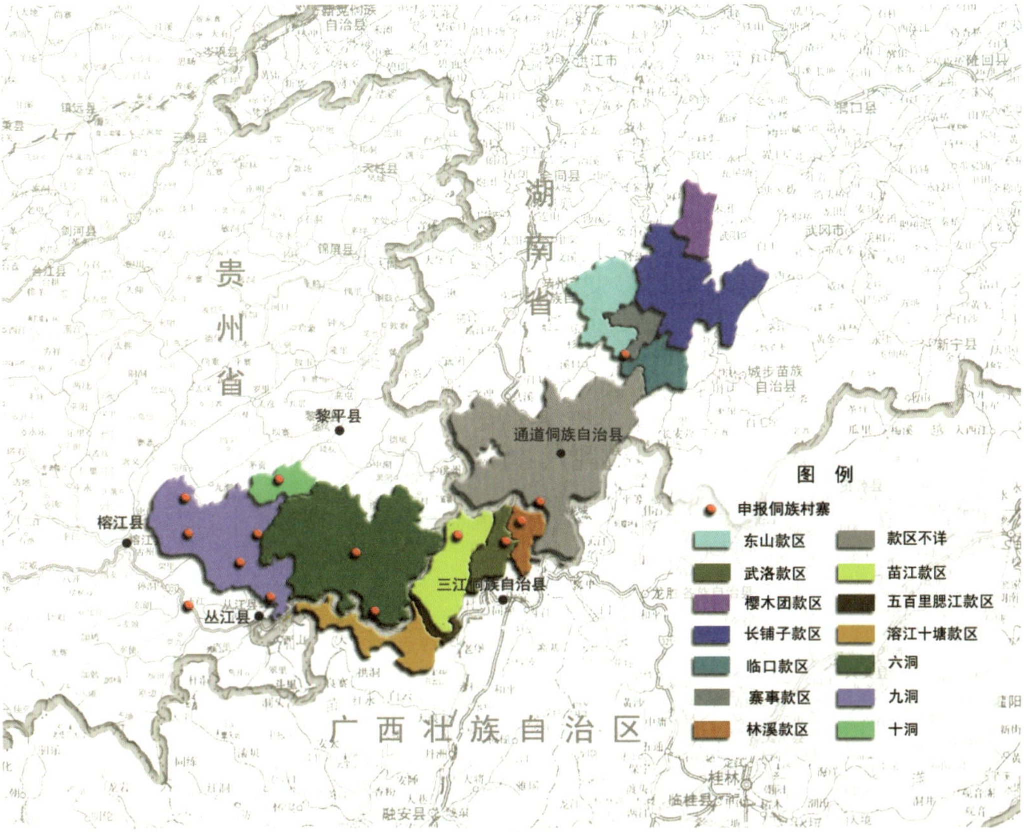

图2-14 申报世界遗产预备名单侗族村寨主要联款分布图

在六洞、九洞和十洞之外，侗族还存在“侗款”社会组织，雷广正将其定义为“以村寨为基础的地域基层组织”①。以侗族内部划定的社会组织形式为基础，可以划定地域界限和社区范围②。目前对“款”的理解可从其产生、内容与变迁角度讨论，或从法律对社会行为的规范意义讨论③。以款的三个等级为例，南部方言区的侗族传统社会最基本的“合款”组织由小款、大款和联合大款三个级组成。首先，小款是“款”的最小单位，多个较大的自然村寨（团寨）或者一个主寨联合临近小寨组成小款，从地理空间看多以水域河段为界，它是“三级”侗款体系下实施民间自治最基层的传统社会组织实体。这一层次的“合款”组织在本区域内订立民间自治

① 雷广正，李知仁.侗族地区“洞”、“款”组织的特征和作用［J］.民族研究，1980(5)：74–79.
② 石开忠.侗族款组织及其变迁研究［M］.北京：民族出版社，2009.
③ 江明生.侗款研究综述［J］.贵州民族研究，2014(2)：67–70.

的规约，解决族人之间的民事纠纷、社会矛盾，处理村寨内部无力解决的社会治安案件。其次，大款由若干小款结盟形成。最后，联合大款再由若干大款结盟而成。这两级侗款组织是在特定历史背景下，通常是侗族社会面临重大外来威胁或遭受生存危机时，因小款的组织体量无法应对大规模冲击临时结成的规模更大的组织构架。当外来威胁和内部危机解除时，联合大款不再具有实际意义，就自动解除了，因此联合大款的具有很强的临时性①。联款之内，凡有重大的社会政治、军事问题，都要召集款众到款坪集会，名为“起款”，平时逢农闲时节则组织各寨举行赛芦笙、斗牛、讲款等娱乐活动。但是上述阐释仅突出了其社会组织的自卫功能，即战时状况，在实际日常生活中款还承担着调节管控社会②以及凝聚民族情感等功能③。

具体来说，“款”最初产生于族外群婚制度，后是由村寨之间互相结盟后订立“款约”而形成的，“款约”是一款（区）之内的村规民约，它是款辖区内村民需要遵照的行动准则。其联合的过程或共同的行动叫作“联款”或“合款”④。侗族“款”组织源远流长，最早见于宋代文献⑤，但其演变过程尚无定论。此外，与“款”相关的概念还包括：款约由寨老和款首们议定，“款首”从寨老中推举担任并无任职期限，款首有事则主持款会，无事则在家务农，这项无报酬的工作实际是一种义务性的职务。“款脚”是指通信联络员，专职负责与各寨的通信联系，日常承担鼓楼火堂用柴和遇警击鼓报信，其生活费用由村民负担。“款坪”是款境内适合全员集会的空旷地，款坪多立有“款碑”。“款军”由款内的成年男士组成，他们是抗敌御匪、实现自卫的主要力量。总的来说，款的建立自原始部落时期一直延续到清末民初，随着中华人民共和国基层组织的建设而自然消失。20 世纪 80 年代后，这种款约作为村规民约的形式延续，以侗款为中心的“族”的自治转向了“村”的自治，“款首制”也转变为“老人协会”⑥。

房族（侗语称“斗”或“兜”）是侗族社会的基层组织，它是组成基层小款的基础力量。侗族的五级家族组织层次鲜明：姓、兜、基、公、然。侗族的姓氏制度非常复杂，一般分作外姓与内姓，破姓开亲与姓氏节日是当地特有的现象⑦。部分姓氏或由房族汉化得名，房族是由若干个血缘关系较近的家庭组成，以男性为中心的房族少则三四十户，多则一两百户。目前对房

① 杨昌嗣．侗族社会的款组织及其特点［J］．民族研究，1990(4)：31–36.
② 杨秀绿．侗款的产生、功能及承传试探［J］．中南民族大学学报（人文社会科学版），1988(6)：62–68.
③ 傅安辉．锦屏九寨侗乡的风俗［C］//．王胜先．侗族文化史料：1–10 卷．贵阳：贵州人民出版社，1997.
④ 邓敏文，吴浩．侗族的历史变迁［J］．民族论坛，1994(2)：60–66.
⑤ 粟定先．论洞款源流［J］．中南民族大学学报（人文社会科学版）.1992(4)：51–57.
⑥ 孙旭．集体中的自由：黔东南侗寨的人群关系与日常生活［M］．北京：社会科学文献出版社，2018：40.
⑦ 赵卓．侗族的姓氏与姓氏节——以黎平肇兴、三龙、岩洞等侗寨为例［C］//何善蒙．贵州黔东南侗族文化调查研究，北京：九州出版社，2018：90.

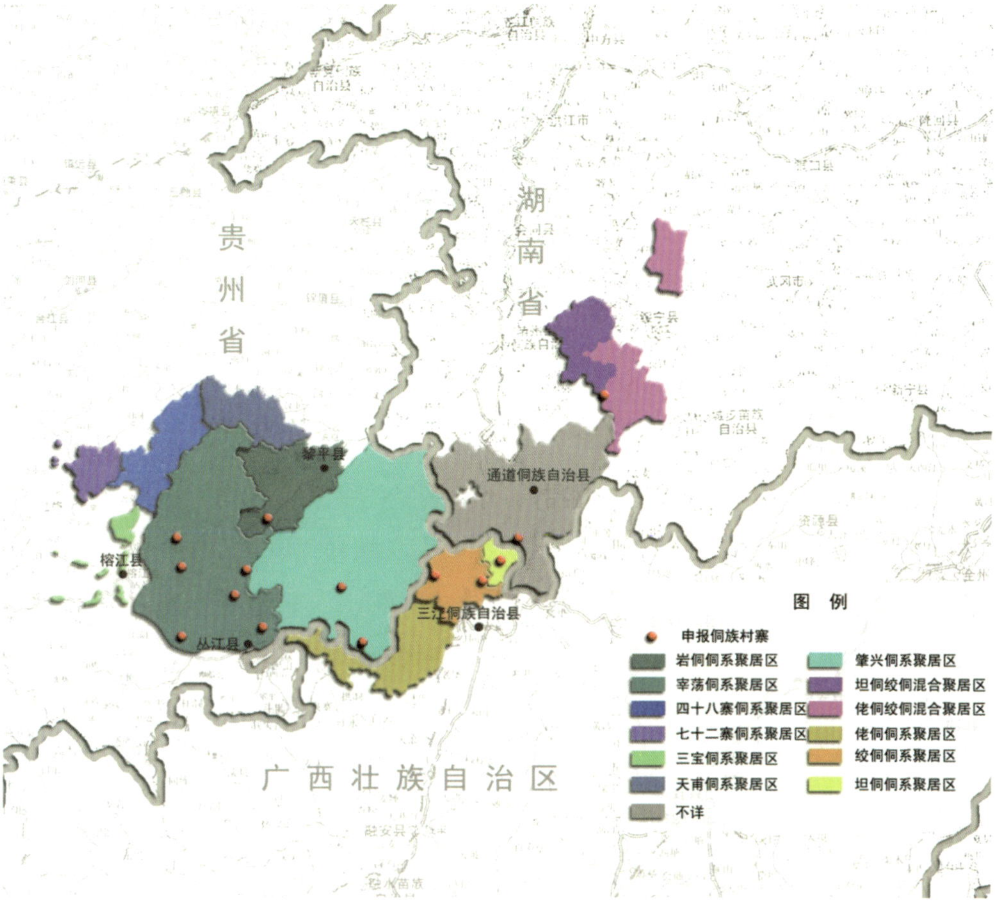

图2–15　侗族村寨支系分布图

族的基本认识也由姚丽娟、石开忠撰写的《侗族房族的历史功能及其演变》奠定[①]：一个侗族村寨容纳一个或多个房族，房族共有公田、公山，以及作为集体活动的场所的鼓楼。绝大多数社会活动都以房族为单位开展，每个房族有族长，设定行为规范，协调兜内兜外事物。从外面迁入的零散家庭需加入本寨的房族，因此，房族是以血缘集团为主而非纯宗族的基层社会组织。“基”是指考核父系集团的管理者，主要调和家庭之间内部矛盾。“公”是指纯血缘亲属集团的自然长辈，如兄弟分家后健在的父兄，“公”与“基”两个层级根据实际情况或有缺失。“然”即家庭，是构建上述组织的最小单位细胞。总体来说，无论在政治、经济、思想方面，上至房族下至公、基都影响并制约着小家庭的生活方式。在改革开放以前，房族在一些侗族聚居地区仍起相当大的作用。改革开放后，由于人口的流动、成员各种社会关系的变化，很多地方的房族观念已渐趋淡化。

① 姚丽娟.侗族地区的社会变迁[M].北京：中央民族大学出版社，2005：48–52.

第三章

六洞九洞侗族村寨

“六洞九洞”是贵州省黔东南地区南部侗族方言区的地域称谓，在这个地区内共有大小侗族村寨60余个。申报世界遗产预备名单的述洞、黄岗、堂安、厦格、地坪、大利、宰荡、朝利、增冲、高阡、银潭、占里12个村寨，就是其中的典型代表。

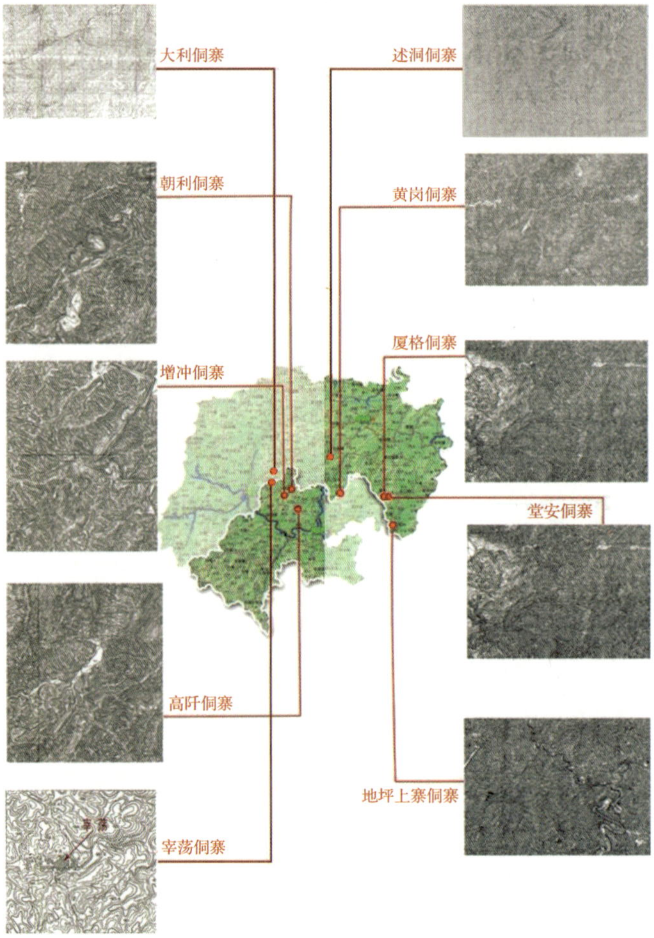

图3-1 六洞九洞分布位置详图

在侗族村寨里，人们可以看到姿态万千的木构建筑，比如高耸的宝塔、精致的亭阁、蜿蜒的长廊。其中，有些木构建筑已有上百年的历史，至今仍坚固完好，有诗赞道："百年木楼身不斜，一身杉木坚似铁。"

黔东南侗族村寨位于偏远的山区，与外界通行、交流有限，因此黔东南一直保留着较为原始古朴的原生状态和民风，几乎没有受到外界的干扰和破坏。但近年来，随着中国经济的蓬勃发展和社会的不断进步，地区间或民族间的交流逐渐增多，外来文化对这片"净土"的冲击也逐渐增多，一些村寨已经失去了原有的风貌。尽管如此，黔东南地区的六洞、九洞侗族村寨依然保留和沿袭着千百年来形成的生活习俗和历史文化原貌，构成了独具民族特色的村落文化景观。

这些散布于山涧溪流边的侗族村寨，不管是村寨的选址、布局还是村寨中的鼓楼、戏楼、风雨桥、民居等都是构成完整的侗族文化体系的一部分，这些原始古朴、保留原有味道、绚丽多彩的建筑，极具典型性和代表性。2005年，中国政府与挪威合作，在堂安侗族村寨建立了中国第一座侗族生态博物馆。肇兴村和增冲村分别被中华人民共和国住房和城乡建设部、国家文物局评为中国历史文化名村。在黔东南州境内有全国重点文物保护单位增冲鼓楼、地坪风雨桥，还有省重点文物保护单位肇兴鼓楼、风雨桥群、纪堂鼓楼、述洞鼓楼、高阡鼓楼、信地鼓楼、流架风雨桥、高进戏楼、登岑粮仓群等也颇负盛名。经统计，建于清代以前的鼓楼共计82座，风雨桥58座，百年吊脚楼民居则不计其数，古井、古墓、古石碑数量众多。因此，六洞九洞侗寨被人类学家称为"隐藏着的文明"。

侗族村寨的非物质文化遗产也非常独特。这里的生活生产习俗、村民自治行为、恋爱婚姻、丧葬习俗、音乐及服饰风格、银饰特点、纺织技艺等各具特色。其中，最著名的是侗族大歌，它是世界文化多样性花园中的一朵奇葩，被外国友人誉为"天籁之音""清泉闪光之音乐"。2009年，侗族大歌被列入联合国"人类非物质文化遗产代表作名录"。联合国教科文组织保护非物质文化遗产政府间委员会评述：侗族大歌是"一个民族的声音，一种人类的文化"。这些优秀的传统文化承载和传递的是一个民族的生活方式、社会结构、人伦礼俗、智慧精髓等重要的文化信息。

黔东南山高谷深、沟壑纵横、森林葱郁，动植物资源丰富，历史上有"鱼米之乡"的美称。其中，黔东南还存活着很多珍稀的树种、珍贵的保护动物和名贵的中药材。侗族村寨民族建筑与自然环境之交融，人与自然之和谐，传统文化气息之浓郁，是现代社会中人类不可多得的精神家园。

第一节　述洞侗寨

图3-2　述洞侗寨一览图①

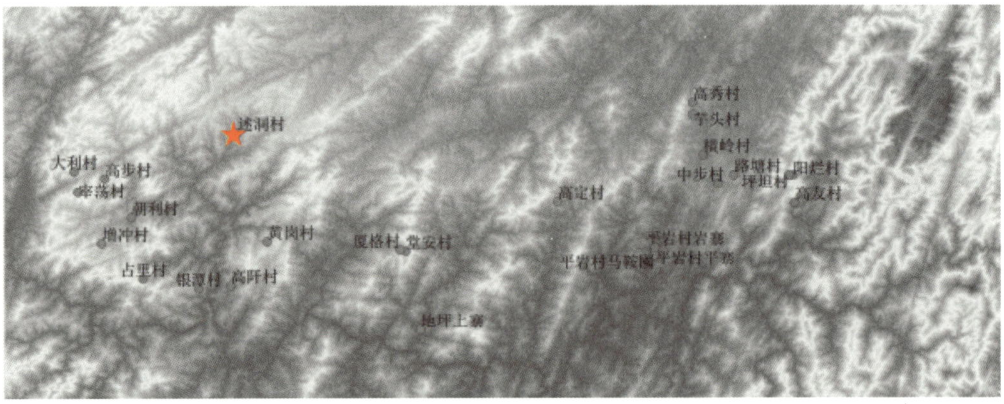

图3-3　述洞侗寨地理位置详图

述洞村位于贵州省黎平县城西南38千米处，属岩洞镇。全村共337户1471人（2012年数据，下同），为侗族聚居村寨，有石、杨、信、谢、徐等姓。村寨四面环山，面积42平方千米，

---

① 黎平文物局于2011年12月24日供图。

平均海拔450米，有耕地面积1023.92亩，其中水田957.72亩。产业以农业为主，主要种植水稻，兼营林牧渔业。森林覆盖率为78%，以红豆杉为主，有成片的楠竹。相传述洞寨民早年散居深山，后四处散居住户迁来聚居，故取名“蓄（侗语：收拢来的意思）洞”，汉语谐称“述洞”。明清时置寨，现设为行政村，属岩洞镇管辖。

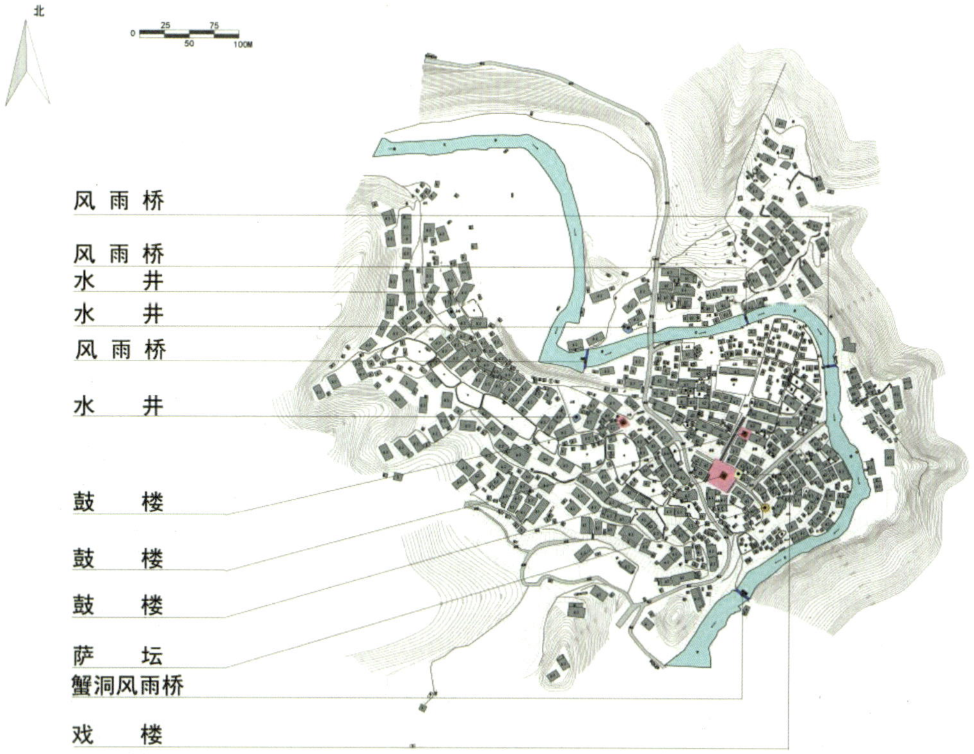

图3-4 述洞侗寨村落布局详图

述洞村处于山脚小河边，小河由北至南从山谷中流过，在村寨中心区处转了180度的大弯，将早年的村寨大半包围起来，使村寨形成三面临河的状态。村寨的北面是进村大路，故在村北的河流上架有两座风雨桥，村东和村南各架有一座风雨桥。进村的大道将河西的村寨划分为东西两区，路东区是早期村寨所在，故述洞村三座鼓楼中的两座（包括最大的鼓楼坪）和萨坛都位于这个区域。从这条大路东南斜向引出一条穿过村中最大鼓楼坪最后到达萨坛的支路，这条支路及其串联的独柱鼓楼及萨坛构成了述洞早期规划的基点和基线，路东的民居都以此为中心平行向外推移。随着人口繁衍，后来的民居开始向路西区发展，形成了新的区域并建立了新的鼓楼。村中最大也是最古老的鼓楼——石独柱鼓楼（又名现星楼），坐北朝南，处于昔日村寨中心的高处。该鼓楼始建于明崇祯九年（1636），经历代重修，保存至今。鼓楼前有开阔的鼓楼坪和戏台，鼓楼坪的地面用大小不等的鹅卵石铺成如意祥和的花纹图案。鼓楼坪周围盖青瓦的木结构吊脚楼，高低错落，密布排列。这些民居的房前屋后散布着水池鱼塘，三口古井呈三角形位置均匀分布于村中，一架架的禾晾挂在村口的路边。而由独柱鼓楼坪沿着青石板路顺缓坡而下至村边低处，便可看见五六十座水上仓房。这些集中修建在水上的仓房，有效地防止了火灾和鼠害，它们有的已有上百年历史。

述洞村的萨坛位于村寨东南面的溪河边，每年的农历七月十三，述洞村民要举行盛大的“祭萨”活动，吸引周边各寨侗人参加。其他民族节日和民俗活动还有斗牛、行歌坐月、令歌、春节、多耶、讲款祭萨岁、吹芦笙、唱侗戏、采歌堂、四月八、五月五、七月半、八月十五和九月重阳等。

述洞村寨以家族纽带的独柱鼓楼和族源纽带的萨坛构成早期的村寨轴心，其村寨居住区的选址和规划都别具匠心。

第二节 大利侗寨

图 3-5 大利侗寨一览图 ①

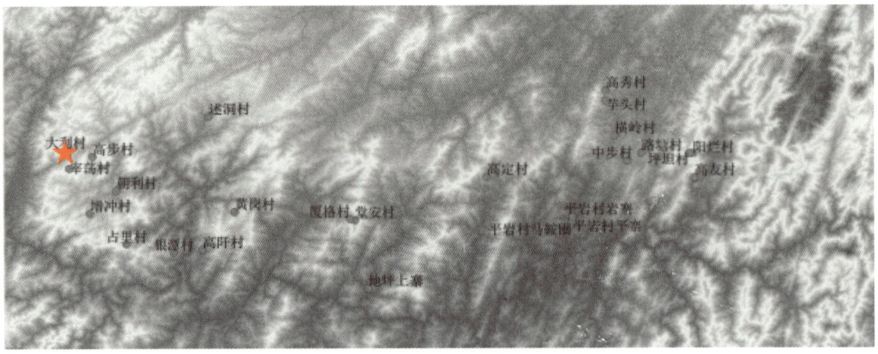

图3-6 大利侗寨地理位置详图

---

① https：//www.zhenguo.com/housing/10025647/.

图3-7 大利侗寨村落布局详图

大利村位于贵州省榕江县栽麻镇的西南部。全村有 305 户 1268 人，均为侗族。村寨的口述历史可以追溯到元末明初，现有碑志记录的历史则开始于明末清初，村中现存完善的清代前期道路网络，可以证明当时的大利村已经是一个颇具规模的侗族村落。历史上大利村全都姓杨，到 2011 年全村杨姓仍占总人口的 85%左右。村寨经济以农业为主，田地分布于该村周围的山坡上，共计 724 亩，最远的田地离村寨中心 2.5 千米左右。过去村民主要种植糯米，20 世纪 70 年代后基本改种杂交水稻。林地分布于村落四周的山坡上，与田地交错分布，树种有杉树、楠木、枫树、红豆杉、楠竹等。村落周围山边还有 40 余棵 500 年树龄的古楠木，成为村寨的风景树。

村寨四面环山，村中有一条名为利洞河的小河穿过，自西北流向东南。寨内房屋建在河谷两岸，由河谷平地向两侧坡地发展。为了方便利洞河两岸居民往来，人们在河上架了 5 座风雨桥，将河两侧的居民区连为一个整体。村中的鼓楼、萨坛和戏楼建造在村中一座突起于平地的孤丘上，以该山丘及其旁边的风雨桥为界，可分为上、下两寨。根据村寨布局、历史传说和古碑碑文可知，大利村最初形成聚落的区域是在平坦开阔的下寨一带，当时的人们在下寨一带居住，在上寨一带种田。随着寨中居民繁衍，人口增多，居住区向上寨延伸，田地也逐渐向上游发展，上游的田地扩展得越来越远。随着人口的继续增加，距田地太远的人们为了生产和生活的方便逐渐搬出大利原址到上游定居，然后形成现在的小利寨。

大利村内部道路体系分布均匀且完善，沿河的道路与村口进寨的道路相交，构成了村寨内部的十字形主干路。由主干路分支出通向各民居群体的次干路，与次干路相连的支路通向各家住户。道路多铺砌青石板，石板路构成了大利村内部和外部的交通体系。从大利村辐射到周边的石板路共四条主路和若干支路，分别与相邻的村寨和本村田地相连。根据现存的三块清代修路碑记，这些村外石板路分别修于清乾隆五十八年（1793）和道光十六年（1836），村内的石板路的修建年代应在这以前。村寨内外的给排水设施相当完善，除了通过村寨的天然河流外，还兴建了几条平行于利洞河的水渠从山上引下来泉水，这些水渠是农业灌溉和日常生活用水的主要来源。

村民的饮用水主要来源依靠山泉和6口水井，其中一口有纪年的水井标记为“乾隆三十七年”。

寨内的老鼓楼已经垮塌毁弃，现在的鼓楼为20世纪末新建。寨内现存最早的民居是杨家正房，距今300年左右；另一座建于清乾隆年间的杨家四合院也比较古老，距今已有200余年，为大利村现存唯一的四合院。这些民居建筑代表了清至民国年间的村内民居样式，影响相当深远。村落中还保存有10座老禾仓，这些禾仓都建于住房旁边，禾仓四周环绕着晾晒稻谷的禾架。村寨内集会活动场所原先主要在村口平坝和村中心鼓楼和萨玛祠前的高地，重建于民国及以后的5座风雨桥（上、下寨各两座，上寨的利洞河支流上另有一座）也是村民日常社交和休闲的场所。 村寨没有统一的墓葬区，死者坟墓均散布于村寨周围的山坡上。在村南山坡上，还有一处保存着精美石雕的古墓。

村寨的人们还基本保留着侗族的传统风俗习惯。女性尤其喜欢穿戴传统服装和装饰，她们的头发盘起用木梳或银饰固定在头上，上衣是在领口和袖口处绣有花边的蓝、白两色为侧开衣襟的上衣（盛装的时候是紫色）。衣服上的花边都是自己刺绣，花纹据说有三十多种。首饰则是自己找银匠打造。村寨过去最大节日为春节和七月吃新节，此外是三月三吃粑粑。村民很爱看侗族大戏，过大节时侗戏要演三至九天。重要客人来村寨时要在村口举行拦路酒仪式，欢迎的妇女们要唱侗族大歌劝客人喝酒，现在大利村的小学生课余也都学唱侗族大歌。

大利侗族村民以他们的勤劳和公共建设热情，给我们留下了一座布局合理、公共建筑突出、道路系统完善、人文与自然和谐的侗族村落文化景观，成为侗族代表性村寨之一。

第三节　宰荡侗寨

图3-8　宰荡侗寨一览图[①]

---

① https：//dp.pconline.com.cn/photo/379443_html/.

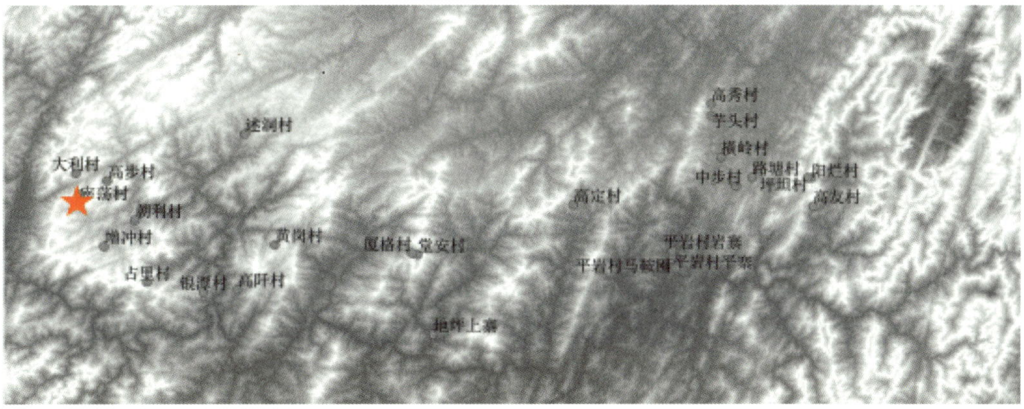

图3-9 宰荡侗寨地理位置详图

宰荡村位于贵州省榕江县栽麻镇境内，东南距县城 20 千米。全村有两个自然寨，上寨名“加所”，下寨名“宰荡”。全村共 260 余户 1300 余人，皆为侗族。全村耕地面积 630 亩，主要经济来源为种植和养殖业。据说，明清以前侗族一部的祖先从广西梧州一带溯江而上，先到达广西三江口，然后逆都柳江迁徙到贵州从江县的“信地”，祖公祖婆在那里扎根，并把部分子孙分散到宰荡，于是有了宰荡寨子。

图3-10 宰荡侗寨村落布局详图

宰荡寨坐落于百里溪上游的深山谷地之中，地势狭窄深长，四面群山环绕；一条小溪从寨中流过，沿着小溪是以前的大路即现在的公路。村寨夹小溪和大路而建，下寨位于下游，上寨在下寨上游 1 千米开外。连接着大路的石板古道建于清前期，蜿蜒穿梭于宰荡上下寨中，通往各家各户。下寨宰荡和上寨加所各有一座木构鼓楼，宰荡鼓楼始建于清乾隆年间（1736–1795），鼓楼为八角七檐青瓦攒尖顶，高 12 米。加所鼓楼为方形三檐青瓦歇山顶。两座鼓楼都下设火塘，火塘四周置长凳，是两寨侗家人集会议事和摆古唱歌的场所。宰荡上下寨村口小溪上还各有风雨桥一座，均建于晚清。位于下寨内的萨坛，建于清代以前，萨坛青石堆砌，坛边有一小屋，内供萨玛。另在上寨后面的小山包上亦有萨坛。以鼓楼为中心的民居多建于清代晚期，它们都顺着小溪密集排列，房屋都是两层或三层的吊脚木楼，屋顶盖树皮或青瓦。楼上住人，楼下关养禽畜和堆放柴火。谷仓有的设于顶楼，有的立于村边或池塘上。村寨周围都蓄有古树作风水树，当地有“古树护村，老人管寨”的民谚。

宰荡侗族村寨悠久的历史造就了深厚的民族文化。民族节日有侗年、吃新节等，民俗活动有韵味古朴的“为也”（“为也”是侗语音译词，为做客之意，是侗族地区村寨之间的集体做客和集体迎客活动，一般在春间或秋后进行）、行歌坐月、鼓楼对歌等，祭萨传统保存完好。宰荡盛行侗族大歌，清末的侗族文化人杨文举、罗学道等编写的侗族大歌流传至今。当地的歌师和歌手不仅掌握本地的歌词和唱腔，还会九洞地区的许多歌词和唱腔，集侗族大歌之大成和精华。宰荡的女歌手杨乃胜曾连唱七天七夜，在九洞地区侗族歌手聚会中击败所有参赛歌手而名闻遐迩。

宰荡村从下寨发展到上寨的历程中，每寨一座鼓楼和萨坛，外加一座风雨桥，都是侗族聚落变迁、聚落模式和文化事项的典型代表。

第四节　朝利侗寨

图3-11　朝利侗寨一览图[①]

① http：//www.people.com.cn/24hour/n/2013/0421/c25408-21216507.html.

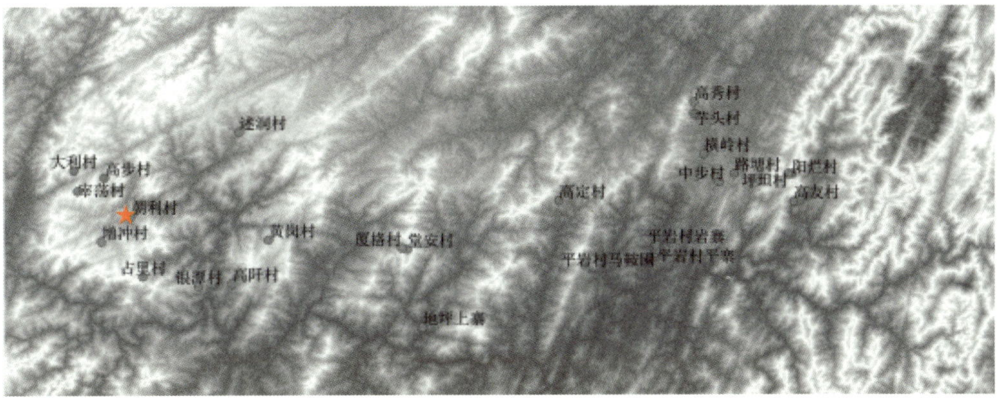

图3-12 朝利侗寨地理位置详图

朝利侗族村寨位于贵州省从江县往洞镇东 5 千米，海拔在 430 米左右。全寨有 240 户 1112 人，全部为侗族。朝利为侗语音译地名，侗语原称为“少滴”，即芦苇丛生的地方，又名“曹滴”“曹地”或“朝地”。面积共 20.71 平方千米，耕地面积 1267 亩，主要生产水稻，也产小麦、玉米等。寨子田地周围是山地和森林，常绿阔叶林地带植被较好，环境优美。朝利村建寨历史较早，根据资料考证，这里曾为元、明、清三代曹滴洞蛮夷军民长官司驻地（该长官司直至清康熙二十三年即公元 1684 年才被废除），是统领一方的重要村寨，历史上位于黎平、从江、榕江三县交界处。

村寨地处山谷之中的平坝上，一条以“朝利”为名的河流由南向北穿寨而过，将村寨分为东西两个自然寨，因西岸寨子居民较多且立寨较早，故称大寨；东岸寨子居民较少且立寨晚于大寨，故称小寨。大寨位于一座山嘴的坡地与平地交界处，由于山嘴的阻挡，朝利河在这里拐了一个大弯，将朝利大寨三面包围起来。早先朝利的侗族先民，他们首先选择在背山面水的位置建立大寨，正是基于这里优越的地理位置。朝利村共建有 4 座鼓楼，其中大寨 3 个，小寨 1 个，大寨还有萨坛。连接大、小两寨的是座长 30 余米的风雨桥。朝利村的民居有单家独户和群体组合两种形式，

图3-13 朝利侗寨村落布局详图

单家独户较多。传统的吊脚楼均为杉木结构的单檐两面坡，屋顶覆盖小青瓦。村内的古井、仓房、禾晾群等，也都保存较好。

在朝利村 4 座鼓楼中，追滚鼓楼和高寨鼓楼的始建年代都不详，这两座鼓楼都在 1928 年毁于寨火，现存的这两座鼓楼为 1962 年重建，两座鼓楼都为平面为正六边形的密檐攒尖顶，不同的是前者为十一层而后者为十三层。兰刹鼓楼始建年代不详，平面为正六边形，立面为九层密檐六角攒尖顶。古井位于大寨边，背山向北，青石砌成，形如窑洞，井前铺设石板，始建年代不详。在寨边田地内还有一尊青石雕成的坐兽，为朝利侗族村寨镇寨之物。

朝利村至今保持着侗族传统的生活方式。侗族传统服饰的元素如竹编、线编、侗布、刺绣等一应俱全。朝利是侗族大歌发祥地之一，从江民间侗族大歌按曲调分为“朝利大歌”“小黄大歌”“高增大歌”“三龙大歌”，“朝利大歌”是其中重要一类。故朝利侗族唱大歌、踩歌堂、演侗戏十分盛行。朝利侗寨选址背山面水，三水环绕，连接新老两寨。

第五节　增冲侗寨

图3-14　增冲侗寨一览图[1]

① http：//mt.sohu.com/20170818/n507364461.shtml.

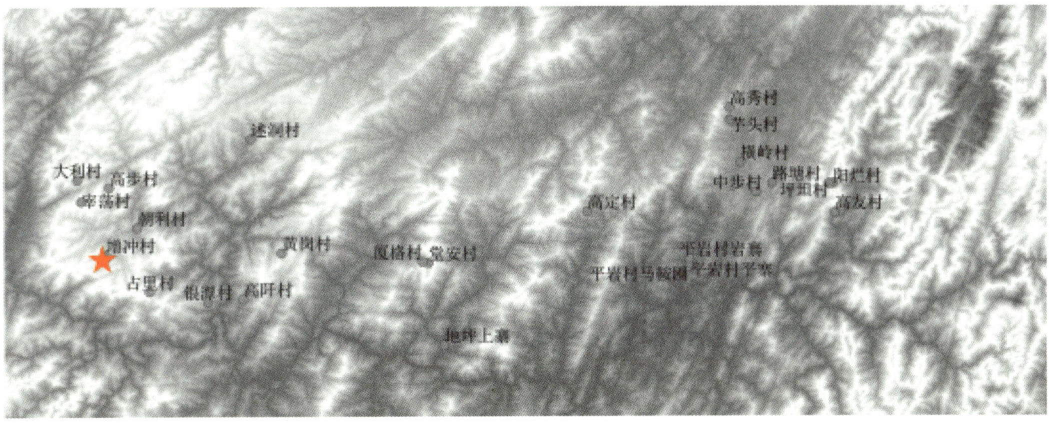

图3-15 增冲侗寨地理位置详图

增冲村位于贵州省从江县西北部往洞镇，辖大寨和沿溪而下约 3 千米的小寨。共有 304 户 1291 人，为侗族聚居区。增冲海拔 640 米，气候温和，经济以农业为主，耕地面积 994 亩，其中稻田 968 亩，主要种植大米、小麦、玉米、洋芋、红薯、辣椒等；经济作物有油菜、柑橘等。森林覆盖率达 68%，山上多是原始杂木林，种植多以杉、松、竹、果树为主。增冲相传建寨已有 600 多年，据增冲鼓楼内刻于清康熙十一年（1672）的石碑文字记载，增冲侗族村寨建于明朝隆庆年间（1567–1572），其先民由贵州省黎平县境内迁徙而来。

图3-16 增冲侗寨村落布局详图

增冲村位于一道山嘴前端的半岛上，增冲河从村寨的东、北、西三面绕过，河对岸则是环抱的群山。居民临水而居，民居主要密集在半岛的平坝内，围绕中心位置的增冲鼓楼而层层向外展开。古老的增冲鼓楼屹立在寨子中央，前面有鼓楼坪，附近还有戏楼和戏楼坪，是全寨公共活动的聚会场所。村民的吊脚楼民居向着三面河流的方向，放射状地密集排列。居民建筑主要有两种形式：一种是建于清康乾年间的高大砖石结构的五岳式封火墙四合院，现尚存 24 栋，保存较为完好的 9 栋；另一种民居建筑是大量保存的侗族传统杉木结构的吊脚楼。无论是村寨布局还是民居建筑，均体现出了侗文化与汉文化的共存与交融。

增冲鼓楼建于清康熙十一年，为八角密檐攒尖顶塔式木构建筑，五层十三重檐。鼓楼东南面有侗族“款约”石碑 3 通，落款分别为清康熙十一年、道光十年（1830）和光绪二十年（1896）。底层还悬挂有道光十年制“万里和风”匾额，并有木刻楹联 4 副。增冲村有风雨桥 3 座，分别置于增冲河的东面、西面和北面，均为廊屋式的全木结构。走过寨子西边的风雨桥，是埋葬村寨先人的古墓群，其中镇寨石兽、增冲昆仲骈体墓、增冲龙凤三体墓保存尚好。

增冲侗族村寨传统的生活习俗保持良好，居民仍然穿自制的侗布衣。村寨中较为隆重的民族节日有吃新节、四月八、春社、关牛和洗耙节；民间娱乐交往活动有斗牛、芦笙赛、演侗戏、唱侗族大歌、踩歌堂等；传统手工艺有藤编、竹编、草编、草鞋、座凳等；木制制品有桌、椅、犁、耙、纺车、织布机等；刺绣制品有背带、头巾、童帽、帐帘、花裙、枕套等。

第六节　黄岗侗寨

图3-17　黄岗侗寨一览图①

① http：//www.pop-photo.com.cn/thread_3294788_1_1.html.

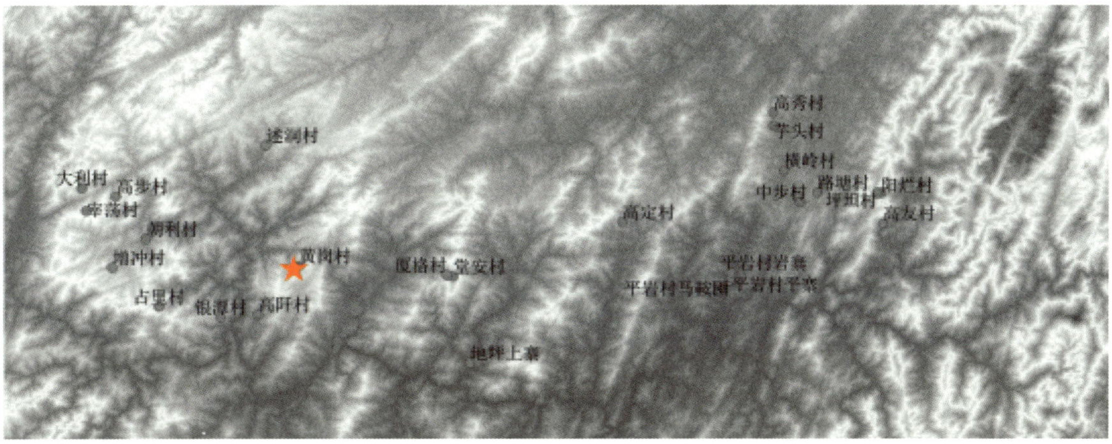

图3-18 黄岗侗寨地理位置详图

黄岗村位于贵州省黎平县东南部的双江镇，坐落于海拔 730 米的山坳中。这是一个居民全属侗族的村寨，历史久远，建寨时间可以追溯到 700 多年前的元代。黄岗村通过多年繁衍生息，已经发展成为拥有两个自然寨，共 325 户 1578 人的较大村落。侗族村民们在村寨附近的山间溪谷及其周围山坡上开垦水田，种植糯稻，并利用稻田发展养鱼。稻鱼共生农业构成了黄岗村最主要的农业生产模式。田地以外则是村寨的山林，山林以杉树为主，并有红豆杉等珍贵树种。

这里四面青山环抱，古木参天，来自村北和村西的两条小溪在村中相汇后穿过村寨向南流去，并有一条与南北向小溪平行的大道贯穿村寨，成为黄岗村内的用水和主要交通干道的保障。从这条干道引出的多条村中小溪及沿溪小道，构成了该村寨的道路网络。一幢幢侗族村民的两层木楼、禾仓和禾晾都是沿着这些小溪和道路整齐分布，其中禾仓和禾晾集中分布在村边的小溪旁，颇有气势。在南北向的小溪和主要道路两侧散布着高昌鼓楼、当老鼓楼、巴西鼓楼、高己鼓楼和亮井鼓楼，这五座高大的木构多檐鼓楼耸立在村寨清一色的单檐民居之间，构成了这个侗族村寨显著的景观特征。鼓楼和鼓楼前

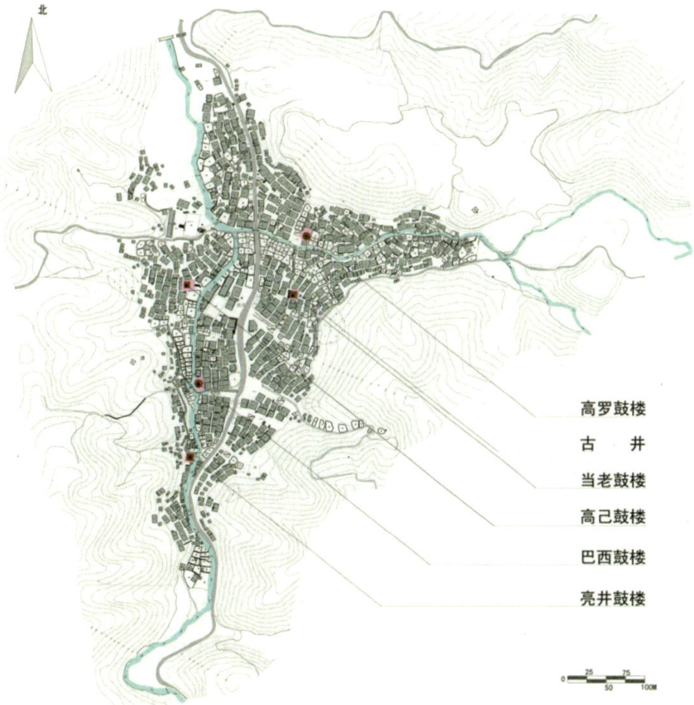

图3-19 黄岗侗寨村落布局详图

的平坝过去是不同家族聚会议事的地点，现在是村民主要的社交活动场所。两条小溪交汇处的小桥西侧，是村落的中心所在，这里立有“永远遵照”等三通石碑，是历史上该村村民进行村寨自我管理的公告和纪念建筑落成的大型公告。散布在鼓楼周边的老民居和老禾仓群，据说也有上百年的历史。村寨周围的路口竖立有寨门，其中南寨门内路旁的古井是该村饮用水的主要来源。进入村寨，小溪边上还保留着多座百年以上的水碾房，更给村寨增添了自给自足的世外桃源色彩。

村寨内的村民吃清一色的糯米饭，喝自家酿的糯米酒，妇女都穿戴着侗族传统服装和银饰，衣领和衣袖装饰着她们自己刺绣的花边。刺绣、造纸、竹编工艺保存完好，侗歌、侗戏、斗牛等活动至今仍是村民的娱乐方式。这里是侗族男声大歌的原生地，有“饭养身，歌养心”之说，婉转悠扬的侗歌是黄岗人生活的一部分，他们逢节赛歌，喝酒敬歌，婚嫁拦歌，谈情对歌，侗歌种类繁多，表述村民们对美好生活的热忱。这里还是侗族“抬官人”习俗的发源地，每年农历正月初七、初八的“抬官人”与六月十五的“祭天节”一样，是最为隆重传统节庆。

第七节　堂安侗寨

图3-20　堂安侗寨一览图①

堂安侗族村寨位于贵州省黎平县肇兴镇东，辖登安1个自然寨。全村共190户840人，侗族聚居区，有蓝、嬴、潘、陆、石等姓氏。村寨位于山腰上，中心点海拔840米，面积4.84平

① http://www.gztoptour.com/html/cygz/qner/gqdq/qiandongnan/2016/0627/408.html

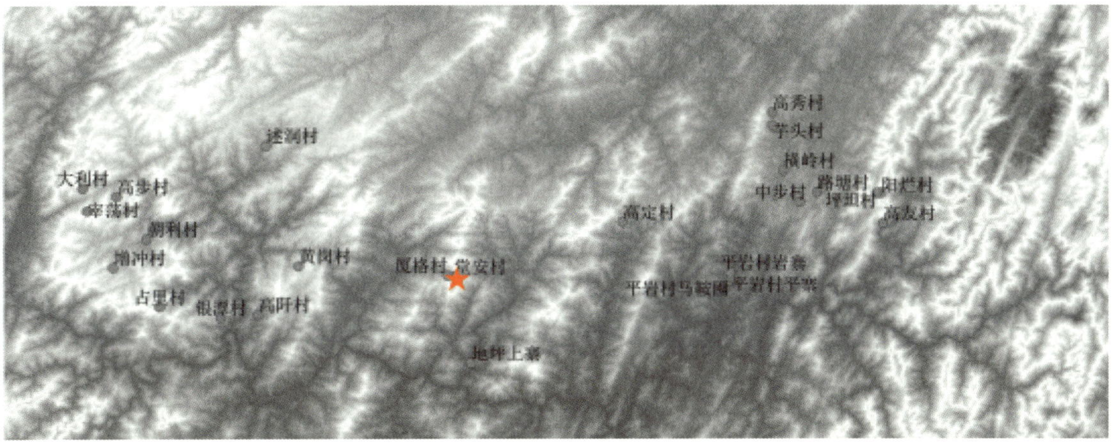

图3-21 堂安侗寨地理位置详图

方千米，耕地面积506亩，其中水田462亩。农业主产水稻、糯禾、油菜、茶油。从堂安路口进村约1千米路，沿途均可见用青石垒砌田坎的梯田弯曲层叠，从山腰至山脚梯次逐级延展，蔚为壮观。村寨的建寨历史无文字可考，据堂安侗族长者的口述，该寨已有700多年历史。

堂安村的建筑依山就势，采用杉木以干栏建筑形式建造，屋顶盖青瓦，也有用杉皮覆盖屋顶的，呈人字形挑檐。堂安鼓楼位于寨子中央，鼓楼始建于清代，是一座九层密平檐八角攒尖顶建筑，各层封檐板和翘角，分别彩绘彩塑花鸟、人物和飞禽走兽。戏台位于鼓楼的西面，为干栏式二层木楼，上层向前探出一截，前面全部敞开。戏楼与鼓楼间是宽阔的歌坪，鼓楼、戏台与歌坪三位一体，构成了该寨村民活动的中心场所。堂安戏楼旁山崖边平台上立着一座半人高的石柱，上面支撑着一具颇似水瓢样的石槽，山泉水从山崖上汇集引入水槽，再流到这个石瓢中，由石瓢左右两侧的凹口淌出，流到下面的石砌池子里。无人接水时，水就蓄积在下面长方形小水池里；小水池满了，水会缓缓流到对面地势稍低的大池子里，然后流入戏楼脚下水塘中，再顺着明沟暗渠流到寨子外面的鱼塘和梯田里，从生活用水变成生产用水。堂安寨有9条外出的通道，都由青石板铺成，这9条道路构成村寨的交通主干线，道

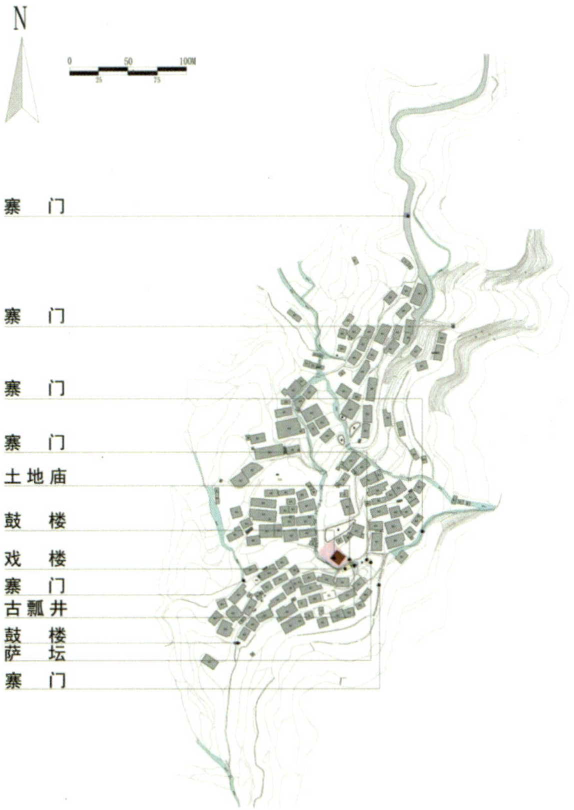

图3-22 堂安侗寨村落布局详图

路出寨处都建有寨门。村内石块步道随山势而设，通往家家户户。

在寨子中间的山坡上，有一片古墓群，有坟十几座，多为清代所建。堂安寨中还保存着那些农耕文明的生活方式及设施标志：禾晾、谷仓、水碾、石碓、井亭、鱼塘、萨堂、榨油房、纺车等。堂安人婚丧嫁娶均遵循侗族的传统习俗。逢年过节或“吃相思饭”时，要进行很多传统活动，如：抬官人、斗牛、唱侗戏、鼓楼对歌等，有的活动可进行几天。在堂安村，设有侗族生态博物馆。

第八节　厦格侗寨

图3-23　厦格侗寨一览图①

厦格侗族村寨位于贵州肇兴镇东南，东邻厦格上寨村，南与龙额乡岑梧村接壤，西靠肇兴村，北抵登杠村；四周紧邻美门、几归那、归井、大弯四个自然寨，含两个行政村：厦格村和厦格上寨村。村寨坐落于半坡凹地之中，海拔700多米，全寨共410多户，1700余人，为侗族聚居区。

① 黎平文物局于2011年12月24日供图。

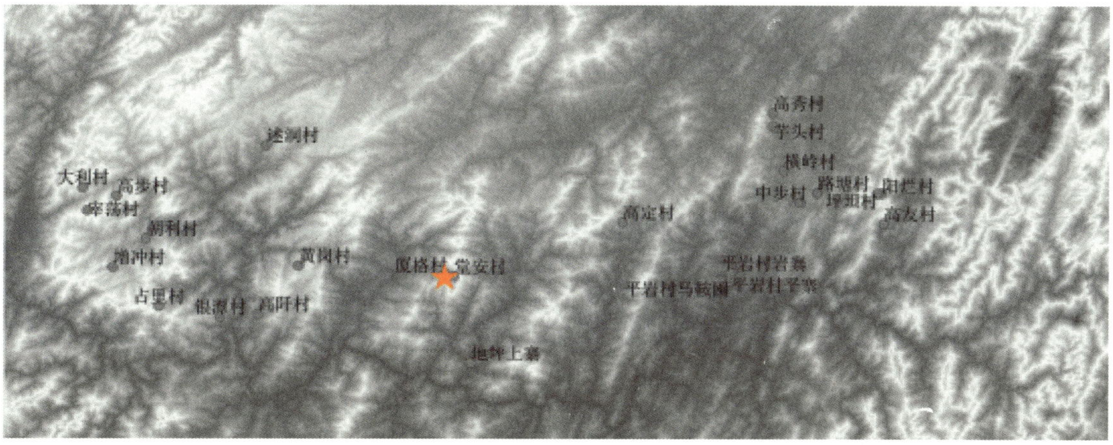

图3-24 厦格侗寨地理位置详图

据传厦格的祖先是从江西迁至广西，后因洪涝灾害搬到此地居住。全寨有蓝、罗、嬴、潘、陆、杨六个姓氏，也就形成六个家族的侗族村寨。村寨有700多年历史。

厦格村寨背靠弄抱山，山上是葱葱郁郁的原始森林，山腰是层层叠叠的梯田。在村寨边的后弄山下，有两片古墓地，墓地山坳上有一条硅矿带，俗称“白玉带”。玉带下的古墓地和草坪中，存有一通清光绪年间的“封禁山碑”。传说中的厦格有六宝：白玉带、黄拇山、斗牛塘、天鹅穴、孔雀脑、轿子包，每一个宝都有神秘的传说。

图3-25 厦格侗寨村落布局详图

厦格村坐落在山谷之中，与山水相依。两条溪河在寨中环绕，河流和山脉，将民居隔为四团，各团以族姓聚居。木质青瓦顶吊脚楼紧紧地围绕各姓族的中心鼓楼而层层展开，形如放射状。一座风雨桥架于溪流之上。

寨内有鼓楼四座：一座位于下寨蓝姓家族，一座位于寨中罗姓家族，一座位于寨头的嬴姓家族，三座鼓楼分别建于1982–1984年之间；还有一座在上寨的鼓楼，属潘、陆、杨姓，已有160多年历史。只有下寨蓝姓鼓楼为八边形，其余鼓楼都是四边形攒尖顶，层数为五、七、九重檐，鼓楼重檐画板上绘饰独特。村寨有八条出入路口，每条路口都建有大小不同的寨门。古井位于下寨鼓楼的旁边，戏楼位于上寨鼓楼的鼓楼坪边。

厦格的宗教信仰崇拜是祖先、萨岁和土地公。村民在村寨边建有“萨坛”。在寨头的嬴氏鼓楼边，从肇兴进厦格的山路到寨脚边立有土地公。每逢初一、十五，都有村民来求拜或答谢土地公，土地公层四周插满了用杉木制的桅杆，以示还愿报答“公神”。这是侗族祭祀文化方面的一种表现。

厦格有著名的鼓楼掌墨师2名，厦格村的4座鼓楼就是他们建造的，他们也是侗族村寨建筑工艺的传承人。侗族最为出名的民间艺人“侗族芦笙的制作师”，也出自厦格村。

厦格侗族村寨的民间民俗娱乐活动有：过年、正月初三送婚礼，初四至初六举行传统的民间娱乐活动，如踩歌堂、唱侗戏、请寨客、赛芦笙、唱侗歌等。最隆重的节日，是农历八月十五的“泥人节”。泥人节，侗语称为“多玛道神”，“多玛”即打泥巴仗，“道神”即黄牛打架。

第九节 高阡侗寨

图3–26 高阡侗寨一览图

高阡侗族村寨位于贵州省从江县下江镇东北20千米处，辖宰养（大寨）、宰俄、宰雷3个自然村寨。以族氏而分，主要为潘、石、梁姓，全寨有400户2000余人，全部为侗族。高阡侗族村寨平均海拔 865 米。2003 年通村公路。寨中经济作物以水稻为主，亦产玉米、小米、棉花、薯类等。

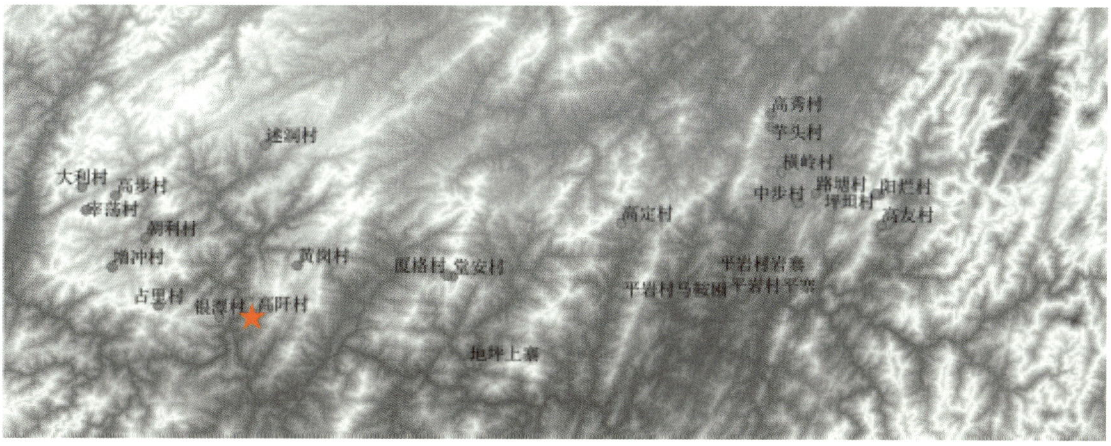

图3-27　高阡侗寨地理位置详图

高阡侗族村寨地处山坡台地上，寨中有数条溪水环绕。村寨周围青山环抱，民居傍水而建，寨中有国家一级保护植物红豆杉，最大的红豆杉高达 20 多米，胸径 1 米。寨子四周有著名的万亩原始森林，誉称“高阡大山”。高阡建筑格局以鼓楼为核心，向四周展开，再与寨门古井相连接。住宅性建筑主要体现单家独户和群体组合两种形式，以单家独户为多，建筑形式为传统的吊脚木楼。典型的建筑工艺主要表现是鼓楼、吊脚楼、居民、禾仓、禾晾、戏台、高阡石拱桥头的庙宇等。高阡现保存有鼓楼 3 座、古井 2 口、戏台 1 座、石拱桥 1 座，高阡石拱桥头的庙宇 1 座。高阡三个寨子都建有鼓楼。高阡鼓楼在宰养寨中央，始建于清雍正年间（1723–1735），于 2011 年进行了修缮。鼓楼为十五层密檐双层楼冠，六角攒尖顶木结构宝塔形，通高 25 米。宰俄鼓楼位于下江镇宰俄村，相传建于清雍正年间。1986 年 3 月重建，2004 年维修。鼓楼平面为正八边形，立面为十三层密檐攒尖顶，双楼冠。宰雷鼓楼

图3-28　高阡侗寨村落布局详图

位于下江镇宰俄村宰雷寨，始建年代不详，2000年8月维修，维修后平面为正八边形，立面为七层密檐攒尖顶，单楼冠。高阡戏台位于下江镇宰养村，始建年代不详，最近维修时间是2008年。戏台为悬山青瓦顶穿斗木结构。戏台现已拆除，改建为打牛圈。“宰雷龚有井”古井，位于下江镇高阡村宰雷寨边，始建年代不详，井呈圆桶形，为青石质。“宰养金左井”位于下江镇宰养村，始建年代不详，井呈圆桶形，亦为青石雕琢，是当地主要饮用水源。高阡石拱桥位于下江镇宰俄村北面500米处，相传建于清雍正年间，桥东西横跨，中部为单孔石拱结构。

高阡人的生活还基本上保持着侗族的传统风俗，他们唱侗族大歌、踩歌堂、演侗戏。侗族大歌在高阡仅次于小黄。此外还有琵琶歌、牛腿琴歌、敬酒歌、小歌等。侗族服饰在当地也得到了较好的保存。传统节日有春节、清明节、六月六、秧节、斗牛会，风味食品有腌鱼、烧鱼、牛瘪、羊瘪、红肉、黑米饭等，编织、女红有竹编、线编、织侗布、刺绣。在高阡，尤具特色的是古老而又传统的人工造纸。

第十节　占里侗寨

图3-28　占里侗寨一览图[①]

① http：//www.gztoptour.com/index.php?m=content&c=index&a=show&catid=795&id=203.

占里村位于从江县高增乡，平均海拔 380 米。全村 150 余户 768 人，侗族聚居区，居民以吴姓居多。主产水稻，兼产小米、苞谷、薯类等。据传，占里的祖先为躲避战乱，在 1000 多年前由广西梧州溯柳江而来。

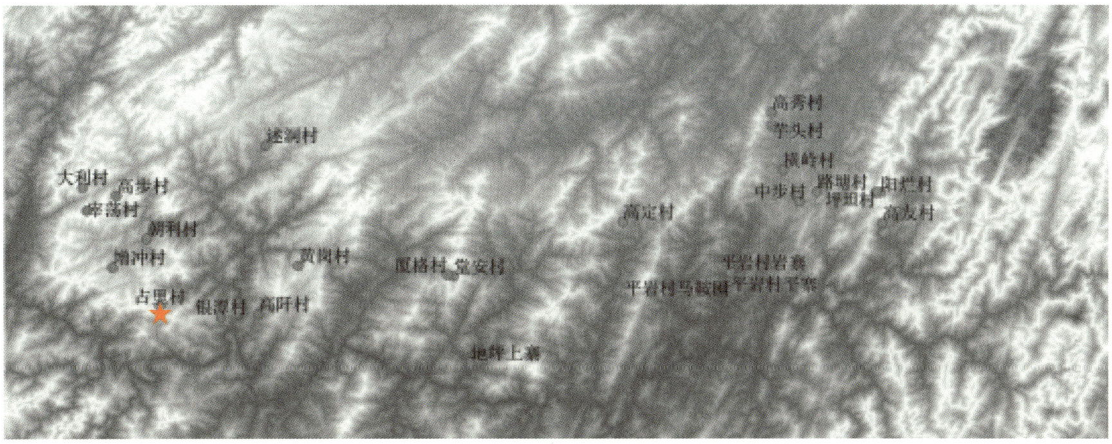

图3-29　占里侗寨地理位置详图

村寨位于占里山的河谷中，四周是茂密的原始森林。柳江河由北而南从西边绕过，民居面朝江河，沿岸而建，依山而居。建筑群以鼓楼为核心，向四周层层展开。鼓楼周围是成排的密集民居，民居以外就是禾晾、仓房，再往外是田地，田地与四周的高山密林相连。占里住宅建筑主要是单家独户和群体组合两种形式，以单家独户居多。重要的公共建筑有鼓楼 1 座、古井 2 口、萨坛 1 座、风雨亭 1 座，典型的民族建筑有吊脚楼民居、仓房、禾晾等。

图3-30　占里侗寨村落布局详图

占里民居群的中心是鼓楼。鼓楼始建年代不详，后多有修葺。鼓楼占地面积 95 平方米，底层平面呈正六边形，立面为十三层密檐六角攒尖顶，通高 18 米。楼上置牛皮木鼓一个。占里的萨坛位于村寨头，始建于落寨之初，占地面积 76 平方米，坐东向西，四周设土石夯筑的围墙，围墙西北面设木质门楼供进出，墙内中间为呈圆锥形的萨坛。萨坛用石头围砌而成，中填泥土，高 0.75 米，直径 1.8 米，周围地面铺设青石板。风雨亭位于村寨东面约 300 米处，东西向，为悬山青瓦顶穿斗木结构廊桥建筑。始建年代不详。风雨亭的东面有一高 1.3 米的土地庙用土石砌成，廊亭西小山坡为还愿坡。占里村有 2 口古井，都为用青石作悬山顶的屋形。占里古井位于村的东面，始建于清代嘉庆二十二年（1819）。榕树古井又名“七两井”，建于清代乾隆年间。

占里村由于自然资源有限，他们恪守着一套独有的生育习俗，坚持每对夫妻只生“一男一女”，人口保持“一进一出”。结婚的男女坚守“对石盟誓”，遵循祖制的“款词”，以“起款”形式约束自身行为。这在侗族村寨中仅此一例。

第十一节 银潭侗寨

图3-31 银潭侗寨一览图①

银潭侗族村寨位于贵州省从江县西北谷坪乡，全村共 260 户 1258 人，均为侗族，以吴、潘、张、陆、叶姓氏为主。银潭村地处山坡峡谷地段，地势低洼、平缓，海拔 640 米。寨中以种植水稻为主，兼种薯类、玉米、棉花、柑橘等作物。银潭侗族至今已有 570 年历史。据传，吴家与潘家于明朝正统丙戌年（1436）由黎平潼关迁居银潭，以后其他姓氏陆续迁入。银潭村寨植被保持良好，树林覆盖率达 85%，种类有杉树、松树、杨梅树、青杠树、竹林、猴栗树等，其中国家一级保护树种红豆杉有 120 多棵，树龄大都在百年以上。

① https：//www.mafengwo.cn/poi/11531.html.

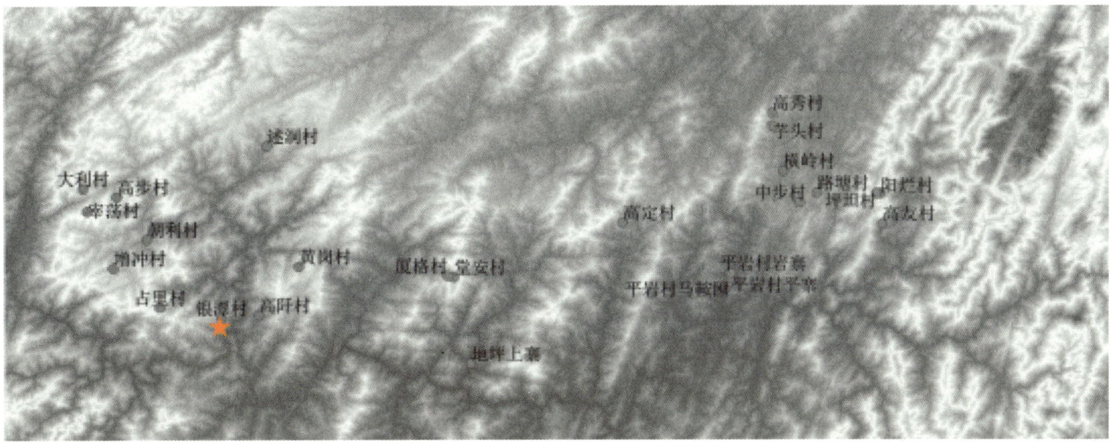

图3-32 银潭侗寨地理位置详图

条溪河自南向北从寨中穿过，溪流两岸，一米多宽的河堤就成为村寨的交通主干线。民居面朝河流，背靠青山，依山而建。青色瓦檐的木质吊脚楼，挤挤挨挨，错落有致，村寨建筑犹如夹在深山沟谷之中，两座鼓楼耸立其间，一座风雨桥和四十多座石板小桥把两岸的住户连接起来。稻田、池塘、溪流在阳光下泛起片片银光，犹如一个银色的坛子底，据说村寨因此得名“银潭”。

银潭的鼓楼有两座，中寨鼓楼和下寨鼓楼。中寨鼓楼位于村寨的中心位置，为十一层六角攒尖顶，在鼓楼的旁边有口古井；下寨鼓楼位于村寨南边的溪河边，建于道光丙戌年（1826），这个鼓楼为十二层六角攒尖顶，这种偶数层的鼓楼在侗族村寨鼓楼中是少见的。鼓楼边是一座戏台，戏台为悬山式屋顶。此外，银潭村的典型建筑还有风雨桥 1 座，寨门 1 个，古井 3 口，戏楼 1 个，萨坛 1 个。

银潭的古井均建于清代。其中最具特点的古井有两口：银潭下寨井和银中金貌井。银潭下寨井位于中寨鼓楼旁边，外方内圆；银中金貌井位于下寨鼓楼旁边，也是外方内圆。银潭风雨桥位于村寨南面的河水上游处，南面有一个萨坛。

图3-33 银潭侗寨村落布局详图

银潭侗族仍然保持着原始古朴的生活方式。他们无处不歌，在接人待物方面，有拦路歌、敬酒歌、侗族大歌、琵琶歌、牛腿琴歌及“多耶”舞等。节日期间与周边侗族村寨吃相思、演侗戏、对侗歌。风味食品有腌鱼、烧鱼、腌肉、牛瘪、红肉、黑米饭等。牛在银潭村村民心目中有着重要的地位，鼓楼里悬挂有征战多年而死的牛王角，农户家悬挂为自家辛勤劳作而死的耕牛角。六月初六“敬牛节”是该地最重要的传统民族节日。红豆杉是银潭侗民思念亲人、情人之寄托，是相思传情的吉祥树。在节日或特殊日子里，村民会来到红豆杉树下为远行或在外的亲人祈求平安。

银潭的侗族服饰制作工艺精美，在从江一带具有代表性。制作过程受古训“男耕女织”影响，均为妇女操作。

第十二节　地坪上寨

图3-34　地坪上寨一览图

地坪上寨位于贵州省黎平县地坪镇，坐落于南江河东边的河谷平坝上，村寨北抵花果山，东靠后龙山，西至南江河左岸。共有村民 120 户 518 人，为侗族聚居区。全寨面积 2.12 平方千米，平均海拔 160 米。经济以农业为主，田地分布于河谷平地及周围的山坡，主产水稻、茶油、油菜、薯类、玉米。根据地坪上寨的文字记载，村寨历史可追溯到蜀汉 (221-263) 时代，当时地坪是南蛮四洞区域，上寨称“已平，已项伶”。江西免粮（约 18 世纪）时候，覃、吴、罗、杨、李家相继迁入地坪，从此地坪有了上、下两寨村落。地坪上寨四面临山，山上树木茂密，森林覆盖率达53.34%，以杉木、古榕树、竹林为主。南江河从村寨的西面绕过，村寨就坐落在南江河岸；南江河沿边有上百年的古树护河，一座地坪风雨桥东西向横跨于南江河上。

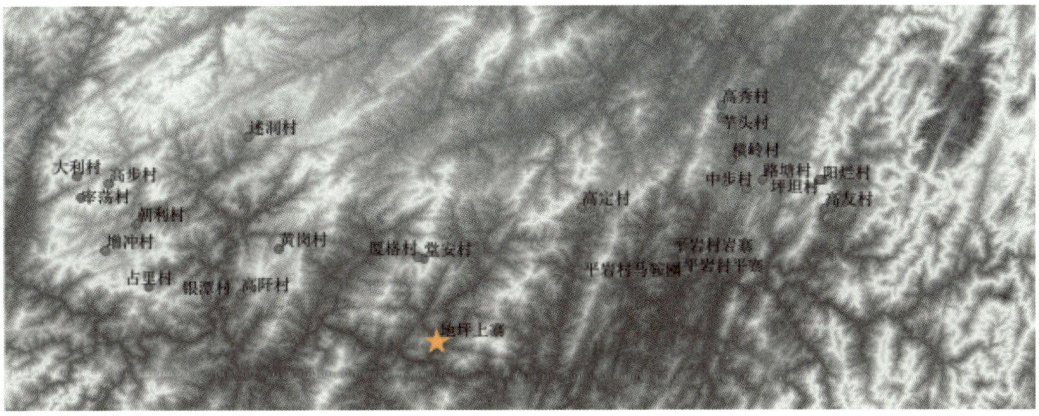

图3-35 地坪上寨地理位置详图

地坪上寨是一个拥有鼓楼、风雨楼和吊脚楼的典型侗族村寨。风雨桥依照侗族特有的建筑手法，在大跨度、高空间的客观条件下，仅靠一石墩作支撑，利用侗乡特有的长大圆杉木做桥梁建造完成。风雨桥集古代哲学、数学、力学、美学、生态学、民族学为一体，是侗族建筑文化的经典体现。在村内，还有一条从南边山涧下来的溪流，一条从寨中经过的公路。吊脚木楼环绕着村寨中心的鼓楼，向东北两侧坡地逐层延伸，86栋侗族吊脚楼都用杉木制作，以两层三间两进为主要结构形式，屋顶盖青瓦或杉木皮。地坪鼓楼的鼓楼坪旁边，有一座戏楼。

图3-36 地坪上寨村落布局详图

地坪上寨以其风雨桥而闻名。地坪风雨桥始建于清光绪八年（1882），跨于南江河上，把地坪上寨、下寨和甘龙三寨衔接，在上寨寨脚位置。2004年遭洪水冲毁，2008年重新建成。桥全长56米，桥面宽4.5米。桥上建有长廊和桥楼，河中心用青石砌成一座桥墩，桥身置于石墩上，连接两岸。桥廊左右两侧有梳齿状栏杆，靠栏杆内侧各架设一行长条凳，供行人凭栏观景小憩。栏杆下面有一层向外挑出的檐，覆盖青瓦。

地坪上寨村民还基本保留着侗族的传统风俗习惯，大歌、踩歌堂、演侗戏还十分盛行，节日期间要与周边侗族村寨吃相思、演侗戏、对侗歌。其主要节日有清明节、六月六、七月七（新米节）、春节。糯米是村民的主食，油茶是早餐或中餐前后不可缺少的饮食。衣着上以穿侗布衣服为荣，男女服饰均以自织、自纺、自染的侗布制作为主。

第四章

三江地区侗族村寨概述

三江地区传统的侗族村寨比比皆是，公共古建筑如鼓楼、风雨桥等更是蜚声四海。三江县的非物质文化遗产保护也是成绩斐然。全县已有侗族木结构建筑营造技艺（2006 年）、侗族大歌（2006 年）、侗戏（2010 年）等 3 个项目被列入国家“非遗”保护名录；侗家百家宴、侗族花炮节等 9 个项目被列入省级保护名录；侗族打油茶、侗族农民画等 14 个项目被列入市级“非遗”保护项目；林溪乡的高友村、高秀村和独峒乡的高定村同时被列入柳州市“十大美丽乡村”，冠小屯被列为“全国生态农业示范点”，“程阳八寨”包括马鞍、岩寨、平寨等被评为“中国景观

图4-1　三江侗寨村落布局详图

村落”“广西十大魅力乡村”，三江已成为全区名副其实的文化遗产保护大县，全县非物质文化遗产保护工作形成了上下联动、纵向深入、横向拓展的发展态势，非物质文化遗产的保护和传承工作得到长足发展。

三江古侗寨在湘、黔、桂三省（区）的侗族村寨中独树一帜，其特点在于：历史悠久、源远流长；文物众多、保护完整；村寨集中、规模庞大；木结构建筑美轮美奂等。其在人类学、社会学、民族学研究的意义和由此创造的审美价值十分突出。

三江地区林溪镇、独峒镇境内的侗族古村落具有悠久的历史，林溪镇平岩村马鞍屯、岩寨屯、平寨屯，冠洞村的冠小屯、高友村、高秀村，以及独峒镇的高定村，更是侗族古村落的典型代表，寨内遗存的许多民居是明清时期始建的。这些侗族寨子，大都是古越干栏式建筑，寨子内部和寨前寨后，有大量堪称侗族建筑艺术杰出代表的吊脚民居、鼓楼、寨门、风雨桥、凉亭等。村寨中还有大量的公共建筑设施如古井、井亭、石板古驿道、古戏台、芦笙坪、消防水塘、祭祀坛、土地祠等。这些古村落大都依山傍水，据地势而建。建于平坝或山冲内的村寨自然朴素、整齐美观；依山而建的寨子则层层延伸、错落有致，充分体现了“天人合一”的哲学理念。其建筑工艺均为杉木穿榫构筑，且不用一钉一铆，充分体现了侗族人民擅长于木结构建筑的特点及高超的工艺水平，同时，也体现了很高的艺术欣赏水平。

马鞍、岩寨、平寨、冠小、高友、高秀、高定等寨子内，还保存着大量的非物质文化遗产和比较完整的古典朴素的民风民俗。以侗族情歌、双歌、琵琶歌、侗族笛子歌、芦笙舞、多耶舞、侗戏等为代表的民族民间歌舞、戏曲，展现了侗族文化的深长韵味；以银饰、侗帕、侗锦为代表的侗族服饰、刺绣，鲜活地体现出了侗族的民族特征；以酸菜、酸鱼、酸肉、油茶、米酒等为代表的独特的侗族饮食文化，独树一帜。此外，侗族特有的“萨”文化、“款”文化、“也”文化和具有侗族特点的婚丧嫁娶以及众多的节庆活动等，集中构成了三江侗乡原始古朴的生活场景及社会风貌。

三江县侗族古村落有其鲜明的特点：侗族建筑古朴原始但不乏灵动，村寨面积较大却不乏秀美。马鞍、岩寨、平寨、冠小、高友、高秀、高定等寨子保留侗族村寨原始的格局和大量明清时代的侗族建筑，这些寨子的布局和建筑，具有较高的艺术价值和审美价值，是侗族古建筑群的实物博物馆，是三江乃至湘、黔、桂三省（区）侗族村寨的典型代表，是研究侗民族文化的最佳人类学田野基地。这些寨子的侗族文化元素保留完整，自然生态环境优美。如果说百里侗乡是一幅美丽的侗锦，那么马鞍、岩寨、平寨、冠小、高友、高秀、高定就是嵌镶在这美丽侗锦上的七颗明珠。

第一节 高定侗寨

图4-2 高定侗寨一览图[①]

独峒镇高定村坐落在贵州、湖南、广西三省交界处的坡脚下，故有三省乡之称。全村总面积9.07平方千米，共593户2400多人，全部为侗族。全村现有6大姓氏，以吴姓为主，占90%，其余为莫、杨、李、黄和卢姓。经济作物以水稻为主，盛产茶叶，多种植杉树、桐油树、油茶树等。据当地老人口传及碑文记载，高定村的建村历史起始于明朝洪武年间。其间，吴姓

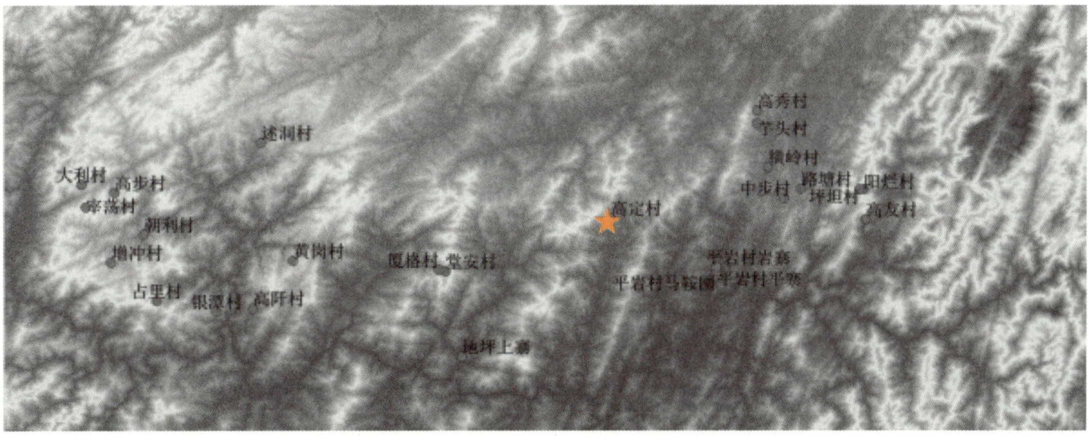

图4-3 高定侗寨地理位置详图

① https：//m.sohu.com/a/310884048_120095517/.

祖先由湖南通道、贵州黎平、三江等地迁徙而来，后来其他各姓也陆续迁入。

高定村四面环山。高定寨门在村子的东南方入口处，依托一段厚实高大的围墙而建，木质、门阙式，多重檐，两侧有厢房。进寨沿途铺设有跨溪过沟的青石板桥。过去的高定村（20 世纪 50 年代前），四周建有围墙，并在围墙中间对称地设有东南西北四个寨门。高定村五百多栋民居，密集地聚集在山坡上，以南坡最为密集。青瓦木质的吊脚楼廊檐相接，以鼓楼为中心向周围展开。村内共有 7 座鼓楼，其中氏族鼓楼 4 座：吴通氏族鼓楼，吴六雄氏族鼓楼，吴苗氏族鼓楼，李杨卢三姓合一的楼务氏鼓楼。公有鼓楼 3 座，这其中的 2 座鼓楼较小，年代较久远。最著名的是高定独柱鼓楼。全村吊脚楼大致分成 6 大组团，形成民居围绕氏族鼓楼，姓氏鼓楼又以中心鼓楼为核心的聚居布局。中心鼓楼为姓氏共建，位于南向坡的中央偏上位置，鼓楼正对开阔的鼓楼坪。

高定村的道路在总体上呈枝状分布。从中心鼓楼延伸出的石板路，是村内的交通主干道，也是组团民居之间的界线。在各民居组团内，街道小巷蜿蜒交错，伸往各家各户。村内有两股较大的溪流，水源均来自三省坡上的山梁。两股水流穿梭于村居的宅前屋后，水塘、鱼池分布全村。村民的饮用水主要是井水，村内现存水井 7 口，都是用青石板铺砌而成。

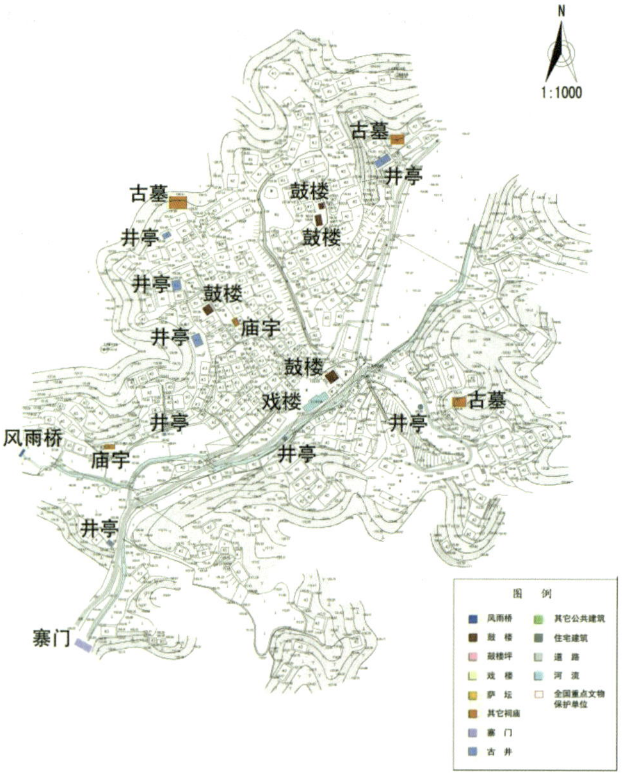

图4-4　高定侗寨村落布局详图

高定村不仅在空间布局上以姓氏划分，在社会关系上也以血缘集团为结构基础，几百年来各姓氏之间和睦相处，守着共同的习俗，祭奉共同的萨神和飞山神。

高定村因四面高山围合，交通闭塞，原始景观和传统生活习俗都得以较好地保存。高定男女恋爱的方式有走寨、坐月堂、种公地、月也、赛芦笙等。婚后，高定人还保留着新娘出嫁后“三年来回走”，不落夫家的习俗。高定人的丧葬，由代代传承的精通阴阳的先生操办，并保留有一套完整的仪式及念词。

第二节 高友侗寨

图4-6 高友侗寨一览图①

林溪镇高友侗寨位于广西与湖南的交界线上，地处广西三江县最北端。全村共446户1927人，侗族人口占99%，村内有10个姓氏，以潘姓和杨姓居多。全村共有水田1008亩，旱地335亩，林地4000多亩，树林覆盖率达75%。粮食作物以水稻、玉米、红薯为主，种植有杉树、松树、油茶树、茶叶等。寨子始建于明代天顺年间（1458），传说村寨先民的潘氏是从江西省吉

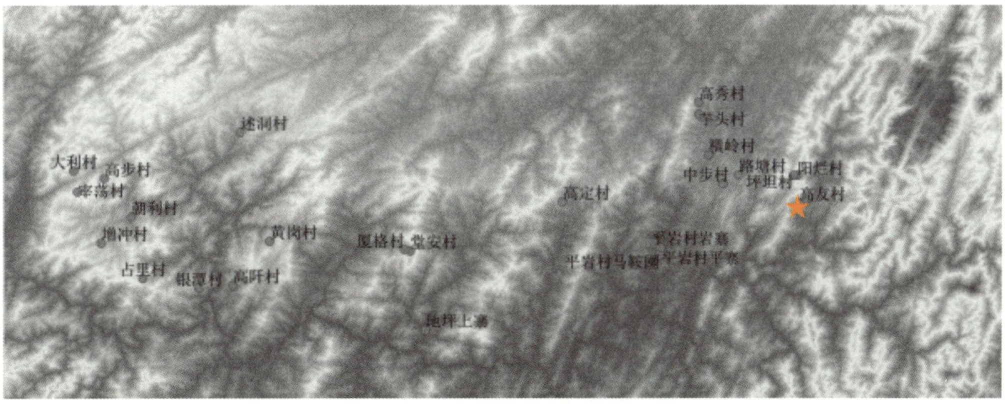

图4-6 高友侗寨地理位置详图

① http：//tuchong.com/5464294/.

安府太和县迁来，以后又有杨、吴、李等9姓陆续迁入，形成现有规模。

村寨四面环山，山谷中间是一片水田，水田两边有小道沿随，水田中间还有数条弯曲田埂小道。高友村按房屋所建位置，分为中寨、崖上和寨脚，寨子与寨子之间有道路间隔。其中，中寨的房屋最为密集，也是高友村村民最早聚集的地方，村内建筑是以中寨为核心，逐步向坡上和左右两边延伸。

高友村民居为“干栏式”吊脚楼结构，一般分为三层，楼下安置杂物，饲养禽畜；楼上用于日常起居。每座楼房，除屋顶面盖青瓦之外，其余全部用杉木建造。高友村有5座鼓楼，其中高友下鼓楼、高友上鼓楼、吴牙老鼓楼均建于清代。高友中鼓楼最为古老，据说已有600年历史，位于村寨的中心，在这座古老鼓楼旁边的十几节台阶上，矗立着建于清代初年的飞山宫。现在，村内最为壮观的鼓楼，是2005年修建的福星楼。福星楼高十三层，攒尖式，檐瓴。在福星楼的左右两边，分别是一座老鼓楼和一个戏台。村寨的风雨桥建于清代初期，位于村寨西南的山梁臂膀连接处。在高友村的三个村头，立有三个寨门。其中，“高友永兴门”具有鼓楼的气势，寨门的两侧建有厢房，又似凉亭功用，寨门旁边，另有一个凉亭。在高友村，保存完好的还有27个凉亭、13个古井亭、10个古墓群及十几个水井。高友村内的交通主要是石板路和碎石路。村里现有的三条石板路主干道，已经有上百年历史。

民居附近及远处，都布满水田、鱼塘。高定村民在水田里既种植水稻又养鱼，这是侗族人的传统。每年的“谷雨韭菜节”，是高友村独具特色的节日。高友村传统节日众多。他们有韭菜节、尝新节、四月八、五月五、七月十四、太阳节等，被誉为“百节之乡”。民间活动主要有斗牛、赛芦笙、坐夜、月也、唱侗戏、多耶、对侗歌等。侗族村寨人大多信仰自然神，太阳、月亮、古树、巨石等都是侗族人心目中的神。高友村的太阳节在农历的十一月十九。节日这天，全寨人都聚集在鼓楼坪上，祈祷太阳神能保佑侗族村寨风调雨顺，繁荣昌盛。

第三节　高秀侗寨

高秀村位于广西三江县林溪镇东北部，东、南、北方向与湖南交接。全村共有居民392户1675人，侗族聚居区。高秀村属岭南亚热带气候，雨量充沛，年平均气温17℃ -19℃，粮食作物以水稻为主，兼种小麦、玉米、红薯；种植杉树、油茶、茶树、樟木、松木等。高秀村寨周围有4000多亩的山林。关于高秀村建寨的历史，据高秀村老鼓楼序中的记录推断，已有500多年。

图4-7 高秀侗寨一览图[①]

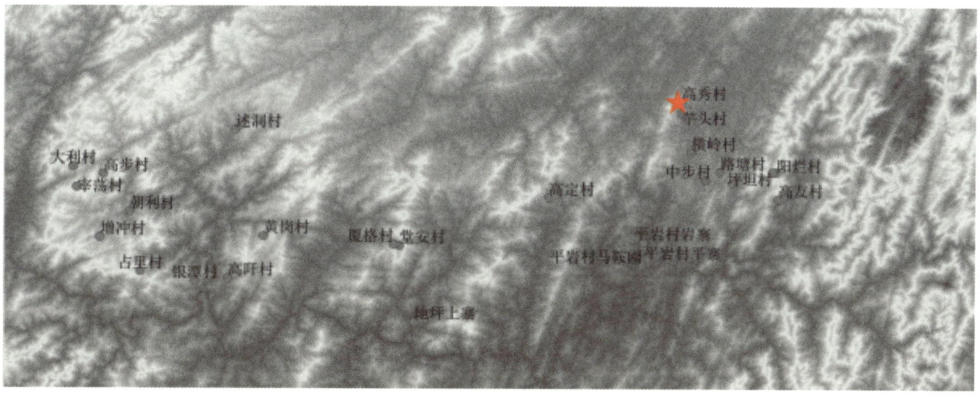

图4-8 高秀侗寨地理位置详图

高秀侗族村寨地处高山河谷中，四面环山。山谷中央，有一片开阔的稻田。300多座青瓦置顶的木质吊脚楼，挤挤挨挨地从山丘脚下的平坝地往背后的山上延伸，层叠而上。一座座鼓楼立于鳞次栉比的吊脚楼之中，民居团状式围绕鼓楼分布。寨内两条河流将高秀村居民大致隔为四组，民居沿河两岸而建，以两河流之间的居民最为密集；寨中的两条河流，一条来源于上游高友村，一条是东面山上下来的溪流，自南而北在村头的北面汇合。

一条水泥公路从村中的平坝地环绕而过，构成村寨交通的主干道。由水泥公路引出多条石

① https://www.ddgx.cn/show/12066.html.

板支路，分别向左右的山坡或谷地伸去，构成民居组群之间的通道，也将水田与民居连接起来。村中的巷道多为青石板铺砌，或宽或窄、依山而上、顺水而铺，穿梭于民居、稻田、水塘之间，连接着鼓楼、风雨桥、寨门等公共建筑。这些石板道的修建年代大多在明清时期。

全寨有7座鼓楼，以高秀大鼓楼（中心鼓楼）最为高耸亮丽。高秀大鼓楼建成于2008年，密檐塔式，19檐层，27米高，是7座鼓楼中最高的，鼓楼前面的鼓楼坪旁边，有一个戏台，是现在村民的活动中心。

高秀的3座风雨桥，年代都较为久远，分别架在村寨的三个主要出入路口上。高秀村有2口古井，分别为下杨古井和边蓝古井，古井上均建有井亭。

图4-9　高秀侗寨村落布局详图

高秀村的吊脚楼大多为三层或四层，立于半坡的斜面上，一楼关养牲畜、堆放农具，二楼住人，由一楼偏厦配出楼梯直接上二楼的前廊。吊脚楼的形式因地势的差异而不同。

高秀侗族村寨由于地处偏僻，村寨的景观和民风还保持着浓郁的侗族传统特质。琵琶谈唱，风雨桥上对情歌，吊脚楼里行歌坐夜、“月也”、芦笙“对抗”、“多耶”、戏楼台上侗戏、木叶歌、斗牛比赛等传统风俗，仍在村寨中流传。

高秀村的“韭菜节”最具特色，即每年的谷雨节。节日这天，侗族姑娘可以随便进入别家菜园割韭菜，谁家的韭菜被割得多，谁家的主人会最得意。

第四节　马鞍侗寨

马鞍侗寨位于广西柳州市三江县林溪镇南端，共有175户人家820人，由陈、杨、吴、梁四姓组成，均为侗族。粮食以水稻为主，种植杉木、油茶树等。据传，马鞍先民在此落寨居住已有700多年的历史。明万历十九年（1591）以后，马鞍属大营洞所辖，民国后期实行村甲制，为八江区林溪乡马鞍寨公所。

图4-9 马鞍侗寨一览图[①]

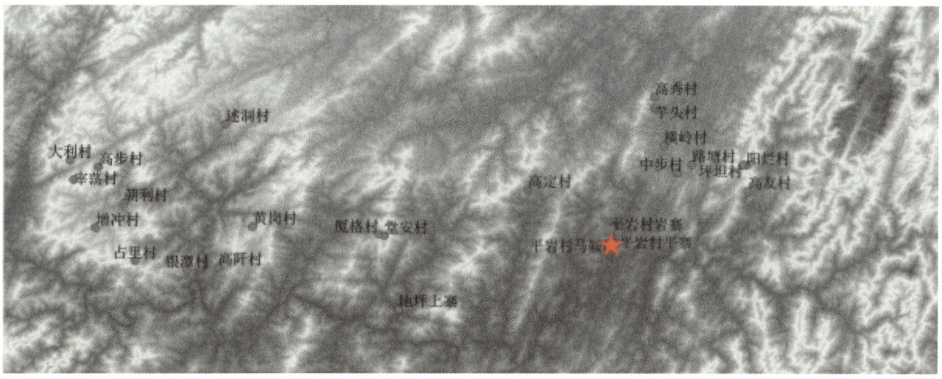

图4-10 马鞍侗寨地理位置详图

寨子地处林溪河河道曲折迂回处。由于这里常年受河水冲击，泥沙在此淤积，形成了山间坝子。坝子东面靠山，从山脚下伸出一片平坦之地，形状如一个“马鞍”，马鞍寨就建在这个坝子上。鸟瞰马鞍寨，村落犹如坐落在曲水三面围合的半岛上，与周围的田园呈辐射状，民居团状式聚集在中间。鼓楼立于坝子中心，鼓楼前有一块鼓楼坪，居民楼围绕着鼓楼，从鼓楼坪向外层层展开；在居民的外围，环绕着平展整齐的稻田；稻田之外，林溪河沿村而下，程阳桥、合龙桥分别架在河的南、北两边；河对岸，一条公路沿河环绕。西面的山坡连接着岩寨，山坡

① https：//www.dongzuwang.com/contents/5/147.html.

上是一大片杉树和茶树林。马鞍村内有6条环绕状的道路，是村寨道路的“骨架”。在村边的河岸上，是一条环绕村寨周边的石板路，这条环形的石板路与进村口的两条路相交，构成了村寨内部的交通主线。村内除了林溪河提供灌溉水源外，还有从山上流下来的泉水。泉水在山脚下汇集成一块块水塘。水塘用于养鱼，也用作消防。村民的饮用水，主要是山上引下来的泉水和3口古井。寨中的马鞍鼓楼与寨尾的程阳桥交相呼应。过去，马鞍寨内有“一坪二楼三门四庙”，即一个鼓楼坪、两座鼓楼、三座寨门、四个土地庙，这些古建筑都在20世纪六七十年代被毁。现在村中的鼓楼是80年代按原貌重建的，也是该村现在唯一的鼓楼。

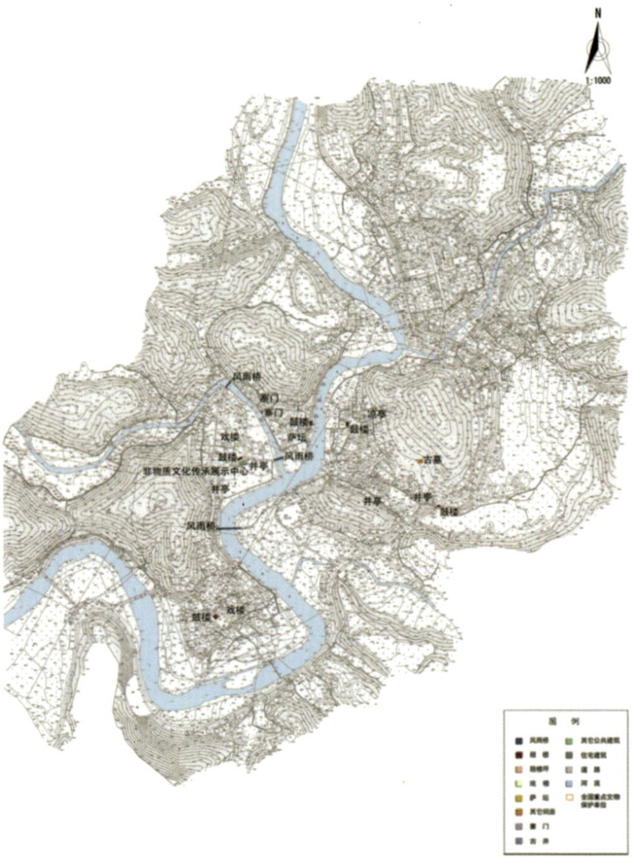

图4-11　马鞍侗寨村落布局详图

马鞍寨最引人瞩目的是村尾的程阳桥。桥始建于1912年，为干栏式建筑，桥边立有一块“永济桥”碑，叙述村寨的历史。程阳桥西头的“月牙井”古井，就是马鞍寨神话传说中侗王下马饮水、放马鞍的地方，马鞍寨也由此而来。马鞍村的民居，是典型的侗族村寨风格吊脚楼。目前还存4处古屋。马鞍村的古碑石雕保存较多，共有35块。

马鞍侗族的传统手工艺，主要有织锦、纺织、酿酒、榨油、竹编、藤编、竹木器制作、银饰等。马鞍寨的民族节日有：“转初三”（正月初三送新娘）、二月二、春社节、四月八、冬节等；盛大活动有“月也”“百家宴”、赛芦笙、演侗戏、“探桥”“踩楼”等；民间交往活动有斗牛、踩歌堂、打南瓜仗、行歌坐夜等。

第五节　平寨侗寨

平寨侗族村寨地处广西柳州三江县林溪镇程阳景区内，是程阳八寨的一个自然村，全寨共230户1025人，全部是侗族，寨里有三个大姓，以杨姓居多。经济作物以糯稻为主，盛产茶叶。平寨田地主要是梯田，作物有油茶、杉木、樟树、枫树、禾树等。

图4-12 平寨侗寨一览图[①]

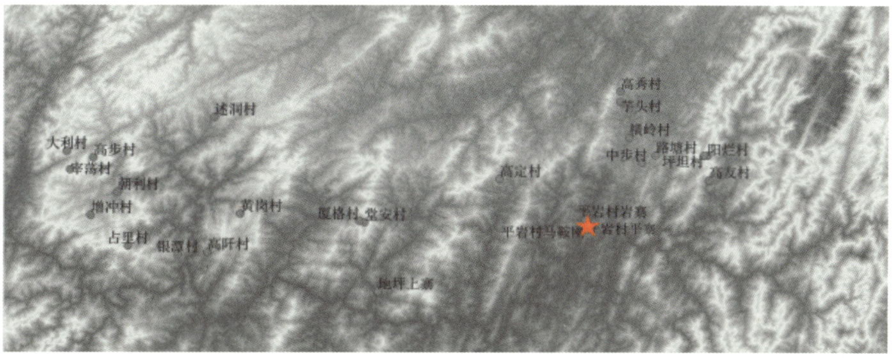

图4-13 平寨侗寨地理位置详图

平寨侗寨坐落在山谷之中，东、南、北三面靠山，西面临林溪河，河水自北而南蜿蜒流过。在山谷中央，是平寨村的主要稻田。民居大致分成三组聚集，围绕在稻田的周围，北面山坡上的民居最为密集，是寨内民居的主要聚集地，也是村寨先民最早落寨的地方。北面山还被村民视为风水山，在山上划出一块区域作为墓地。

平寨村的建筑沿山坡层叠而上，鼓楼位于其中。平寨里有两座风雨桥。河边沿岸的村口上，有一座古庙。过去，平寨东面约二三百米处有一座“社亭”，是附近村寨杨姓和吴姓祭祀的地方。在村头寨边，有一株参天的古树，被村民视为“风水树”，保护着村寨的平安。

平寨村曾有 5 个寨门，20 世纪 90 年代发大水，冲走了 2 个。沿公路进入平寨的寨门，是程

① http：//www.sjx.gov.cn/zjsj/sjfq/202102/t20210207_2520455.shtml.

阳八寨中保存最为完好的寨门。平寨村内部道路，是由村民长年累月的生产生活需要、脚踏而成的。村内交通主干道有5条，均由青石板铺砌，有的已有100多年的历史。溪流、水塘、泉井，构成了平寨的水系，平寨村的南部还有一条小河，东西向穿寨而过，然后汇入林溪河。寨内水塘主要集中于北面民居周围。在村寨的东边，有3口古水井，井上架有井亭。平寨还有2座鼓楼。位于寨子中央的老鼓楼，始建于清嘉庆年间，成于清道光五年（1821）。鼓楼枋柱上留有古代侗乡“款”的痕迹。鼓楼旁边，立有一块“亘古千秋”的鼓楼石碑，刻于道光元年，斜对面，建有一座“思源亭”。平寨鼓楼柱为禾木，侗族鼓楼用禾木建造鼓楼极为少见，而在平寨村，年代较早的建筑物，都是用禾木材料做成的。侗族的民间工艺在这里得到了保护和传承，主要有建筑、藤编、竹编、草编、石刻等，侗民族乐器制作和演奏的有琵琶、芦笙、侗笛等，女红有纺纱、织布、染布、缝衣、打鞋、绣花等。

侗族的社会组织是以族姓为核心的。平寨有三个大姓，杨姓居多，吴姓次之，陈姓排三位。杨姓吃初一冬节，吴姓和陈姓吃二月初二节。谷雨节到来，妇女们捞虾、采藤茶、摘扁豆、打谷、吃雨油茶。四月初八吃糯米饭，五月端午包粽子，六月初六吃新节，八月中秋赛芦笙、看斗牛，过大年唱侗歌、唱侗戏、跳多耶舞、弹唱琵琶歌。男女青年四季都能行歌坐夜，寻找意中人。

第六节　岩寨侗寨

4-14　岩寨侗寨一览图

岩寨侗族村寨位于广西柳州市三江县林溪镇西南面，处于程阳八寨的中心位置，东与林溪河对岸的平寨相望，西与平坦寨毗邻，南与马鞍寨相连，北与程阳大寨接壤。全寨共 229 户人口 1037 人，为侗族聚居区。农业以稻谷为主，也产小麦、玉米、红薯等；经济林木有杉木、油茶、桐油等。岩寨因地势不平、岩石多、村寨多而得名。据资料记载，明万历十九年（1591）以后，岩寨属大营洞所辖，民国后期为九江区林溪乡岩寨村所辖。中华人民共和国成立后，岩寨先后隶属林溪区程阳乡、林溪乡平岩村。岩寨现有杨、吴、陈、梁、张 5 姓，杨姓入居最早。

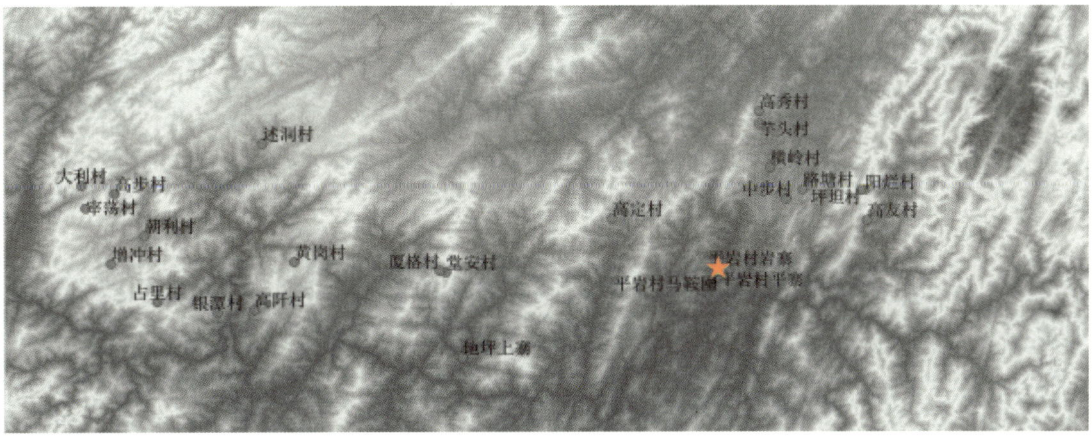

4-15 岩寨侗寨地理位置详图

岩寨的地势北高南低，寨内地势起伏较大，林溪河从寨的东、南两面绕过，来自西面的两条小溪，成“八”字形穿寨而过，又从东南向汇入林溪河。两百多座吊脚楼民居背靠青山，面朝河流，以鼓楼为中心，沿河岸串联式分布。鸟瞰岩寨，民居楼整体上呈自由式布局。在村的入口处，有一个“萨坛”，这是由青石砌成堡垒的石坛，坛外有数棵古老的风水树，坛内侧用白火岩点排成花纹。岩寨背面的山峰，叫“衙萨”，即萨坛峰之意，被认为是村寨的“风水山”，传说古代岩寨村民在此设坛祭萨神。岩寨有新、老鼓楼 2 座。老鼓楼位于寨内小溪的东边，建于清宣统年间（1909）。新鼓楼建于 2006 年，位于寨内小溪的西边，立于寨内地势较平的中心位置。鼓楼前一块延伸的鼓楼坪，现在是岩寨村民的活动中心。在岩寨老鼓楼对面，有一座百年老木楼，这是程阳桥承建人之一杨善仁的居所。村内 5 条石板古道，组成村寨的交通主干道。街巷小径狭窄，或用石板铺成，或由鹅卵石砌就，通往各家各户。岩寨的外部溪流和内部小溪、水塘构成了村寨完善的供水系统。村内分布有 4 口古井，是村民的饮水水源。井口上有天然井盖，井上面建有井亭。村里 4 座风雨桥，其中位于寨尾处林溪河上的合龙桥，始建于嘉庆十九年 (1814)，近两百年来曾被洪水冲毁三次，今存的合龙桥，是 1941 年重新修复的。

岩寨村男人喜欢从事木工劳动，女人则多从事纺织或首饰加工，织锦、刺绣、蜡染、壁画等民间工艺，别具一格。岩寨村民还保持着稻作文化的生活习俗。侗族的节日都与农事、祭祀相关，主要有尝新节、斗牛节、吃冬节、斗牛节、芦笙节、龙舟节、月也等。岩寨的婚俗也独具特色，并延续至今。

第五章

坪坦河等地侗族村寨概述

坪坦河是长江支流沅江的一条小支流，地理位置在湖南省怀化市通道县侗族自治县西南部，地处湘、桂、黔三省（区）交界处。绥宁、通道两县则沿着河流呈西南—东北向接壤。

区域内古迹众多，建筑村落鳞次栉比，有百越遗风。自 20 世纪 80 年代以来，坪坦河各侗族村寨及其侗族建筑陆续被公布为各级文物保护单位和民族保护村寨。先后有全国重点文物保护单位 10 处，省级文物保护单位 2 处，县级文物保护单位有 10 处。其中，高步侗寨的永福桥、回福桥被公布为全国重点文物保护单位，高升鼓楼、河上鼓楼、龙姓鼓楼、岩寨鼓楼、萨坛、社王祠被公布为县级文物保护单位。阳烂侗寨的文星桥为全国第六批重点文物保护单位，中心鼓楼为第四批县级文物保护单位。中步侗寨的中步头桥、中步二桥于 2006 年被列为国家级重点文物保护单位。坪坦侗寨村的普济桥为全国第六批重点文物保护单位，寨中鼓楼、高坪鼓楼被列为县级文物保护单位。横岭侗寨回龙桥为全国第六批重点文物保护单位，横岭鼓楼为湖南省级文物保护单位。芋头村的侗寨古建筑群为全国重点文物保护单位。路塘村的观月桥 2006 年被列为国家重点文物保护单位。

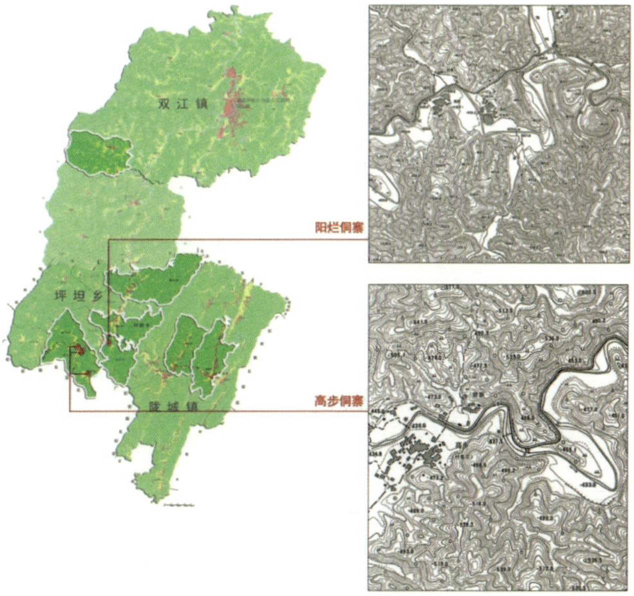

图5-1 坪坦河流域村落分布位置详图

坪坦河流域各村寨在侗寨社会体系、木构民族建筑以及人与自然的长期互动三个方面具有杰出的代表性。侗款的社会组织模式融通了血缘、地缘联系。而在坪坦河流域侗族村寨内，自 14 世纪以来，逐渐形成了丰富的建筑类型和独具特色的建筑群布局，其中鼓楼是中国传统木构阁楼建筑中的一种独特类型。风雨桥、萨坛、飞山宫、学馆、戏台和侗族民居等侗寨建筑群也承载了侗族人民的精神和文化生活，其高超的建筑技艺与周边环境协调共生、互为一体。在坪坦河流域中，人与土地的动态平衡和集约的用地模式值得借鉴。

第一节　高步侗寨

图5-2　高步侗寨一览图①

高步侗族村寨位于今湖南省通道县坪坦乡境内，由高升、高上、克中三村组成，辖岩寨、秧田、上寨、里边、龙姓、高坪六个屯，共 507 户 2500 余人，全部是侗族。这里平均海拔 430 米，冬暖夏凉，主产水稻、红薯、玉米，树木有松、杉、楠竹等。寨子始建于明洪武年间

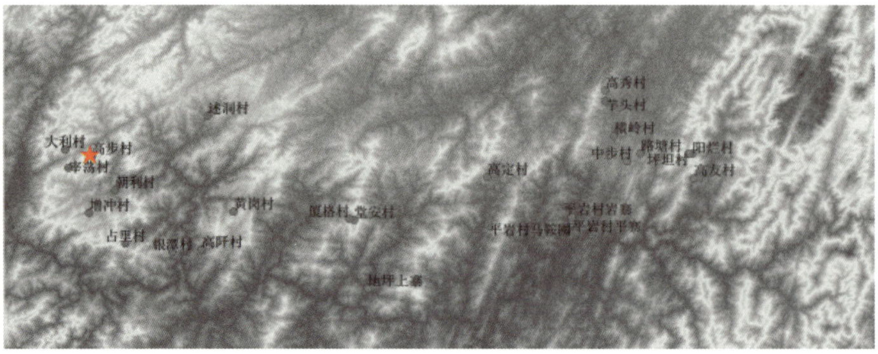

图5-3　高步侗寨地理位置详图

① http：//www.archiposition.com/?p=70920.

（1368–1398），是该区域建寨较早的侗族村寨之一。

高步侗寨坐落在山谷之中，四周是崇山峻岭。坪坦河由西向东，将高步坝子从中分开。南岸稍高，有里边、龙姓、高坪三个自然寨；北岸的上下游有上寨、岩寨两个寨，位于中间低洼处的叫秧田寨。南北两岸各三寨素称高步六角，又称六寨。这六寨，寨寨有鼓楼，村村有福桥，还各自有寨门、宇、青石坪；里边、龙姓还各有戏台一座。村寨建筑形式为干栏式木楼。每座楼房，除屋顶盖青瓦之外，都用杉木建造。

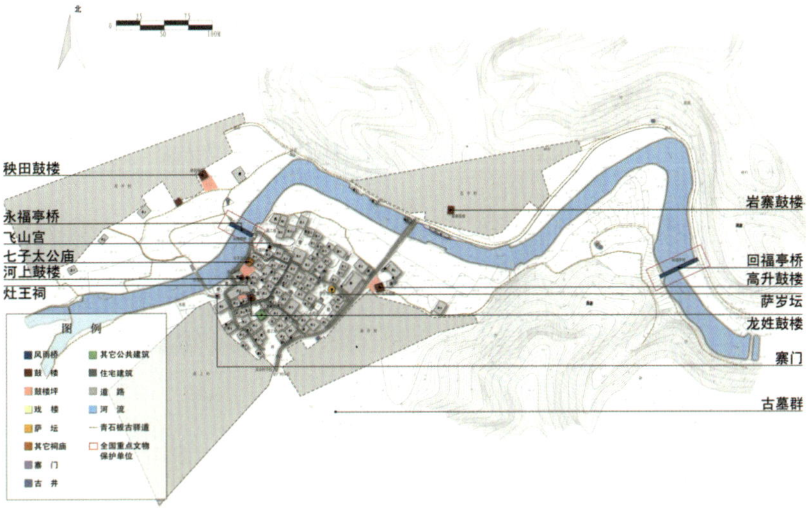

图5–4　高步侗寨村落布局详图

高步村有风雨桥 6 座，最著名的有永福桥和回福桥。永福桥位于高步村寨口，建于清乾隆五十年（1786），为叠梁穿斗式木构架廊桥。桥在清嘉庆十年（1805）进行过复修，此后，相继在清道光十五年（1835）、清同治三年（1864）、清光绪二十年（1894）进行过维修，在民国二十五年（1936）进行过大修。桥东西向横亘于坪坦河上。桥东连接村寨，过桥人从桥北侧上下。

回福桥位于高步侗族村寨的高升村，东西横亘坪坦河上。回福桥，侗语意为：迂回龙脉，锁住水口，福济侗族村寨。始建于清道光二十年（1840），清同治九年（1870）复建，民国三十五年（1946）复修，1984 年大修。

高步侗族村寨是保留侗族村寨建筑、文物较多的一个村寨。在寨子的青山绿水中、古驿道边、错落有致的吊脚楼群里，还分布着古水井 6 口，古墓群 1 处，青石板古驿道 2 条，萨坛 1 处，鼓楼 6 座，风雨桥 6 座，戏台 2 座，社王祠 1 座，七子太公庙 1 座，飞山宫 1 座，南岳庙 1 座，香岭求子庙 1 座，古石碑 1 通 20 块等。这些古建筑大多建于明末清初，现保存完好。

高步村寨的人们还基本保留着侗族的传统风俗习惯。其文化特点是以萨文化为核心，以村寨鼓楼、风雨桥、戏台等为载体，从历史记忆、宗教信仰、艺术娱乐、文化传承，到侗歌、侗戏、多耶、芦笙、侗锦、米酒、油茶、节庆；从侗族款约组织到道德规范再到文明乡风，一直延续至今。

高步侗族村寨独具韵味的传统节日有吃冬（过侗年）、尝新节、芦笙节、三月三、四月八、九月九、春社节、秋社节等，主要传统美食有糯米饭、米酒、油茶、腌鱼、腌肉等，传统侗族文化及服饰有芦笙、侗戏、侗歌、多耶、侗款、侗锦、侗族服饰、侗族银饰等。

第二节　阳烂侗寨

图 5-5　阳烂侗寨一览图[①]

阳烂侗寨位于湘桂交界处的湖南通道县坪坦乡阳烂村境内，东邻陇城乡坪稳村，南毗林溪乡高秀村，西与高团村隔河相望，北接坪坦村。全村共有141户665人，全部为侗族。总面积4.8平方千米，其中稻田372亩。经济作物以糯稻为主，20世纪70年代后基本改种杂交水稻；种植以油茶、桐油、杉木、松树等为主；养殖有鱼和鸭。

阳烂侗族村寨始建于清代。1949年以前，阳烂村寨属广西三江县，以后归湖南通道侗族自治县坪坦乡。据传说，阳烂的来源是祖先龙氏兄弟，因见一对白鹅反复到阳烂之地孵卵而感悟，选择了这块风水宝地。后来，杨氏也搬入阳烂村。现在，阳烂村有4个村民组，70%姓龙，30%姓杨。

阳烂寨坐落在峡谷中，山上有杉木、松树、油茶等；村寨四周种的是茶叶、松、杉林和竹林，山脚下有龙、杨两姓的家族墓地，坪坦河由西向东、又向南从村中绕过。

① 由《通道县南部侗族古村落群》供图。

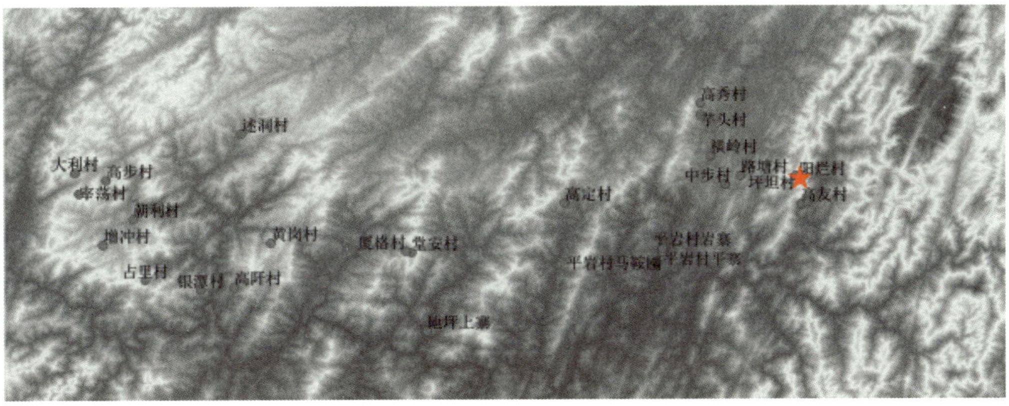

图 5–6　阳烂侗寨地理位置详图

村内布局是以家族为单位划界，形成一个以鼓楼为中心的、往外层层推移的环境资源利用圈。村内 141 栋吊脚木楼，依山傍水而建；村前面的隔河处是一片狭长的水田，有 50 多亩；屋前宅后，分布 17 个大大小小的鱼塘。青石板古道迂回曲折地穿梭于各个寨楼之间。

阳烂村现存有三个寨门，分别建在上寨的西北、东北，下寨的东北处。

一条溪河流经村前面的开阔地。其入寨处为上寨，出寨处为下寨。上寨有座石墩水泥桥，下寨有座文星风雨桥。文星桥是阳烂村的标志性建筑，始建于清乾隆五十三年 (1788)。桥为孔叠梁式木构架廊桥。

村寨有鼓楼 3 个：下寨的中心鼓楼、阳烂鼓楼和上寨的高团鼓楼。位于下寨的中心鼓楼，始建于清乾隆二十九年（1764）；中心鼓楼前约 30 米处，有一个戏台，在鼓楼和戏台之间，是鼓楼坪。阳烂鼓楼位于下寨西南的村口河边，始建于清乾隆五十二年（1787），由门楼、鼓楼、

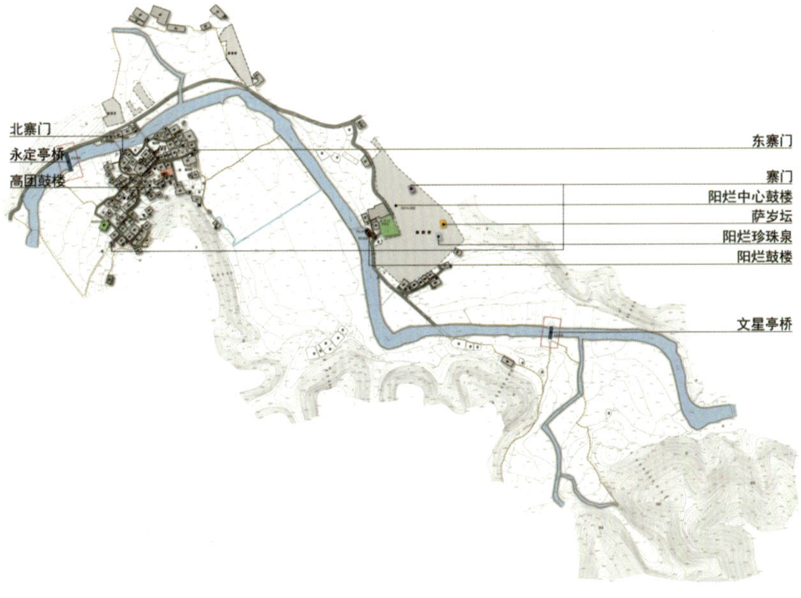

图5–7　阳烂侗寨村落布局详图

后楼组成，鼓楼与后楼之间有连廊相接。村中有古井 4 口。第一口井叫珍珠泉，位于中心鼓楼的东南方向十几米处，建于嘉庆十七年，用岩石砌成，井边立有一块石碑。第二口井位于一村民家的屋檐下，建于 1954 年，有一立方米大小，用大块岩石砌成。第三口井，位于寨南边阳烂鼓楼旁边，一米深，一立方米大小。第四口井，位于寨头的公路边，用大块岩石砌成，一立方米大小。

阳烂村还处于一个原生态的自然村落状态，极具侗族村寨的典型性和代表性。阳烂村是通道侗戏的发源地，1945 年，阳烂人邀请广西一位戏师来教唱“桂戏”，从那以后，鼓楼边的戏台就成为专供唱歌、唱戏、多耶的场所。阳烂还是著名的侗族银器制作村寨，寨子里有 5 个传统银饰匠人师傅，他们传习银器加工工艺。

第三节　坪坦侗寨

图 5-8　坪坦侗寨一览图[①]

坪坦侗族村寨位于湖南省通道县坪坦乡坪坦村乡政府所在地，距县城南部 21 千米。全村共 236 户 1093 人，都为侗族。经济作物以水稻为主。林地分布于四周山坡上，与田地交错，主要树种有松树、杉木、茶树、竹林等，其中位于村寨南头有 11 株古树，是该村的风景树。

坪坦寨始建于宋代。据传，宋以前这里是一片茂密的原始森林，其石姓先祖因拜祭这里的大树为子求福，其后人认为此地福祥，适合居住而建寨。随后，杨、吴、胡三姓相继迁入。村寨属沿河的平坝型村寨，坪坦河自南而北从村中穿过，回龙桥、普济桥横跨河上。一条村级公路与河岸西边相隔几米，与河随行。远处两岸的山丘边，分散着大大小小的几个自然村落。吊脚楼横向聚集在低缓的山丘边。河的两岸，是一片开阔的水田旱地，面积约有 500 亩，一直延

① http：//www.xiaohongshu.com/discovery/item/61999052000000002103806a.

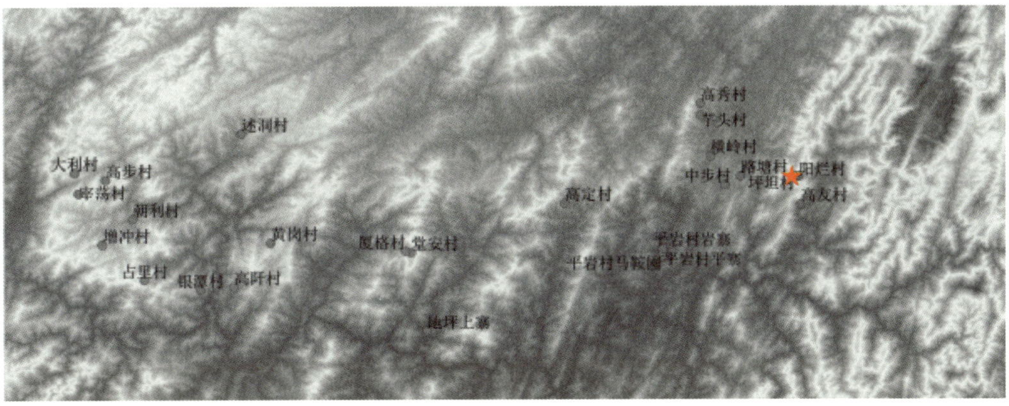

图 5-9　坪坦侗寨地理位置详图

伸到居民楼脚下，田坝四周有茂密的林木，与四周的山坡相接。

坪坦村共有 236 栋吊脚楼，分布在由 3 个姓氏聚集而成的自然寨落中，寨与寨之间以水田旱地相隔，以桥和青石板路相通。坪坦村的吊脚楼为典型的百越遗风吊脚楼，是各姓氏围绕各自的鼓楼而建，层层展开。侗族人在长期的生活中，逐步搭建各项功能性的公共建筑，逐渐形成了一个具有鲜明侗族村寨风格的村落格局。坪坦村的古建筑较多，大多建于明末清初，并且保存完好。现存的古建筑有：寨门数座，水井 4 处，鼓楼 3 座，戏台 1 个，古萨坛 1 处，古树 11 株，古石板道 1 条，古飞山宫 2 处，古孔庙 1 座，古大南岳庙 1 座，古城隍庙 1 庙，李王庙遗址 1 处，雷祖庙遗址 1 处 ，风雨桥 2 座。坪坦村的寨中鼓楼位于村寨中央，始建于清同治年间，为五重檐四角攒尖顶。鼓楼前面的鼓楼坪大约有 100 平方米，旁边有一座南岳宫。高坪鼓楼位于高坪自然寨，始建于清光绪年间，为三重檐四角攒尖顶，占地 70 平方米。在高坪鼓楼的旁边，有一个长方形，青石垒砌而成的萨坛，始建于宋代，萨坛前有一块祭祀坪。在寨脚的风

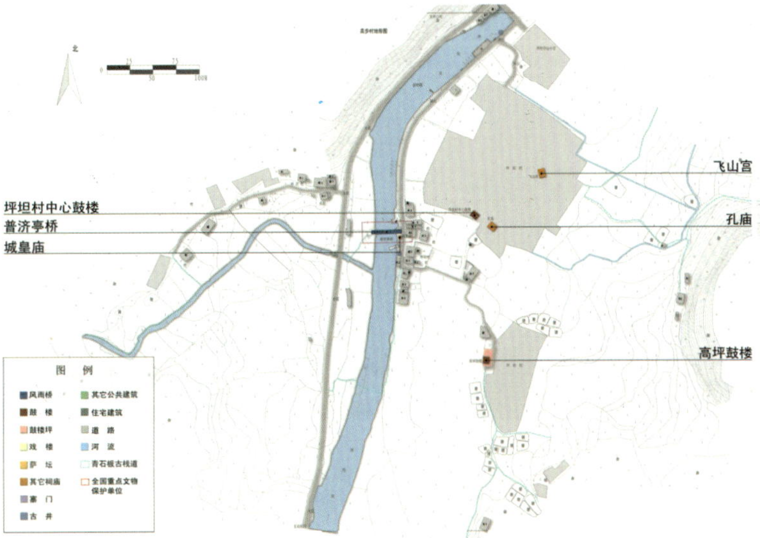

图5-10　坪坦侗寨村落布局详图

水林下方，还有一座雷祖庙。

坪坦村有2座飞山宫，一座为杨氏飞山宫，始建年代不祥，为木质结构，现为2011年重修。另一座为吴氏飞山宫，始建年代也不清楚，原为木质结构，清末时由族人集资，在原木质基础上加封砖混结构外墙。坪坦村的孔庙位于寨中，始建于清代。这座孔庙见证了坪坦村与汉族商贾往来的历史。如今这座孔庙于2010年依原样修缮。

位于村寨下游的普济桥是坪坦村极具代表性的建筑。普济桥始建于清乾隆二十五年（1761），清光绪二十一年（1895）复修，民国三年（1914）维修。桥长31.4米，桥面宽3.8米，桥的两岸各有一个半空心石墩，伸臂梁插在石墩内，以大卵石弹压，直至两岸伸臂合拢。当年坪坦古寨是湘桂边界古商道上物资集散的码头，山外的“洋货”经船过洞庭、入沅水运到这里以后，改为力夫肩挑运往桂北。当时水运繁忙，侗族工匠选择这种设计方式建桥，为的是方便船只通航。在普济桥的东头，还有一座城隍庙，建于明洪武二十年（1387）。

坪坦村民族文化底蕴深厚，被誉为“芦笙之乡”，岁时、婚丧、农耕、饮食、歌舞、纺织等传统文化保留完整，侗汉文化包容共存。坪坦村具有特色的是祭祖节和合垅饭。合垅饭是侗族饮食文化的构成之一，侗家人好客，有朋友来，如住多日，则你请一餐，我请一顿；如果客人只是暂留，则各家拿出饭桌拼成一张大桌子，然后各家把饭菜拿出来凑在一块，全村男人同饮同餐。合垅饭开始时，要先举酒祭神祭祖，然后敬客人，气氛十分热烈。合垅饭在坪坦村还十分流行。

第四节　横岭侗寨

图5-11　横岭侗寨一览图[①]

① https：//www.china-up.com/newsdisplay.php?id=1442113&sib=1&unam=.

横岭侗族村寨位于湖南省通道县坪坦乡横岭村境内，坐落在坪坦河畔上游，距县城双江镇西南 18 千米。寨子背靠西面的山梁，因位于这条横向山岭的山谷而得名。全寨共有 326 户 1392 人，为侗族聚居区。横岭侗族村寨属亚热带季风湿润气候区，耕种面积 846 亩，经济作物以水稻、生姜、红薯等为主，树种以茶油、马尾松、杉木、楠竹为主。山上树林茂密，有天然马尾松林、人工杉木林、油茶林、楠竹林、阔叶林等。山坡下有近 10 亩的古墓葬群，也是村寨统一的墓葬区。坪坦河自西向东绕村寨北面而过，寨的东、南、北三面，为近 10 亩宽的河滩、河道，河对岸为水田和旱地。

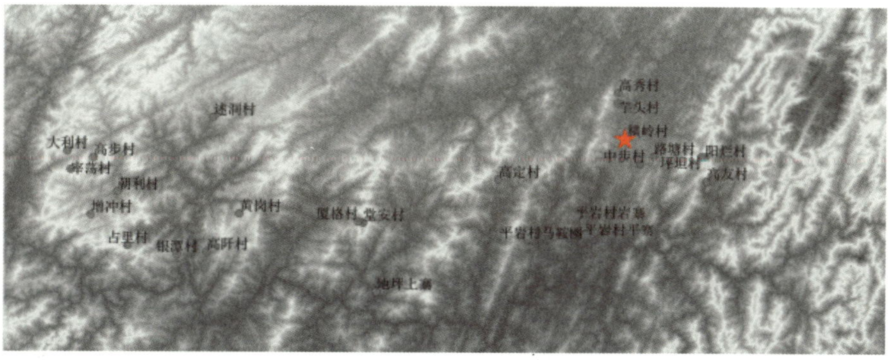

图5-12 横岭侗寨地理位置详图

横岭村始建于明朝天顺年间（1457–1464），1948 年，一场大火烧毁了大寨内大部分建筑，后逐步重建恢复。村寨内的道路体系完善，石板古道共有 3 条，为古时从河道进村的要道，均建于清代中期，其中从小寨溪进寨的古道最为完整。横岭全寨有 4 座鼓楼，其中横岭鼓楼位于寨的中心位置，始建年代为明朝天顺年间，后毁于火灾，现存鼓楼为清咸丰五年（1855）重建。

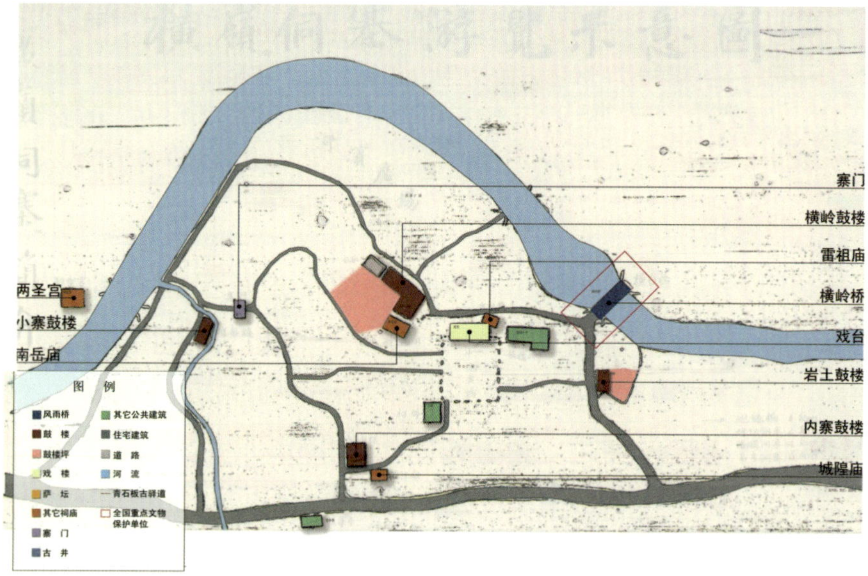

图5-13 横岭侗寨村落布局详图

该鼓楼由鼓楼主体和一寨门、二寨门三个部分组成，其中清同治三年（1864）扩建一寨门，清光绪九年（1883 年）又扩建二寨门，鼓楼旁边还建有南岳宫。这种将寨门、鼓楼和祠庙结合在一起的公共建筑，很有特点。回龙桥始建于清乾隆二十六年（1761），民国二十年（1931）复修，为纯木结构伸臂梁式廊桥。

横岭村不仅是建筑艺术之乡，也是著名的芦笙艺术之乡。人们还保留着侗族的传统风俗。他们传统的节日有吃冬节、尝新节、社节、吃香节、重阳节等，在节日期间会举行“为也”活动；村寨的传统文化有芦笙舞、侗戏；民间工艺有侗族乐器、手织侗布、侗帕、侗族服饰等；美食有糯米饭、腌肉、腌鱼等，村民常举办合垅宴招待客人；传统的体育活动有哆毽、高脚马、打陀螺、抢鱼、斗鸡、斗牛、洗谷桶等。

第五节　芋头侗寨

图5-14　芋头侗寨一览图[①]

芋头侗族村寨位于湖南省通道县双江镇芋头村境内，全寨共 184 户 868 人，全部为侗族，以杨姓为主，另有龙、粟、袁、雄诸姓。这里的地势西高东低，最高峰为芋头界，海拔 1142 米，芋头寨因此得名。村寨坐落在海拔 560—1100 米间，农作物以水稻、红薯、玉米等为主，植物以松、杉、茶油、楠竹林为主。寨子始建于明洪武年间（1368-1398）。据史书记载，杨姓先人于明洪武年间先从江西太和县迁来，其他几姓先后迁入。如今村中仍然保留着原有的布局和大

① https：//www.sohu.com/a/485214546_99985683.

量清代中期及以前的建筑物。

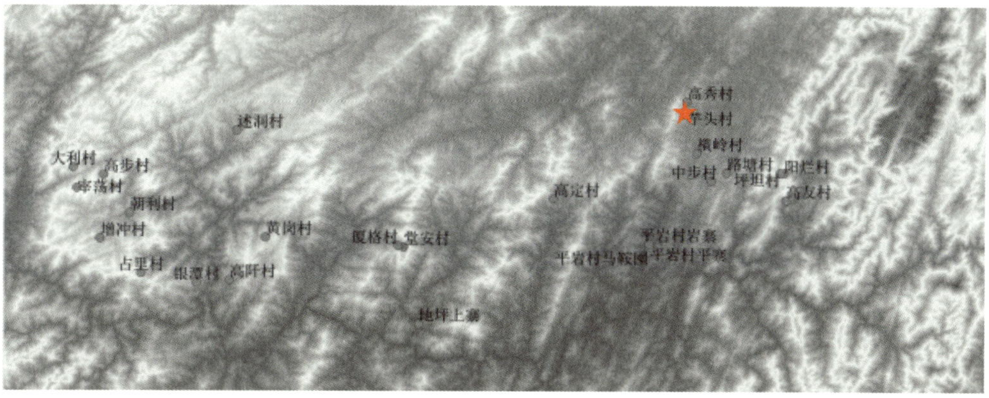

图5-15 芋头侗寨地理位置详图

寨子平面呈长方形，总面积约 11.6 公顷。芋头溪自西向东地流过狭长的芋头村谷地，成为村寨空间的轴心。沿溪的一条古道始建于明万历二十年（1592），构成村里的交通主干线。全寨可分为上寨、中寨和下寨。全寨饮水来自上寨山谷和山崖上的泉水，在下寨和崖上，建有 2 个井亭。芋头村建筑形式是典型的侗族干栏式木楼，村内还保留有一处约 200 年历史的民居。房屋周围辟出池塘，养鱼、储水防火。

芋头村先后修了四座鼓楼：位于上寨芋头界山顶的龙氏鼓楼，初建于清乾隆五十二年（1787），兼有“寨门”的含义；位于芋头界半山拗口的牙上鼓楼，始建于清乾隆五十四年，也有寨门的意味；田中鼓楼，位于民居群入口处，立于稻田之中，始建于清嘉庆五年（1800），1972 年重修；芦笙鼓楼，其始建于清道光九年（1829），1993 年重建，鼓楼旁有村中最大的鼓

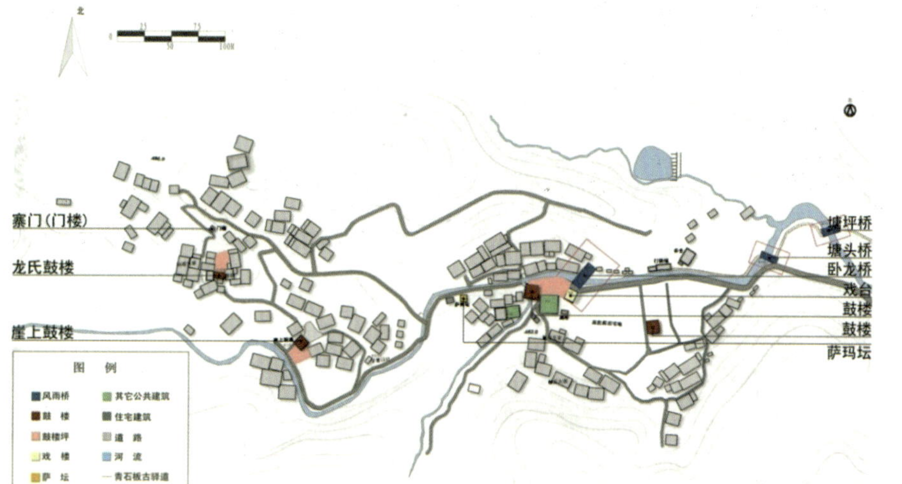

图5-16 芋头侗寨村落布局详图

楼坪，四周有戏台、学堂、礼堂等。在四座鼓楼的附近，建有土地庙。芋头村的萨坛，建于明代，呈扇形，最宽处4.5米，进深4.1米，石台构架，内设祭台。芋头侗族村寨的4座风雨桥：寨脚回龙桥、塘坪桥、塘头桥、中步，均始建于清代，后经多次维修。另在芋头溪上还存有明清时期古石板桥3座，此外还有芦笙场3个、古井3口，凉亭、古墓葬群等。

芋头人酷爱吹芦笙，所以有以芦笙命名的鼓楼。他们用闹春牛活动祈求上天保佑来年的丰收，用“讲款”维护着村寨的和谐与安宁。过年通过演侗戏、玩花灯等活动，与别的侗族村寨进行往来、交流。芋头侗族村寨非物质文化遗产积存丰厚。在这里，侗族乐器制作和手织侗布、侗帕、侗族服饰等工艺都很突出；美食有蒸芋头、糯米饭、腌肉、腌鱼、酸笋、酸蕨等，村民常举办大型侗家合垅宴招待客人；传统的体育活动较为丰富，有哆毽、高脚马、打陀螺、抢鱼、斗鸡、斗牛、洗谷桶等。

第六节　中步侗寨

图5-17　中步侗寨一览图[①]

中步侗寨是湖南省通道县陇城镇的一个行政村，辖5个自然村，全村共200余户800余人，均为侗族。全村有水田685亩，旱地220亩，另有山林6780亩。村寨历史可以追溯到宋元以前，

① http://www.serengeseba.com/w/%E5%A4%A7%E6%B9%BE%E9%95%87%E4%B8%AD%E6%AD%A5%E6%9D%91/.

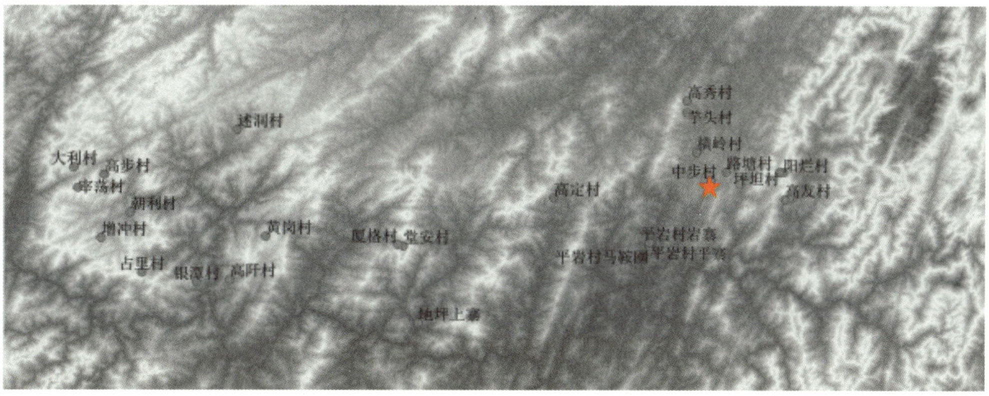

图5-18　中步侗寨地理位置详图

据《中步杨氏初四宗谱》载：中步杨姓的二世祖，是杨再思第二个妻子蒙氏所生的杨正约，原居飞山，后于北宋庚辰年间（980）转迁至中步。

村子位于盘龙山下的山坡上，梓潭河由北向南绕寨流过，属于典型的依山面水的山麓型布局的村寨。吊脚楼从山脚向上延伸，梯田、旱地分布于山坡上，水塘、鱼塘随户散落。一条贯穿东西的石板路，是村中交通的主干道，干道沿途又伸出多条支干路，通往各家住户。小寨与大寨之间有水田相隔，石板古道从田间穿行而过。

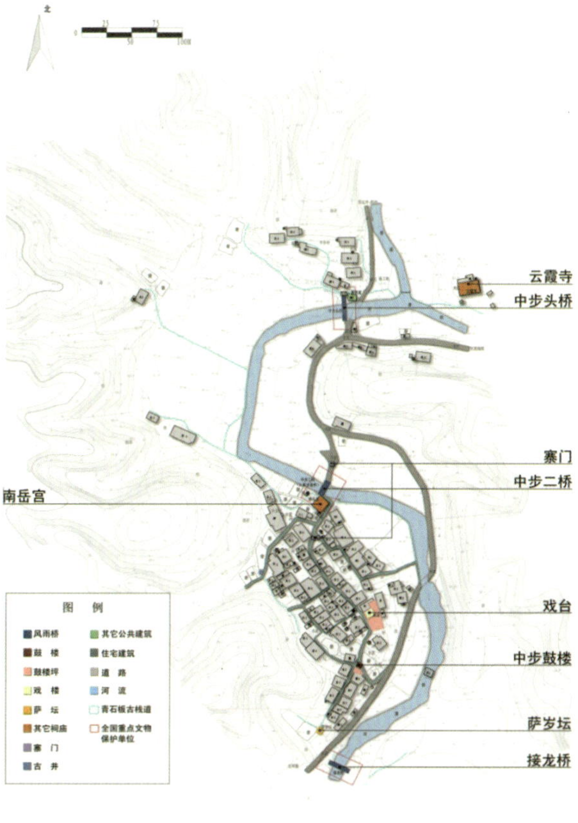

图5-19　中步侗寨村落布局详图

中步的民居多为三层杉木结构的吊脚楼，底层架空于坡地或平地之上，不加平整。寨内池塘有的是家庭私人池，也有公用池群；厕所大多修在村外的鱼塘上。中步寨的侗族典型建筑物较多，除民居、鼓楼外，还有戏台 4 座，风雨桥 3 座，古井 3 口，寨门 2 座，萨坛 1 座，南岳宫 1 个，石板古道 4 条，古墓群 4 处，宗教建筑遗址 7 处，寺庙 2 座，这些均为清中期建筑，且保存完好。此外还有古风水树 23 棵。中步二桥 5 米处就是南岳宫。距中步头桥约 200 米，有座云霞寺。村内保存完好的各类建筑遗址还有：孔庙遗址、飞山宫遗址、城隍庙遗址、三灵庙遗址、关帝庙遗址、土地庙遗址、云盘寺遗址，分布于寨中各处。

中步村前的梓潭河上又新建了 3 座风雨桥。中步头桥位于中步村北面，距村寨 210 米，南北跨向，始建于清咸丰二年(1852)。接龙桥始建于清代光绪年间，民国二十一年（1932）被洪水冲毁，民国二十四年就地重修。中步村最著名的风雨桥是中步二桥，桥为单跨的伸臂叠梁式木构架廊桥，始建于清嘉庆二年（1797），民国十年复修。桥的上游一侧供人行走，下游一侧供牛马等牲畜通过，很有特色。

中步村民基本还保留着侗族传统的生产、生活、礼仪风俗。人们穿自制的侗布衣服，食自己种植的糯米，节日有如二月二祭萨，三月三祭洞王，四月八黑饭节，五月十三关公磨刀节，六月六尝新节，十月、十一月吃冬节（侗年）等。

第七节 路塘侗寨

图5-20 路塘侗寨一览图①

路塘村是湖南省通道县陇城镇的一个侗族行政村，距陇城镇仅 1 千米。寨子面积约 160 亩，全村由 4 个自然村组成，共有 192 户 806 人。村中韦、石、刘三姓聚居，以种植养殖为业。据传说，该村寨的先民在明代中叶从上游移居此地，建寨之初，寨老们先建了 3 座青石板庙台，又划出 4 处平地为公共用地以修建鼓楼和鼓楼坪，同时划出 5 处平地挖成水塘养鱼并防火，最后才按姓族划分居住范围和房屋朝向。此后 700 多年，路塘人世代遵循着这种村寨格局。

① https://hnsfpb.hunan.gov.cn/hnsfpb/tslm_71160/fpyx/tpjj/202108/t20210820_20378598.html.

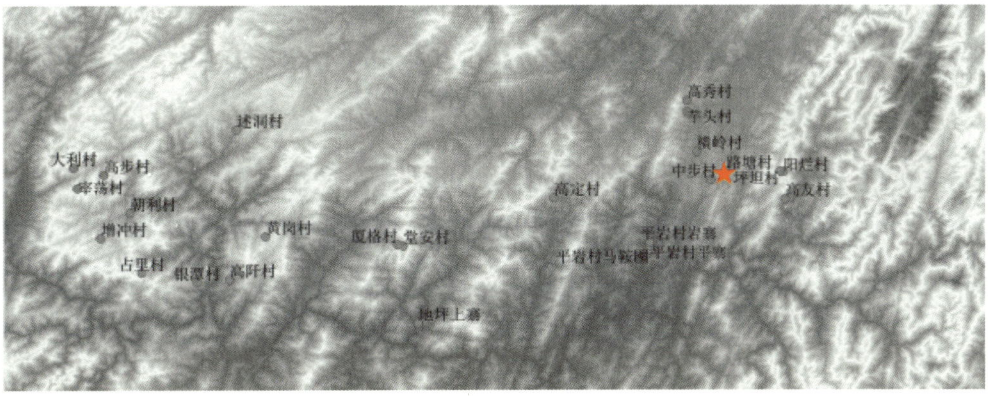

图5-21 路塘侗寨地理位置详图

路塘寨海拔426米，寨子三面环山，山上树木有松、杉、楠竹等。河流穿寨而过，沿河有8处拦河坝，成为村民生产和生活的主要水源。村寨周围过去有高约2米、厚约1米的石砌围墙，村民只能通过6座寨门出入，现这些围墙和寨门多已拆毁，只保留长50米左右的一小段。进村的石板古道为明清时期建造，该路从路塘村大寨东面与通往广西的古驿道相连接。寨中历史上有5座鼓楼，全部建于清乾隆年间。其中壮观的坳上鼓楼、独柱的尾寨鼓楼、船形的盘寨鼓楼等都已被毁，只有建于清乾隆年间的河边鼓楼保存下来。该鼓楼平面为正方形，通高7米，一、二层檐为四角，三层檐为八角，屋顶原来为三檐歇山顶，咸丰年间维修时改为三檐攒尖顶。路塘飞山宫始建于清嘉庆十年（1806），飞山宫外围用青砖砌成马头墙，内为木质结构殿堂，是杨氏家族的祭拜堂。其他公共建筑还有萨坛、武圣庙、戏台、寨门各1座，古井5口，古墓地5处，风水树2棵，均保持完好。

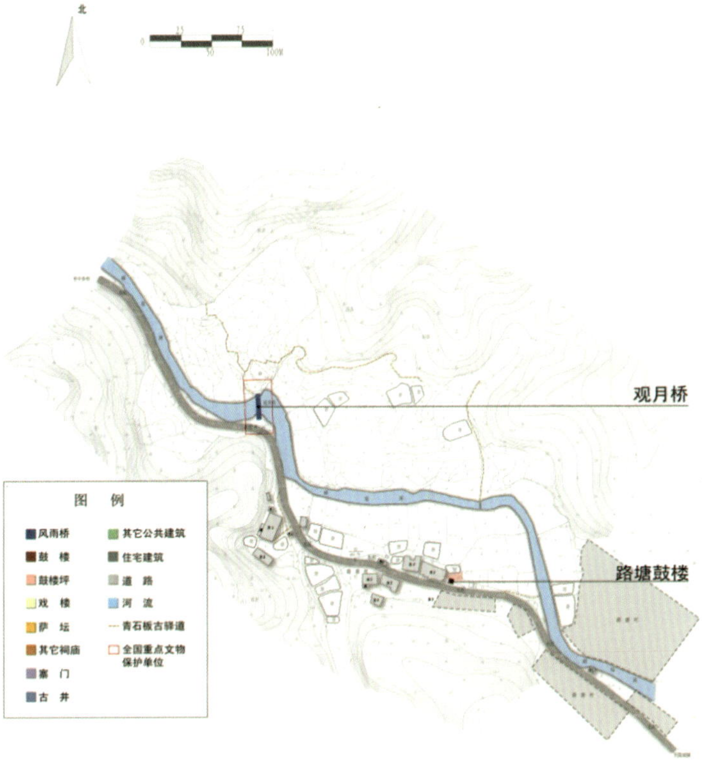

图5-22 路塘侗寨村落布局详图

路塘村原寨脚处有永兴桥、观月桥和回福桥三座风雨桥，均建于清乾隆年间，20世纪70年代因修公路被拆毁，只有搬迁异地，重建后的观月桥保留至今。

侗族文化融于路塘居民的生产

生活、衣食住行之中。村寨的节日可分为农事性、社交性、祭祀性三类。农事性多为祈求、欢庆丰收，如吃新节、舞春牛、播种节等；社交节为行歌坐月、月也、斗牛等；“萨”“款”“风水”活动在村中风行，每年要举行隆重的祭祀活动。这里对婴儿诞生特别重视，在婴儿出生后的10天内的某个单日子，要为其举行隆重的仪式，并大宴宾客。

第八节 大团侗寨

图5-23 大团侗寨一览图①

大团侗族村寨位于湖南省绥宁县乐安铺苗族侗族乡大团村，坐落于大团溪畔的深山幽谷之中，距县城西南38千米。全村共231户936人，分3个自然聚居点，田土790亩。寨子的地势西高东低，气候温和，冬暖夏凉，雨量充沛，主产粮食作物为水稻、红薯、玉米等。宋开宝元年（968）建寨，后经元、明、清三代不断的扩建和续建，形成今天的村寨格局。

全寨可分上团寨、中团寨、下团寨。村寨以大团溪为主线，沿溪成“船形”分布。上团寨、中团寨依山就势建于山脚台地上，下团寨建于洗菜江岸边山脊上。寨内沿溪分布有大大小小的鱼塘和水田。大团侗族村寨的建筑是以公共建筑为中心，依山傍水，相互穿插交错的空间组合。建筑形式是侗族地区常见的干栏式木楼，以穿斗木构架、木板墙、小青瓦屋面、重檐，以悬山顶、歇山顶为特征。由于地处山区，建筑大多建在山坡上，建为吊脚楼，楼上住人，楼下作牲畜栏和杂物间。

大团村共有2座鼓楼，均建于清代，分别是丰乐鼓楼和大团鼓楼，后者还兼有戏台的功能。

① http：//www.syxwnet.com/p/42742.html.

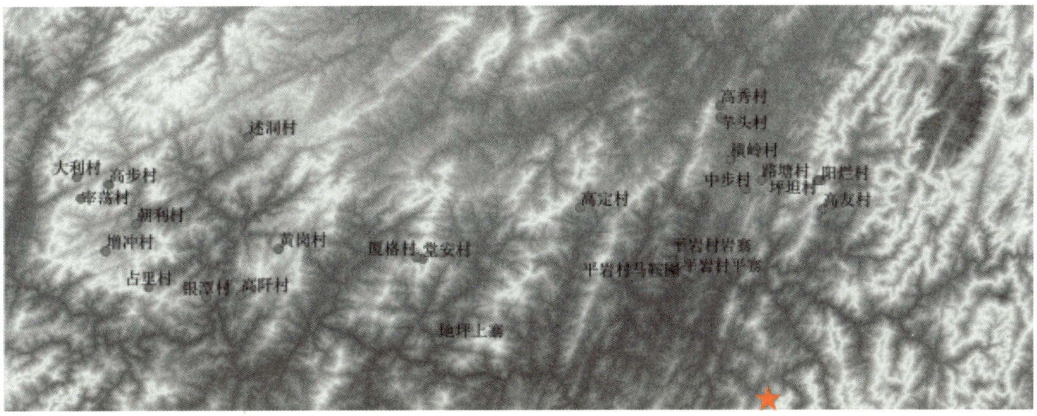

图5-24 大团侗寨地理位置详图

村中的2座萨坛，其一建于明代，其一建于清代，均为砖石结构，青石地面。款场也有2个，分别是上团寨款场和下团寨款场。有古井2口，位于井水冲头的中团古井开凿于清乾隆二年（1737），位于下团寨古道旁的下团古井凿于乾隆三年。村寨旁的溪流上有清安桥、回龙桥两座风雨桥，均建于清代道光年间。现存寨门2处，均为清代修建，分别为上团寨门和下团寨门，后者门旁有五百年古银杏树3棵。大团寨至今仍保存有湘黔古道和湘桂石板路各1条，石板桥2座。除此以外，大团寨中还有始建于明万历十年（1582）的平安寺，始建于清乾隆二十八年的龙怀亮老宅，杨正缩夫妇合葬墓、龙宗麻三代合葬墓、七祖墓三座古墓。

图5-25 大团侗寨村落布局详图

绥宁大团、上堡等侗族村寨有自己独特的民族节日，主要有大王会、打惊蛰、六月六、椎牛节、七祖节、接财神几个节日。舞龙灯、耍狮子等传统习俗和巫术表演、侗族大歌、侗戏等民族习俗和谐共生。大团寨中独特的饮食有油茶、万花茶、豆子茶、腌鱼肉、腊肉、灌辣子、鱼腥草、白头物、蕨苗、蕨根等。寨中有赶菜的习俗，即，互相串门吃饭品评。

大团侗族村寨是湘、桂、黔、川、滇五省侗族龙姓的祖居地和湘桂黔三省杨姓的祖居地。大团侗族村寨地处大山，交通不便，仍较好保存着古老沧桑的原真性、完整性和独特性。

第九节　上堡侗寨

图 5-26　上堡侗寨一览图①

上堡侗族村寨位于湖南省绥宁县黄桑坪苗族乡，位于县城东南端 56 千米外，共有 179 户 856 人，民族构成以侗族为主，姓氏以杨姓为主。据记载，明宣德年间（1425-1435），侗族人杨姓一支从原徽、诚州所辖地域迁徙至较偏僻的黄桑营一带大深山中，在乌鸡山腰的一块块台地上聚族而居。自此，经过多年的建设，始具有现在的规模。

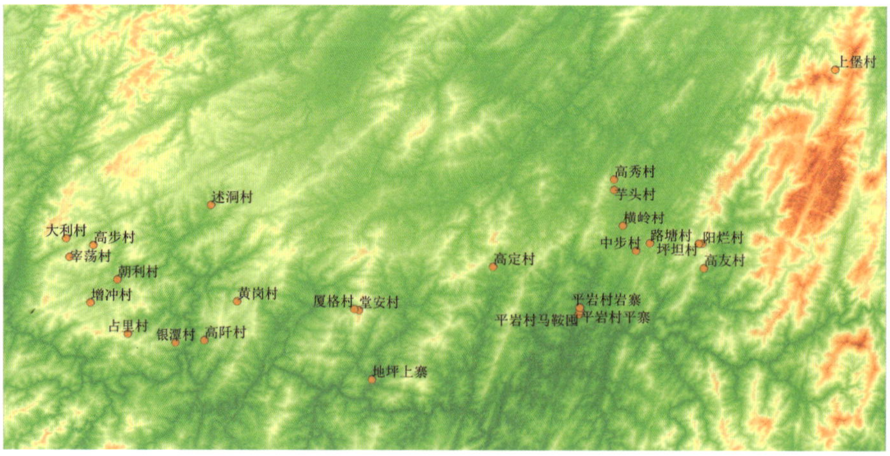

图 5-27　上堡侗寨地理位置详图

① http：//www.z3r.bbs.rednet.cn/forum.php?mod=viewthread&tid=48685213.

图5-28 上堡侗寨村落布局详图

上堡侗族村寨内的民居，依托乌鸡山山体迭层递升的一块块台地修建。房屋环绕发源于乌鸡山南麓的一条清澈溪流，依山傍水，自明清就开始营建。民居多单栋布置，采用自然琢磨的砾石干砌成墙，将房屋围合成半封闭外观，围合空间内自成庭院。各门户间以墙相隔离，形成巷道，巷道中间均铺墁石板，两边路肩嵌筑自然琢磨砾石。全村寨巷道为三纵五横格局，错落有序。村寨内遗存的王府殿址、王城辕门左右旗杆石桩、拴马树桩、忠勇祠遗址、封禁护林碑、演兵驯马场、哨台（烽火台）、封禅就位“天高地厚”摩崖石刻等，都是侗族村寨历史的见证。上堡侗族村寨的鼓楼共有两座，分别是寨内鼓楼、寨外鼓楼，均建于清代。风雨桥有三座，分别是界溪风雨桥、回龙风雨桥、鲤鱼跳龙门风雨桥。上堡有萨坛两处，最引人注目的是坐落于老母冲的萨坛，又名“女阴泉”。

上堡侗族村寨存在的传统民族节庆习俗有芦笙舞、闹春牛、舞龙灯、耍狮子、侗族山歌、打铜钱。

上堡武烈王故城于2011年2月被湖南省人民政府公布为省级文物保护单位，申报为第七批全国重点文物保护单位。它是诠释湘、桂、黔少数民族地区历史上第一个仿国家建制的古代王国——上堡侗疆王国发展历史的宝贵实物资料。

第六章

物质文化与非物质文化遗存

第一节　物质文化遗存

一、区域聚落选址

中国西南山区是汉、侗、苗等不同民族杂居之地，其地形亦有坪坝、河谷、阶地、山麓、山腰、山坳、山顶之分，民谚说：“高山苗，水侗家，仡佬住在岩旮旯。”正如民谚的描述，侗民大多选择河流地貌的不同位置安家落户。具体选址既可以是以侵蚀为主的河谷谷坡向河流阶地过渡地带，也可以是以堆积为主的河漫滩（坪坝），亦或向山间高地过渡的河谷谷肩。河谷地

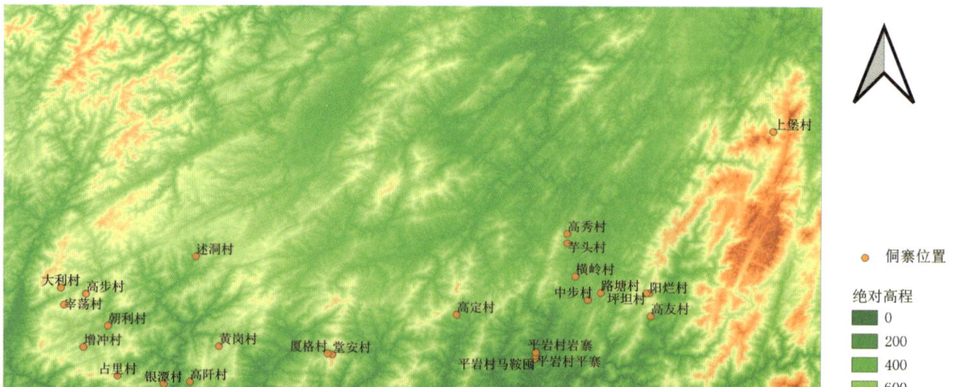

图6-1　村寨选址总图

貌中有灌溉水源、有土地可开垦，有缓坡可建屋，亦距山间林地不远，生态资源条件相对较好，可谓侗民选择最理想的栖息地模式。

一般来说，选址在河谷坡地的村寨规模较大，公共建筑较多，组织形式相对完善，节日庆典活动、生产活动经验的交流以及生产工具的流通也较其他地区频繁，常常会成为周边地区的中心。本书中位于坪坦河流域的侗族村寨多属于这一类型，具体如横岭侗族村寨、坪坦侗族村寨、阳烂侗族村寨、高步侗族村寨。山间高地一般多为苗民居住，侗族村寨多选择向山间高地过渡的河谷谷肩地带，且规模通常较小，村中亦多有溪水穿流而过，只是水量较小。总的来说，二者前坡地后平地的选址往往导致建筑景观或耕地景观鳞次栉比，层层抬升，而林地景观普遍居平地。相比之下，选址河漫滩的侗寨布局则相反。

选址类型	示意图	典型侗族村寨照片
河谷谷坡向河流阶地过渡	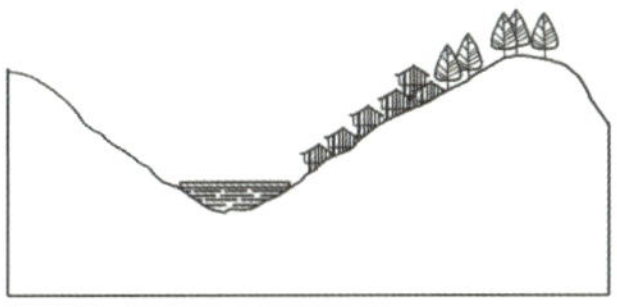	 高阡侗寨
河流漫滩 | 坪坝	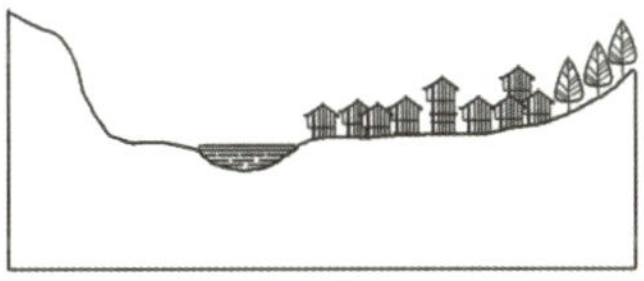	 程阳平寨、岩寨、马鞍侗寨
向山间高地过渡的河谷谷肩	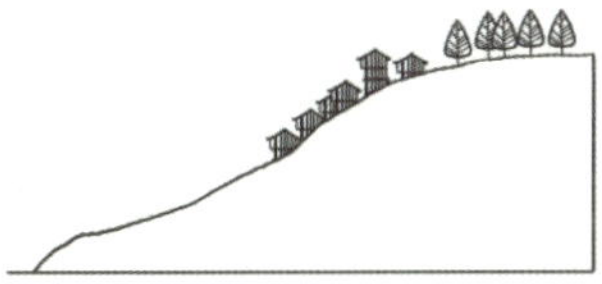	 芋头侗寨

图6-2　村寨选址类型分析图

二、村落外部空间：理想模式与现实斑块的互动

1. 理想的人居环境

侗族是一个以水稻耕作与人工营林为主要生计的民族，因而构成侗族村寨外部空间布局的基本要素主要有居民活动区（多为建筑营造区域）、农田和林地。侗族村寨外部空间布局的理想模式呈“同心圆式”，即以村寨居民活动区为中心，向外扩展的第一层为农田区，将沿河沃土辟为水田，或将山间平地开作梯田；外扩第二层为林地区，一般种植杉木、楠竹。

坐落于河谷坡地的侗族村寨基本遵循上述模式，位于溪河之畔的侗族村寨则会因其周边山形水系的特征生出更多变化。若溪河两侧都有适于建房的平地或缓坡地，则村寨的居民活动区以河流为中心，分布在河谷两侧，田地、林地分别自河谷两侧的居民活动区边缘向外扩展。若溪河两岸仅有一侧较为平坦开阔，那么侗民生活劳作的活动区、田地、林地则主要分布在这一侧，村寨布局呈“半圆式”。由于河流的侧向侵蚀和沉积，常常形成 S 形弯曲河道与马鞍形河岸坪坝，位于这些坪坝上的侗族村寨也逐渐发展为“扇形”。由于侗民并没有族葬制度，墓葬多散布在居民活动区之外的农田的林地之中。此外，沿河道或随山形铺就的青石板路，将上述诸多要素连结为一个有机整体，并实现了与其他村寨的沟通交流，也极大地影响了侗族村寨外部空间的布局与形态。

布局模式	示意图	典型侗族村寨照片
理想模式	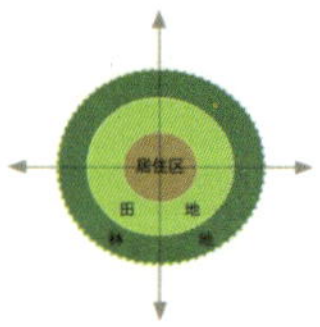	
	同心圆式	高阡侗寨
模式一		
	整圆式	高步侗寨

续表

布局模式	示意图	典型侗族村寨照片
模式二		
	半圆式	横岭侗寨
模式三	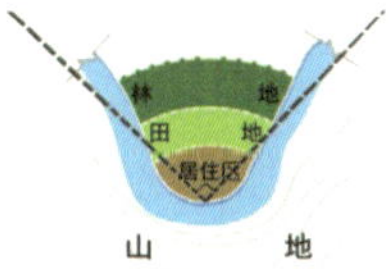	
	扇形式	朝利侗寨

图6-3 村寨外部空间布局分析图

侗族的群体意识强，侗族村寨内部亦以“团聚式”为最突出的布局特点，即每个村落一般都有较为明确的中心。规模较小的侗族村寨，一般是单一中心，如地坪上寨；规模较大的侗族村寨，则有多个中心，是单中心侗族村寨不断发展的结果，如高步三寨。提名侗族村寨的中心一般是以鼓楼及鼓楼坪为核心的内向型公共建筑空间。许多时候，中心与鼓楼的数量还可反映村落成员的宗族结构。单一中心式村寨以一个鼓楼为中心表示村落为一“斗”或以一个“斗”为主，多个中心式村寨则用多个鼓楼表示有血缘的几个“斗”或者不同宗族的存在。除鼓楼之外，这一中心空间常常还容纳着戏楼、萨坛、祠庙、水井等公共建筑或设施，它是侗族村寨中面积最大，容纳人数最多，也是最为重要的公共活动聚集地。日常生活中，它是村中老人白天相聚聊天的地点，也是男青年夜里歌舞饮酒的场所；当村寨或氏族有重大事件需要商议或裁断时，它是议事厅、“公堂”和“法庭”；在重大节庆活动中，它还会成为祭祖地、对歌场、赛舞厅。中心空间的外围排列着住宅、厕所、牲棚、粮仓和禾晾等基本居住与生产建筑和设施，外围的布局形态主要取决于地形，如河畔村落多随河流蜿蜒而呈带状，山地村落根据山体等高线即山势的起伏变化呈内凹或外凸。

道路与其他形式的交通路线将村落的中心公共空间与周边生活、生产空间连缀在一起，形成村寨内部整体结构的要素。侗族村寨的道路多数是在房屋建成后将人们惯常行进的路线用片石或卵石铺砌而成。因而，河畔侗族村寨的主干道多沿河谷分布，次干道走向则随意、自由、轻松而富于变化；山地侗族村寨的主干道多垂直于山体等高线分布，次干道常常顺着等高线呈梯级排列。由于没有固定的修建模式，而以方便实用、结合环境为主，侗族村寨中也常常出现道路斜穿住宅一角，或横穿住宅底层中部，甚至有将毗邻的数栋住宅底层局部架空，形成“骑楼街”等许多特殊而富有趣味的道路空间与景观。此外，侗族村寨中一般都具备较为完善的给排水系统，由点状的泉井、线形的沟渠与面状的池塘共同构成，不仅有利于保持侗族村寨的清洁卫生，还提供了足够的消防用水。综上所述，中心公共空间强大的凝聚力，宅居与道路随形就势的流动性，使得侗族村寨内部既有一定的秩序感又不失灵活自由，具有极强的场所感。

此外，风水观念对侗族村寨内外空间布局也有一定影响。从侗族的风水观念来看，村寨后部最主要的山脉为“龙脉”，其形宜起伏跌宕，绵延而不断；山脉朝向溪水或开阔坪坝之处为“龙头”，侗民认为龙气在此戛然而止，具有非凡气势；居于龙脉与龙头之间、略近龙头的侗族村寨则是“坐龙嘴”。侗民认为，福祉、财富存于龙气之中，自龙脉而来，从龙头处散佚。故而，为求得“龙嘴处”能够聚龙气、获福祉，村寨的布局规划就应护龙脉、堵龙嘴。例如，侗族人认为后山龙脉忌破土建屋，否则将招来不幸，应多蓄古树青竹，作为风水林，以镇凶邪，以保清洁；在溪涧龙头处，架设风雨桥、寨门等，以堵风口，以封财气；在山间隘口处宜修建寨门、凉亭，不让龙脉之气外泄。虽然，风水观念在很大程度上只是一种理想性的经验总结，但其对保护侗族村寨的居住环境仍起到了无法忽略的作用。

2. 现实的景观斑块组合

马赛克式的景观斑块组合既符合建立弹性的生态系统需求，也是景观历史演变过程的结果。现实的考量与传统的理想模式之间的张力成为侗族村寨景观的重要特性。林地一般呈环绕型分布在村落居住区周边的高山之上，但是不少的村寨农田与居住区和林地并没有严格的界线。林地也分布在小块田地、菜园、房屋之间，如平岩村和高友村。田地间种林一定程度上可以防风固土，保持田土，林地也可沿河分布以强固河岸。就林地而言，其分布打破了传统理想模式。

斑块的组合表面上是景观的分异，本质上是多样的生态系统组合。湿地（水田等耕地及水域景观）和森林生态系统是侗族景观生态系统的基底，这两部分将在下文详述。但是，过渡性生态系统才是马赛克景观形成的关键，具体包括草地以及在草地、灌丛上采用刀耕火种生计方式而形成的火烟地（又称跑地或流动地，但不同于火耕水耨）。基于“田埂下三庹，田塝上五庹”的旧规，即为不让树木遮阴挡阳影响稻谷的生长，田主有权将田埂下方三庹内和田塝上方五庹内的树木砍光，晒干后放火焚烧将其转变为火烟地。因此，火烟地一般分布在山林与稻田接合部的空隙灌木丛或荒草坡地上。火烟地每年耕种的作物不同，播种各种杂粮或烟种，第一年称“种头年小米的火烟地”，第二年称“种过两年小米的火烟地”，第三年因地力下降即丢荒，几年之后再砍伐烧荒种植。这种灌木草丛轮作耕种制度能有效地促进地力恢复和植物的复萌，从而使该生计模式具有可持续性。此外，旱地与园地也分散分布。旱地分布在水田和山林之间，不受水利设施的限制，一般种植旱稻、棉花、红薯、花生等。园地主要分布在房前屋后，是种植蔬菜的园地，无需灌溉设施，一般浇水和施肥即可。

间封灌丛林地或水田周围定为刀耕火种的地方，在农历的七八月间把高大的树木砍倒，因为这个时间以后，树不再长新枝、发新叶易被晒干。砍树要选择天气晴朗的日子，大树伐倒后，用柴刀把小枝丫剃光，同时用盘刀把小树和草割掉，然后把树枝丫和草紧压并贴到地面，不要让之悬空以免被风刮跑。七八月份雨季已过，不再怕被雨水冲走，待到第二年农历二月份用火烧，方可种下作物。次年农历二月份，选择阴凉天气放火烧，在四周割上一道防火线，点火时从高处点起，火从上往下燃，火势不凶猛，不会烧到其他地方造成森林火灾。而另一类大片荒草坡地实行刀耕，前一年不需把草割掉，只待二月份晴朗的天气，从坡脚放火把坡烧光就可种下作物，不用割防火线。放火烧光的大片荒草坡中，能用作栽种杂粮的只有靠近水田或山脚森林边缘地带，而绝大部分地方待长出嫩草后供放牧用。

总的来说，尽管有旱地、火烟地以及园地等景观斑块类型，但是尤以草地居多。侗族社区的草地生态系统大致可以分三种类型：一是森林与稻田、鱼塘之间的过渡带草地，二是分水岭山脊地带的疏树草地，三是连片森林之中呈带状分布的防火隔带草地。第三种草地的植物物种构成相对简单，主要由当地的禾本科、菊科、十字花科和豆科的牧草构成。这样的草地物种虽说在当地任何一个开阔地都很容易看到，但不同之处在于在这样的过渡带草地中，它们的生长高度比较整齐划一，通常也不会与灌木和小乔木混生，人为加工留下的烙印一望便知。这样的过渡带草地在空间布局和形态上也很有规律：如果分布在陡坡面上，其宽度会随坡度不同而呈

岩寨水田—旱地—林地斑块组合

高友侗寨稻—茶田间种植组合

图6-4 侗寨景观斑块组合图

现出差异；在缓坡带，这样的过渡带草地相对较宽，在陡坡区段则会相对变窄，而延伸的长度刚好足够将森林与稻田剖分开来，充当森林与稻田之间的分界线。

三、林地景观：用途与权属

山林的植被结构一般以硬阔叶林为主，杉木、松木为辅，伴以软阔叶林、柏木类杂生。就如何有效促进山林资源的利用，坪坦村构建了一幅美好的蓝图：远山高山松和杉，近山矮山果油茶，道路河流松和柳，桂花底下是人家。但实际上，树种的分布多受制于光照和温度，比如平寨树种的分布主要受光照的影响：南坡的山腰及山顶上主要种植茶树，山脚下也有一些杉树；北坡上除茶树外，也有竹子、杉树、板栗树及桃树、柿子树等少量果树，再比如高步村、车寨村均在山脚和山腰种楠竹、茶油树等植株较小的树种，山腰之上则栽种杉树、松树等高大树木。

表 6-1　侗寨树种与林业资源用途统计表

树种	杉木	马尾松等松属	樟树	白栎、麻栎等栎属	枫香	软阔（刺楸、桤木、朴树等）	杂木（干燥林木的枝桠及坏死的劣质木料）	油茶树	楠竹等	杨柳等
用途	建材	刮松脂照明风景树	建材	保持水土，薪炭材	风景树幼龄树种作柴火	风景林	生活用柴	茶油	竹笙等	防风固岸

侗民对于林业资源的大规模利用开始于中原王朝在贵州侗族地区征集皇木。由于长时间的开采历程，当今的林地景观多以次生林为主。寨边以次生林为主，远寨以原生林为主。次生林的营造是侗族林地景观的重要特色，其主要表现在优选良种，培育壮苗方面。育苗之地要垦翻新土，堆以杂柴杂草，“两挖三烧”，春分放上底肥，播种后覆盖树枝或稻草。栽种杉树的位置选择在坡脚、土壤肥沃处，可不连片，俗称“虎皮山”。在造林整地前，先把造林地上的杂草、藤灌砍倒晒干，炼山清场，俗称“火闹地”，头年种小米、玉米等腐熟土性强的作物，翌年挖穴植杉，一丈两头栽，利用粮林间作，以耕代抚。杉树长成后总是被成片砍伐，既便于搬运，又能连片恢复成林①。

对于林木的利用，侗人尤其注重间伐代抚的平衡。以芋头村为例，每当新开辟出一块新耕地，总会将一款土地肥力偏低又靠近山地的农田用来栽种树木，以恢复林地。侗族村民伐木也注重森林的可持续利用，一片林地中不允许“片状”砍伐（兼伐，区域内的大小林木全部砍

① 龙春林，杨昌岩．侗族传统社会林业研究［M］．昆明：云南科学技术出版社，2003：60.

上堡村神树　宰荡上寨神树　坪坦村风水林

高友村风水林　坪坦村风水林

图6-5　侗寨风水树与风水林

伐），几乎都是“点状”砍伐（间伐，较大的林地域内选择多处地点伐木），以保持林地的固土蓄水功能。在砍伐可利用的高大木材后，通常会种植等量或者过量的同类树苗，因此，林地的范围不减反增。对于林木的采伐不仅对采伐操作有具体的要求，对采伐的时令也有规定：“向来正月带刀斧上山砍柴。”

村寨周围上百年的大古树往往还被奉为神树，比如地坪村奉榉树为神树，高丁村奉樟树为神树，大利的古枫树、古楠木林、古檀木林、银杏等年代久远的大树均有此地位。

侗族山林使用权原本分为三种或两种，分别是公共山、自留山和责任山，公共山与责任山可以合并。公共山为集体使用，自留山和责任山都为私人使用，不同点在于，自留山的发展任凭个人，而责任山的发展则受到集体监督。其中，自留山的划分又有三个标准：人口、家户和村民小组。

以大利侗寨为例，树木密集且分布均匀的林地按户数分配，树木少的林地则按人口分配，一个山坡树木分布不均匀时，人口多的家族得到的林地面积会多一些，人口少的则分得少一些，

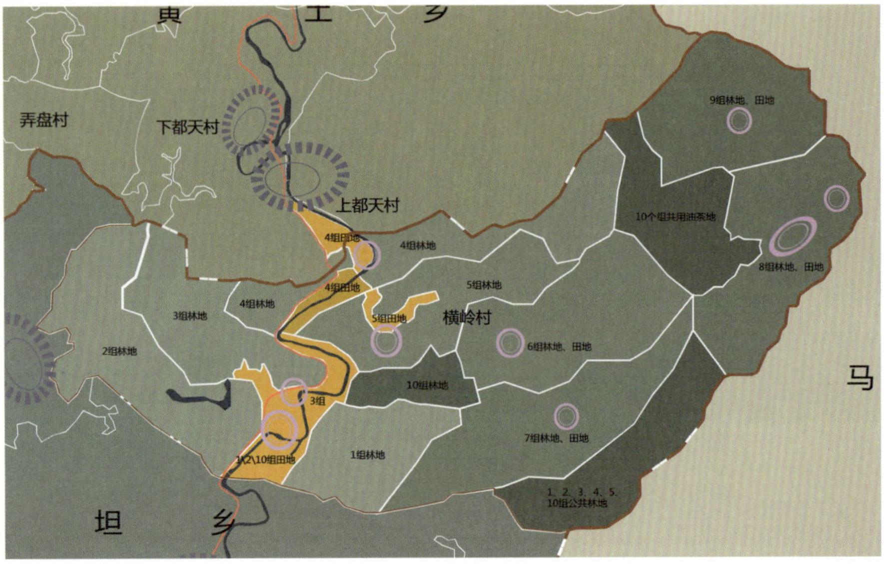

图6-6 横岭侗寨林地权属分布图

为保证公平，林地划分好后会进行抓阄来决定归属权。

在横岭侗寨，4 个小组村民所分得的林地基本在田地周围的山地上：一组林地位于横岭村南部、坪坦河以东，其北为十组林地。二、三组林地都在公路西边，南半部属二组，北半部属三组。四组三关的林地在该村东西两侧山上，跨越坪坦河及公路。五组双八的林地在四组与十组的林地之间，六组高溪的林地在十组林地之东，七组必也的林地则在一组林地之东，八组龙塘与独书的林地在横岭村最东边，九组四冲的林地则在八组林地的北边。因一至五组及十组分得的林地面积较小，因此在七组林地的东南又划分出一片林地归这六组共享。四、六、八、九组之间则为十个小组共享的油茶地。

此外，除了对已有资源的统筹，侗寨还进行分户造林和联户造林。方式有三，一是以荒山入股分红，二是较贫困的侗民向有山业主租赁荒山、杂木山进行开垦种粮，三是联户购买荒山造林。几份租山、购买荒山造林的契约，就可以反映侗族民间联户造林的主要形式[①]。

四、田塘景观：以水系为骨架的耕地景观

以黄岗侗寨为例，若不计森林、草地所需的水资源，灌满黄岗的稻田和鱼塘并使之终年不干涸，总水量必须保持在 200 万立方米以上，然而该区的年降水量仅在 1300 毫米左右，并且降水具有季节不均衡的特点。因此，保水蓄水是该地区农业可持续的关键。那么以水资源为骨架的水田景观便是区域景观的核心。

---

① 龙春林，杨昌岩. 侗族传统社会林业研究［M］. 昆明：云南科学技术出版社，2003：62.

1. 水田景观分类

以芋头侗寨为例，侗寨周围的农田多以芋头溪作为主要的灌溉用水，回龙桥附近的农田多以发源华冲、细望冲的小溪流作为灌溉水源，部分农户家里的排水沟直接通到田里，成为灌溉用水。而分布在山坡的农田则多用山涧泉水、溪流，遵循就近取水的原则，而雨水是农田灌溉的重要补充。

因此，以水资源的供给方式为依据，侗寨的水田景观可大致分为三类：

其一是居于山岗的岗田。此类水田仰赖的水资源是自然降水，即大气垂直和水平降水。大气垂直降水受区域范围内的气候影响较大，而水平降水则是该岗田取水的关键。一方面，水田通过森林等高饱水系统涵养水源，浓雾、露水凝结成水滴后回落土壤中而获得水资源，以此辅助提高降水补给量；另一方面，通过植被的广泛覆盖增加区域的郁蔽度，以此降低水的蒸发量。由此，立体的水循环系统保证了山岗岗田的水资源供给。

其二是位于山坡的梯田，坡田既包括改坡为梯的水田，也包括谷间的坡底冲田。此类扇形水田的水资源补给一方面来自降水，另一方面来自山谷泉溪。无论哪种补给方式，症结都在于坡地如何截流水肥和怎样缓和地下冷水水温。水渠是解决坡田水资源的关键，放吊是水利的关键技术，比如以溪沟水为水源的水渠要从稻田中开始修建。以大利侗寨为例，村内农业灌溉系统较为发达，是因为修建的年代与寨子基本同时，主要的灌溉系统是几条平行于河的水渠，这些水渠的水是从山上引下来的泉水，与此同时，一些河流上方还架有竹竿做的引水管作为“空中水渠”。上堡侗寨的情况也大抵如此，农业用水一般采用竹管引水。用打通竹节的半扇竹筒从高处的水渠分水，将水引入低处的农田，然后经田垄间的缺口在各水田间流动。再比如车寨村山上的梯田里修有水槽，在寨子周围有灌溉用的水井，寨子里有一西一东两条小溪（贵水溪、贵合溪）顺着贵合山脉缓缓流下，灌溉两边的水田、鱼塘，最后汇入溶江。而针对冷水的问题，侗族人民不仅培育出耐冷耐阴的糯稻品种，还通过加速地下水的地表环流过程，使地下水升温，根据水源情况在斜坡上逐层修建稻田。一般田坎多以草本植物固土，较高的田坎一般用石头砌堡坎，外层用石块堆砌或拌黄泥土，中间层为夯实的黄泥土，里层为石块拌泥土，低地的田坎只有一层外面的堡坎①。

其三是位于河漫滩的坝田。坝田顾名思义就是修建在坝子上的稻田，即修建在地势比较平坦、区域成片的稻田。较上述较破碎的梯田、岗田景观而言，坝田景观更为完整。侗族地区大坝不多，最著名的坝子有车江大坝、天柱大坝、六洞大坝、九洞大坝等，号称万亩良田。侗族

① 黔东南州民族宗教事务委员会编．黔东南州世居少数民族文化丛书·侗族卷［M］．贵阳：贵州大学出版社，2017：40–42.

图6-7　上堡侗寨田塘景观图

修建在大河和小溪沿岸地带，供给条形稻田的水资源有三：一是大气降水，二是通过水车将主干河流上游的水资源导入水田，三是流经坡地居住区的生活用水。河漫滩虽然冲积出平坦的耕地，但是土壤质地结构导致其水肥不平衡。因此，通过村寨塘肥的输入，一定程度上给坝田追肥，从而实现水肥平衡。比如平岩村马鞍寨倚在一个状似马鞍的山坡之上，雨水沿路边沟渠由寨中心的高地流向两侧的低地，最终灌入农田中。

除了地表径流的水循环系统，侗寨的地表水、地下水循环系统也相互连通。以宰荡侗寨为例，据说村子的高处还有一个“龙眼”，曾经有一只鸭子掉进去后，竟然从下面的一个水池中游了出来，可见村子地下有畅通的河道系统。我们在田野调查过程中看到几乎家家门前都有水流

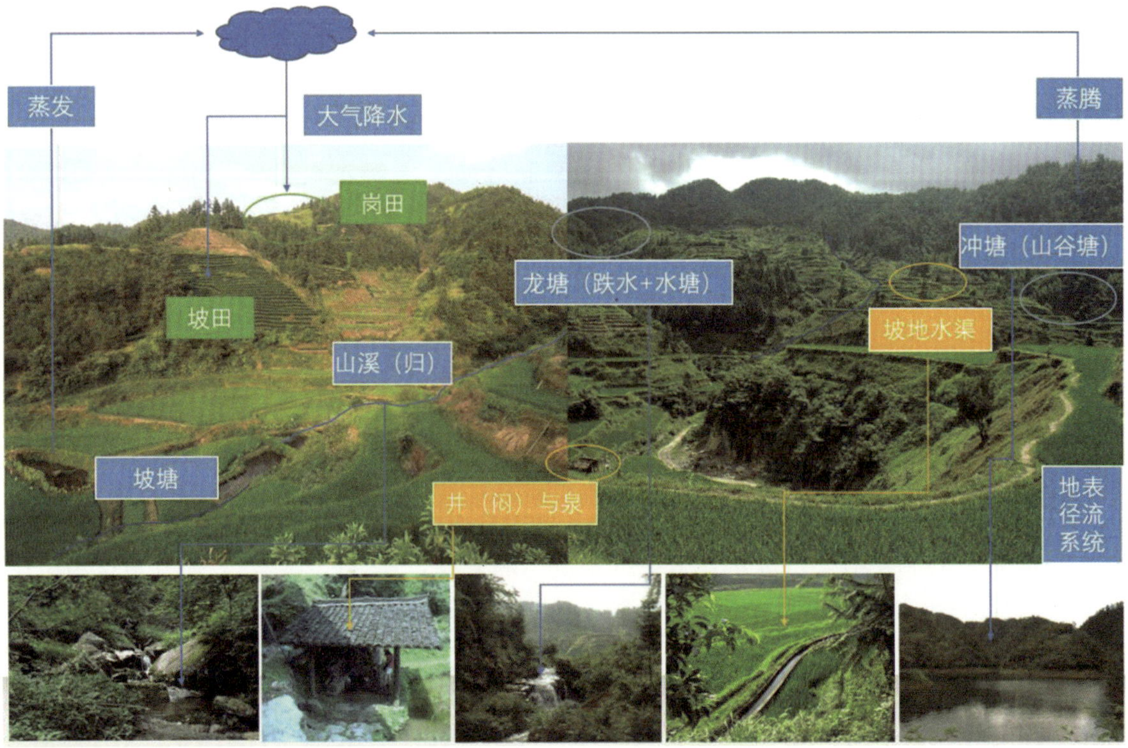

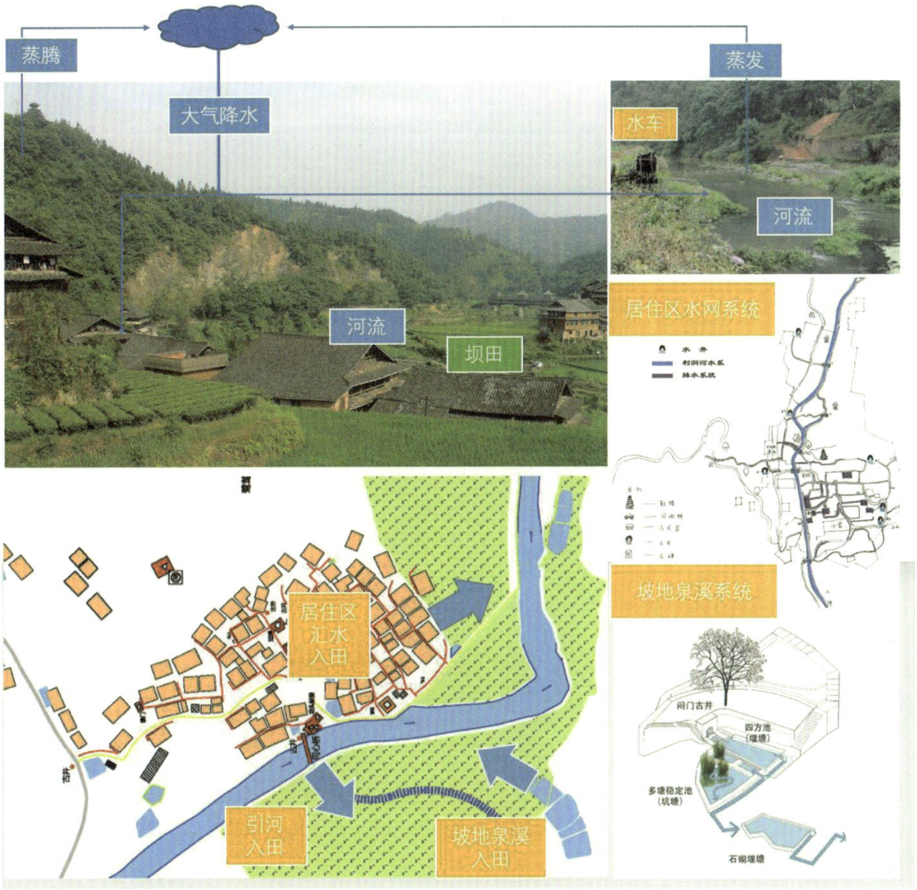

图6-8 侗族村寨水循环系统示意图

过，从山上流下的泉水和渗出的地下水汇成小溪。该给水、排水设施不仅用于灌溉，也作为村落平时的泄洪和排水之用，比较完善的给排水系统，能够缓解暴雨威胁，比如高友侗寨的排水系统就属于这种情况。

侗区的稻田除分布在河谷坝区以外，也沿山脚向山腰蔓延分布，对稻田的保养灌溉、对水的循环利用是稻田养鱼耕作模式的另一个特点。除山上的森林涵养水源能为梯田提供灌溉以外，侗族乡民将稻田、鱼塘、小桥、河渠和涧槽等精心组合，使水流可以迂回贯通，结成一个极其精巧的人造水循环系统，而水门就是构建这个人造水网的关键。在侗乡，所有的灌溉渠和天然渠道，甚至那些涧槽都设置有精巧的水门，这些水门可以严格控制水的流量，确保每一块梯田、每一口鱼塘的水位都恰到好处，鱼塘和稻田联网，两者之间的储水深度可以形成很大的反差，在水门的严格控制下，鱼塘和稻田可以相互灌溉。既能满足稻、鱼、鸭共同生长的需要，又能够确保每一户的家门前都有清泉流淌。

2. 耕地的分类

表 6–2 侗寨耕地分类表

<table>
<tr><th>分类</th><th colspan="3">耕地类型</th><th>种植类型</th></tr>
<tr><td rowspan="2">好田</td><td rowspan="2">水肥光温佳</td><td rowspan="2">低海拔向阳平坝</td><td>页岩风化：白泥田</td><td>龙图糯</td></tr>
<tr><td>富含腐质土壤：黑泥田</td><td>大融糯、杉树皮糯、红牛毛糯、老牛毛糯、小牛毛糯、埂公糯、田坝糯、竹糯</td></tr>
<tr><td rowspan="11">坏田</td><td rowspan="8">保水保肥差</td><td rowspan="2">泉水水温低</td><td>冷水田</td><td>冷水糯、金利糯</td></tr>
<tr><td>过水田</td><td>金洞糯</td></tr>
<tr><td rowspan="3">坡度导致水肥差：坡田</td><td>坡顶：高榜田、独天田、望天田</td><td>荣弄糯、六十天糯、矮秆糯</td></tr>
<tr><td>高坡：高坡田</td><td>大颂糯、荣白糯、我布糯、黄斗糯、地扪糯</td></tr>
<tr><td>低坡（半山腰）斜坡田</td><td>吾架糯、架里糯、黄芒糯</td></tr>
<tr><td rowspan="3">土壤肥力差</td><td>河流侵蚀：沙土田</td><td>黑牛毛糯</td></tr>
<tr><td>过度氧化低地饱水涝田：红泥田（锈水田、烂泥田）</td><td>马尾糯、变糯、万糯</td></tr>
<tr><td>硬泥田</td><td>矮秆糯、籼稻</td></tr>
<tr><td>光照少</td><td>背阴坡地</td><td>深山田、山冲田</td><td>深山糯</td></tr>
<tr><td rowspan="2">温度低</td><td>高山梯田：海拔高积温低</td><td>高山田</td><td>百你糯、龙图糯、荣塘糯、变糯、八万糯</td></tr>
<tr><td>500m(400m–600m)海拔</td><td></td><td>列珠糯、百香禾糯</td></tr>
</table>

五、村落内部空间

1. 村落布局

典型侗族村寨的空间构成单元包括鼓楼及鼓楼坪、萨堂（坛）、风雨桥和寨门等公共建筑和住宅、谷仓、禾晾等居住与生产建筑及设施。提名的诸侗族村寨基本具备上述构成要素，其差异性主要体现在各构成单元的数量及其形制结构上。相较而言，公共建筑一般是一族或一村集体修建，共同使用，与村寨的社会文化特征有着密切关系，其选址、类型、数量、形态、结构与装饰风格因寨而异，各具特色；居住与生产建筑及设施一般为一户所有或有亲缘、地缘关系的若干户共有，是侗民生息繁衍模式的基本体现。其中，修建有数量众多、造型独特、结构精巧的公共建筑是侗族社会组织结构的一种直接反映，也是侗族村寨有别于其他少数民族村寨的重要特点之一。

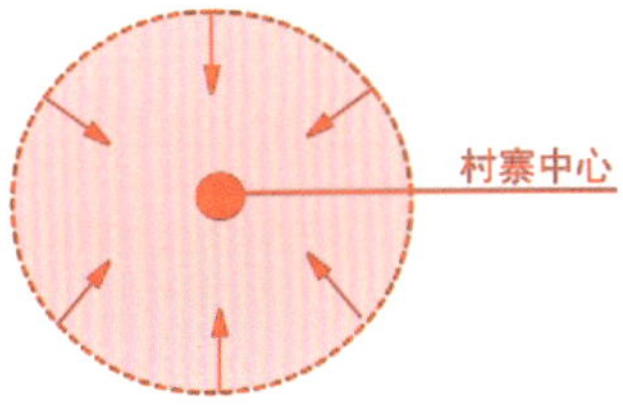

单一中心的侗族村寨内部布局示意图

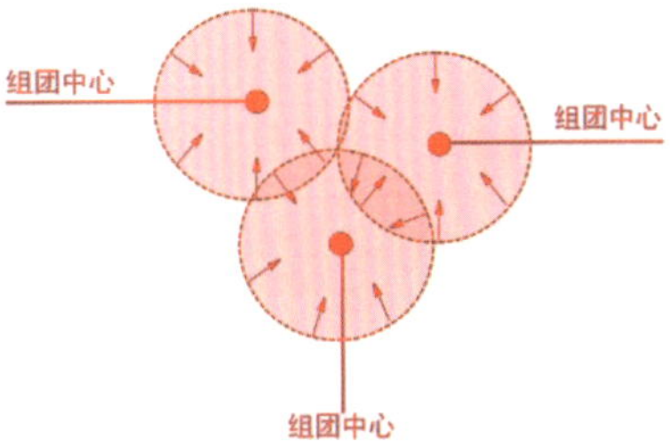

多中心的侗族村寨内部布局示意图

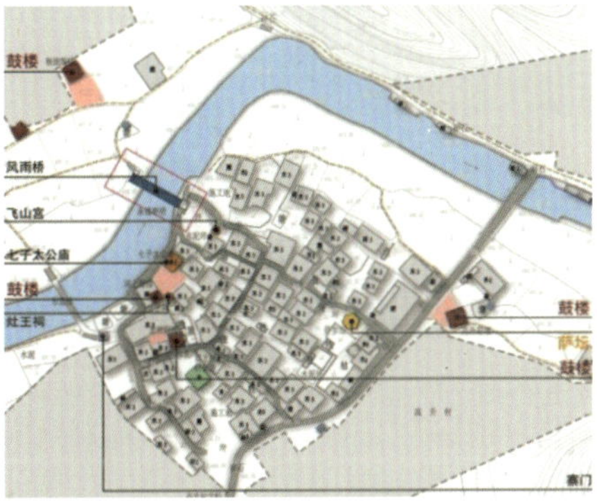

高步侗寨布局图

高步侗寨萨坛

图6–9 多中心的高步侗寨图

六、建造景观中的公共建筑与设施要素

侗族村寨中重要的公共建筑与设施有鼓楼、萨坛（堂）、风雨桥、戏楼、寨门、飞山宫或其他祠庙、古井及井池等。其中，鼓楼和萨坛（堂）是侗族村寨的象征和精神中心，相较而言，鼓楼的视觉凝聚力与物质实体性更强，而萨坛（堂）更具有原始宗教的精神象征作用。侗族风雨桥最大的成就在于利用伸臂木结构完成多桥跨的桥梁，并实现了桥屋功能与艺术的完美结合。

以鼓楼为中心的侗族村寨

鼓楼坪前的侗族社会公共活动

图6-10 村寨内部空间结构与布局图

1. 鼓楼及鼓楼坪

文献史料对侗族鼓楼的记载始于明代，对其称谓不一，如“独角楼”“高楼”“罗汉楼”“聚堂”，等等；在侗族族群中，鼓楼亦有多种称谓，如“百（bengc）”“楼（longc）”“堂卡”“堂瓦”，等等。从以上称谓，可见鼓楼其名的两重含义。第一，从其形态上来看，它是高于普通民宅的高楼；第二，从功能上来说，其为村寨聚众集会的重要场所。鼓楼不仅在侗族村寨中是最高大、结构最为精巧复杂的标志性建筑，还有着丰富的社会文化功能与意义。

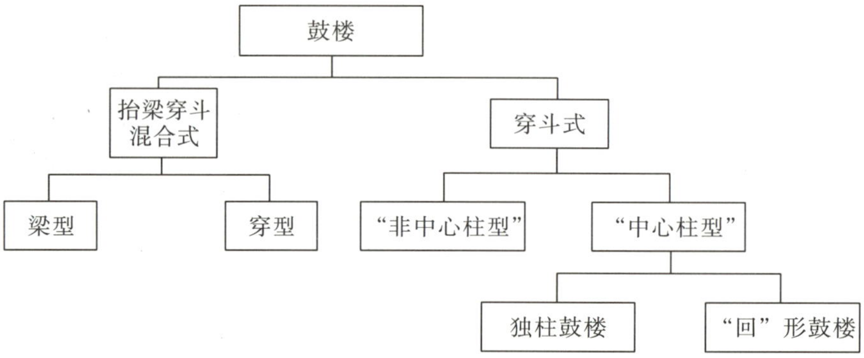

图6-11 鼓楼分类图表（摘自《侗族聚居区的传统村落与建筑》）

如前所述，鼓楼一般位于村寨或者村寨各组团的中心。不论构架方式与规模，鼓楼平面边数均为偶数，多为四方形、长方形、六边形和八边形，立面檐数多为奇数，可从单层至十余层不等。鼓楼内部一般将首层设为大厅，中间设火塘，供冬天烧火取暖聚会或集体烹煮佳肴之用，主承重柱之间设长凳，檐柱之间设坐台。鼓楼正前方一般设广场，称鼓楼坪，坪上多用鹅卵石嵌铺为太阳图腾图案，上置芦笙等乐器设备，以备节日庆典之需。现存鼓楼多为清初至当代的建筑。《侗族聚居区的传统村落与建筑》一书从木结构体系上将鼓楼分为“抬梁穿斗混合式”和

“穿斗式”。前一类又分为梁型和穿型两个亚型，后一类可分为“非中心柱型”和“中心柱型”两个亚型，后一亚型又表现为独柱鼓楼和“回”形鼓楼两种式样。各个类、型、式既有各自传承因袭亦有相互交流影响。据此，笔者对各类型的鼓楼在时间上的演变与地理空间上的分布进行了梳理。若按此分类方法，东部地区的提名侗族村寨，即现位于湖南省和广西壮族自治区东部的侗族村寨中，以“抬梁穿斗混合式”鼓楼居多；而西部地区提名的侗族村寨，即位于贵州省和广西壮族自治区西部的侗族村寨中，以“回形中心柱型”鼓楼为多。

鼓楼的社会文化意义主要体现在四个方面，首先鼓楼是原始树崇拜、祖先崇拜和生殖崇拜的象征；其次鼓楼是侗族村寨中家族的标识，以物化的形式彰显出家族之间的等级次序；再次，侗族村寨中的个体常常通过在鼓楼内举行的仪式向其集体表示归属与认同；最后，鼓楼还是侗族村寨内部各个体之间交流沟通的礼仪交往中心。此外，早期鼓楼还有击鼓传信、发布信息的功能。因此，鼓楼的修建是全寨人关心的大事，其情形如文献记载“皆踊跃争先，殷实者捐银至二三百元，或百元不等，少亦数十元。男女老少，惟力是尽，绝不推诿而终止。其热心公益之精神，良堪钦佩”。这一良好的社会风气保留至今，未有更改。鼓楼的设计者与施工主持的鼓楼墨师，鼓楼修筑技艺通过墨师口传心授，以传承演化。

述洞侗寨独柱鼓楼

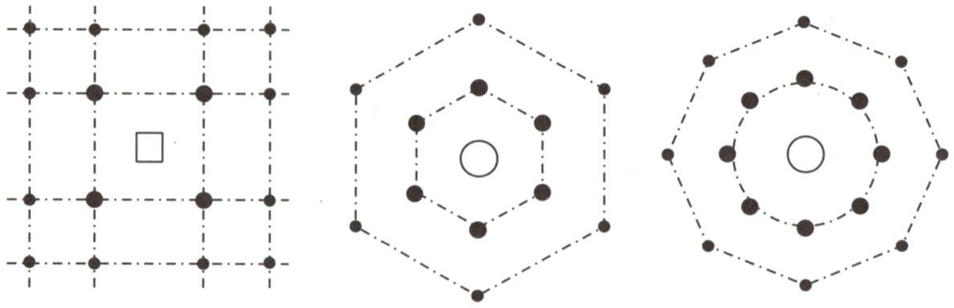

“回”形鼓楼柱网布置示意图（摘自《侗族聚居区的传统村落与建筑》）

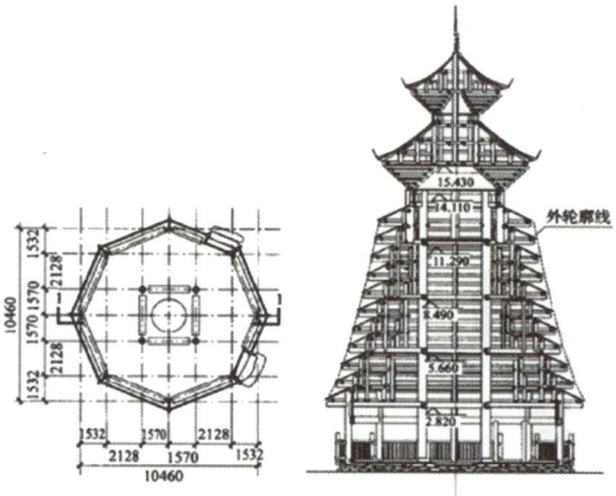

增冲鼓楼

增冲鼓楼

高阡鼓楼

高阡宰雷鼓楼

堂安鼓楼

银潭中寨鼓楼

银潭下寨鼓楼

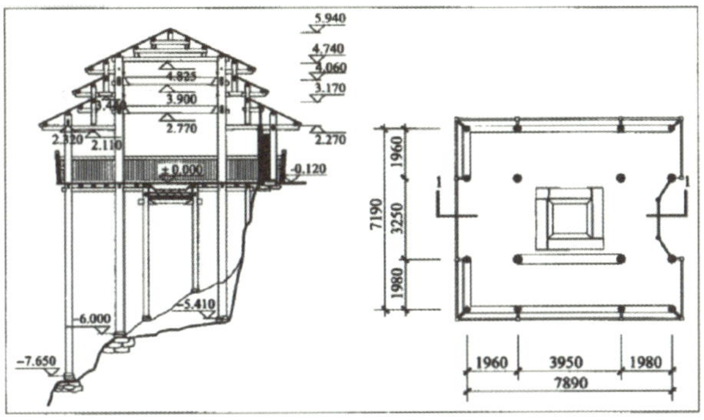

测绘图摘自《侗族聚居区的传统村落与建筑》

芋头侗寨牙上鼓楼

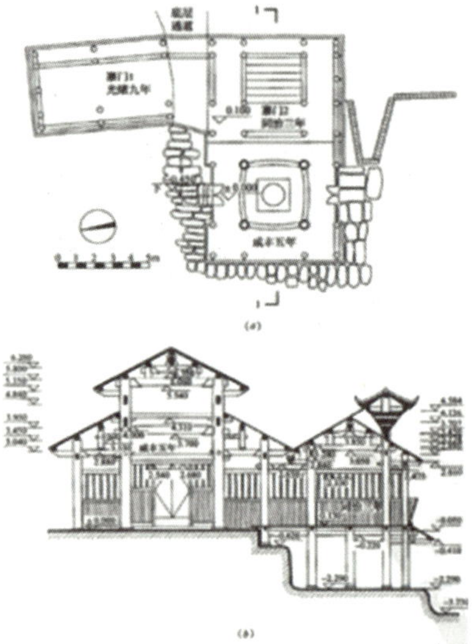

横岭鼓楼测绘图摘自《侗族聚居区的传统村落与建筑》

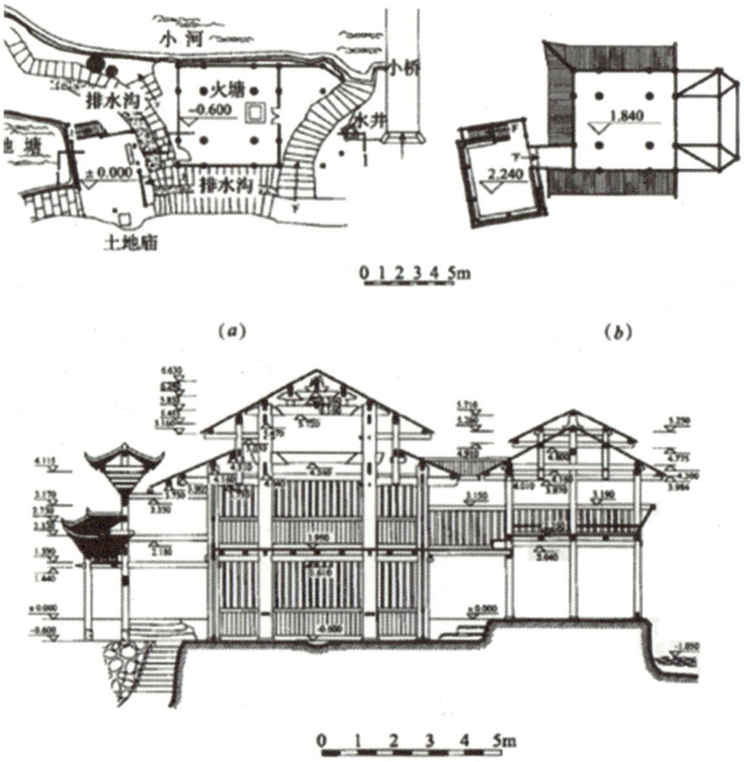

阳烂鼓楼

图6-12 鼓楼类型分析图

2. 萨坛与萨堂

“萨”是侗族供奉的祖母神，是侗族原始宗教信仰的重要内容。在侗族村寨中，常设供奉和祭拜这一“至高无上的祖母神”的地点就是“萨坛”或“萨堂”，侗人亦称其“堂萨”“染萨”“祖母堂”等。萨坛是用片石围砌然后填土垒堆成的祭坛，露天开敞，坛土中填埋女性劳作、生活的工具，坛边种植松柏、桂花树或黄杨等，坛外周匝以围墙环绕护卫。萨堂则不露天，简者仅搭棚架，繁者则建屋舍、院落，形如一般庙宇建筑群，堂中竖立或埋存祭祀崇拜物。萨坛及萨堂的位置因村而异，若位于寨中，则多与鼓楼毗邻；若位于寨外，则处于进出村寨的显著位置。世袭的祭祀主掌管祭萨场所的祭祀活动，被称作“登萨”。祭“萨”活动分为几种，农历每月初一、十五为普通祭，赛歌、赛芦笙的“多耶”萨祭，安置萨的“多堂祭”，还有一年小祭、三年大祭。本次申报的侗族村寨中多设萨坛，少数村寨设萨堂，如芋头侗寨，多建于 1949 年之前。从形象上来说，萨坛及萨堂都较为简陋，更具有原始宗教重视精神象征的特点。

<table>
<tr><th>萨坛类型</th><th>位置示意图</th><th>照片</th></tr>
<tr><td rowspan="2">覆顶萨堂</td><td>
</td><td></td></tr>
<tr><td colspan="2">芋头侗寨萨堂</td></tr>
<tr><td rowspan="4">露天萨坛</td><td colspan="2"></td></tr>
<tr><td colspan="2">坪坦侗寨萨坛</td></tr>
<tr><td colspan="2"></td></tr>
<tr><td colspan="2">占里侗寨萨坛</td></tr>
</table>

图6-13　萨坛类型分析图

3. 风雨桥

风雨桥又称福桥、花桥、廊桥，是一种以在桥身部分覆建廊、亭等房屋建筑为特点的桥梁。

侗族聚居区多山环水绕，沟壑溪流遍布于道途、田畴、山野之间，为了方便交通，多数侗族村寨都建有风雨桥，而且每村常常不止一座。从结构上来看，风雨桥单体一般由桥基、桥跨和桥屋三部分组成。桥基分为桥台和桥墩两部分，桥台是桥头两端的基座，局部常堆砌青石护坡并略抬基座，竖向以 8% 收分；桥墩立于水中，多用青石围砌料石筑成六棱柱体，迎、背水处均为 68° 锐角，竖向以 3% 收分，桥台、桥墩的形态都可减少洪水对桥梁的冲击破坏。若溪流较窄，桥梁跨度较小，则不需架设桥墩，桥跨直接搁置在加固后的岸堤上。侗族聚居区位于亚热带，多山地，湿热气候对桥跨的木材尤为不利，加建房屋覆顶，不仅可美化桥身，还能保护木质桥面使桥跨免受日晒雨淋，延长桥梁的使用寿命。风雨桥内部承重柱之间普遍搭设宽敞舒适的坐台，木柱上通常还悬挂着为过桥路人预备的草鞋，桥跨较大的风雨桥内部一般还设供奉关公、文昌、魁星、判官、土地神的像龛，这些陈设使得风雨桥成为村寨公共活动的重要场所之一。在河谷侧畔的侗族村寨中，风雨桥跨度通常较大，桥屋上亭廊相间，飞檐重叠，与山崖河湾相互映衬，灵动之间又颇具气势。

风雨桥类型	测绘图	照片
单跨 风雨桥	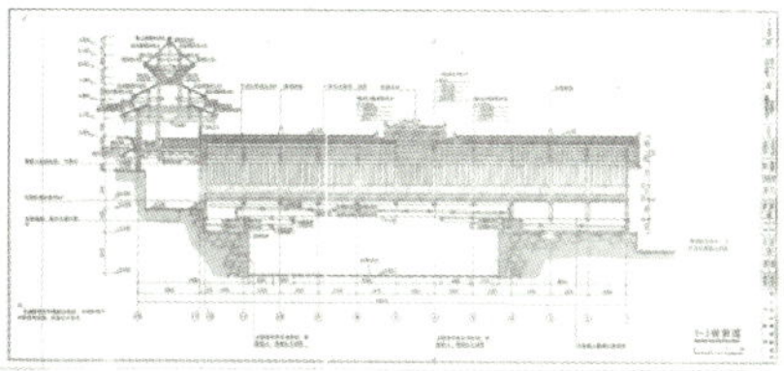	
	高步侗寨永福桥	
单跨 风雨桥	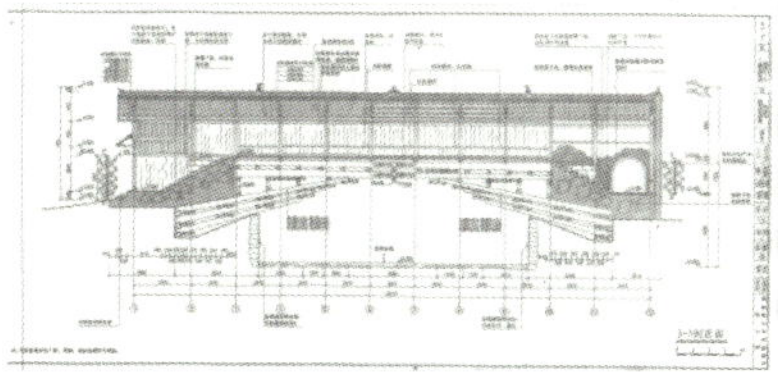	
	坪坦侗寨普济桥	

风雨桥类型	测绘图	照片
单跨风雨桥	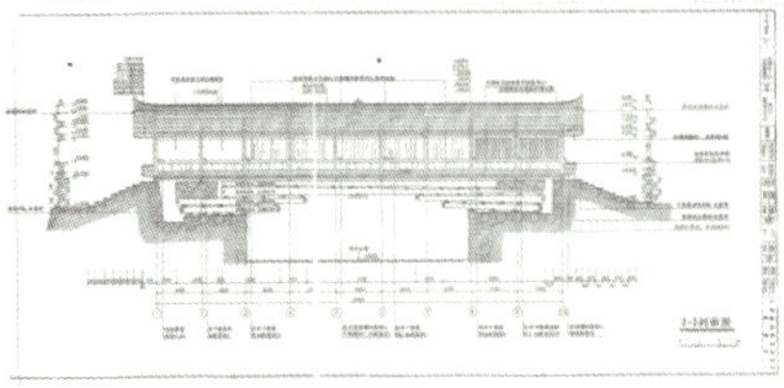	
	阳烂侗寨文星桥	
单跨风雨桥	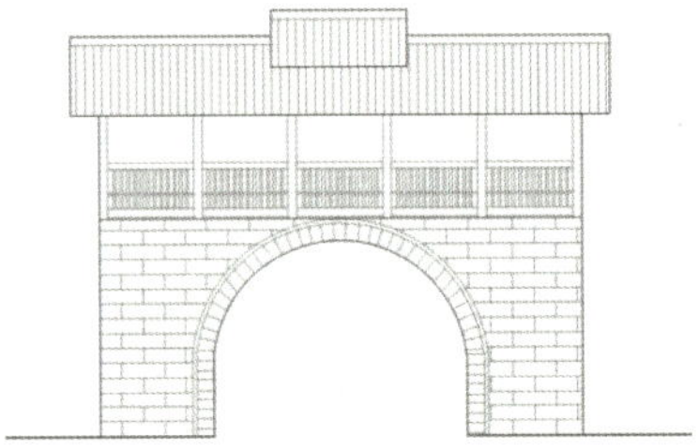	
	大利侗寨风雨桥	
多跨风雨桥	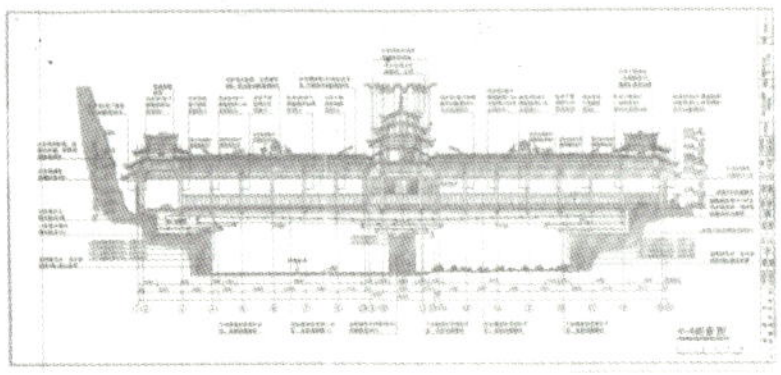	
	高步侗寨回福桥	
多跨风雨桥	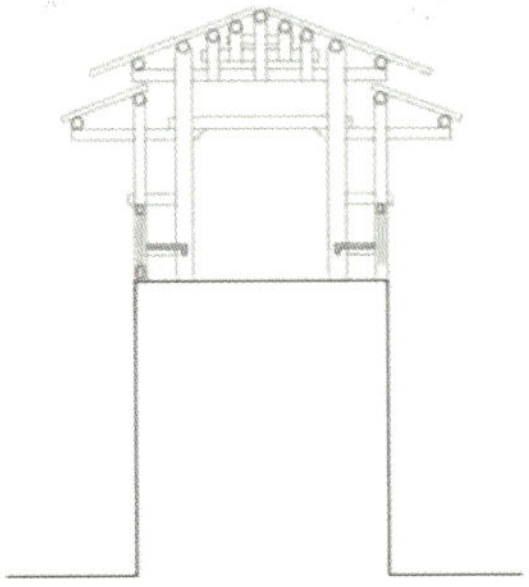	
	程阳侗寨风雨桥	

风雨桥类型	测绘图	照片
多跨 风雨桥	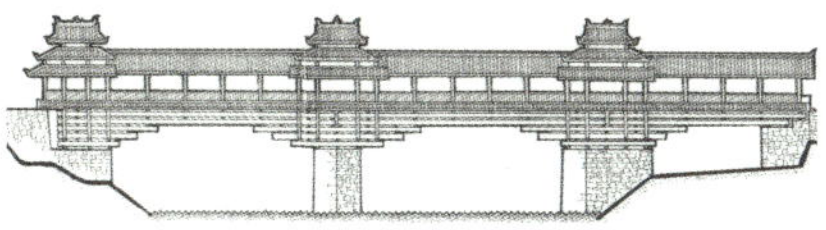	
	平岩侗寨合龙桥	
多跨 风雨桥	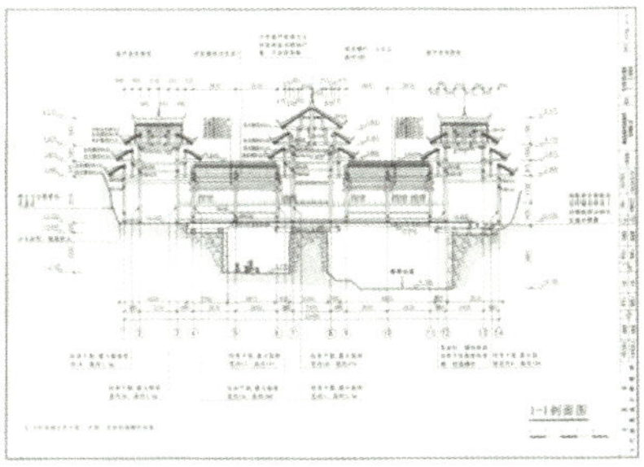	
	路塘侗寨观月桥	

图6-14 风雨桥类型分析图

4. 其他公共建筑：寨门、戏楼、其他祠庙

寨门是一种源于军事防卫的建筑类型。以前，侗族村寨大多围筑土墙，以防御匪患，并在主要通道设寨门以加强防御管理。如今，多数村寨的围墙已不存，仅有寨门留存，如堂安侗族村寨现仍保留有 6 座寨门。寨门一般为门阙牌坊形式，也可在寨门旁增建厢房作为凉亭，还可与鼓楼、风雨桥等公共建筑合建，如横岭鼓楼和阳烂鼓楼寨门与鼓楼。戏楼是侗族村寨中较新的建筑类型，其出现的原因与仅出现百余年的侗戏有关。戏楼一般围绕鼓楼坪与鼓楼相对修建，布置在鼓楼一侧或对面，以满足看戏的场地需求。戏台多为干栏式，上层是表演台，底层为准备间，规模有限，造型简朴而实用。

位于东部地区的提名侗族村寨，侗族村寨中除萨坛（堂）之外，一般还有飞山宫、文庙、城隍庙等其他祠庙，它们是汉—侗文化交流的见证。这些祠庙一般位于村寨入口处，亦可围绕鼓楼坪修建。其建筑风格多仿汉地建筑，修筑台基，作白墙灰瓦，是侗族村寨中一道别致的风景。

提名诸侗族村寨的公共建筑类型与数量整理如下（不全）：

表 6-3　侗族村寨的公共建筑分类统计表

村寨名称	鼓楼	萨坛	风雨桥	戏楼	其他祠庙	寨门	古井	其他重要建筑及设施
堂安侗族村寨	1	1	1	1	—	—	1	古墓葬群1处，另有禾晾、谷仓、水碾、石碓榨油房、鱼塘、井亭、祭萨塘
厦格侗族村寨	4	1	—	1	—	—	1	古墓葬群1处，泥人塘1处
黄岗侗族村寨	5	—	—	—	—	—	1	碾米坊，石碑3通，禾仓群1处
地坪上寨	1	—	1	1	—	—	—	——
述洞侗族村寨	2	1	1	1	—	—	3	粮仓群1处
大利侗族村寨	1	1	5	1	—	—	6	古粮仓4座，石雕古墓1座，石板古道3条，古碑3通，古民居29幢，楠木古树群1处128棵。
宰荡侗族村寨	2	1	2	—	—	—	—	古民居3幢，古枫树林1处
朝利侗族村寨	4	—	1	—	—	—	1	古兽1尊
高阡侗族村寨	3	—	—	1	有土地庙	—	2	石拱桥1座，红豆杉若干
占里侗族村寨	1	1	—	—	—	—	2	风雨亭1座
增冲侗族村寨	1	—	3	1	—	—	1	古墓2座（骈体墓、三体墓）
银潭侗族村寨	2	1	1	1	—	—	2	禾仓群1处，红豆杉120余株
路塘侗族村寨	3	1	1	1	1	1	5	古墓群5处，村寨古围墙，古风水树2棵
中步侗族村寨	4	1	3	鼓楼兼作戏台	寺庙2座（另有宗教建筑遗址7处）	2	3	石板古道5条，古墓群4处，古风水树23棵

续表

村寨名称	鼓楼	萨坛	风雨桥	戏楼	其他祠庙	寨门	古井	其他重要建筑及设施
芋头侗族村寨	4	2	4	1	—	2	2	款场5处，学馆遗址1处，会馆1处，迁址学馆1处，古墓群3个，古石板桥3座，石板古道5条，古粮仓5座，古碑6通，古民居6幢，古树群2处
横岭侗族村寨	4	—	2	1座鼓楼戏台	3	3	—	青石古驿道3条
坪坦侗族村寨	3	1	1	—	5（另有遗址3处）	—	4	古石板道1条，古树11株
阳烂侗族村寨	2	—	1	1	—	—	4	古驿道1条，石板路5条，碑廊1处
高步侗族村寨	6	1	5	2	5	—	6	古墓群1处，青石板驿道2条，村口古树3棵

七、建造景观中居住及生产建筑与设施

1. 住宅建筑

住宅建筑是侗族村寨中数量最多，占地面积最大的一类构成单元，其外在布局形态上影响着村落的整体景观，内在平面形制则是村寨每一个基层单元生活组织的真实写照。

从纵向结构来分，侗族聚居区的住宅建筑一般可分为地面式住宅和干栏式住宅两类。提名的侗族村寨中的住宅以后者为多。干栏式样住宅的空间组成单元可分三类，分别是以火塘、堂屋为代表的礼仪空间，以廊道、卧室、厅堂为代表的起居空间，以厨房、卫生间、储藏室、畜棚、楼梯为代表的辅助空间。

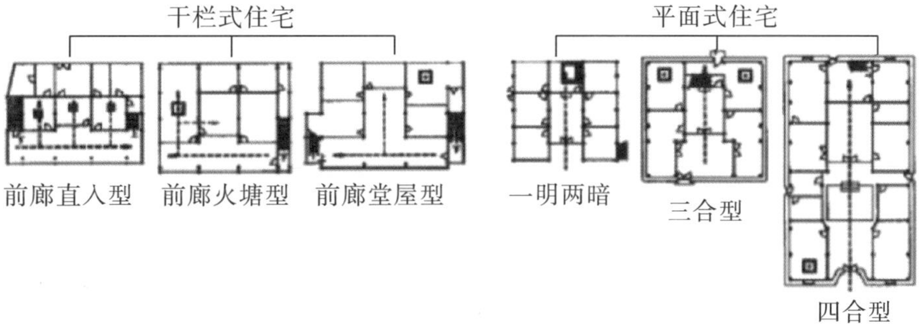

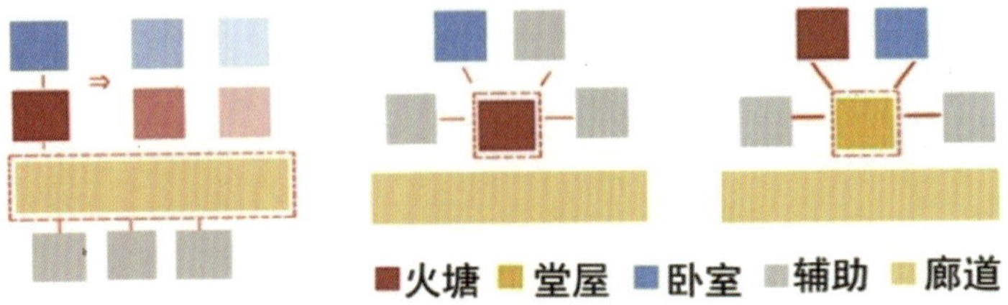

图6-15　各类型居住建筑平面序列比较
（摘自《侗族聚居区的传统村落与建筑》）

在侗族人的传统中，集炊事、取暖、照明三种功能于一体的火塘间，不仅是家庭生活的中心，还是传统祭祀祖先和诸神灵的场所，更是最基本的社会单位——家庭的象征，具有重要意义。堂屋则是受汉民族文化影响出现的新功能单元，它是祭拜天地特别是家族先祖、举办各类婚丧嫁娶庆典的主要场所。值得注意的是，火塘间与堂屋都是家庭生活中的精神中心，有部分功能的重合，它们在同一幢侗族民居中也常常同时出现，但其布局状况和空间地位有所不同。根据住宅平面组织枢纽单元的不同，可将这些住宅细分作三类：第一类为前廊中心式，即以连接室内外的“前廊”为组合各功能单元的核心，从前廊可通向室内的火塘屋、卧室，亦在前廊中布置炊煮、储藏等辅助单元。前廊直入型的住宅采取与入口轴线垂直方向为导向的平面布局形式，空间的序列由前部宽廊分散到后部的空间。住宅在空间上划分为前、后两个部分，前部为待客空间，后部为卧室，如纪堂侗族村寨陆建成宅、高增侗族村寨吴继兴宅。在聚族共居的情况下，随着家族户数的增加，将会在原房屋的横向山面不断扩建相同开间，从而形成“长屋”。第二类为火塘中心式，即从前廊通向火塘屋，由火塘组织卧室、储藏、厨房等房间。第三类为堂屋中心式，即空间序列从前廊到堂屋，再通过堂屋组织内部各个房间的出入。前两类平面格局枢纽空间虽不同，但都以火塘为精神中心，可被视为保留了较为古老的生活方式。地面式住宅的组成空间单元与干栏式相差不大，但不同单元的空间组合方式却与后者相差较大，可细分为一明两暗式、三合型和四合型共三种类型。这些住宅主要分布在交通便利、地形平坦、经济条件较好且与汉民族交流较多的地区。

由于自然老化、气候和火灾等因素，侗族聚居区内现存的干栏式住宅可以考察到年代最早的也在清代中晚期，距今约 200 年，如芋头村的杨正安宅。

上团侗寨居住长屋

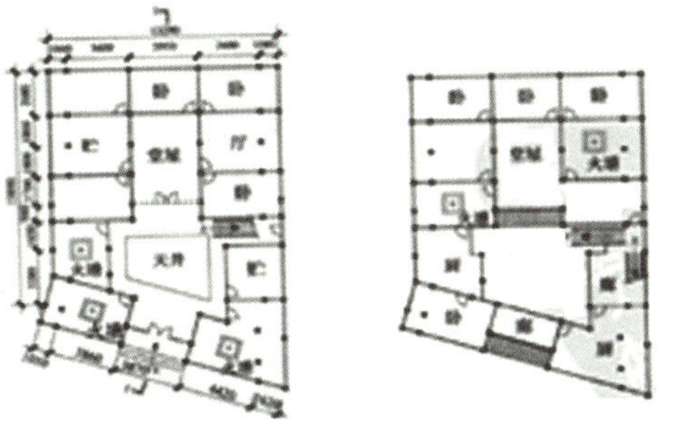

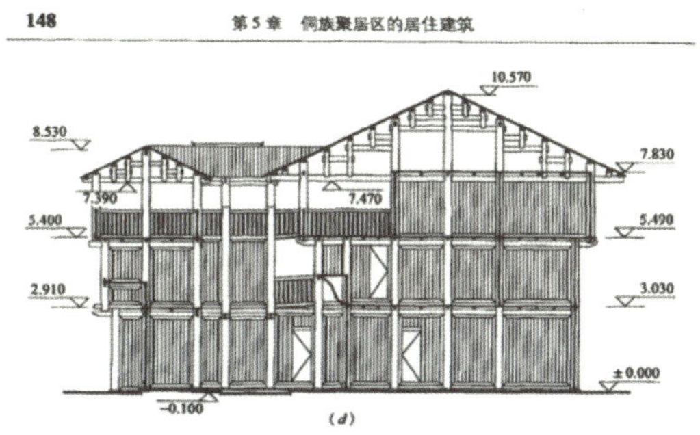

地面式住宅建筑——四合院建筑：大利侗寨杨成方宅（摘自《侗族聚居区的传统村落与建筑》）

大利侗寨禾仓

占里侗寨禾晾

图6-16 居住及生产建筑与设施分析图

2. 其他居住及生产建筑与设施：谷仓、禾晾、厕所、牲棚

谷仓是存放谷物粮食的仓储类建筑。为了防止火灾、鼠患等对粮食的大面积破坏，一般将全村的谷仓修建在远离住宅区的地方，集中在村边或是架设在水塘、溪河之上。其平面多为进深一间、面阔一间或数间的正方形或长方形，高度不超过两层，多底层架空以防潮。

禾晾是一种肋木形式的高木架生产设施，侗语里称“liangn”或“langn”。一般立在寨周或寨中向阳地，周边或铺筑晒坝，由周围数户共用，一村或一个组团中一般有多组禾晾。也有将禾晾合设于谷仓，即将谷仓外侧多设一圈廊柱，周匝设横向栏杆，此类谷仓也较一般谷仓体量大。早期的侗族住宅内并不设厕所，而是数户将厕所合设于便于统一排污的屋舍场地中。厕所屋舍以四柱搭建，仅用木板围合侧墙，平铺踩踏地板，地板并不满铺，留出排泄洞口，不设屋顶。牲棚位于田间，一般面阔、进深各两间，主体两层，第二层供农忙时看守人瞭望、夜宿，底层圈养牲畜。

总的说来，其他居住及生产建筑与设施普遍规模较小，结构简陋，但亦是侗族村寨生活、生产中不可或缺的组成要素。由于卫生状况和便利性较差，这些建筑与设施已逐渐进行更新改造。值得注意的是，居住及生产建筑与设施，即便是处于较为原始的状态，也多是多户共用，极少独户占有。由此更可见侗族社会的群体性特征。

第二节　非物质文化遗存

一、国家级非物质文化遗存及传承人分布

侗族文化历史悠久，底蕴深厚，非物质文化遗存丰富。侗族非物质文化遗产不仅享誉国内，并且在世界非物质文化遗产中也占有一席之地。截至 2021 年，有侗族大歌和侗族传统木结构营造技艺（非正式项目）2 项被列入联合国教科文组织《人类非物质文化遗产名录》，有 19 项遗产被国务院列入《国家非物质文化遗产名录》（含扩展项目），项目涉及 28 名传承人。其中，传统技艺与民俗是数量最多的两类非物质文化遗产项目，黔东南苗族侗族自治州则是国家级非物质文化遗产分布最为密集的地区，因此，该地后来也被划入文化生态保护区进行整体保护。

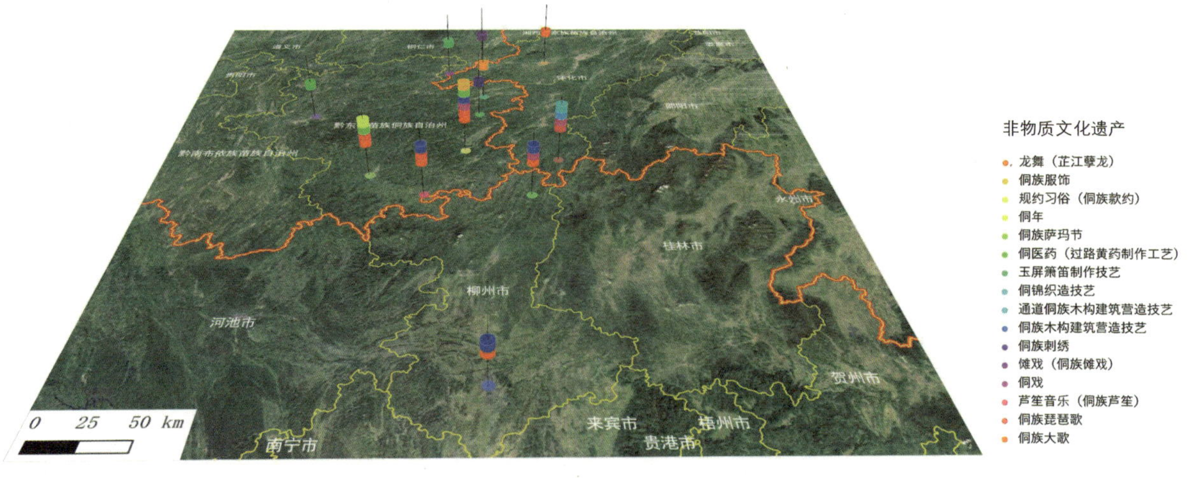

图6-17　非物质文化遗产地理分布图

表 6-4 侗族国家级非物质文化遗产统计表

序号	类别	编号	名称	公布时间	类型	申报地区	保护单位
1	传统音乐（3项）	Ⅱ-28	侗族大歌	2006（第一批）	新增	贵州省黎平县	黎平县文化馆
2				2006（第一批）	新增	广西壮族自治区柳州市	柳州市群众艺术馆
3				2006（第一批）	新增	广西壮族自治区三江侗族自治县	三江侗族自治县非物质文化遗产保护与发展中心
4				2008（第二批）	扩展	贵州省从江县	从江县非物质文化遗产保护中心
5				2008（第二批）	扩展	贵州省榕江县	榕江县非物质文化遗产保护中心
6		Ⅱ-29	侗族琵琶歌	2006（第一批）	新增	贵州省榕江县	榕江县非物质文化遗产保护中心
7				2006（第一批）	新增	贵州省黎平县	黎平县文化馆
8				2011（第三批）	扩展	贵州省从江县	从江县非物质文化遗产保护中心
9		Ⅱ-129	芦笙音乐（侗族芦笙）	2008（第二批）	新增	湖南省通道侗族自治县	通道侗族自治县非物质文化遗产保护中心
10	传统戏剧（2项）	Ⅳ-83	侗戏	2006（第一批）	新增	贵州省黎平县	黎平县文化馆
11				2008（第二批）	扩展	湖南省通道侗族自治县	通道侗族自治县非物质文化遗产保护中心
12				2011（第三批）	扩展	广西壮族自治区三江侗族自治县	三江侗族自治县非物质文化遗产保护与发展中心
13		Ⅳ-89	傩戏（侗族傩戏）	2006（第一批）	新增	湖南省新晃侗族自治县	新晃侗族自治县文化馆
14	传统美术（1项）	Ⅶ-107	侗族刺绣	2011（第三批）	新增	贵州省锦屏县	锦屏县非物质文化遗产保护中心

续表

序号	类别	编号	名称	公布时间	类型	申报地区	保护单位
15	传统技艺（4项）	Ⅷ−30	侗族木构建筑营造技艺	2006（第一批）	新增	广西壮族自治区柳州市	柳州市群众艺术馆
16				2006（第一批）	新增	广西壮族自治区三江侗族自治县	三江侗族自治县非物质文化遗产保护与发展中心
17				2008（第二批）	扩展	贵州省黎平县	黎平县文化馆
18				2008（第二批）	扩展	贵州省从江县	从江县非物质文化遗产保护中心
19			侗族木构建筑营造技艺（通道侗族木构建筑营造技艺）	2021（第五批）	扩展	湖南省怀化市通道侗族自治县	通道侗族自治县非物质文化遗产保护中心
20		Ⅷ−104	侗锦织造技艺	2008（第二批）	新增	湖南省通道侗族自治县	通道侗族自治县非物质文化遗产保护中心
21		Ⅷ−34	玉屏箫笛制作技艺	2006（第一批）	新增	贵州省玉屏侗族自治县	玉屏侗族自治县文化馆（玉屏侗族自治县民族文化艺术团）
22	传统医药（1项）	Ⅸ−16	侗医药（过路黄药制作工艺）	2008（第二批）	新增	贵州省黔东南苗族侗族自治州	黔东南苗族侗族自治州民族医药研究院（黔东南苗族侗族自治州苗医苗药研究院、黔东南苗族侗族自治州民族医药研究院附属苗医医院）
23	民俗（4项）	Ⅹ−25	侗族萨玛节	2006（第一批）	新增	贵州省榕江县	榕江县非物质文化遗产保护中心
24				2008（第二批）	扩展	贵州省黎平县	黎平县文化馆
25		Ⅹ−130	侗年	2011（第三批）	新增	贵州省榕江县	榕江县非物质文化遗产保护中心
26		Ⅹ−142	规约习俗（侗族款约）	2014（第四批）	扩展	贵州省黎平县	黎平县文化馆
27		Ⅹ−158	侗族服饰	2014（第四批）	新增	贵州省黔东南苗族侗族自治州	黔东南州非物质文化遗产保护中心
28	传统舞蹈（1项）	Ⅲ−4	龙舞（芷江孽龙）	2011（第三批）	扩展	湖南省芷江侗族自治县	芷江侗族自治县文化馆

表 6–5 侗族国家级非物质文化遗产传承人统计表

序号	项目类型	项目名称	批次	传承人	性别	编号	申报地区
1	传统技艺	侗族木构建筑营造技艺	01–0149	杨似玉	男	Ⅷ–30	广西壮族自治区三江侗族自治县
2	传统技艺	侗族木构建筑营造技艺	05–2743	杨求诗	男	Ⅷ–30	广西壮族自治区三江侗族自治县
3	传统技艺	侗族木构建筑营造技艺	05–2744	杨光锦	男	Ⅷ–30	贵州省从江县
4	传统技艺	侗锦织造技艺	03–1364	粟田梅	女	Ⅷ–104	湖南省通道侗族自治县
5	传统技艺	玉屏箫笛制作技艺	01–0153	刘泽松	男	Ⅷ–34	贵州省玉屏侗族自治县
6	传统技艺	玉屏箫笛制作技艺	01–0154	姚茂禄	男	Ⅷ–34	贵州省玉屏侗族自治县
7	传统音乐	侗族大歌	02–0253	吴品仙	女	Ⅱ–28	贵州省黎平县
8	传统音乐	侗族大歌	02–0254	吴光祖	男	Ⅱ–28	广西壮族自治区三江侗族自治县
9	传统音乐	侗族大歌	02–0255	覃奶号	女	Ⅱ–28	广西壮族自治区三江侗族自治县
10	传统音乐	侗族大歌	03–0826	吴仁和	男	Ⅱ–28	贵州省从江县
11	传统音乐	侗族大歌	03–0827	潘萨银花	女	Ⅱ–28	贵州省从江县
12	传统音乐	侗族大歌	04–1510	胡官美	女	Ⅱ–28	贵州省榕江县
13	传统音乐	侗族大歌	05–2050	贾福英	男	Ⅱ–28	贵州省从江县
14	传统音乐	侗族琵琶歌	02–0256	吴家兴	男	Ⅱ–29	贵州省榕江县
15	传统音乐	侗族琵琶歌	02–0257	吴玉竹	女	Ⅱ–29	贵州省黎平县
16	传统音乐	侗族琵琶歌	03–0828	吴仕恒	男	Ⅱ–29	贵州省黎平县
17	传统音乐	侗族琵琶歌	05–2051	杨月艳	女	Ⅱ–29	贵州省黎平县
18	传统音乐	芦笙音乐（侗族芦笙）	03–0886	杨枝光	男	Ⅱ–129	湖南省通道侗族自治县
19	传统戏剧	侗戏	02–0640	张启高	男	Ⅳ–83	贵州省黎平县
20	传统戏剧	侗戏	02–0641	吴胜章	男	Ⅳ–83	贵州省黎平县
21	传统戏剧	侗戏	03–1071	吴尚德	男	Ⅳ–83	湖南省通道侗族自治县
22	传统戏剧	侗戏	05–2394	杨开远	男	Ⅳ–83	广西壮族自治区三江侗族自治县
23	传统戏剧	傩戏（侗族傩戏）	02–0656	龙子明	男	Ⅳ–89	湖南省新晃侗族自治县

续表

序号	项目类型	项目名称	批次	传承人	性别	编号	申报地区
24	传统戏剧	傩戏（侗族傩戏）	02-0657	龙开春	男	Ⅳ-89	湖南省新晃侗族自治县
25	传统戏剧	傩戏（侗族傩戏）	05-2401	龙景昌	男	Ⅳ-89	湖南省新晃侗族自治县
26	传统美术	侗族刺绣	04-1820	陈显月	女	Ⅶ-107	贵州省锦屏县
27	传统美术	侗族刺绣	05-2710	龙令香	女	Ⅶ-107	贵州省锦屏县
28	传统舞蹈	龙舞（芷江孽龙）	04-1546	田宗林	男	Ⅲ-10	湖南省芷江侗族自治县

二、省级非物质文化遗产项目

在贵州省非物质文化遗产类型的空间分布格局分析中，传统美术、传统医药和民俗是黔东南苗族侗族自治州中最具有比较优势的项目[①]。这样的非物质遗产分布特色只体现在黔东南苗族侗族自治州，它一定程度上可以扩展至侗寨遗产覆盖的整个区域。习俗、传统技艺和音乐是侗寨遗产分布区域内最主要的三类非物质文化遗产项目，其中习俗与传统技艺两项和上述国家级评定结果一致，音乐项目的增长一定程度上说明了地区音乐的多样性。

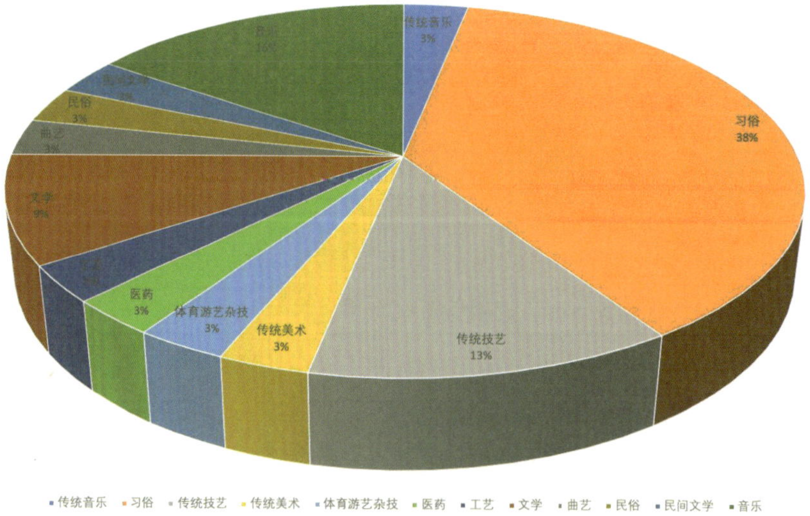

图6-18 非物质文化遗产类型分布图

① 张娟，何立翔，熊康宁等．喀斯特地区非物质文化遗产空间格局及影响因素——以贵州省为例［J］．长江流域资源与环境，2021(5)：1055-1068.

表 6–6 侗族省级非物质文化遗产统计表

序号	类型	项目名称	省区批次	申报地区
1	传统音乐	侗族喉路歌	第二批	湖南省通道侗族自治县非物质文化遗产中心
2	民俗	侗族百家宴	第二批	广西壮族自治区三江侗族自治县
3	民间文学	唱夜郎	第五批	贵州省石阡县
4	体育游艺杂技	侗族武术	第五批	贵州省天柱县、黎平县
5	传统技艺	侗族芦笙制作技艺	第五批	贵州省从江县
6	传统技艺	侗族银饰锻制技艺	第五批	贵州省锦屏县
7	医药	侗医药刮痧症疗法	第五批	黔东南民族医药研究所、贵州省从江县、黎平县
8	习俗	侗年	第五批	贵州省黎平县
9	音乐	侗族笛子歌	第四批	贵州省黎平县
10	文学	《金汉列美》	第三批	黎平县、从江县
11	文学	《丁郎龙女》	第三批	榕江县
12	音乐	侗族河边腔	第二批	黎平县
13	音乐	侗族多耶——踩歌堂	第三批	黎平县
14	音乐	侗族牛腿琴歌	第三批	从江县
15	音乐	侗族芦笙谱	第三批	榕江县
16	曲艺	君琵琶	第二批	贵州省黎平县
17	传统美术	侗族摔跤	第一批	黎平县
18	工艺	蓝靛靛染工艺	第一批	黎平县等
19	习俗	占里侗族生育习俗	第一批	从江县
20	习俗	侗族婚俗	第三批	黎平县、榕江县
21	习俗	侗族鼓楼习俗	第三批	从江县
22	习俗	记间习俗	第三批	黎平县、榕江县
23	习俗	求雨祭典（喊天节）	第三批	黎平县
24	习俗	侗族芦笙会	第三批	黎平县
25	文学	《珠郎娘美》	第二批	榕江县、从江县、黎平县
26	传统技艺	族鼓楼花桥建造技艺	第二批	黎平县
27	传统技艺	侗族鼓楼营造技艺	第二批	从江县
28	习俗	四十八寨侗族服饰	第二批	黎平县

续表

序号	类型	项目名称	省区批次	申报地区
29	习俗	说春	第二批	石阡县
30	习俗	侗族祭萨	第二批	黎平县
31	习俗	月也	第一批	黎平县
32	习俗	侗族萨玛节	第一批	榕江县

第三节　文化景观

本节首先将从农林业、建筑业与手工织造业角度讨论传统技艺与南侗地区的经济结构，由此构建生业景观格局；其次，从基本家庭单元、姓氏与家族群体、侗款与社群三个层次讨论南侗的社会结构；再次，从服饰、节庆序列以及节庆活动方面阐述构建礼仪景观与日常生活；最后，从萨玛与超地域的神圣景观、自然观与风水选址、万物有灵与“龙”的图腾崇拜以及丧葬空间与生死观讨论侗族神圣景观中的信仰与禁忌。

一、生业景观：传统技艺与经济结构

在区域经济的议题下，湘黔桂三省交界地带是长江、珠江流域中部向中国西南地区过渡的关键地带，该区域内和谐共生的侗族传统文化面临着经济基础薄弱、县域间竞争激烈、产业结构不合理、发展资金短缺、环境刚性约束明显等制约①。具体来说，黔东南州目前的三大产业方向分别为优质农作物生产（包括水稻、玉米、马铃薯、茶叶、中药材、特色烟业等绿色食品），草地畜牧业与养殖业以及工业原料林和竹林生产②。三江县的农业资源极为丰富而工业发展相对滞后，农业占地区经济发展的主导地位，茶叶与茶油等经济作物种植是其特色品类，而传统稻田渔业则是基础门类。通道侗族县则发展了菜业、果业、药业等六大特色农业③。由此可见，湘黔桂交界地带的第一产业呈现出复合样态，但是，当下的产业研究中不乏对传统生业经济的回顾，重点包括传统营林业，“废物”循环稻作农业，农业伦理下的畜牧业和传统手工业等，研究表明传统产业中传承的传统技艺是推动经济发展的再生动力，是该地区生态开发的路径之一。

① 申雯清．湘黔桂三省坡侗族地区经济协同发展研究［D］．武汉：中南民族大学博士论文．2020.

② 车小林．关于黔东南州农业产业结构调整的思考［C］//贵州省农业办公室等．回顾与展望——纪念农村改革30年理论研讨会文集．贵阳：贵州人民出版社，2009：293.

③ 杨保峰．对通道县农业产业化发展的思考［J］．民族论坛，2014(3)：68.

1. 复合农林技术体系与产业

复合农业技术体系包括独立的林业种植体系、“稻—鱼—鸭”的稻作养殖技术体系、林粮间作农业体系以及传统糯稻的培育保存技术体系。

首先，林业种植体系中林业生产及管理环节包括采种、育苗移栽、砍伐和抚林，最后一个环节的更新抚育和锄抚薅修保证了林业生产的可持续性。

其次，侗族的水稻种植技术具有较高的水平，而稻田养鱼则是侗族人民充分利用生态环境的智慧体现。侗族生存的地区多属亚热带常绿阔林带，山多、田少、森林多、水域小，一些零星山地丛林中的小片湿地散落其间。所谓“稻田养鱼”是指稻、鱼、鸭在耕地中并存的传统生计，实质上就是在同一块稻田中，既种植水稻，又放养鱼、鸭，一块田中同时产出三大类产品，田中伴生的黄鳝、田螺和青虾等均可利用①。此外，鸭子的品种是当地特有的小麻鸭，它对水稻的扰动较少。该耕作模式利用对象不同的生长特性和不同的依附空间，对于时序有严格的管控②。此类共生系统的营建关键在于水域环境系统。侗民通过效仿沼泽多变的水域底部富于变化的水流，营造出多样的山涧水域基底，从而为多种生物营造了多样的栖息环境，除了鱼类还包括候鸟等野生动物。

再次，林粮间作系统是指以耕代抚，这一系统具体是指在苗木生长的头三年利用隙地依次间种红苕、次年播种黄豆或小米、第三年再种高粱玉米等，待育苗为林后无须薅修和施肥③。

最后，对糯稻品种的选育与保种，它是侗族稻田养鱼耕作模式的存在基础，同时也为生物多样性做出了贡献④。保存传统糯稻是由于侗族生息在亚热带常绿阔叶林带，森林过于浓密，日照严重不足，不利于水稻生长，而侗族培育的糯稻品种具有茎高、杆硬、耐水淹、耐阴耐寒等特点，适应丛林山地生息环境的特异性，能够与日照短的丛林环境兼容。糯稻品种或以地名来命名，如黄岗、龙图、金洞等，或以生物性状来取名，如小牛毛糯、老牛毛糯、杉树皮糯、红糯，等等⑤。

---

① 罗康智. 侗族美丽生存中的稻鱼鸭共生模式——以贵州黎平黄岗侗族为例［J］. 湖北民族学院学报（哲学社会科学版），2011(1)：28-32.

② 詹全友，龙初凡. 贵州从江侗乡稻鱼鸭系统的生态模式研究［J］. 贵州民族研究，2014(3)：71-75.

③ 秦秀强. 侗族地区传统“林粮间作”模式探微［J］. 中国山地民族研究集刊，2013(0)：123-130.

④ 杨筑慧. 侗族糯稻种植的历史变迁——以黔东南黎、榕、从为例［J］. 云南民族大学学报(哲学社会科学版)，2014(5)：53-61.

⑤ 石庭明. 生态人类学视野下的侗族稻作文化研究［D］. 北京：中央民族大学硕士论文，2013.

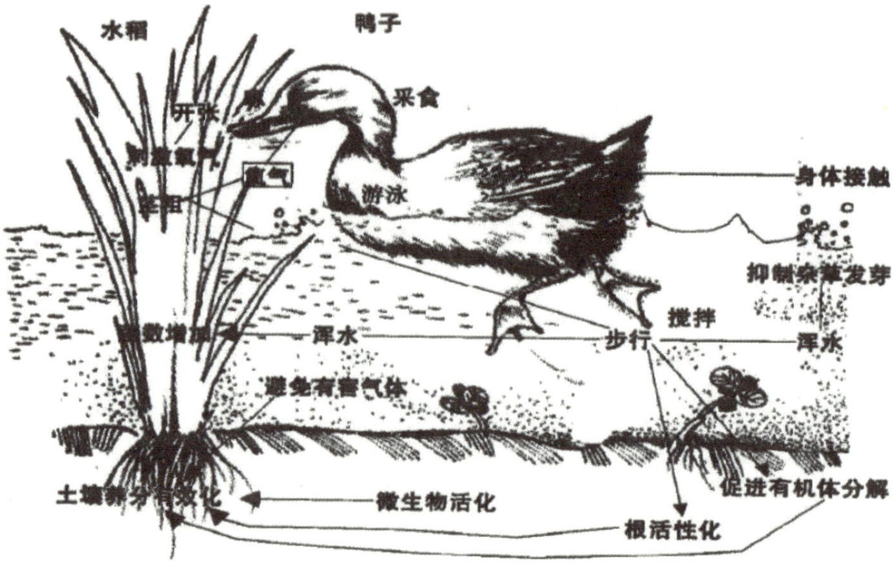

图6-19 “稻—鱼—鸭”的稻作养殖技术体系图

在长期的复合农林实践中为适应耕作技术的发展，侗族发展出具有一定地域特色的农业生产工具和耕作技术，比如开垦土地的铁斧、砍刀，耕耙田地的踏犁、锄、犁，特制人力挽犁农具木牛，用于穗选和块选的谷仓，用于田间管理的薅锄、秧耙，用于收割的摘刀和镰刀，用于加工的脚碓和水碓，用于水田灌溉的调桶、龙骨车等。

图6-20 农业生产工具图

2. 建筑业传统技艺与仪式

侗族木构建筑营造技艺是国家级的非物质遗产，具体以花桥建造技艺和侗族鼓楼建筑营造技艺最具代表性。上文讨论了侗族干栏式和穿斗式建筑类型建构逻辑功能不同，这部分则重在探讨木构建筑营造过程中的非物质要素，具体包括营造工具、建造过程和参与主体三个部分。

首先将按照营造工具进行陈述。侗族木构建筑并没有设计和施工图纸，掌墨师傅通过制作小型模型来完成先导工作；再以制作“杖杆”与“竹签”的方式完成建筑施工管理。“杖杆”又称香杆、匠杆，即专用尺，既可绘图又可度量。掌墨师傅在“竹签”上绘写的墨师文，记录木构件的放置方位和榫卯制作的规格。

图6-21 建筑营造工具图

从参与主体来看，掌墨师傅、工匠以及族人是参与木构硬件建筑的三类主体。掌墨师运筹帷幄、工匠施行、族人参与，三者共同完成一座完整建筑的营造。

掌墨师承担着建筑整体工程的组织工作，侗族建筑除了建筑技艺精巧外，有族人参与建筑的营造过程才是完整的。举例来说，鼓楼建造要经历选址、砍梁、开工、立柱、上梁、开楼门庆典等重要仪式，风雨桥建造要经历择日起工、置办喜梁、祭河动工、上梁开工、发槌、上梁、踩桥等重要仪式。鼓楼、风雨桥等大型公共建筑的修建集村寨之力，仪式盛大，四方村寨也会派出歌队、芦笙队前来庆贺。此外，鼓楼封楼竣工、风雨桥竣工之时还要举行盛大的开楼门庆典和“踩桥”仪式，新木楼落成也要择吉日良辰举行入屋仪式。各种仪式内容丰富，热闹非凡，仪式过程与建筑本身共同构成了侗族木构建筑营造技艺的文化。民居建筑则根据主家的财力状况，举行规模大小不一的仪式活动。

最后，本章节将完整地描述建筑的营造过程，以期给读者以整体的认识。

在每座建筑开工和立柱之时，均要举行仪式。开工仪式由掌墨师主持。木料基本备齐之后，

图6-22 建筑营造流程图

即可选择吉日良辰，建造木架。开始动工时，架好木马，将主承柱摆放在木马上面，掌墨师将其所使用的主要工具（墨斗、曲尺、斧头、刨、凿等）与祭品（酸草鱼、猪肉、鸡等）一起摆放在祭桌上。掌墨师站在柱子的一边，点香化纸，并口念祭词，燃放鞭炮。祭词内容分为三部分，一为祭拜祖师爷鲁班，二为祭拜当地神灵，三为预祝开工顺利，族人吉祥平安。

立柱仪式通常在砌好场地，制作好木构件之后，择吉日进行。立柱前一两天先要在场地上搭好两排木架，把四根主承柱分别斜放在木架上。新楼立柱之时，亲朋好友均来帮忙，掌墨师在场地中间设祭坛，祭品包括数个圆形大糍粑、稻穗，以及猪肉、鸡、鱼等，并摆放五个酒杯、五双筷子。掌墨师念完祭词后鸣炮，工匠们就开始把柱子竖立起来。

在所有的仪式中，上梁仪式是最隆重的，多在屋架竖好以后择良辰进行。梁木用的是当天砍伐的双生杉木，称为“宝梁”，正中处凿小洞，镶入数颗银毫（铜钱），以象征富有；同时用一块红布将数枚稻穗与笔墨纸张一起系捆在梁的中部，象征五谷丰登、子孙贤才；最后悬挂族中巧手绣娘制作的侗花，象征吉祥如意。梁木制作好后，摆放在木马上，用长长的缆绳系好两头。吉时到后，掌墨师发梁木，设坛祭祀神灵，斩杀公鸡作为祭品，并吟诵“上梁歌”，在鞭炮声中慢慢将梁木拉上高空。掌墨师唱诵祝辞之时，围观村人发出附和、赞同之声，震天动地。

这时多名工匠把准备好的一箩箩糍粑、糖果，从楼架上向围观的村人抛撒，撒完后鸣放鞭炮，仪式结束。之后村民们还会在鼓楼坪上设长桌宴聚餐。

3. 手工织造业与服饰

古老的土布纺织技术和彩泥、矿料染色技术在侗族的服装制作发展过程中发挥着重要的作用。使用场合最为广泛的侗布是湖南省通道侗族自治县和贵州黎平、从江和榕江的代表作。贵州侗布的织造工艺主要分为三个步骤：首先是纤维加工制成棉线，其次是使用织布机或简易编制带将纺好染色的线织成布，再次是织布后的颜色处理[①]。此外，在侗族的纺织技艺中有两种技术值得注意，一是北侗"盘轴滚边绣"，以出自贵州省黔东南苗族侗族自治州锦屏县平秋镇以及周边地区侗族妇女之手的绣作最为有名，二是南侗侗锦织造技艺。历史悠久的侗锦织造技艺主要分布在湖南省通道侗族自治县[②]。侗锦分素锦、彩锦两种，都是手工操作织成，需要经过轧

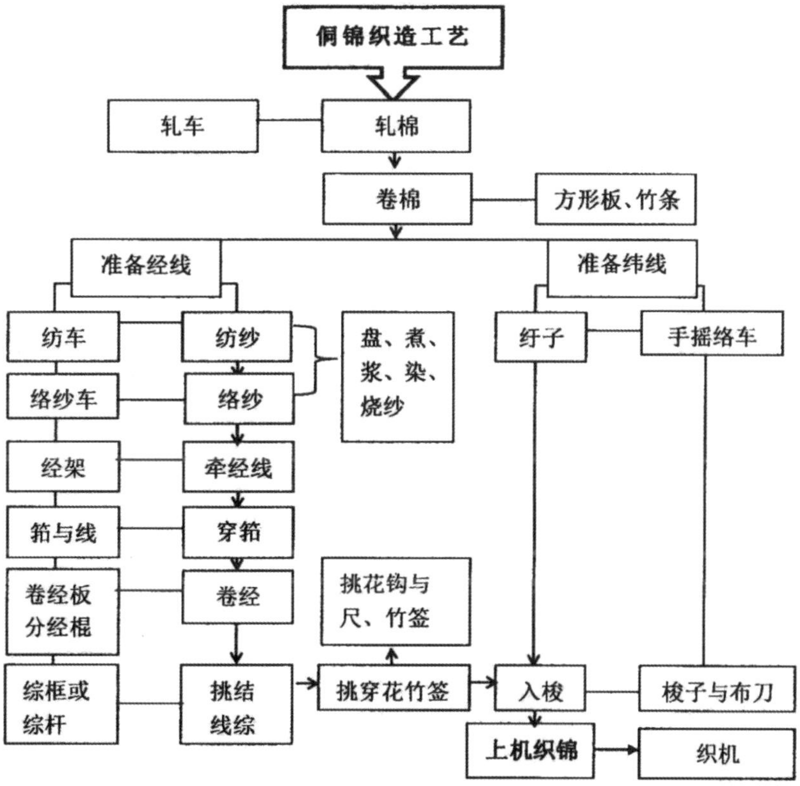

图6-23 侗锦工艺流程图[③]

① 桑童．贵州侗布制作技艺的传承与发展［J］．贵州大学学报（艺术版），2008(02)：19-22.

② 中国非物质文化遗产网．侗族大歌——无伴奏、无指挥的侗族民间多声部民歌［EB/OL］(2017-12-19) https://www.ihchina.cn/project_details/14490/.

③ 唐慧．湖南侗族织锦艺术研究［D］．长沙：湖南师范大学硕士论文，2014.

棉、纺纱、染纱、绞纱、绞经、排经、织锦等工序，具体流程详见上图。通过图案，侗锦演绎了侗族的历史和文化，表达了侗族人民的图腾崇拜、宗教信仰以及避凶趋吉、消灾纳福、与自然和谐共存等民族文化心理①。

手工织造的成品集中表现在服饰上，而服饰又是侗族表达地域独特文化认知的重要媒介，此处将用一定篇幅陈述服饰所传达的侗族文化。侗族男子服饰的地区差异不大，基本上用“侗布”缝制而成，对襟短上衣，长裤，裤管宽大。因此，此处以具有地域特色的侗族女装为例展开陈述，举例来说，仅贵州侗族服饰就约有二十四种类型（六洞服饰、高增服饰、从江洛香服饰、肇兴服饰、尚重服饰、定八服饰、岩洞服饰、九潮服饰、三龙服饰、九洞服饰、锦屏服饰、九寨服饰、四十八寨服饰、三宝服饰、里仁服饰、七十二寨女装、腊酉女装、南嘉侗族女装、格里女子服饰、柳开女子服饰、小广女子服饰、盘乐女子服饰、报京侗族女装、三穗侗族女装），每种服饰类型中都有盛装和便装之别，有的还有已婚和未婚之别。侗族女装分为裙装和裤装两大体系，裤装流行于整个北部方言区和南部方言区的小部分地区，裙装分为两类，一类是上衣开襟，多流行于南部方言区；一类为右衽大襟，是否着胸兜是其差异。

在各种类型之中，以六洞、九洞的侗族服饰最具代表性。六洞侗族服饰分布于从江县的贯洞、龙图、洛香、庆云和黎平县的新安、皮林、肇兴等地，该地服饰有夏秋装和春冬装之别，衣料多使用传统的自织青蓝侗布。夏装为对襟敞胸衣，垂挂五边形胸兜至裙，背挂下悬一个“S”形的双螺纹盘坠，下着百褶短裙，裙脚略过膝。春冬装主要是右衽大襟上衣和长方形围腰，与夏秋装不同。着盛装时，常于衣外装饰鲜艳的彩绸腰带或加系“条裙”“腰背”，“条裙”系“横八字髻”，簪银头花并加饰白鸡花，围银围帕，着扭丝银项圈和银项链，戴手镯。九洞侗族服饰有两种，一种与六洞服饰大略相同，仅发式、百褶裙长度不同，盛装时簪五头花。另一种为保留清代衣装形制的银潮古盛装，俗称“百鸟衣”，其衣服形制、蜡染及纹样独见于九洞地区，包括马甲衣、长袖对襟短上衣、围裙等，马甲衣、围裙均为男子所着，长袖对襟短上衣却由舞人穿戴。旧时节日庆典或“踩歌堂”时，男女均着这种服装随着芦笙翩翩起舞②。

此外，遗产点所涉及的州境东北部榕江地区，从服饰的结构和风格来看与六洞、九洞又略不同，该区域内的衣饰具体又区分为七十二寨侗族服饰、四十八寨侗族服饰、苗兰宰荡侗族服饰、三宝侗族服饰和天甫侗族服饰五种③。三江的服饰主要分为“佬侗”与“饺侗”两种。梅林、富禄、洋溪、良口、同乐一带的佬侗上衣造型是蓝黑色无领无扣的对襟衣，衣袖口绸级作边，

---

① 唐慧. 湖南侗族织锦艺术研究［D］. 长沙：湖南师范大学硕士论文，2014.

② 项锡黔，徐浩，杨安迪 . 贵州侗族代表性服饰的文化内涵探析［J］. 贵州大学学报（艺术版），2013(1)：105–110.

③ 黔东南州民族宗教事务委员会编 . 黔东南州世居少数民族文化丛书 · 侗族卷［M］. 贵阳：贵州大学出版社，2017. 150–151.

图6-24 六洞九洞服饰图①

外上装还包括精细复杂的肚兜，传统的下装是褐色百褶裙或宽裆宽筒裤和刺绣黑蓝底绑腿。林溪、独峒、八江一带的佼侗服饰造型主要是朴素的蓝黑交襟衣，下装大都是短裙或长筒裤。无领斜襟型服装宽衣大袖，衣身左右侧各缝有系带，接袖宽大长七分，穿着时从腕部翻挽三折②。

图 6-25 七十二侗寨、二千九、四十八侗寨服饰比较③

① 项锡黔，徐浩，杨安迪．贵州侗族代表性服饰的文化内涵探析［J］．贵州大学学报(艺术版)，2013(1)：105-110.
② 张华．三江侗族服饰的艺术传承［J］．美术界，2016(10)：64.
③ 项锡黔，徐浩，杨安迪．贵州侗族代表性服饰的文化内涵探析［J］．贵州大学学报(艺术版)，2013(1)：105-110.

坪坦河流域的侗民秋冬穿着五层七层甚至十几层款式相同的青布侗衣（均为单数），称为“千层衣”，而且穿着件数越多越显富贵。少女时戴黑色织锦头帕，两端饰有鸟纹、植物纹和人形纹；妇女戴深紫色侗布头巾，发髻于脑后，戴银梳[①]。

二、日常景观：亲缘与地缘关系下的社群空间

上文第二章第三节侗寨文化地理区划中便讨论了侗族社会组织体系中最重要的三个概念“洞”“款”“房族”，还归纳了区域内亲缘关系与血缘关系在社会组织中的多种等级分类方式。家庭与房族是血缘关系勾连，而容纳同姓的宗族甚至跨地域的氏族则无血缘关系，多以地缘连接。不同地区的分级方式略有不同，以广西壮族自治区柳州市独峒乡高定村与竹坪村[②]古代侗族社会的组织结构为例[③]，目前学界根据人群数量和空间组织形式，本文暂采信五级分类：家庭、房族、村寨、小款、大款。每一层级的社群组织都对应特定的社群空间，比如最基本的家庭层级的社群活动空间为以火塘为中心的房舍。房族的居住区则对应以鼓楼为中心、外围是公墓与清明田的社群空间，自然存在作为联动亲缘、血缘关系的局地空间有其独立的风水林、鱼塘、花轿和荒山区域。水域河段则串联起款的中层组织，款坪是集会的重要场所。最后款的高层组织大款则以三省坡的自然山地划定范围，而特大款只在极其特殊的历史条件下组织武装活动。

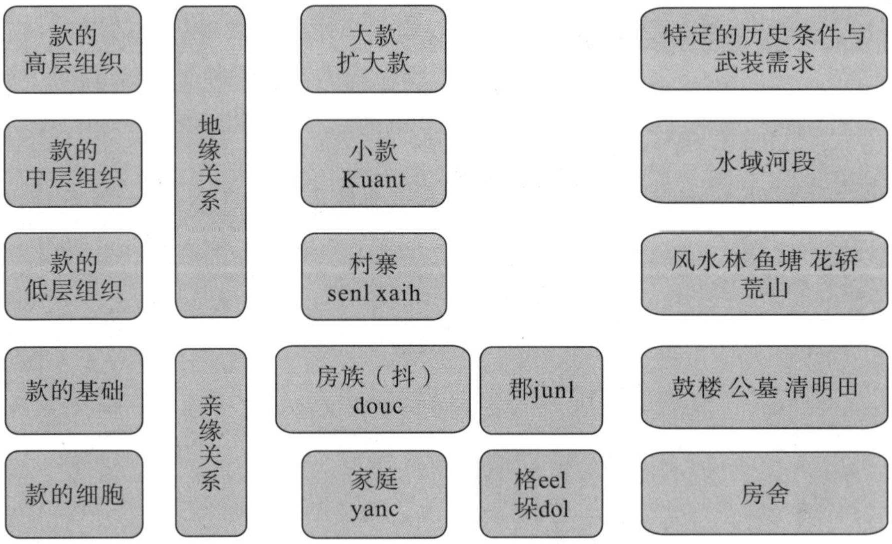

图6-26　广西壮族自治区柳州市独峒乡高定村与竹坪村古代侗族社会的组织结构图

① 张云婕 . 侗族女性服装结构分类考察——以通道侗族为例［J］. 艺海，2018(3)：117-118.
② 邓敏文 . 竹坪村志略述［M］. 贵州省民族志编委会 . 民族志资料汇编 .1985(3)：122-127.
③ 姚丽娟 . 侗族地区的社会变迁［M］. 北京：中央民族大学出版社，2005：43-50.

以下将由小到大依次介绍各个层级社会结构下的文化景观。

第一，房舍火塘空间所见家庭关系。

基于亲缘关系有序的资源分配主要存在于侗族房族及以下的两个层级，以广西三江侗族自治县林西乡东北部为例，无论房族大小，以火塘为中心的家庭主要由父户本族构成，父户的旁侧支族分家独立后亦可单起炉灶，而父户下的子户则通过最基本的餐食制度加以区分。在上文住宅建筑部分已经从平面空间格局的角度说明了火塘的中心位置，它不仅用于烹饪饮食、取暖，作为最具可达性的公共空间，它还是家庭成员议事、待客的公共活动空间，火塘是家庭文化的中心，北侗地区甚至还将火塘兼作祭祀空间。

根据火塘与地板的位置，火塘一般可分为平烧火塘和高烧火塘，后者又以火塘与板梁的位置将火塘分为平摆、悬挂等新形式。不同区域的火塘也略有分别。黔东南州平、高二者兼有[①]，通道侗族火塘多采用平摆火塘，即在地板上砌筑条石，上置火棚格架，三江侗族则二者兼采，或作漏斗倒棱状棱形架构或凹形架[②]。研究者进一步阐释了火塘在统合家人关系上具有意义，比如侗族传统里“共火塘”与“一个家”“一个鼎罐吃饭”含义一致。以火塘为中心的家族仪式众多，以昭明内外有别，比如所谓分家中最重要的交接过程便是流传家屋和继承火塘三角铁架，

图 6-27 侗族平火塘与高火塘图[③]

① 王展光 . 黔东南民族建筑木结构［M］. 成都：西南交通大学出版社 .2019：112.

② 甘桂遥 . 浅谈侗族火塘文化［J］. 柳州师专学报，2010(3)：22-25.

③ 图片来源蒲洞大联 . 侗族三省坡 (2021-2-23)http：//www.ssp1337.com/index.php?m=content&c=index&a=show&catid=45&id=3856.

再比如外人通过共食火塘上煮的甜酒或油茶转变为自家人[①]。由此可见，火塘空间承继了家庭层级的社会关系与活动，组织了以饮食为中心的向心型空间。

第二，鼓楼、公墓与清明田所见房族关系。

在进一步展开讨论景观下人与空间的互动之前，首先需要注意不同研究者对于“兜”和“卜腊”概念的不同认识，以广西三江侗族自治县林西乡东北部社会结构为例，卜腊仅是房族的别称，而在贵州六洞九洞的社会结构中卜腊则是介于家庭与房族之间的社会组织层级。有研究者认为“兜”等同于“大房族”，亦有研究者认为“兜”是介于自然村寨与房族之间的层级，本文简化复杂层级的结构而只讨论“房族”。上文公共建筑一节已浓墨重彩地介绍了鼓楼的形制，并在复合生产业一节中通过鼓楼的营造过程阐释了建造过程中的公共性，此处则偏重于鼓楼的权属关系。

鼓楼与村落形态的关系最直接反映以房族为单位的集聚，同一房族的住屋围绕鼓楼依次营建。石开忠已经从鼓楼的命名揭示了鼓楼的所属关系，以广西壮族自治区三江侗族自治县的高定村为例，村内的五个鼓楼直接以房族的名称命名，即鼓楼吴大、鼓楼吴通、鼓楼吴苗、鼓楼吴雄等[②]。再比如肇兴“仁、义、礼、智、信”五座鼓楼就是分别由不同房族出资建造。石开忠认为宝塔状的鼓楼的象征着侗族社会的网状层级结构，此外，具有层数高低限制的鼓楼也体现着区域内原居民“腊卡”和迁居于此的“腊更”的社会关系[③]。鼓楼的前身是集会所，无力营建时可在寨中心立木代替[④]，鼓楼是商议房族大事的公共空间，议事结果可以以碑刻的形式立于鼓楼，若对房族议定事务反悔，也要将此钉上鼓楼承重柱以示后人。但是，从鼓楼的使用来看，鼓楼不仅是房族一层级的活动空间，它还向上兼容至款的高层组织，但前者注重其作为日常景观的塑造而后者因其覆盖范围的增广和使用频率的降低多指向非日常性的战时空间。总的来说，房族这一社会组织层级见于以鼓楼为中心的村寨景观之中。

除了常见的鼓楼集聚房族以外，每个房族还有专属停放死者灵柩的固定场所，以黎平黄岗村西小岭为例，村寨内通过盟誓划定了各房族专属坟山，本房族外不得使用，该坟山也不可交易买卖[⑤]。此外，房族内还有公田、公山、公塘、公地、公林，这一些公有财产由房族成员共同耕种或轮流耕种，其收入归房族全体成员所有，用于集体公益事业外支，或用于清明节门墓吃

① 赵巧 . 本家与分家：侗族传统民居伙房的共食意象表征［J］. 云南社会科学，2013(6)：110–114.
② 姚丽娟，石开忠 . 侗族地区的社会变迁［M］. 北京：中央民族大学出版社，2005：50.
③ 石开忠 . 侗寨鼓楼的象征意义［M］// 祁庆富，史晖 . 少数民族非物质文化遗产研究 . 北京：中央民族大学出版社，2015：251–253.
④ 杨昌鸣 . 寨桩 · 集会所 · 鼓楼——侗族鼓楼发生发展过程之我见［J］. 贵州民族研究，1992(3)：73–79.
⑤ 徐晓光 . 清水江流域传统林业规则的生态人类学解读［M］. 北京：知识产权出版社，2014：162.

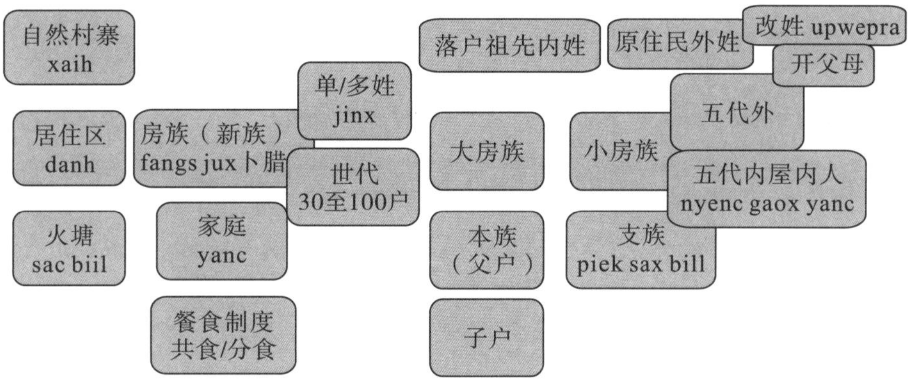

图6-28 广西三江侗族自治县林西乡东北部社会结构图

“众饭”[①]。

除了景观差异，不同房族也通过节日来标识身份。以高定村寨为例，高定村吴姓可以分作五个房族，每个房族又包括数量不等的卜腊。包含六个卜腊的伍苗房族最重视吃新节和拉牛上树，包含五个卜腊的伍通房族和包含两个卜腊的伍央房族最重视春社、秋社节庆，包含三个卜腊的伍大房族和伍六房族最重视甲戌节。

第三，是以风水林、鱼塘、荒山和花桥寨门所表现的自然村寨间关系，它也被视为实现地域间连款的基本要素，此处主要以最具代表性的林地产权及景观说明自然村寨间的界限。

这一层级的村寨是指独立的自然村寨，而非行政区划中包含若干自然村寨的村落。即便是临近村寨，上寨与下寨也有所不同。以大利侗寨为例，当地人称大利上下寨为同辈分房间，同为杨姓的兄弟，兄居下游而弟居下游，上寨三族三房、下寨一族三房。再以宰荡侗寨为例，上下寨均杂居侗族、汉族，上寨侗族均为杨姓而下寨侗族则有杨姓、罗姓和吴姓三类，上下寨杨姓房族共属于杨姓六支。最后以高步村三寨为例，高升有吴姓、杨姓，克中除杨、吴外还有肖、李二姓，高上则有吴、龙、陆、李姓。

上文介绍了自然村寨内的林地产权划分，但是林地的产权问题在聚落内的重要性一定程度上低于侗寨聚落间的权属分配，侗款是区域林业资源分配的重要依据，它保证了以自然村寨为单位的林业生产的独立性。因此，与林界相关的款项也被直接罗列其中，比如第十层十步记载“山间的界石，插正不许搬移；林中的界槽，挖好不能乱刨”。再比如第十二层十二步记载“山头坡岭，田土相连，牛马相聚，山林地界，彼此相依。山场有界石，款区有界碑，山脚留火路，村村守界规。不许任何人，砍别人的树木，谋别人的财物”。具体到景观层面，村落间的林地划分形式有三种：林地一直延伸到山顶，并以山脊线作为与林地的分界，如上堡村。按山梁划分

① 罗康隆．“桃源”深处一侗家——侗族［M］．昆明：云南人民出版社，2003：28.

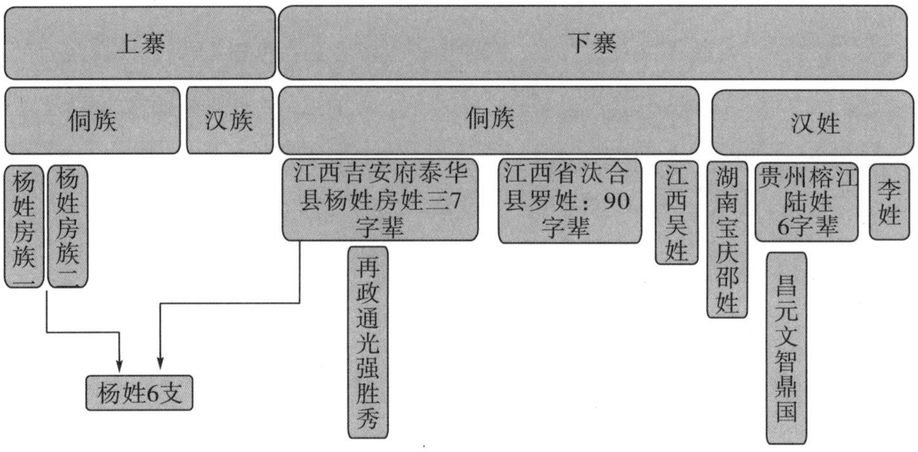

图6-29 宰荡侗寨上下寨姓族分异

家族林地，也与侗族的林业经营方式休戚相关。侗族的林场更新都采用火焚的方式，山火不易翻越山脊蔓延。若无山脊，则以山冲为界。若无天然分界线，再以两村寨林带中的灌木林或者草甸间隔，这既标识了边界，更能成为自然的防火隔离带，切割集中连片的密林。

花桥、寨门花桥即侗族廊桥，上文已对廊桥进行了细致的形制分析，此处则聚焦于寨门，它标志着自然村寨的边界。寨门的主要功能包括阻止外部入侵和迎来送往，诸多风俗、信仰活动围绕寨门展开。以占里侗寨为例，设置“寨门神”以保寨内平安康健，在寨门新建之后再建寨内房屋以强调集体意识。此外，“拦路仪式”是以自然村寨为单位的重要活动[①]。拦路仪式在侗语中被称为“酒奢香”，隐喻拦截寨外的危险。它原是一种村寨禁忌的表现形式，有时用于拦截盘问经过此地的外人[②]。总体来说，随着房族的发展，以地域为单位的自然村寨逐步形成，其“护卫”之意陡然显现，村寨之间的内外之别也十分显著。

第四是款坪所见以流域串联的中小款社会层级。

侗族所在区域北属长江流域，南属珠江流域，北部区域又分为浔江流域和都柳江流域，南部则分为通道河流域和渠水河流域，河流支系如下所述。首先以二级都柳江流域为例，侗族中款多为六级河流共建，如增冲河九侗款、龙图—八洛河六洞款、高增河二洞款、铜关—银朝河十洞款，从江县柳江沿岸村寨的八洞款是这一层级款区划定的特例。六级河流又可以上、下游分立，如增冲河九洞款分上半款、下半款，下半款又集聚分为局地尺度的地方流域小款，小款即为基础自然村寨的联合。六级流域中款到局地小款流域的拆分比较明确，以龙图—八洛河六洞中款为例，六洞款下分为贯洞小款（古称八百贯洞）、云洞小款（古称四百云洞、七八图龙）、洒洞小款（古称五百洒洞）、塘洞小款（含仁洞、皮林）、肇洞小款（含纪堂、洛香）、顿洞小款

① 苑婉秋等 . 侗族地区寨门文化研究——以从江县占里村为例［J］. 黔南民族师范学院学报，2017(5)：18–21，27.
② 周振伦 . 黔东南地区侗族村寨及建筑形态研究［D］. 成都：四川大学硕士论文，2005：33.

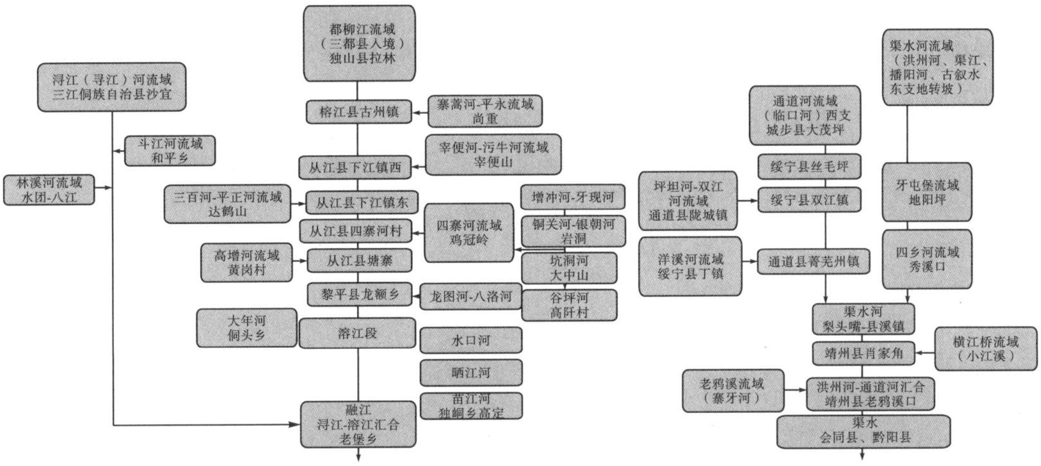

图6-30 侗寨河流支系脉络图

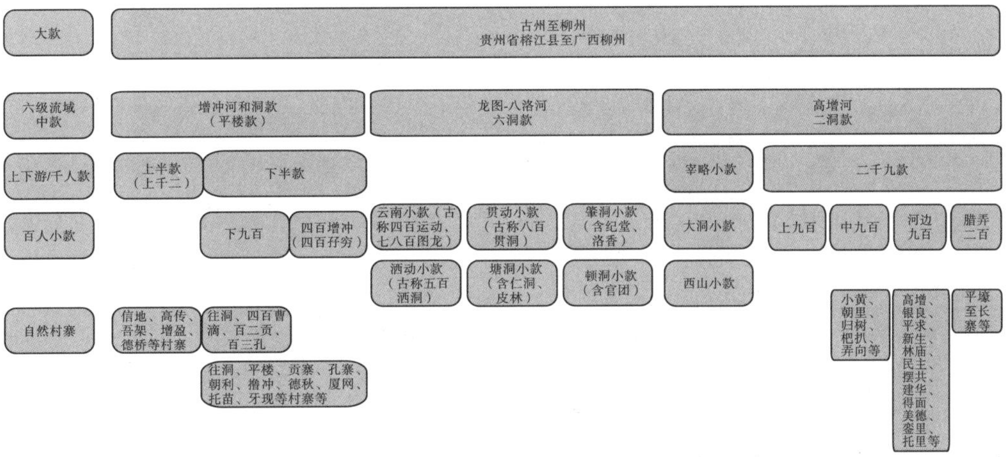

图6-31 黔东南州流域洞款层级关系图

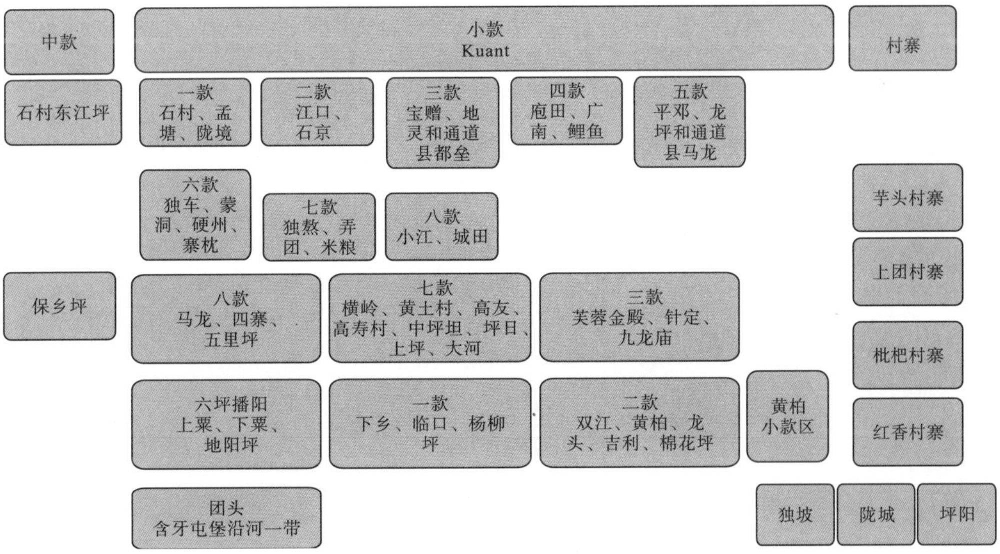

图6-32 湖南省通道侗寨侗款组织结构图

（含官团）。除了九洞、六洞款区尺度逐渐缩小的款项排布，多数侗款的“小款”逻辑较为混乱，以高增河二洞款为例，二侗款下分为宰略小款和二千九百款，前者又下辖大洞小款，再细分西山小款；后者二千九百款似又以人数分为上九百、中九百、河边九百和腊弄二百，人数分类层级之下则为自然村寨。由此可见，在中款六级流域下可依据河流上下游段分辖千人（户）级别的款区，进一步可细分为百人（户）级别的小款，小款统辖区域内若干自然村寨。相似的逻辑也适用于湖南省通道侗寨侗款组织结构。

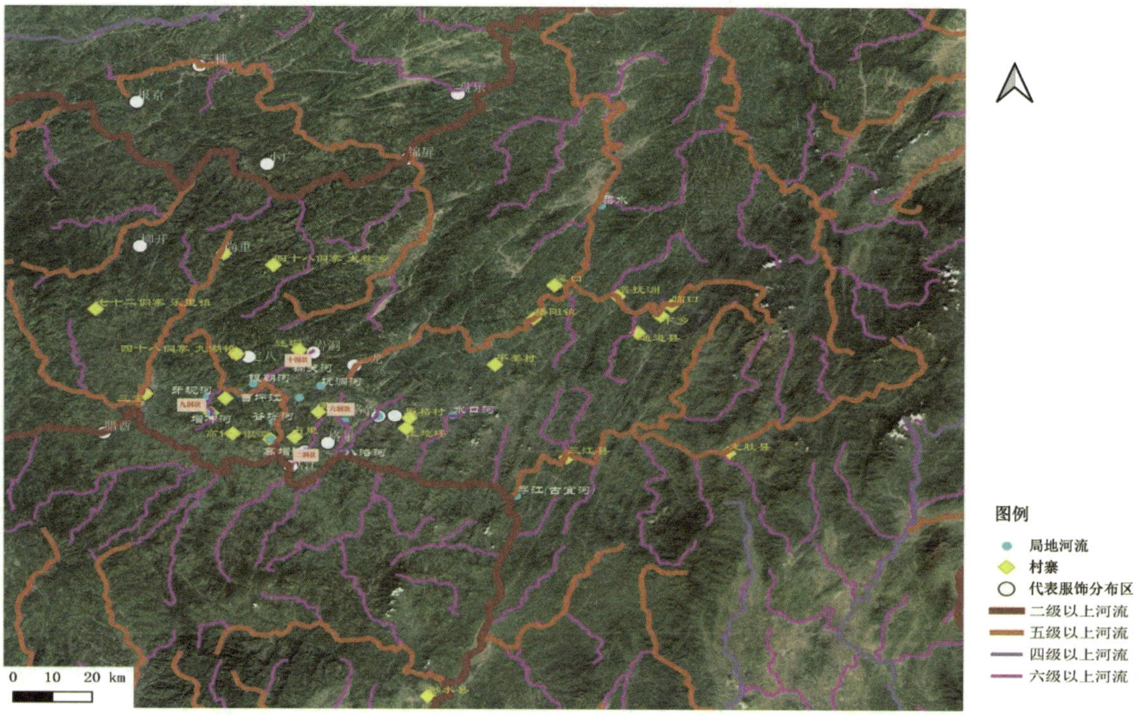

图6-33　贵州省黔东南苗族侗族自治州从江县、黎平县洞款组织分布图

以上记述各个款组织的区别地域的“地理志”和“款区略图”被称为款坪款，如《十二款坪十三款场款》《款坪款》等。石开忠称款坪、款场是中款、大款或起款、连款的活动场所，调查所见款坪遗址达350处[①]。因此，款坪（款场）是与这一层关系密切的人文景观，它是军事动员的集合场所以及解决款内村寨间重大纠纷的议事场所。侗款史上最有名望且流传至今的有九堂大款和十三堂大款的款坪[②]。《佩款》中九堂十三堂的具体内容与《起源之歌》中有一定出入，本文以《起源之歌》为准。九堂大款的款坪依次为：九龙庙（在湖南通道）、倒桑坪（在广西三江）、西梅坪（不详）、地豆坪（在广西三江）、地阳坪（在湖南通道）、坡山坪（不详）、良柳坪

① 石开忠．侗族款组织及其变迁研究［M］．北京：民族出版社，2009：96-97.
② 铁木尔·达瓦买提．中国少数民族文化大辞典·西南地区卷［M］．北京：民族出版社，1998：334.

（在广西龙胜）、马浪坪（不详）、第九款（没有款坪名）。十三堂大款的款坪依次为：九龙庙、倒桑坪、烂坪（在湖南通道）、坡山坪（不详）、地豆坪、地阳坪、美鼠坪（不详）、王尚坪（在湖南通道）、鸡难坪（在广西三江）、松树坪（在贵州黎平，又说在广西三江）、磨坪（在湖南通道）、五里坪（在湖南通道）、堆下坪（不详）①。以三穗款坪遗址为例，据县志记载形成于明初的款坪约 3500 平方米。原始的款词是一种立石为誓的乡规民约——石头法，三穗款坪依然可见遗址中立以款石，上刻款约文本②。再比如六洞款场位于“等坪梦”宽约二十亩的季节性大塘③。除此之外，有着宽阔田坝的款坪还是开展斗牛等娱乐活动的场所。除了典型的款坪，近来赵晓梅也发现了鼓楼形制与流域的互动关系，随着研究的深入或许可将鼓楼也作为这一层级社会关系的物质见证④。

第五是不同土语区所见大款或连款。

若结合上述河流流域的分布情况可知，三江侗族所在的第三土语区分属浔江、都柳江两个流域，黔东南州大部第二土语区亦分属都柳江和清水江流域，通道—绥宁所在第一土语区基本在渠水流域。由此可见，土语区分割与流域范围吻合程度不高。因此与土语区相关的大款则与河流流域的分布关联较弱。

南侗语言的分区有以地区内“三省坡”为界分割南侗内的三个区域。三个语族的分布与三省坡的地理区域及当今行政区划高度相关。三省坡主峰海拔 1377 米，是越城岭、雪峰山和苗岭山脉过渡地带的最高峰。三省坡为“隆基拉维”（longl jic lamc weis）的主峰，侗语称为弄巴森维，意为在水牛骨岭山脉后部的山坡。东北临湖南省的通道侗族自治县，正南面为广西壮族自治区的三江侗族自治县，西北面是贵州省黔东南苗族侗族自治州的黎平县，即牛头朝向黎平水口。三省坡进一步将南侗化为三个语族，由此形成了三个大的连款集团，具体如下：

表 6–7 语族分布统计表⑤

土语区	分布区域
第一土语区	榕江（车江）、通道（陇城）、龙胜（平等）、三江（程阳）、锦屏（启蒙）、黎平（洪州）等地
第二土语区	黎平（水口）、榕江（寨蒿）、从江（贯洞）、三江（和里）等地
第三土语区	融水（寨怀）、镇远（报京）等地。

① 杨权，郑国乔译注 . 侗族史诗——起源之歌［M］. 沈阳：辽宁人民出版社，1988.

② 三穗县文体广电旅游局，三穗县文物局 . 三穗文物集（一）［M］. 三穗：三穗县文体广电旅游局 .2015：78.

③ 石开忠 . 侗族款组织及其变迁研究［M］. 北京：民族出版社，2009：96.

④ 赵晓梅 . 族群互动影响的侗族鼓楼建筑形式与空间表征研究［J］. 建筑学报，2019(A1)：53–58.

⑤ 资料来源贵州省地方志编纂委员会编 . 贵州省志民族志［M］. 贵阳：贵州民族出版社，2002：260.

大款及跨越自然地理区隔——三省坡，形成了整个侗族区域的超大连款，而这种连款多见于在整个族群具有防御需求时或特殊节庆之中，因此更多以节庆的隆重礼仪景观的形式出现，详见下一章节。

总体来说，上述不同层级的文化景观是侗族社会行之有效的社会组织见证。除了不可移动的物质材料，侗款的款规、款约赋予景观强制性质的重要内容。款规、款约一般是指由款众共同协商议定、盟誓执行，由款首当众发布、付诸实施的约定。侗款的民主性和约法性保证了其可靠的施行，而艺术性也保证了其传播度。目前对款约款词的研究多依托于侗人的口述传统，口述文本记录了维持社会组织关系的约法、习俗。款约款词的分区研究已经相对成熟，不少研究者已经系统地开展了在侗族聚集地收集并编绘侗款的相关工作，具体包括：记述各个款组织的区别地域和村寨规范的款坪款，约法款各款组织制订的规章约法的约法款，出征款组织集结款众抗御外侵、战斗宣誓用的出征款，歌颂缅怀侗族历代英雄人物的英雄款，讲述侗族历史和迁徙经过的族源款，叙述世间万事万物来源的创世歌，介绍侗族各种风俗习惯来历的习俗歌，社会交往相互祝福的祝赞歌，合款活动时要讲诵的请神、送神款，丧葬仪式时念诵的悼念款等。总的来说，侗款作为侗族文化的主要形式，有不可忽视的历史文化价值。

三、礼仪景观：风俗节庆中的信仰与艺术

南侗地区的节日主要分为岁时节日、祈禳节日、缅怀节日和社交节日四大类型，尤以社交类和祈禳类节日最多，黔东南州南侗区域最重要的节日是萨玛节、芦笙节和歌节[①]。广西三江侗族自治县主要的节日包括正月踩歌堂、三月三花炮节（体育运动项目）、四月八至八月十五的月地瓦活动[②]。通道—绥宁侗族除芦笙节、花炮节外还十分注重大雾梁歌会。

表 6–8 南侗重要节庆列表

名称	时间	节日内容
春节	新年年初	萨坛祭祀祖母神，吃年羹饭，放大炮竹，煮年茶
侗年（冬节）	十月底十一月初	打扫房屋，杀猪宰牛吃糍粑，举行踩歌堂、跳芦笙和斗牛活动
斗牛节	二月、八月亥日	斗牛争牛王
播种节	三月三	表演农事活动

① 郭炳等 . 黔东南苗族侗族自治州民族传统节日时空分布及影响因素［J］. 贵州师范大学学报（自然科学版）. 2020(2)：19–27.

② 广西壮族自治区三江侗族自治县文化馆 . 三江侗族自治县民族节日文化活动［J］. 民族艺术，1989(1)：212–215.

续表

名称	时间	节日内容
吃新节	六月六	采摘蒸煮新米祭祖
姑娘节	四月八	姊妹姑嫂欢度佳节，制作乌饭糍粑
林王节	六月第一个辰日	纪念侗族农民起义军领袖林宽，吃大粽粑唱《林王古歌》
大雾梁歌会	立夏前十八天	歌会祭奠一对恋人
赶歌坪	七月二十日	结对赛歌，互访村寨吃乡食

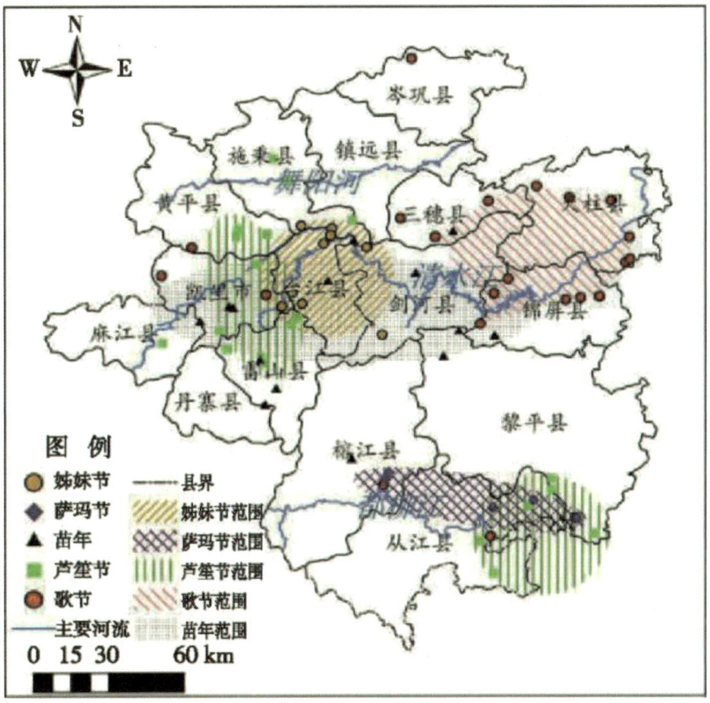

图6-34 黔东南苗族侗族自治州著名民族传统节日区域分布范围图[①]

从上述图中萨玛节、芦笙节和歌节不同的覆盖范围来看，不同的节日实则牵涉的是侗族内部不同的社群团体。某地的节庆信仰经各地互相仿效，其影响范围是动态变化的。文章将按照节日目前适用的族群范围依次来讨论节日中的礼仪景观和艺术信仰。

首先是芦笙节与赶歌堂等社交节日。

音乐是芦笙节与赶歌堂社交节的中心。芦笙乐和大歌是南侗三省交界地区最重要的两种音乐形式。其中，侗族芦笙是广泛流传于湖南省通道侗族自治县临口、下乡、菁抚洲、溪口一带

① 郭炳，徐燕，滕佳美．黔东南苗族侗族自治州民族传统节日时空分布及影响因素［J］．贵州师范大学学报(自然科学版)，2020，第 38 卷 (2)：19–27.

的一种传统民族民间乐器，侗族大歌则是侗族地区一种多声部、无指挥、无伴奏、自然合声的民间合唱形式。就侗歌的传统音乐类型而言，侗族大歌侗语称为“嘎老”（Gal Laox），主要流行于侗语南部方言第二土语区，主要包括贵州的黎平、从江、榕江和广西三江县部分侗族村寨。其中，以狭义的六洞、九洞、十洞、四脚牛、千二、千三、千五、千七和二千等九个地区为大歌中心区域，即本书所涉及三江区绝大部分村寨为中心区域，而以广西三江地区、从江县西部、榕江县为大歌流传的边缘地区，其中包括广义的六洞、九洞区域中的大利与宰荡地区。

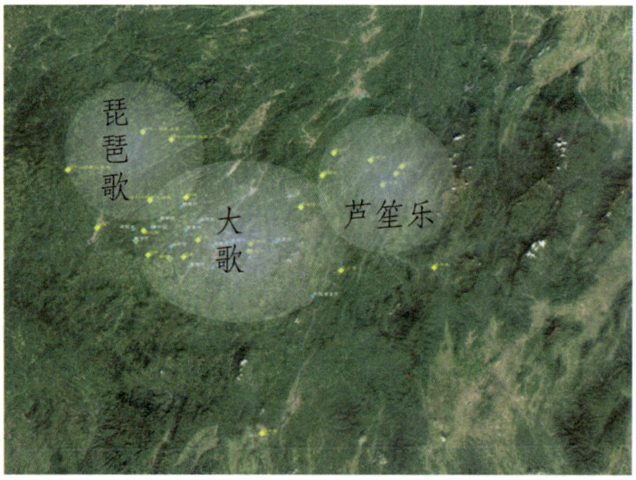

传习地区	所属县	大歌流行的主要村寨	河流流域
“六洞”	从江县	样洞、龙图、贯洞、独洞、伦洞、上皮林、洛香、大团、务垦、新安、庆云、德利	八洛河 洛香河 龙图河
	黎平县	肇兴、纱洞、纪堂、颍洞、管团、新平、厦格、下皮林	
“九洞”	从江县	增冲、朝利洞、德洞、高传、牙现、孔寨、贡寨、信地、吾架、增盈	增冲河 牙现河 曹坪江
	黎平县	曹坪江	
“十洞”	黎平县	四寨、坑洞、竟洞、包洞、三龙、竹坪、岩洞、铜关、宰拱、摆东、述洞、新洞、已炭	铜关河
“四脚牛”	黎平县	岑巴、岑纬、已坟、雷洞、水口、下地坪、东南、古邦、美更、龙额、高青、已高、已信、已流、牙双、六约、上地坪、东郎、南江、宰洋、金岩、平金	水口河
“千二”	从江县	银潭、谷洞、高鱼、高乌	谷洞河
“千三”	黎平县	黄岗、四寨、宰高、贵迷	四寨河
	从江县	占里、帮土	
“千五”	黎平县	口江、竟洞、坑洞、高求、高开、双江、吕开、已等、岑夫、银朝、已约、吕岑、兰巴、柳洞、天堂	坑洞河 曹坪江 银朝河
“千七”	从江县	秧里、高千、岑向、归条、流架、会里、别里、弄吾、平友	谷坪河
“二千九”	从江县	小黄、东罗、美德、巴扒、高增、新生、朵里、平求、平毫、朗里、银良、民主、弄向	高增河
	三江县	腊弄、省口	

图6-35 南侗音乐区域及大歌流行分布图①

学界对侗族大歌的研究十分深入。多声部、无指挥、无伴奏的侗族大歌多模拟自然之声。其结构一般由“果（组）”“枚（首）”“僧（段）”“角（句）”来构成，它的分部合唱形式是领唱（独唱）与众唱相结合，即“众低独高”的复调式多声部合唱为主要演唱方式。侗族大歌按其风格、旋律、内容、演唱方式及民间习惯又可分为四类：嘎所是声音大歌以模拟自然，嘎嘛是柔声大歌以抒发男女情爱，嘎想是伦理大歌以宣扬伦理教化，嘎吉是叙事大歌以追忆神话传说。其中的嘎所是最精华的部分。芦笙乐亦有较生动的社会学观察。侗族芦笙演奏常用一支能吹出最高音的芦笙作为领奏和指挥，配以高音芦笙两支、中音芦笙三支、次中音芦笙十支、低音芦笙两支、倍低音芦笙一支和地筒一支，组成芦笙乐队。根据具体情况，乐队也可有其他形式的乐器配置。侗族芦笙共有十二首曲牌。侗族芦笙表演最大的特点是以碎音颤奏和高难度的舞蹈动作。凡是大型的节庆日，侗族便有音乐相伴，比如“侗年”“吃新节”“春节”。但是，以大歌和芦笙乐为主的芦笙节与赶歌堂本质上是社交类节日，因此，音乐在一定程度上服务于村与村、寨与寨、族姓与族姓间的文化交流与联谊活动。

---

① 普虹．侗族大歌——民族瑰宝［C］//杨秀昭侗族大歌与少数民族音乐研究——侗族大歌研讨会暨中国少数民族音乐学会第九届年会论文集．2003：14–15.

图6-36 双江镇黄岗村与关秧门唱侗族大歌[①]

这种文化交流活动指向了社群的婚配制度。举例来说，寨内的歌队是按房族组建的，甲房族的男队只能同乙房族或丙房族的女队对歌，同样，丙房族的女队只能同甲房族或乙房族的男队对歌，同一小房族的男女既不能在一起对歌，也不能在一起练歌。在某种程度上体现着规避以血缘关系建立地缘关系的倾向。这种交往功能在以芦笙乐大歌为主的“月也”活动中体现得更为明显。无论是月也戏、月也老、月也鼎、月也轮还是月也敬，“月也”之日宾主白天赛芦笙或唱侗戏，晚上对唱侗歌，循环往复以结姻缘，在此，音乐成为喜结姻缘的催化剂。然而，这种行歌坐月的婚恋方式在一定程度上却与传统的姑舅表婚有一定矛盾[②]，那么当两类传统碰撞时，现实又会给出怎样的答案？这个问题有待回答。

其次是影响范围较广的缅怀节日——侗年。侗年冬节最初在贵州榕江、从江、黎平三县部分地区兴起，主要集中在榕江西北片区的乐里七十二寨、寨蒿四十八寨等侗族地区。侗年，侗语称凝甘，又称冬节或杨节，它是南侗缅怀祖先、祭祀农耕的最隆重的节日。

民间有多种传说记载着侗年的起源：侗年诞生于侗族与汉族争地矛盾之中，罗姓人在离别之际提前在旧温历十一月二十七这天吃团圆饭过年，他们陆续来到九寨高坡定居安家，建立了九个大寨，是今天过侗年的核心区域。为了纪念流浪前吃的那顿团圆饭，侗族人于侗年这天团圆过年。不同地区侗年的具体时间略有不同，比如榕江瑞里、本里、保里一带选在摘禾后的十月，而榕江往里选在农历十一月二十日后的辰、戌两日，榕江县西北部的乐里乡则选在农历十月底到十一月初。侗年一般持续七天，七天之中侗族人民多举行大规模的踩歌堂、吹芦笙和斗牛活动，举办“斗莎”（即唱祭祖歌）仪式。侗年年俗还表现在饮食菜肴上，比如“吃冻”“吃杨粑”。

侗年所勾连的社会群体主要集中在房族至家庭层级，一般是承继传统，以家庭为单位团圆，

① 中国非物质文化遗产保护中心 https：//www.ihchina.cn/project_details/9745.

② 舒丽丽 . 侗族行歌坐月婚恋习俗研究 [M] . 长沙：岳麓书社 .2019：93.

每家每户轮流过年，但也有按照房族初一至初七依次过年，甚至还有只有村寨中某一姓氏过年，而其他姓氏不过年的情况，比如凡杨姓人家过年则称为“杨节”或“吃杨”①。

最后是侗族的萨玛节。侗族萨玛节广泛流传于贵州省南侗榕江县、黎平县、从江县三县的交界地带，尤以榕江县车江侗族的萨玛节最具代表性。萨玛节的分布范围基本沿着都柳江呈东西条带状分布，基于与都柳江中款结成的地域性大款区域符合。南侗人民视“萨玛”为神灵与祖先，可汉译为“大祖母”（又称萨岁［sax siis］、萨丙［sax biing］、萨腾［sax daengc］、萨玛天子［sax magxx qinp siis］）。每年农历的正月和二月，侗族民众都要举行盛大的“祭萨”活动，通常只有中老年妇女和年长的男性有权参加。南侗地区的祭萨仪式复杂，现列述如下：

表 6–9 南侗典型的祭祀仪式列表②

祭萨仪式	过程及意义
滕萨［daengc sax］	此为侗寨最初设立萨城的仪式，其根本目的在于从萨玛圣地“弄堂概”取回一捧土在本寨设坛，以保全票获得萨玛荫庇。这个仪式极其隆重，具有相当复杂和严格的程序过程。
孝萨［xaok sax］	对萨坛进行不定期的大修和定期的小修时举行的仪式。
窝萨［lonc sax］ 谢罪式祭祀	当村寨发生瘟疫、水旱灾、火灾时，人们认为萨玛已经离开萨坛或者有人得罪萨玛而造成群体性的灾祸。这种祭祀活动带有赎罪性质，往往非常盛大和复杂。同时，也有村寨会定期地举行这类仪式，以安定人心。
敖松萨［aol songc sax］	这是一种报告式的祭祀活动，每年春种春播之前，要向萨玛报告一年劳作的开始，并祈福一年的生产能顺利并取得丰收。
烘萨［hogc sax］ 纪念式祭祀	为了纪念萨玛的战斗历程并使男性获取战斗体验，定期举行模拟战争的习俗，实际上这种活动也是地方安康、五谷丰登的祈福仪式。
禧萨［sigx sax］ 祈求式祭祀	当村寨集体外出交往，举行如月也、斗牛、赛芦笙、玩龙灯、抗暴等活动时，必须在出发前去萨坛祭萨，并喝下萨玛赐福的茶水，以求萨玛的随行庇佑。人们在活动结束时，往往还会前往萨坛还愿谢恩。

萨坛一般封土成丘并以白石封陵，坛内埋有炊具和武器，坛顶栽种黄杨、桂花、芭蕉或埋白石木桩象征神主，旁置半开黑伞和女性用品③。但是，石开忠指出“萨坛形制多样，称呼各异，坛场地面设置与瘗物的差异，凸显出侗族各支系因地域文化与自然环境差异而出现的萨崇拜的

① 铁木尔·达瓦买提．中国少数民族文化大辞典·西南地区卷［M］．北京：民族出版社．1998：151.

② 曹本冶．中国传统民间仪式音乐研究西南卷［M］．昆明：云南人民出版社，2003：132. 粟周榕．六洞、九洞侗族村寨［M］．贵阳：贵州人民出版社，2011：154.

③ 龙耀宏．侗族“萨神”崇拜信仰的本原探析［C］// 2012 中国榕江萨玛节萨文化研讨会资料组．2012 中国·榕江萨玛节—萨文化研讨会论文集．榕江：中国榕江萨玛节萨文化研讨会资料组印制．2012：290.

个性化特征”[①]。

萨坛的营建多先于居所。请萨神的仪式寄托着早期氏族社会的土地信仰，其藏葬物也多与农业女性相关。一般来说，由寨老管理“堂萨”、主持祭“萨”仪式，各家各户的女主人身着盛装参与祭祀，礼毕则开始“多耶”环节，即在耶坪（广场）起舞齐声高唱“耶歌”，意在与“萨”同乐。营建萨坛是整个仪式中最重要的一环，上文已着笔探讨了露天萨坛和覆顶萨坛两类祭坛，此不赘述。

祭萨一般是各村（团寨）各祭，都柳江流域内则有数村或相邻片区联祭的状况。萨坛通过取土建立的区域联系，比如湖南通道和广西三江安坛需从黎平孟彦取土。再以地扪侗寨为例，亦有子母萨坛之分，具体来说，在母寨有侗族的萨坛，这是地扪侗寨的总萨坛，从总坛又分出去芒寨、寅寨、韦寨、模寨的分萨坛[②]。

---

① 石开忠．侗族萨崇拜的祭坛与仪式研究［J］．宗教学研究，2016(1)：137-144.

② 郎雅娟．村落传统与族群记忆—贵州黎平县地扪侗寨的文化生态研究［C］//贵州省文化厅．文化生态与非物质文化遗产保护研讨会论文集．贵阳：文化生态与非物质文化遗产保护研讨会资料组印制.2011：337.

第七章

比较研究与价值阐述

第一节　比较研究

这一章节通过广泛的比较来识别侗寨遗产的特殊性。第一，在与中国列入世界遗产（含预备名录）的村落文化景观的比较中提炼出侗寨具体的特色：散落分布于局促的山间谷地的侗寨拥有向心式景观组合——以村寨“鼓楼”为中心向外依次是农田、山林，河流蜿蜒其间。自然环境催生了相对独立的聚居单元和严密的聚落组织，而这样的社会组织巧妙地融合了血缘与地缘关系，从而使聚落兼顾平时自给自足的生业经济和战时的防御自卫。第二，在与中国其他重要稻作农业文化遗产比较中发现了侗寨稻作生业系统“林—田—寨”复合景观组合的特殊性，稻鱼鸭的农业技术系统和优势糯禾稻种基因是该系统中突出的非物质要素和具有科学性的可移动对象。第三，在与亚洲其他代表性稻作农业系统的比较过程中发掘侗寨物质遗存背后更缜密的驱动器——以社会组织制度为核心有序开展的农业生产，以社区生产实践驱动的“非物质文化”保护。这样的驱动器不仅回顾传统，更赋予了传统走向现代的动力。第四，在与世界典型的村落景观或农业景观的比较中，发掘侗寨文化多样性表象之下作为“活态”遗产突出的文化与人类学价值，及其在世界范围内具有的普世代表性 。第五，与世界典型的文化空间相比，侗寨是介于地理空间物质性的驱动、社群知识传承和精神文化性表达之间的产物，以社群结构统摄相关非物质文化遗产是侗寨所具有的文化空间特征。第六，我们通过与中国国家级文化生态保护区和中国传统村落的区域分布比较，发现目前划定的两类保护范围和保护策略尚不能完全覆盖以上民族特性集中分布的区域，因此本研究所划定的保护范围是有意义的。

一、与中国列入世界遗产（含预备名录）的村落文化景观相比

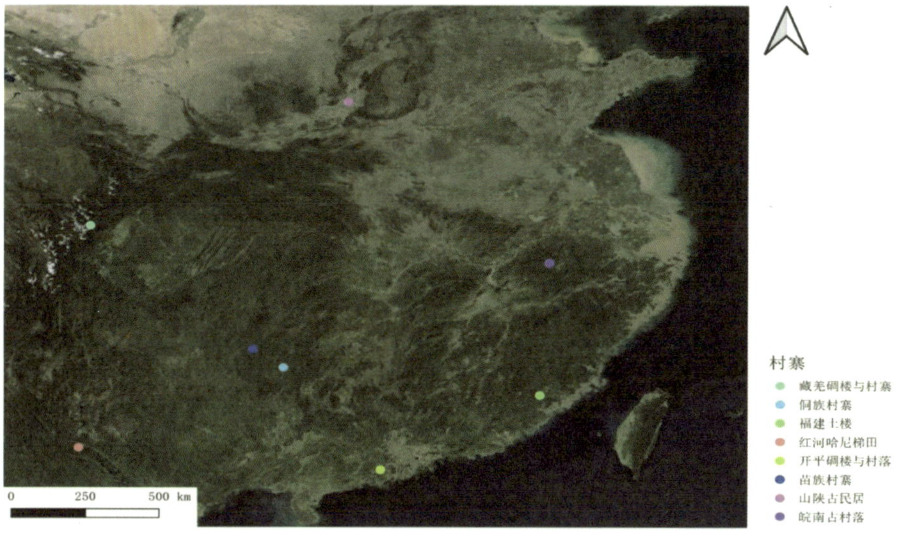

图 7-1　中国列入世界遗产（含预备名录）村落文化景观分布图

我国幅员辽阔，在不同的自然地理背景和文化历史发展脉络下形成了差异巨大的村落文化景观，侗族村寨鲜明地体现出中国侗族文化特色。略览下表（表 7-1）可以初步得出三个侗族文化的独特性：

首先，侗族村寨鲜明地体现出中国侗族文化特色，与西南其他少数民族村寨如苗寨、藏羌村寨相比，拥有不同的文化主体，具有不同的民族文化内涵，苗寨、藏羌寨与古代中国密切相关，而侗族则是在民族发展与融合的过程中形成的，是民族融合的过程性产物。

其次，与中国其他地区村落文化景观相比，侗族村寨不同于云南红河哈尼对于稻作梯田这一典型农业耕地复合景观以及普洱景迈对山茶文化景观的侧重强调，也不同于以建筑为中心的华南村落文化景观，而是兼而有之。具体来讲，尽管侗族村寨既具有类似福建土楼、开平碉楼对于建筑实体的依赖，表现出独特的建筑形象，但是又不同于土楼、碉楼对于建筑防御功能的极大诉求，侗寨聚焦于“生业”的功能。与土楼、碉楼重实体建筑比，侗族村寨不仅有丰富的建筑类型，而且强烈地呈现出使用中的遗产特色，即功能的延续性，因此侗寨具有典型的活态遗产的特点。

最后，虽然侗族村寨与皖南古村落均立足于社会结构，但它不同于皖南古村落开放的汉族传统社会经济结构，是基于区域内独立的社会结构发展出的复合文化景观，自然环境为自给自足的社会提供了可能性，因此其文化生态的意义突出。

表 7-1 国内村落文化景观或农业景观基本情况对比

遗产名称	村落数量	面积(公顷)		地理区位	文化独特性	价值描述	文化主体
		核心区	缓冲区				
侗族村寨	25村			西南	稻鱼鸭、水田与风水林、木构建筑、鼓楼、萨坛、风雨桥	以河边谷地的稻鱼共生稻作农业为基础，以鼓楼、萨坛、风雨桥为建筑特色，以侗族大歌等为代表性的非物质文化事项	侗族
苗族村寨	21村			西南	木构建筑	一个与中国中心地区古族有着密切联系的古老民族的最后家园，凝固着厚重的历史、多彩的文化和睿智的生存智慧	苗族
藏羌碉楼与村寨	225座 15村			西南	石质建筑，碉楼林立	羌这个古老民族为了生存而独自发展起来的村落文化景观，在世界设防民居建筑中独树一帜	藏羌
红河哈尼梯田	82村	—	—	西南	蘑菇屋，高山梯田	森林、村寨、梯田、河流由高到低的“四度共构”格局，是具有高度耐受力的民族发展山地稻作农业的杰作	哈尼族 彝族
皖南古村落	2村	52	730	华中	木构与砖石混合，黑瓦、白墙、马头墙	封建时代形成的、以繁荣的贸易经济为依托的非城市传统聚居地建筑和街道格局，反映了汉族传统的社会经济结构	汉族
开平碉楼与村落	20座	372	2738	华南	中西合璧的防卫性住宅楼	碉楼作为防御性建筑，是人类价值观交流的实物代表，异域建筑风格与当地乡村传统相融合	侨民
福建土楼	46座	—	—	东南	厚土墙筑成的围屋建筑，聚族而居	为公共生活而兴起的防御性建筑，在尺度、建筑传统和功能上都很独特，反映了建筑与环境的和谐关系	客家
景迈山茶文化景观	11村			西南	古茶林、传统村落、森林、生态茶园、耕地和山体、河流等文化景观	基于万物有灵的信仰创造了独特的林下茶树人工栽培技术，以及适应不同海拔自然条件的土地利用技术，形成了“人、地、茶、林”为一体的独特山地景观，是世界上最大的古代人工栽培茶园	傣族 布朗族
山陕古民居	2村			华北	木构古建筑群	丁村建于明清两代的民居，都在明代崇祯年间修建的寨子里。党村古建筑群保存了地方风格的中式四合院和多处公共设施，是我国北方罕见的大规模建造精美、保存完好的房屋，居住空间表达了黄土高原的礼俗与建筑艺术	汉族

"因地制宜"是上述景观的共性，无论哪个族群均强调"山、水、气、脉，人与自然的和谐"的置地观念。汉地或受汉地影响较大的区域多将其表述为"风水观"，如皖南村落、福建土楼、山陕民居乃至苗寨的选址、建设均遵循周易风水理论，强调天人合一的理想境界和对自然环境的充分尊重[①]，少数民族地区亦有总结与自身相适应的经验风水认识。因此，以往遗产比较研究仅止步于"因地制宜、天人合一"的结论是远远不够的，以下研究将进一步深入各类遗产本体之中，通过比较提炼出侗寨的特殊性。

第一，自然地理环境与区域聚落分布模式。

自然地理环境的差异导致不同区域呈现的不同景观组合方式，这是确定遗产比较特性的重点。若以整体性村落景观为依据，地形地貌的连续性将极大地影响村落的选址布局，侗族村寨、苗族村寨、哈尼梯田与福建土楼主体均处于相对破碎的山地之间，相较而言，藏羌碉楼与村寨、皖南古村落与开平碉楼则因为部分连续延展的地貌，比如绵延的高山峡谷或缓和连续的冲积平原的地理地貌，使聚落单元更具连续性，其布展方式也向外拓展。

具体来说，苗寨选址复杂、多样，兼顾实用性与象征性[②]，这样的村寨景观是大量相对独立的聚居单元[③]，如西江千户苗寨与剑河县八郎苗寨均属于（中山）半山型聚落。作为自发性建造的群体现象，苗族村落景观是大量相对独立的聚居单元，由无序向有序或者由一种有序向另一种有序的组合过程，最终形成类似"自组织"的系统结构[④]。苗族中山与侗族低山河谷的选址分异在元江地区也是如此，但是因为整体山势海拔更高，因此各族分异情况更甚。瑶族住大山山顶、苗族住陡峭山岩、彝族住半山腰、哈尼族住山下缓坡、壮族住河谷阶地[⑤]。具体来说，哈尼族聚落的选址主要依附梯田稻作农业，展开《惹罗古规》是其选址思路的最好体现[⑥]。"惹罗"即哈尼族语中的"惹罗普楚"，泛指当今的大渡河以北及四川盆地与川西高原交会处的山区，哈尼村落地方选址多背靠山凹或凹塘，可充分利用蓄水的塘渊[⑦]。比如位于云南省红河州元阳县的哀牢山南部哈尼元阳梯田随山势地形变化情况就与居于中山的侗寨情况相似，哈尼族多选择居住在1500米（1400米-2000米）的高山、中山半山腰。山坡坡度是影响其农业耕种的因素之一，

① 吴晓勤，陈安生，万国庆．世界文化遗产——皖南古村落特色探讨［J］．建筑学报，2001(8)：59-64.
② 麻勇斌．苗族村寨选址的生态智慧与历史情结［J］．贵州社会科学，2011(10)：85-88.
③ 文斌．湘西州传统村落景观及形成机制研究［D］．北京：北京林业大学博士论文，2020.
④ 文斌．湘西州传统村落景观及形成机制研究［D］．北京：北京林业大学博士论文，2020.
⑤ 杨宇亮，罗德胤，孙娜．元江南岸梯田村寨的宏观空间特征研究［J］．建筑史，2015(2)：90-99.
⑥ 罗德胤，孙娜，霍晓卫．一个哈尼族村寨的建成史——以云南省元阳县全福庄中寨的形成和发展为例［J］．住区，2011(3)：70-77.
⑦ 谭人殊，唐昊．《惹罗古规》对于云南元阳村落规划选址的意义［J］．山西建筑，2017(5)：5-7.

缓坡地大则开垦大田，坡陡地小则开垦小田①。福建土楼多选址在北有连绵高山群峰为屏障、南有远山近丘作呼应、东西亦有低山回护的地区，前有河溪蜿蜒而过，因此，低山丘陵前的河流谷地或河漫滩是土楼选址的首选。无论是苗寨还是土楼，其所谓风水好坏程度基本与生态环境的适应性高度相关②。总体来说，以上四类景观对自然环境的利用多取决于其与山的关系，地势范围是四地族群对自然环境利用的重要考量因素。其次，因四地属于不同方位的三级阶梯，因此，哈尼梯田、苗寨、侗寨、福建土楼集中分布于不同的山势地区。侗寨的特点在于其位于二级阶梯山势相对和缓的地带，相比之下，哈尼梯田位于高原地带而福建土楼则位于东南丘陵与平原交错地带。福建土楼村寨与侗寨均以河谷流域串联，但是后者因为局促的山间谷地，区域内聚落的分布更为松散，聚落水平分布于具体高程段之内，侗寨大量相对独立的聚居单元也反向推动聚落自组织发展得更为严密。

与侗寨、苗寨等聚落散落分布于固定高程范围内的地理环境不同，藏羌碉楼与村寨、皖南古村落与开平碉楼或因利用方式或因地理环境的特殊，其村落分布具有一定连续性和区域尺度的集聚特征。藏羌碉楼与村寨所在地区是中国西部民族交流的重要区域，藏羌村寨多选址于“二级台地——梁子”，最终形成自成一体的、立体式碉楼、民居、农田牧场和高山峡谷组成的高原农业聚落文化景观③。皖南地区则以平原为主，河网密布，是形成区域性聚落的理想选择，大体有山地村落和河岸村落两种④。平坦的地势也使聚落间的交通网络更为细密，由此形成区域性的集中连片的人文景观。从形态平面上看块状聚落、线状聚落和复合式聚落的多样聚落形态⑤，说明了其布局受自然环境挟制较小。居于珠江三角洲重要地缘位置的开平碉楼，扼守潭江中下游，明清政府对望楼、碉堡的修建保障了自上而下的粤中军事体系的建立⑥。总体来看，藏羌村寨、皖南村落与开屏村寨皆因自然地貌的连续性自然而然地强化了区域村落的体系性，区域内便利的交通使区域整体性得以展现。

第二，景观格局类型与组合形式。

尽管以上村落、村寨都置于具体的景观格局之中，但是其申报的遗产类型各有偏重。以主体景观为分类依据，除了侗族村寨和哈尼梯田以非建筑景观（稻作农业景观）为主，皖南古村落、苗族村寨、藏羌碉楼与村寨、开平碉楼与村落、福建土楼的遗产申报类型均以建筑景观为

---

① 杨宇亮，罗德胤，孙娜．元江南岸梯田村寨的宏观空间特征研究［J］．建筑史，2015(2)：90–99.

② 金潇骁．两种山地建筑的生态适应性研究——以福建客家土楼和贵州苗族吊脚楼为例［J］．贵州社会科学，2012，(01)：96–103.

③ 藏羌碉楼与村寨［J］．世界遗产，2014(C1)：95–97.

④ 邵甬，陈欢，胡力骏．皖南地区历史聚落的体系、类型与特征［J］．建筑遗产，2021(1)：38–51.

⑤ 吴晓勤，陈安生，万国庆．世界文化遗产——皖南古村落特色探讨［J］．建筑学报，2001(8)：59–61

⑥ 杜凡丁．广东开平碉楼历史研究［D］．北京：清华大学硕士论文，2005.

主。进一步观察景观组合，侗族村寨和哈尼梯田有一定的相似性但自下而上的分布顺序有所不同：侗族村寨的景观组合类型是向心式村寨，由中心向外依次是农田、山林，河流蜿蜒其间，哈尼梯田一般由下而上先是梯田、村寨房舍，然后是山林（寨神林），加上水源贯穿其间，形成“四度共构”格局。两类景观格局均会根据具体的自然条件加以调整，比如侗族村寨梯田耕地也可能置于村寨之下，因此，二者均是四要素组合的景观格局。然而，景观格局的不同之处在于侗寨以房族为中心形成聚落中的团块单元，而哈尼梯田则是以两个民族——哈尼族、彝族为中心集聚，二者杂居区域以不同的建筑特色标识，彝族多为土掌房与院落式民居结合的三合院，而哈尼族则是顶部覆盖茅草的蘑菇房①。相比之下，若以空间句法分析凯里苗族村落后可以发现，苗寨或表现出明显的外向型村落景观空间形态结构特点或呈现多中心节点分布特点，但是各景观空间之间的连接度较低，缺乏对景观空间形态结构的整体规划②。由碉楼建筑、碉房民居、农田牧场和高山峡谷组成的藏羌高原农业聚落文化景观的聚落规模形态也不见严密的规划特质③。因此，以苗族村寨为代表的非规划性景观与侗寨、哈尼梯田经过规划的景观格局形成了鲜明对比。

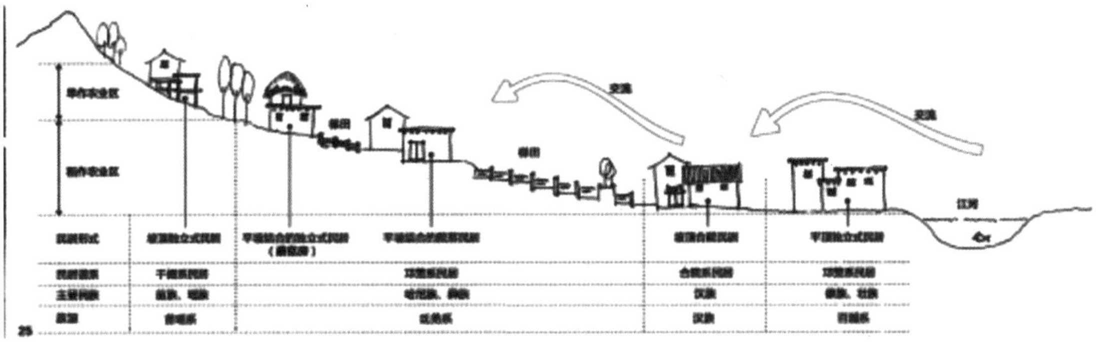

图 7-2　元江南岸聚落空间特征示意图④

不同村落文化景观的建筑遗存，有着当地大量的历史文化信息，呈现显著的区域分异。接下来将具体介绍以建筑景观为主的皖南古村落、苗族村寨、藏羌碉楼与村寨、开平碉楼与村落、福建土楼。皖南古村落临水而建的住宅和以水为核心的水街巷空间格局是该遗产的核心特色。皖南建筑糅合了中原建筑和南方干栏式建筑的技艺，传统古民居一般为三开间、内置天井（俗

① 杨宇亮，罗德胤，孙娜．元江南岸梯田村寨的宏观空间特征研究［J］．建筑史，2015(2)：90–99.

② 蒲欢．贵州黔东南苗族传统村落景观空间形态及活化策略研究——以凯里市为例［D］．贵阳：贵州大学硕士论文，2022.

③ 藏羌碉楼与村寨［J］．世界遗产，2014(C1)：95–97.

④ 杨宇亮，罗德胤，孙娜．元江南岸梯田村寨的宏观空间特征研究［J］．建筑史，2015(2)：39

称一颗印），对称的平面布局和具体的使用反映着长幼有序的伦理空间。皖南民居建筑基本结构是采用抬梁或穿斗的人字形坡顶，注重内部扇门、梁垫、隔断的装饰，如使用吉祥意味的各式图案①。苗族传统村落内部空间的平面形态则多为网状、鱼骨状与环形放射式三种②，村落街巷与上述皖南村落有一定共性。但是苗族建造的实物建筑相较皖南建筑则更为朴素、实用，干栏式房屋建筑、粮仓、祭祀场所等均就地取材，避开耕地依山而建③。藏羌村寨作为典型的高原农业聚落或许呈现出向心性或集群式特征，但是，通过线性的街巷、碉房面层和点状的碉楼组成了立体的空间防御系统是该村寨聚落形态的核心特征④。以石雕技术为驱动的正多边形民居多为2–4层平顶碉房⑤。目前对碉楼功能的研究主要有两种认识，张国熊、张晋等认为碉楼的建造过程与构造特色影响着防御能力，而马宁等则强调碉楼的祖徽意义⑥。开平碉楼集中展现出中西建筑和装饰形式的融合，比如碉楼出现仿欧洲穹顶与城堡的样式。碉楼建筑分为三种形式：由若干户人家共同兴建的临时避难的众楼，由富有人家独自建造、兼顾防卫的居楼，以及为联防预警之用的更楼⑦。在碉楼的研究中，猖獗的匪患和移民的华侨使“如何构建防御体系并实现联防”成为研究的关键⑧。福建土楼则以“三合土”为原材料，墙体多采用“金包银”砌法来防雨防潮，其防御意义也不可小觑。

第三，聚落的典型功能与实现方式。

通过中国被列入世界遗产（含预备名录）的村落文化景观列表可知，若以防御性和开放性村落景观的主体功能为基本分类依据，苗族村寨、藏羌碉楼与村寨、开平碉楼与村落、福建土楼都具有典型的防御功能。上述以建筑景观为主的遗产多与“防御”功能相关，换句话说，此类族群的防御性多通过人工设施，如碉楼、土楼这种特殊形式的建筑实现。相比之下，以生产性功能为主的红河哈尼梯田和以商品交换为支撑的皖南古村落则相对开放。侗寨则介于二者之间，平时自给自足的稻田农耕系统和林木商品交换体系保障侗寨正常运转，战时的防御自卫功能也时有体现。但是不同于碉楼和土楼村寨，除了必要的防御设施，侗寨则更多的通过社会组织实现自卫。具体来说，侗寨水平分布于具体的高程范围之内，局促的山间谷地区域内诸多侗

---

① 吴晓勤，陈安生，万国庆 . 世界文化遗产——皖南古村落特色探讨［J］. 建筑学报，2001(8)：59–61.

② 龙林格格 . 湘西花垣县苗族传统村落空间形态解析［D］. 北京：北京建筑大学硕士论文，2018.

③ 周林 . 浅析黔东南苗族传统村落文物遗产的价值［J］. 文化创新比较研究，2022(12)：142–145.

④ 李建华，杨健，李建柱 . 西南碉寨的空间立体防御体系及其聚落形态试析［J］. 建筑学报，2011(11)：21–24.

⑤ 藏羌碉楼与村寨［J］. 世界遗产，2014(C1)：95–97.

⑥ 熊梅，黄利利 . 近三十年羌族传统聚落研究述评［J］. 西华师范大学学报（哲学社会科学版），2017(2)：96–100.

⑦ 程建军 . 开平碉楼：中西合璧的侨乡文化景观［M］. 北京：中国建筑工业出版社，2007.

⑧ 杨彬 . 中国传统碉楼设防聚落研究：以开平碉楼与村落为例［D］. 北京：北京大学硕士论文，2013.

寨聚落较为松散地分布。但是，侗寨大量相对独立的聚居单元也反向推动聚落自组织发展得更为严密，这体现在村寨内部以鼓楼为中心的空间聚合。因此，侗族村寨内部自下而上形成的层级分明的自卫组织是实现防御的另一种机制。

民族间的文化差异，使其社会结构或遵循一定的等级关系，或依靠平等的社会组织制度，这一部分将简要考察各族群的血缘、地缘结构。根据遗产所涉及文化主体数量的不同，研究将上述遗产分为单一群体和复合群体，分别考察其社会组织的特性。首先，研究聚焦于单一族群分布的区域，如苗寨所涉及苗族、皖南古村落所涉及的汉族以及福建土楼所涉及客家人。以苗族社会为例，苗族的社会基层单位是氏族外婚制团体——鼓社，一般由同宗的一个或几个村组成[①]。苗族内部制定习惯法的会议称为“议榔”，由一个村或鼓社进行。其次，关注藏羌碉楼与村寨所涉及的藏族、羌族，族群之间的社会组织结构分异还是显著的。若以嘉绒藏族为例，在土司制度下，嘉绒藏族实行严格的等级内婚制，社会上、下层分立，继承房名的普通民众需承担耕地劳役和差役[②]。羌族社会的血缘结构虽然以父系家庭、家门、族房构成[③]，但是母系血亲中“母舅”角色也发挥着重要作用，羌族社会较薄弱的地缘关系是亲缘扩展与行政关系界定的起因。同类遗产还包括哈尼族、彝族等少数民族的梯田，关照海外侨民与本地土著的开平碉楼。相比之下，侗寨为特定族群所属，研究无须关照当下族群间的互动。另外，侗寨社会组织的特殊性在于血缘与地缘关系并重，二者的巧妙衔接与转换使一个紧密的侗族社会组织脱颖而出。

通过比较，以上研究通过自然地理环境与区域聚落分布模式、景观格局类型与组合形式和聚落的典型功能与实现方式提炼出侗族村寨所具有的鲜明文化特色。散落分布于局促的山间谷地的侗寨拥有向心式景观组合，以村寨“鼓楼”为中心向外，依次是农田、山林，河流蜿蜒其间。自然环境催生了相对独立的聚居单元和严密的聚落自组织，而这样的社会自组织巧妙地融合了血缘与地缘关系，从而使聚落兼顾平时自给自足的生业经济和战时的防御自卫功能。

---

① 廷贵，酒素 . 略论苗族古代社会结构的“三根支柱”——鼓社、议榔、理老［J］. 贵州民族研究，1981(4)：42–47.

② 麻国庆 . 家屋作为空间社会组织的内在逻辑——评《家屋与嘉绒藏族社会结构》［J］. 广西民族大学学报（哲学社会科学版），2022(3)：34–39.

③ 蒋彬 . 民主改革与羌族地区乡村政治变迁［J］. 西南民族大学学报（人文社科版），2008(7)：58–62.

图7-3　村落文化景观一览图

---

① 联合国教科文组织世界遗产中心：开平碉楼鸟瞰图 https://whc.unesco.org/en/list/1112/gallery/.

② World Heritage Site for World Heritage Travellers: Xidi and Hongcun https://www.worldheritagesite.org/list/Xidi+and+Hongcun.

③ 古建家园：羌族碉楼——少数民族特色建筑 https://m.gujianchina.cn/news/show-10059.html.

④ 联合国教科文组织世界遗产中心：开平碉楼鸟瞰图 https://whc.unesco.org/en/list/1113/gallery/.

⑤ 米拍摄影社区：镜头下的贵州——黔东南苗岭雷公山脚下西江千户苗寨 https://baijiahao.baidu.com/s?id=1680087800901159343&wfr=spider&for=pc

⑥ World Heritage Institute of Training and Research-Asia and Pacific - Xinjiang Tianshan and Honghe Hani Rice Terraces were inscribed on UNESCO's World Heritage List (whitr-ap.org)

⑦ 百度百科 https://baike.baidu.com/pic/%E4%B8%81%E6%9D%91%E5%8F%A4%E5%BB%BA%E7%AD%91%E7%BE%A4/15728399/1/4e4a20a4462309f7b95d9db87c0e0cf3d7cad66d?fr=lemma&fromModule=lemma_top-image&ct=single#aid=1&pic=4e4a20a4462309f7b95d9db87c0e0cf3d7cad66d

二、与中国其他重要稻作农业文化遗产相比

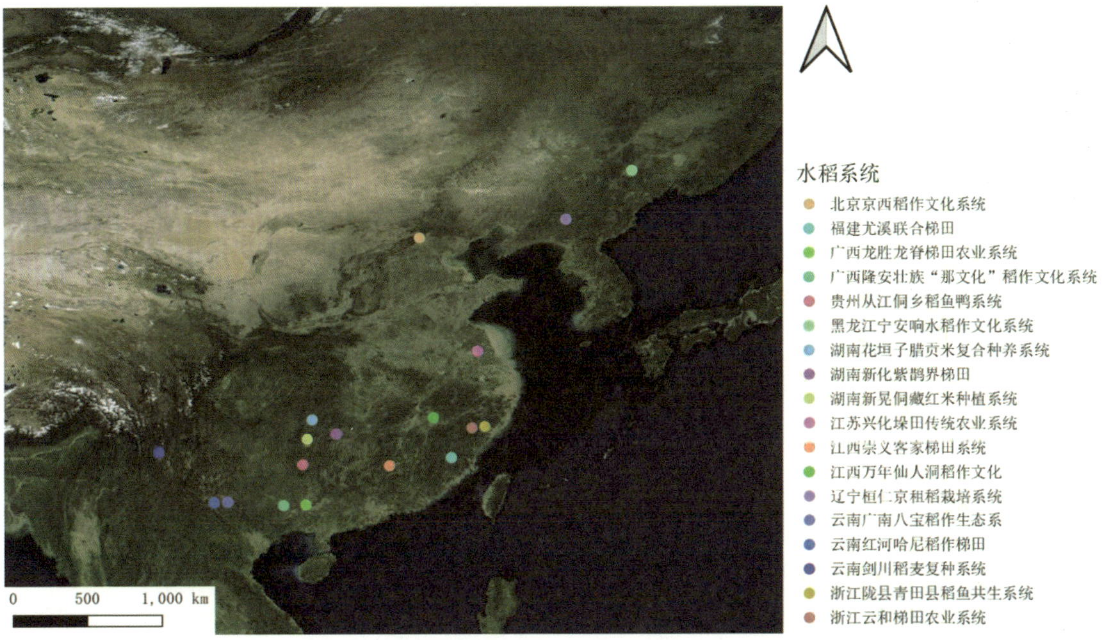

图 7-4　中国重要稻作农业文化遗产分布图

中国境内重要的稻作农业文化遗产系统主要出现在全球重要农业文化遗产名录和国家级重要农业文化遗产两级名录之中，后者往往囊括前者。全球重要稻作农业文化遗产具体包括浙江陇县青田县稻鱼共生系统、万年稻作文化、哈尼稻作梯田、侗乡稻鱼鸭系统、中国南方稻作梯田。国家级重要农业文化遗产包括江苏兴化垛田传统农业系统沼泽洼地土地利用模式；福建尤溪联合梯田竹林、村庄、梯田、水系综合利用模式；最大客家梯田的江西崇义客家梯田系统；南方稻作文化与苗瑶山地渔猎文化融合体系的湖南新化紫鹊界梯田；世界原始稻作文化的“活化石”的湖南新晃侗藏红米种植系统；壮瑶人民农耕文明结晶——广西龙胜龙脊梯田农业系统；云南壮族稻作文化的代表——云南广南八宝稻作生态系；三千年水旱轮作的“活化石”——云南剑川稻麦复种系统；辽宁桓仁京租稻栽培系统；北京京西稻作文化系统；黑龙江宁安响水稻作文化系统；浙江云和梯田农业系统；广西隆安壮族“那文化”稻作文化系统和湖南花垣子腊贡米复合种养系统，各遗产点的具体介绍详见附录二。

侗乡稻鱼鸭曾于 2005 年与浙江陇县青田县稻鱼工程系统一同被列入全球重要农业文化遗产列表，2011 年，又以稻鱼鸭循环系统被单列入该列表，由此可见其特殊性。总的来说，中国重要的稻作农业系统主要分为四类：

一是以突出的稻种基因为代表的稻作文化系统，比如湖南新晃侗藏红米种植系统、云南广南壮族八宝稻作生态系统、辽宁桓仁高句丽京租稻栽培系统、北京京西稻作文化系统中的房山

图 7-5 中国重要稻作农业文化遗产一览（1）

① 第三批中国重要农业文化遗产 http://www.moa.gov.cn/ztzl/zywhycsl/dsp/201509/t20150928_4847551.htm

② Rice Terraces Systems in Subtropical China | Sistemas Importantes del Patrimonio Agrícola Mundial (SIPAM) | Organización de las Naciones Unidas para la Alimentación y la Agricultura | GIAHS | Food and Agriculture Organization of the United Nations (fao.org) https://www.fao.org/giahs/giahsaroundtheworld/designated-sites/asia-and-the-pacific/rice-terraces-systems-in-subtropical-china/es/

③ 第三批中国重要农业文化遗产 http://www.moa.gov.cn/ztzl/zywhycsl/dsp/201509/t20150928_4847179.htm

④ 第四批中国重要农业文化遗产 http://www.moa.gov.cn/ztzl/zywhycsl/dspwhyc/201709/t20170918_5818929.htm

⑤ Detailed Information | Globally Important Agricultural Heritage Systems (GIAHS) | Food and Agriculture Organization of the United Nations | GIAHS | Food and Agriculture Organization of the United Nations (fao.org) https://www.fao.org/giahs/giahsaroundtheworld/designated-sites/asia-and-the-pacific/rice-fish-culture/detailed-information/en/

⑥ 第三批中国重要农业文化遗产 http://www.moa.gov.cn/ztzl/zywhycsl/dsp/201509/t20150928_4847309.htm

⑦ 全国农业展览馆 https://www.ciae.com.cn/detail/zh/16196.html

⑧ 第二批中国重要农业文化遗产 http://www.moa.gov.cn/ztzl/zywhycsl/depzgzywhyc/201406/t20140624_3948703.htm

⑨ History | Climate-Smart Agriculture | Food and Agriculture Organization of the United Nations (fao.org)https://www.fao.org/climate-smart-agriculture/overview/faqs/history/en/

图 7-5 中国重要稻作农业文化遗产一览（2）

---

⑩ http://www.moa.gov.cn/ztzl/zywhycsl/dypzgzywhyc/201305/t20130531_3480247.htm

⑪ 第一批中国重要农业文化遗产 http://www.moa.gov.cn/ztzl/zywhycsl/dypzgzywhyc/201306/t20130613_3490465.htm

⑫ 第二批中国重要农业文化遗产——云南剑川稻麦复种系统 (moa.gov.cn)http://www.moa.gov.cn/ztzl/zywhycsl/depzgzywhyc/201406/t20140624_3948583.htm

⑬ 第一批中国重要农业文化遗产 http://www.moa.gov.cn/ztzl/zywhycsl/dypzgzywhyc/201306/t20130613_3490452.htm

⑭ 第二批中国重要农业文化遗产 http://www.moa.gov.cn/ztzl/zywhycsl/depzgzywhyc/201406/t20140624_3948687.htm

⑮ 第三批中国重要农业文化遗产 http://www.moa.gov.cn/ztzl/zywhycsl/dsp/201509/t20150928_4847259.htm

⑯ 第二批中国重要农业文化遗产——云南广南八宝稻作生态系统 (moa.gov.cn)http://www.moa.gov.cn/ztzl/zywhycsl/depzgzywhyc/201406/t20140624_3948647.htm

⑰ 第二批中国重要农业文化遗产 http://www.moa.gov.cn/ztzl/zywhycsl/depzgzywhyc/201406/t20140624_3948666.htm

区石窝御塘稻、湖南花垣苗族子腊贡米复合种养系统，以及世界级的万年稻作文化。

二是以突出的单一农业景观及耕种系统方式为代表的稻作文化，比如江苏兴化的垛田景观、江西崇义客家碎田块景观、广西龙胜壮瑶地区具有大跨度海拔高差的梯田景观、北京海淀京西稻的御稻稻作景观、黑龙江宁安石板田响水稻稻作景观、广西隆安壮族“那文化”雒田稻作景观。

三是以突出的农耕设施或技术系统为代表的工程，比如湖南新化苗瑶地区以自流灌溉系统为中心的紫鹊界梯田，再比如以水循环系统为核心的哈尼稻作梯田。

四是景观组合，其中也包括第三类由水系勾连的景观组合，此不赘述。典型的景观组合包括福建尤溪联合梯田融合了竹林、村庄、梯田、水系四种模式，云南剑川白族的稻麦复种系统、浙江云和畲族梯田系统横跨高山、丘陵、谷地三种地貌景观带以及世界级的浙江陇县青田县的稻鱼共生系统，此外，中国南方稻作梯田综合江南山区和丘陵地区以突出历时性的种植方式和景观格局多样化。

相比而言，侗乡的稻鱼鸭是具有杰出代表性的农耕技术系统，侗族的香糯是糯禾品种群中品质最优的世界特种稻之一，二者是农业遗产的关键性要点。若要纳入世界遗产中的“文化景观”范畴，可考虑侗族个性鲜明的“林—田—寨”的复合景观，但是作为非物质遗产的技术系统不可以被单独列入世界遗产名录，而糯禾品种本身也不能作为不可移动文物的代表纳入名录，需将独具特色的农业系统与糯禾品种相关的物质遗存赋予独特的复合景观之上。

三、与亚洲其他代表性稻作农业系统相比

全球重要农业文化遗产系统（GIAHS）不仅仅表现为杰出的自然景观，还包括在农村地区创造了生计的农业实践方式，同时以独特的方式把生物多样性、韧性生态系统、传统和创新结合起来。自 2005 年起，世界粮农组织（FAO）已认定了 23 个国家的 72 个系统及遗产地[①]。本文聚焦于 FAO 稻作农业系统，具体包括韩国青山岛古德尔传统梯田、韩国济州岛巴特丹农业系统、新加坡伊夫高水稻梯田系统、日本宫城县大崎地稻田农业的水资源管理系统、日本高千穗乡椎叶山间土地农林复合系统、日本国崎半岛宇佐农林水产复合系统、日本石川县能登里山里海农业系统、印度戈拉布德传统农业系统和孟加拉国浮动花园农业实践，上述农业文化遗产系统分布如下，各遗址点的详细信息见附录三。根据文化遗产系统的特征，将以上遗址点分为三类：

① 联合国粮食及农业组织 . 全球重要农业文化遗产地 https：//www.fao.org/giahs/giahsaroundtheworld/zh/.

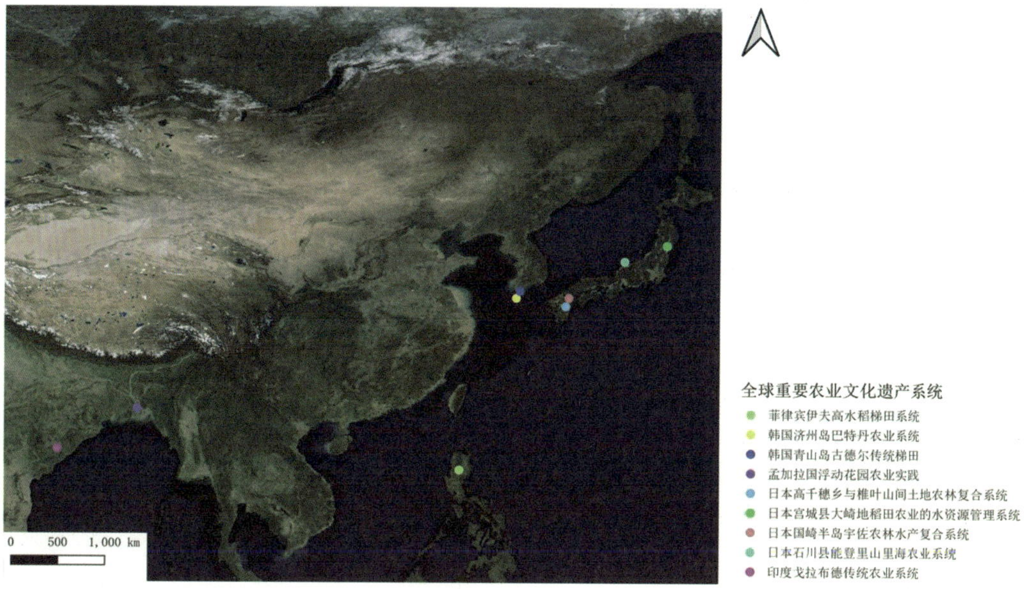

图 7-6 亚洲重要稻作农业系统分布图

第一种是因地制宜地形成了农业生产技术或设施。比如孟加拉国浮动花园利用他们的传统知识开发了独特的水培生产系统，进行农业实践和谋生。再比如韩国济州岛巴特丹梯田的核心价值在于石栅栏农业设施有效应对地方独特的环境，有防风和防止土壤流失的作用，以及降低牛马入侵的风险。还包括韩国青山岛古德尔传统梯田，它的核心价值在于以堆石构筑的涵洞为依托的梯田水利设施及其衍生出的水利管理制度。

第二种是通过建立复合的生业系统以适度地开发稻作农业。比如印度戈拉布德传统农业系统多部落以农业经营为中心，集合了不同农业生态区的传统耕作方法，稻米起源地的产品具有生物和遗传的显性基因。再比如新加坡伊夫高水稻梯田系统中林地（公有林）、轮垦田地、水稻梯田、聚落区和水体、灌溉复合系统的构建，日本高千穗乡椎叶山间土地农林复合系统、日本国崎半岛宇佐农林水产复合系统、日本石川县能登里山里海农业系统，他们的核心价值在于多景观的生态系统有效保护了岛内的生物多样性。

第三种是以社会组织制度为核心有序开展农业产业。举例来说，日本宫城县大崎地稻田农业的水资源管理系统建立在地方互惠组织——九京屋（keiyakukō）基础上的用水者组织实施和管理制度，侗寨遗产便属此类。

亚洲其他国家村落文化景观在一定程度上是稻作文化的客观体现，除了以上三个保护逻辑以外，在日本地区的稻作农业遗产体系中，以社区的生产实践驱动的“非物质文化”保护逻辑也值得借鉴。日本传统稻作祭祀文化具有“生死合一”的稻作与生命轮回统一的祭祀观念、贯穿生活的“稻米有灵”的独特祭祀信仰和“天地有道”“各有条理”的秩序性祭祀形式三方面的

图 7-7　亚洲重要稻作农业系统一览

---

① Traditional Gudeuljang Irrigated Rice Terraces in Cheongsando | Globally Important Agricultural Heritage Systems (GIAHS) | Food and Agriculture Organization of the United Nations | GIAHS | Food and Agriculture Organization of the United Nations (fao.org) https://www.fao.org/giahs/giahsaroundtheworld/designated-sites/asia-and-the-pacific/traditional-gudeuljang-irrigated-rice-terraces-in-cheongsando/en/

② Floating Garden Agricultural Practices | Globally Important Agricultural Heritage Systems (GIAHS) | Food and Agriculture Organization of the United Nations | GIAHS | Food and Agriculture Organization of the United Nations (fao.org) https://www.fao.org/giahs/giahsaroundtheworld/designated-sites/asia-and-the-pacific/floating-garden-agricultural-practices/en/

③ Osaki Kôdo Sustainable Irrigation system | Globally Important Agricultural Heritage Systems (GIAHS) | Food and Agriculture Organization of the United Nations | GIAHS | Food and Agriculture Organization of the United Nations (fao.org) https://www.fao.org/giahs/giahsaroundtheworld/designated-sites/asia-and-the-pacific/osaki-kodo-sustainable-irrigation-system/en/

④ 宫崎县三野梯田“希纳塔的梯田遗产”首页 https://www.miyazakitanada.com/certified_district/13-ishigakinomuratogawa

⑤ Jeju Batdam Agricultural system | Sistemas Importantes del Patrimonio Agrícola Mundial (SIPAM) | Organización de las Naciones Unidas para la Alimentación y la Agricultura | GIAHS | Food and Agriculture Organization of the United Nations (fao.org) https://www.fao.org/giahs/giahsaroundtheworld/designated-sites/asia-and-the-pacific/jeju-batdam-agricultural-system/es/

⑥ Ancient farming techniques can help feed global hungry – UN | World Economic Forum (weforum.org) https://www.weforum.org/agenda/2021/05/heritage-farming-global-hunger-un/

⑦ Detailed Information | Globally Important Agricultural Heritage Systems (GIAHS) | Food and Agriculture Organization of the United Nations | GIAHS | Food and Agriculture Organization of the United Nations (fao.org) https://www.fao.org/giahs/giahsaroundtheworld/designated-sites/asia-and-the-pacific/notos-satoyama-and-satoumi/detailed-information/en/

⑧ Detailed Information | Globally Important Agricultural Heritage Systems (GIAHS) | Food and Agriculture Organization of the United Nations | GIAHS | Food and Agriculture Organization of the United Nations (fao.org)https://www.fao.org/giahs/giahsaroundtheworld/designated-sites/asia-and-the-pacific/koraput-traditional-agriculture/detailed-information/en/

特点[①]。不同年岁时节日本有不同的祭祀习俗，比如稻作祭祀习俗又有插秧时节的稻作祭祀习俗和插秧后的稻作祭祀习俗之分[②]。这样的习俗不仅存续于历史，更作用于日本稻作农业的现代化发展[③]。

四、与世界典型的村落景观或农业景观相比

《世界遗产名录》中农业景观（以粮食作物为主）或古村落景观相关的世界遗产包括拥有公平且有效的管理及分配水资源机制的阿曼阿夫拉贾灌溉体系，瑞典南厄兰岛适应性复合农业景观，基督教在西亚乡村社区发展乡村文明的生活方式和文化传统的叙利亚北部的古村落，体现奥斯曼帝国城乡关系的土耳其布尔萨和库马利吉兹克历史遗迹群，以农牧生业为中心的伊朗豪拉曼 / 乌拉玛纳特文化景观，适用于极端地形条件的西班牙特拉蒙塔那山区文化景观，科学规划的荷兰贝姆斯特圩田，高度组织化社会系统造就的埃塞俄比亚孔索文化景观，原始样态信仰下的多哥古帕玛库景观，亚北极特殊区域丹麦格陵兰岛库加塔农业文化景观，17 世纪法国的殖民统治下的加拿大格朗普雷景观，展现生业管理制度的安道尔共和国马德留 · 配拉菲塔 · 克拉罗尔大峡谷，法国喀斯和塞文——地中海农牧复合生业系统下的文化景观，展现了历史村落审美价值的法国叙利和查隆内斯卢瓦尔河谷乡村生活，以及展现审美理想和景观演替的意大利瓦尔 · 迪奥西亚，罗马尼亚特兰西瓦尼亚村以社会制度为核心的带有防御性工事的教堂，以工程技术为中心的菲律宾科迪勒拉梯田，强调“房屋”建筑的日本白川乡和五屹山历史村落，实践思想传统的韩国历史村落河回村和良洞村，囊括多种建筑风格的捷克霍拉索维茨历史村，利用宗教实现集聚的瑞典吕勒欧的格默尔斯达德教堂村以及体现村落及生业模式原始样态的塞内加尔巴萨里乡村的巴萨里 - 贝迪克文化景观。以上《世界遗产名录》中农业景观（以粮食作物为主）或古村落景观相关的世界遗产的遗产点简介详见附录三。列入世界遗产名录的农业景观反映出描述聚落的不同视角，在这些视角下不同的聚落特点具有普世价值，大致可以分为两大类：活态文化景观与纪念性景观。

一是活态村落。

这类村落在生态适应性方面具有代表性，也正是因地制宜的适应性结构，往往使其以活态的形式流传至今。这种适应性结构既包括适应生态自然环境的技术系统，也包括对思想信仰及社会结构的传承，由此作为文化景观延续性的内在支撑。

---

① 李红 . 日本稻作祭祀文化内涵及其遗产保护经验［J］. 中国农史，2018(3)：136-144.

② 吕俊梅 . 云南哈尼族稻作祭祀文化与日本稻作祭祀文化的比较研究［J］. 红河学院学报，2021(1)：9-12.

③ 汪闰月 . 日本的稻作文化及发展启示［J］. 现代化农业，2020(4)：56-57.

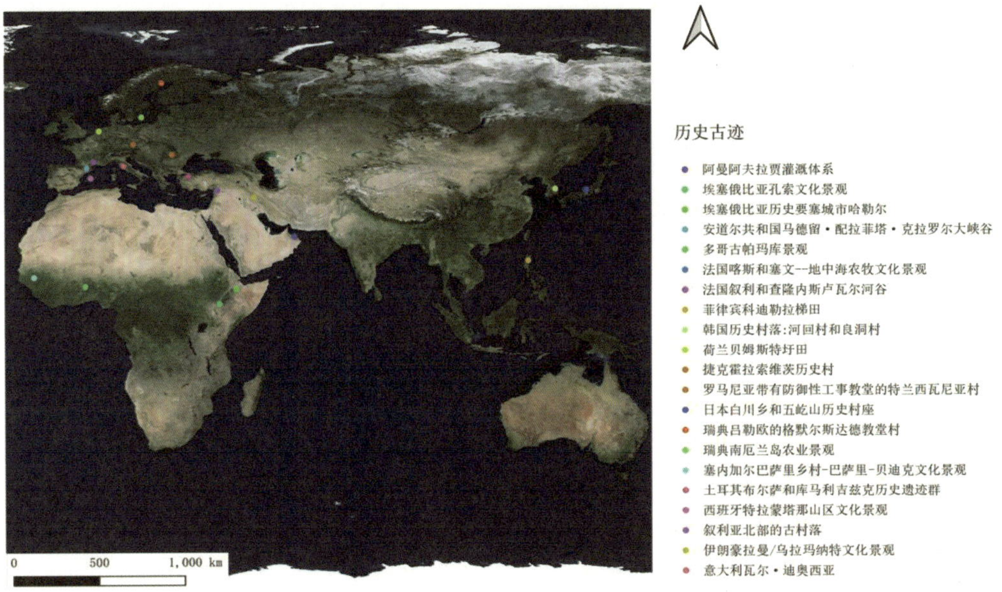

图 7-8 世界范围内与农业景观（以粮食作物为主）或古村落景观相关的世界遗产分布图

首先，从活态遗产景观生态角度来讲，一方面共时性复合的生业系统造就的“马赛克式”景观斑块是文明的共识，并且这种景观的演替也具有普遍性，比如塞内加尔巴萨里乡村的巴萨里－贝迪克文化景观、法国喀斯和塞文——地中海农牧文化景观、伊朗豪拉曼－乌拉玛纳特文化景观农牧交错迁徙习俗和季节性生活方式、瑞典南厄兰岛农业景观。对景观弹性的认识落实到具体的生业，还包括对于具体生产技术的提炼，比如以农业技术为中心建立的西班牙特拉蒙塔那山区文化景观农业单元、阿曼阿夫拉贾灌溉体系。

其次，生产关系或管理制度的延续可以有效保证景观的延续性，比如菲律宾科迪勒拉梯田、安道尔共和国马德留·配拉菲塔·克拉罗尔大峡谷、丹麦格陵兰岛库加塔农业文化景观、埃塞俄比亚孔索文化景观等对于聚落“领导人”的尊崇。

最后，基于思想信仰维系的社会关系可以有效保证整体社群生产机能的延续，比如瑞典吕勒欧的格默尔斯达德教堂村、多哥古帕玛库景观。

二是历史村落。

在聚落功能表达方面具有代表性，因此，聚焦特定历史语境、表达特定功能的聚落多属于历史的产物，这也意味着原始聚落主体功能的丧失，聚落伴随着时间的流逝而具有了纪念性。

在世界遗产分类中，此类历史性村落多聚焦于建筑物本体，而不与当下聚落的生业系统相结合，比如捷克霍拉索维茨历史村、日本白川乡和五屹山历史村落、带有防御性工事教堂的罗马尼亚特兰西瓦尼亚村、加拿大格朗普雷景观。其中，土耳其布尔萨和库马利吉兹克历史遗迹群则是对奥斯曼帝国“城市－乡村”历史时期的区域关系起支撑作用。

其次，对于村落图景的展示多注重审美理想的表达，这种阐释只记录历史过程，价值判断停留在过去，比如韩国历史村落河回村和良洞村，意大利瓦尔·迪奥西亚、荷兰贝姆斯特圩田对于文艺复兴时期几何景观的规划，叙利亚北部的古村落对于文明更替的见证等。

本文将选取其中最具有代表性的案例加以深入的探讨，它们分别是：（1）菲律宾科迪勒拉稻作梯田；（2）韩国历史村落：河回和良洞；（3）捷克霍拉索维茨历史村落保留地；（4）瑞典吕勒欧的格默尔斯达德教堂村；（5）罗马尼亚特兰西瓦尼亚村；（6）匈牙利霍洛克老村及其周边环境；（7）叙利亚北部古村落。

表 7–2 世界范围内重要村落文化景观或农业景观基本情况对比

遗产名称	村落数量	面积（ha）		地理区位	文化独特性	价值
		核心区	缓冲区			
侗族村寨	25	442.69	3209.56	中国西南	中国西南山区少数民族传统农业生活的典型代表	反映人与山地环境的和谐共生，公共建筑具有鲜明的民族特色。众多村寨构成的村寨群落系统地包含了丰富的物质与非物质文化内容，具有突出的民族学、文化人类学价值
菲律宾科迪勒拉稻作梯田		—	—	东南亚	稻作文明	社区可持续的稻作生产公共系统的生动例证，人与环境相互和谐作用的土地利用的突出代表
韩国历史村落：河回和良洞	2	600	885	东亚	朝鲜半岛儒家文化	韩国（Joseon）王朝保存最好、最具代表性的两个部落村寨，带有朝鲜王朝早期的特征，在大约500年中尊奉着严格的儒家思想。村落及其总体或单独规划，反映了社会结构和文化传统以及哲学传统影响下所形成的规则
捷克霍拉索维茨历史村落保留地	11	368	—	东欧	两种乡土建筑传统的融合	东欧传统乡村聚落，体现着两种乡土建筑传统的融合
瑞典吕勒欧的格默尔斯达德教堂村	1	—	—	北欧	教堂村	教堂村体现出传统设计对环境、地理和气候条件的适应
罗马尼亚特兰西瓦尼亚村带有防御性工事教堂	1	553	3728	东欧	村落的教堂具有防御性工事的作用	拥有13世纪–16世纪防御性工事教堂，代表着特殊的土地利用系统、居住方式和自中世纪后期以来保存至今的家庭农庄组织

续表

遗产名称	村落数量	面积（ha）		地理区位	文化独特性	价值
		核心区	缓冲区			
匈牙利霍洛克老村及其周边环境	1	145	—	中欧	保留20世纪农业革命前中欧农村生活的传统形式	霍洛克是特意保留传统聚落的突出例证。村庄主要在17、18世纪获得发展，是20世纪农业革命前乡村生活的一个鲜活例证
叙利亚北部古村落	40	12290	—	亚洲	中东乡村文明的生活方式和文化传统	代表着中东乡村文明的生活方式和文化传统，以及古典末期和拜占庭时期的乡村农舍建筑、民用和宗教团体建筑，是可持续乡村聚落的杰出例证

一是位于菲律宾的迪勒拉稻作梯田，该遗产点在垂直方向形成了“水源涵养林－木涌－聚落－梯田－水系”的结构体系，其中，公有林区在景观格局中所占比重最大。其原始聚落空间景观斑块数量多而密度大，破碎化程度和蔓延性高，与梯田邻接比例较高，因此聚落空间得以融于森林和梯田。国外学者（Kikuchi Y）等着眼于景观的社区主体展开研究，而菲律宾当地居民已经敏锐地意识到从他们祖先那里继承下来的空间以及与他们的生计和食物供应相关的空间①。国内学者张多从中国云南“红河哈尼梯田”和菲律宾“伊富高梯田”遗产地出发，讨论了从社区角度多重遗产体系交叠的典型案例中的吸取的经验②。以上两篇最具有代表性的论文都指向了基于景观格局的遗产价值提炼。

二是韩国历史村落：河回和良洞。与我国类似的是韩国河回村村落规划布局体现了中国风水原则，河边与山脚选址是其村落规划布局的典型代表，该历史村落是严格遵循朝鲜本土化后儒家思想——韩国性理学与两班制度的聚落③，并且村落内部完整地保存了生产、生活与仪式等传统空间④，而村落本身即是活态遗产服务社会。中文名（Galla A.）还进一步讨论了临水而居的两宗祖村落，该宗祖村落仍保留了其原始空间布局，即生产、居住和精神生活三区，其活态特

① Kikuchi Y, Sasaki Y, Yoshino H, et al. Local visions of the landscape: participatory photographic survey of the world heritage site, the rice terraces of the Philippine Cordilleras [J]. Landscape Research, 2014(4): 387-401.

② 张多. 从哈尼梯田到伊富高梯田——多重遗产化进程中的稻作社区 [J]. 西北民族研究，2018(1): 35-44.

③ Hae LEES, Jinsook YOU. Seowon, Korean Neo-Confucian Academies, Historic Villages of Korea: Hahoe and Yangdong, and Sansa, Buddhist Mountain Monasteries in Korea [J]. The review of korean studies, 2021(2): 237-258.

④ 黄歆. 文化景观遗产区村落保护与更新研究——以花山岩画遗产区村落更新实践为例 [D]. 广州：华南理工大学硕士论文，2019.

征显著[①]。

三是捷克霍拉索维茨历史村落保留地。该遗产点可供研究的中英文文献少之又少，此处仅作简要介绍。霍拉索维茨村庄样貌自 19 世纪始稳定，两种本土建筑传统的融合创造了南波希米亚的乡村巴洛克风格，大自然元素以不同形式被装饰于建筑[②]，保存完好的建筑群使捷克霍拉索维茨成为中欧传统农庄的杰出代表[③]。

四是瑞典吕勒欧的格默尔斯达德教堂村。受宗教影响，吕勒欧的格默尔斯达德教堂村实际是从一个郊区中心变成教堂镇，城镇整体布局明显具有中世纪特点，平直的街区网与以教堂为中心向外辐射的中世纪街区互相重合，教堂小屋则受 19 世纪初的新古典主义影响。而当今的个人主义挑战着教堂村的集体生活方式[④]。

五是罗马尼亚特兰西瓦尼亚村，它是西方乡土建筑群研究的典型案例。撒克逊人在 12 世纪中期以坚固的教堂、未受破坏和非集约化的村庄在成熟的林地中发展与自然和野生动物生态平衡的混合农业为标志[⑤]。其中，最具价值的便是兼顾纪念碑属性和住宅功能的建筑[⑥]。

第六个案例和第七个案例相较于遗产价值的提炼，而更重要的是其在遗产研究与保护时间的影响力，但令人遗憾的是国内未有研究者展开讨论。匈牙利霍洛克老村及其周边是欧洲第一个世界遗产村（1987 年），其典范性不仅在于其悠久的保护历史跨越不同的文化遗产制度，从乡土建筑遗产开始融合了不同层次的遗产保护，更在于它是一个融入了非物质遗产元素的村庄[⑦]。叙利亚的古村落则是古典末期至拜占庭时期乡村生活的见证，各类景观和农业规划生产技术和水利技术保存完好[⑧]。但是，目前该地区的焦点不在对遗产价值的挖掘提炼而在于战火中对遗产的保护与社区问题。

与上述村落相比，侗族村寨是中国少数民族村落活态文化的突出代表，侗族村寨与上述亚欧等地的村落文化景观具有不同的文化主体，不同的建筑形式功能，反映着不同时代历程并具

---

① Galla A. Village on the winding river/Historic Villages of Korea：Hahoe and Yangdong，Republic of korea［J］. World Heritage：Benefits beyond borders，2012：230–241.

② Kypta，Jan. History of the villages of Holasovice，Lodenice，Stemplovec and Kamenec. 2021：308–309.

③ http：//whc.unesco.org/en/list/861.

④ Elenius L. Change in the Church Town：House design and social function［J］. 2020.

⑤ Cristini，Valentina，Lidia Garc í a–Soriano，and Fernando Vegas L ó pez–Manzanares. "Villages with fortified churches in transylvania：architecture，history and intangible culture." International Archives of the Photogrammetry，Remote Sensing and Spatial Information Sciences (Online) 44 (2020)：249–254.

⑥ Cristini，Valentina，et al. Villages with fortified churches in transylvania，Romania［M］.Letizia，D. et al. From Vernacular to World Heritage. Firenze Univerisity Press Design.2020：146–159.

⑦ Sonkoly G. From tangible to intangible heritage：Hollókő，the "world–protected village"［J］. Ethnologies，2019(2)：3–20

⑧ Houssin W. Historical and cultural landscape of the ancient villages of northern Syria［J］. European science review，2015 (5–6)：3–6.

有不同文化的侧重。举例来说，侗寨不同于菲律宾科迪勒拉稻作梯田因社会和经济的转变而脆弱，它依然保持着生机与活力。河回和良洞反映了儒家思想的浸润与影响，而这却是侗族村寨又不同于韩国两处历史村落的根本之处。侗寨在文化多样性呈现方面可以填补空白，更重要的是，在上述文化表象之上，侗族村寨不仅所含村寨数量众多，建筑景观特色鲜明，核心保护区面积广阔，更在“活态”文化内涵的广泛性、深邃性、生动性上独具特色。其活着并面向未来的存续状态使其在富有文化独特性的同时又具有世界范围内的普世代表性。

综上所述，提名的27处侗族村寨作为一个有机整体，与国内外典型村落或农业文化景观相比，显示出独特的文化价值，突出表现在蕴涵着丰富物质文化与非物质文化，更具有活态遗产的典型属性。在西方工业文明席卷全球的今天，中国西南侗族村寨作为农业文明、少数民族和传统聚落文化的活化石，具有突出的文化与人类学价值。

五、与世界典型的文化空间相比

联合国教科文组织在非物质文化遗产申报项目中曾一度设置“文化空间”的项目，但与空间相关的非物质文化遗产不止于此。截至2021年，共计二十二项与“文化空间”相关的非物质文化遗产被列入《急需保护的非物质文化遗产名录》《人类非物质文化遗产代表作名录》。它们分别是：俄罗斯联邦塞梅斯基的文化空间与口头文化，乌兹别克斯坦共和国博逊地区的文化空间、摩洛哥王国埃尔弗纳广场的文化空间，哥伦比亚共和国帕兰克－德－圣巴西里奥的文化空间、几内亚共和国尼雅嘎拉索索巴拉文化空间，约旦哈希姆王国佩特拉和维地拉姆的贝都人文化空间，多米尼加共和国梅拉镇孔果圣灵兄弟会文化空间，马里共和国亚饶－戴高文化空间，科特迪瓦共和国塔格巴纳的横吹喇叭音乐及文化空间，爱沙尼亚共和国基努文化空间，越南社会主义共和国铜锣文化空间，乌拉圭东岸共和国冈东贝及其社会文化空间，阿拉伯联合酋长国、阿曼苏丹国、卡塔尔国、沙特阿拉伯王国联合的马吉里斯文化和社会空间，拉脱维亚苏伊提文化空间，厄瓜多尔－秘鲁扎巴拉人的口头遗产与文化活动，肯尼亚米吉肯达圣林卡亚居住区的传统和习俗，肯尼亚基米卡伊神社相关仪式和习俗，蒙古传统习俗圣地崇拜，巴西瓦雅皮人的口头和图画表达形式，牙买加摩尔镇的马隆人传统，墨西哥托利曼的奥托米－希希美卡斯民族的纪念地和活态传统及委内瑞拉马波约人世居领地上的口头传统及其符号体系。

被列入名录的前提是文化空间项目留存至今并面临一定的延续危机。被列入的文化空间项目还呈现出以最能表达社群文化特色作为主要的文化表现形式，“文化丛”中的各文化成分之间存在着较强的内在逻辑性和关联性，多以社会组织结构逻辑统筹，形成社会组织的动因包括生业方式，但主要是宗教信仰等。有组织社群的实践空间便是文化丛集聚的地方。依据社群组织与具体的非物质文化遗产形式的关联性，将列入目录的文化空间项目分为三类：

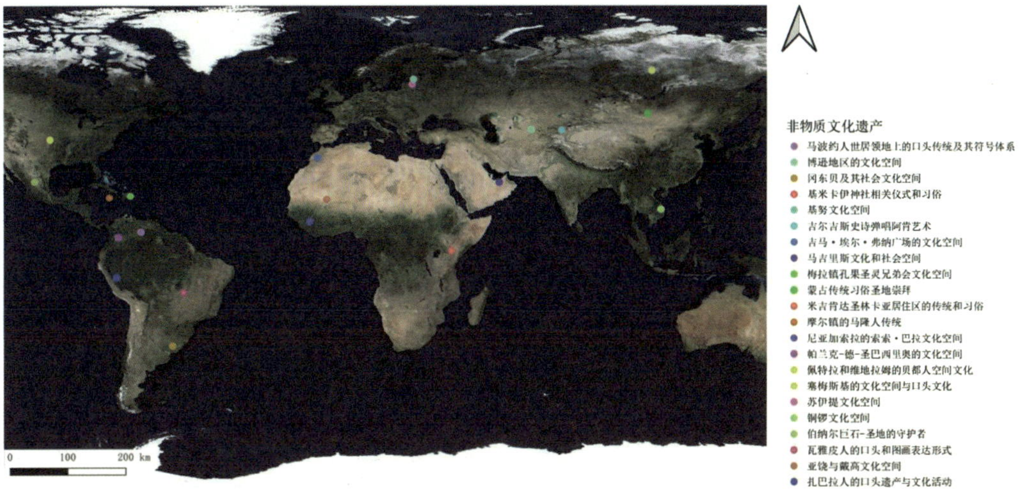

图 7-9 世界范围内典型文化空间分布图

一是在地理空间的物质性驱动下的文化景观，该文化空间侧重对不同特质非物质文化交流的综合，该景观强调以特定的地理空间为依托而弱化具体的遗产形式，比如乌兹别克斯坦共和国博逊地区的文化空间、约旦哈希姆王国佩特拉和维地拉姆的贝都人文化空间、马里共和国亚饶 – 戴高文化空间。

二是强调社群组织空间内的知识传承和精神文化性表达，强调具体的、最具有代表性非物质文化遗产形式在空间维度上的分布，从而在一定程度上超越了物理的地理的空间局限性，社群传统在该实践空间得以被周期性地延续，比如迁徙中的俄罗斯联邦塞梅斯基的文化空间保持着宗教信仰的联结，这种情况还包括几内亚共和国尼雅嘎拉索索巴拉文化空间、越南社会主义共和国铜锣文化空间、苏伊提文化空间。再比如摩洛哥王国埃尔弗纳广场的文化空间对具体物质空间的象征性凝聚与表达，乌拉圭东岸共和国冈东贝及其社会文化空间对身份认同的勾勒。

三是介于二者之间的文化空间，空间研究的重点是社会组织本体。该文化空间的关键以“社群”的分布划定范围，以社群结构统摄相关非物质文化遗产类型，比如哥伦比亚共和国帕兰克 – 德 – 圣巴西里奥的文化空间、多米尼加共和国梅拉镇孔果圣灵兄弟会文化空间、科特迪瓦共和国塔格巴纳的社会文化空间，还有基于爱沙尼亚共和国基努文化空间和马吉里斯文化空间的社会传承。

围绕文化空间的相关论述还解释了它往往与前代文明的历史发展阶段相关[①]。若从遗产申报的实践角度来看，学者普遍认同其以“空间”的物质载体统摄多种非物质文化遗产项目，从

① 覃琮 . 从“非遗类型”到“研究视角”：对“文化空间”理论的梳理与再认识［J］. 文化遗产，2018(5)：25–33.

而实现关联项目的整体性保护[①]。从学理上讲，文化空间从人类学的角度强调了以社群为中心的“经验的空间”[②]，突出了非物质文化遗产的“人类学价值”，甚至探究其成为“文化空间”意义符号和价值体系。从现实层面来看，联合国教育、科学及文化组织中止（暂停）了文化空间类项目的申请，“文化空间”承载的非物质文化遗产部分出现真空时段，立足于遗产保护实践的文化景观应当考虑承接对应部分的非物质文化项目。回顾已有的文化景观项目，不乏将物质文化遗产与非物质文化遗产紧密衔接的案例，比如多哥古帕玛库景观。

六、与中国的国家级文化生态保护区相比

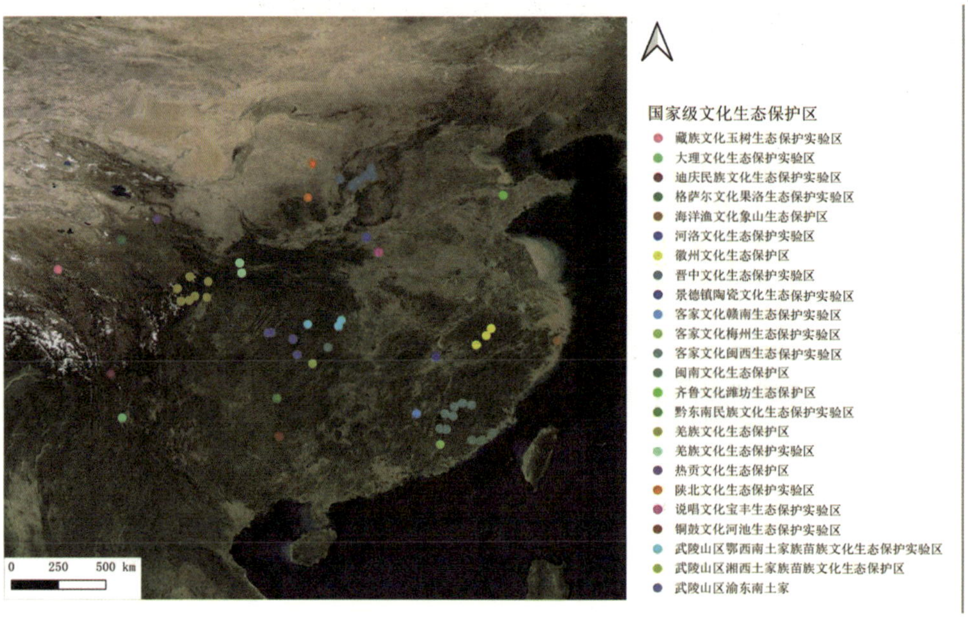

图 7-10 中国国家级文化生态保护区分布图

国家级文化生态保护区，是指以保护非物质文化遗产为核心，对历史文化积淀丰厚、存续状态良好，具有重要价值和鲜明特色的文化形态进行整体性保护，并经文化和旅游部同意设立的特定区域。2011 年 6 月 1 日起实施的《中华人民共和国非物质文化遗产法》规定：“对非物质文化遗产代表性项目集中、特色鲜明、形式和内涵保持完整的特定区域，当地文化主管部门可以制定专项保护规划，报经本级人民政府批准后，实行区域性整体保护。”其中，贵州省黔东南民族文化生态保护实验区于 2014 年列入区域性整体保护范畴，然而贵州省黔东南苗族侗族自治

---

① 苑利等 . 文化空间类遗产的普查申报以及开发活用［J］. 原生态民族文化学刊，2009(4)：63–71.

② 刘朝晖 . 村落社会与非物质文化遗产保护：兼论遗产主体与遗产保护主体的悖论［J］. 文化艺术研究，2009(4)：29–36.

州保护范围并未涵盖全部侗族甚至是南侗村寨分布的自治区，以“社群”为中心出发的遗产保护范围的完整性尚有不足。

七、与其他中国传统村落相比

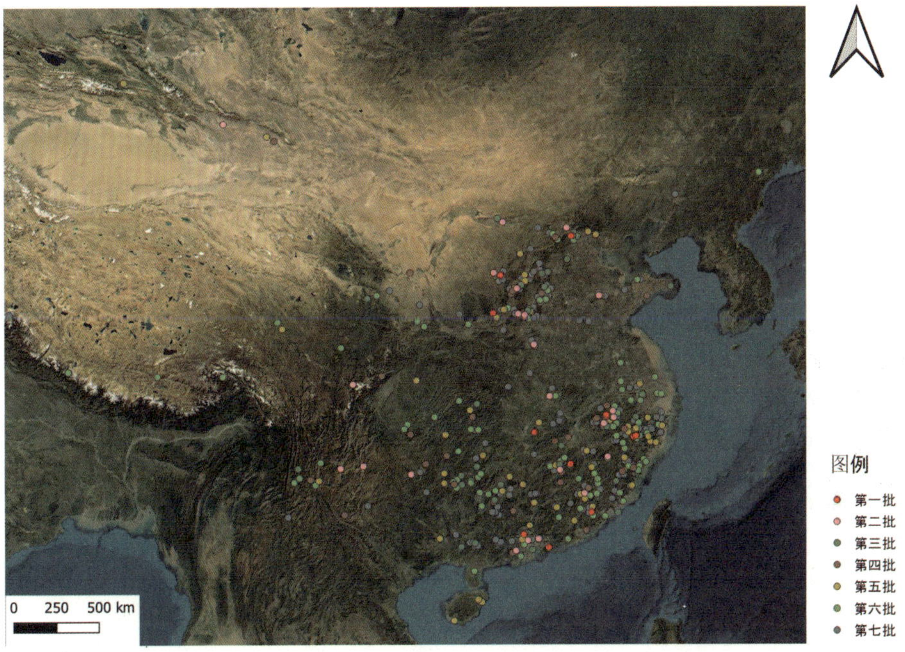

图 7-11 中国历史文化名村分布图

20 世纪 80 年代随着古村镇中的古建筑群被陆续公布为全国重点保护单位，这些村镇逐步进入遗产保护视野。1986 年国务院公布国家历史文化名城时指出“体现历史时期传统风貌和民族特色的小镇村寨也应予以保护”。随着皖南古村落在世纪之交成功申报世界文化遗产，国际上的乡土建筑保护热潮也蔓延至中国。1999 年国际古遗址协会通过的《关于乡土建筑遗产的县章》中提出了“乡土建筑是社会文化的基本表现，是社会与其所处地区关系的基本表现”。2002 年《文物保护法》第十四条明确提出了“历史文化村镇”的概念，自此历史文化村镇由自主保护迈向了法律条款。自 2003 年建设部与国家文物局联合制定《中国历史文化名镇（村）评选办法》至今，两部门已经公布了七批历史文化名村，共 487 处，具体分布情况如下文所述 。

分布图中可见中国历史文化名村在东南沿海地区、珠三角地区、黔桂湘三省以及山西地区有集聚现象。其中，侗寨申遗所属区域属于黔桂湘三省的集中连片名村落多于第三批和第七批列入。但是，随着空间尺度缩小，承载侗寨文化的历史文化名村分布密度降低，黔桂湘三省内的历史文化名村又分为三类：一是沿黔桂湘三省交界分布的村落，二是广西壮族自治区东南村落，三是散落于三省的独立村落。侗寨申遗区域所涉及的黔东南州六洞九洞地区与湖南省坪坦河流域历史文化名村区域部分覆盖，如贵州省黎平县肇兴乡肇兴寨村、贵州省从江县往洞乡增冲村、贵州省从江县丙妹镇岜沙村、贵州省黎平县茅贡乡地扪村、湖南省通道侗族自治县双江镇芋头村、湖南省通道侗族自治县坪坦乡坪坦村、湖南省绥宁县黄桑坪苗族乡上堡村，但是三江流域的侗寨却未被列入。因此，仅从保护角度来说，数量诸多的历史文化名村也未能完整覆盖申遗划定的村寨范围。但是，历史村落的评定标准仍有益于保护参考。

中国历史文化村镇的价值归纳主要依据以下四个条件：一是历史文化价值，二是空间格局、历史风貌的完整性，三是建筑的精美程度，四是非物质文化的丰富性。2012 年建设部公布的《传统村落评价认定指标体系（试行）》将以上条件进一步细化并分成平行的三个指标体系，可资借鉴。

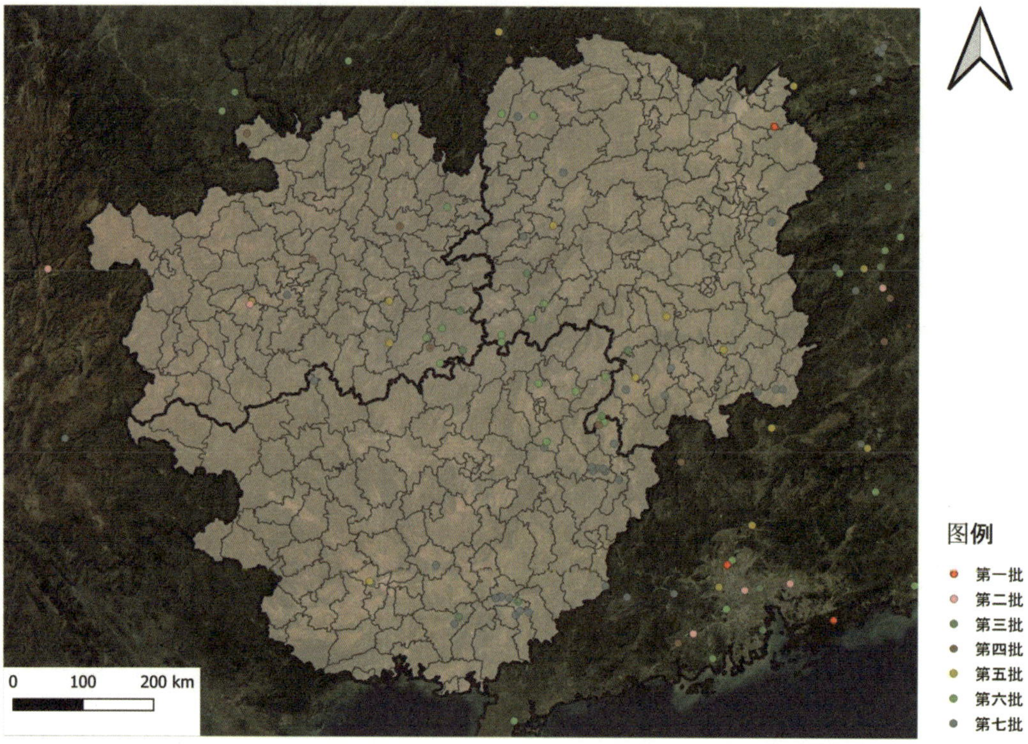

图 7-12　黔桂湘三省（自治区）历史文化名村分布图

一是村落传统建筑评价指标体系。该指标体系定量评估传统建筑年代的久远度（最早的修建年代和集中举荐年代）、稀缺度（文物保护单位等级）、规模（传统建筑占地面积）、比例（传统建筑用地面积占全村建设用地比例）、丰富度考察（建筑功能种类），定性评估完整性（建筑细部乃至周边环境的保存情况）、工艺美学价值（建筑造型、结构、材料装饰等的美学价值）和传统营造工艺传承。其中，规模、比例和完整性占整体评估的 50%，由此可见对村落古建筑与村落整体的关联性是首要考量因素。

二是村落选址和格局评价指标体系。该指标体系定量评估村落的久远度（现有选址的形成年代）、丰富度（历史环境要素种类），定性评估格局保存完整性、科学文化价值（选址规划与营造所反映的科学、文化、历史与考古价值）以及协调性（村落与周边自然山水环境与田野风光）。其中，格局完整性与科学文化价值占65%，其评估的细化程度虽不及传统建筑，但是与世界遗产相衔接。

三是评估村落非物质文化遗产评价指标体系三大类。该指标体系定量评估非物质文化遗产的级别、种类、连续传承时间、规模和传承人情况，定性评估非物质遗产的活态性和依存性。其中，对非物质遗产传承情况的评估和非物质文化遗产相关的仪式、传承人、材料、工艺以及其他实践活动与周边环境的依存程度占主导，超过50%。

第二节　侗寨遗产的价值

一、村落遗产标准使用讨论

世界遗产中的文化遗产（物质文化遗产）价值标准《操作指南》规定，只有符合六条标准中至少一条才可以通过联合国教科文组织相关机构的评估审定，从而进入世界遗产之列。其中，委员会建议标准Ⅵ最好与其他标准一起使用。现列述六条标准如下：

标准Ⅰ：创造精神的代表作。

标准Ⅱ：在一段时期内或世界某一文化区域内，对建筑、技术、古迹、艺术、城镇规划或景观设计的发展产生过重大影响；

标准Ⅲ：能为一种已经消失的文明或文化传统提供一种独特的或至少是特殊的见证。

标准Ⅳ：可作为一种类型建筑群或景观的杰作范例，展示出人类历史上一个（或几个）重要阶段的作品。

标准Ⅴ：可作为传统的人类居住地或使用地的范例，代表一种（或几种）文化，尤其是处在不可挽回的变化之下容易损毁的地址。

标准Ⅵ：与具有突出的普遍意义的事件、活传统、观点、信仰、艺术作品或文学作品有直接或实质的联系。

经统计可知，国内外传统村落在申请列入名录时使用标准有明显的差异：国内村落文化景观申遗普遍使用标准Ⅳ，即村落必然属于建筑群或景观这一杰出范例。此外，国内村落文化景观还搭配使用标准Ⅴ或标准Ⅲ，以强调其“见证”作用或居住地的“范例”意义。

相比之下，境外传统村落申遗多数选用标准Ⅳ或标准Ⅴ，二者在绝大多数情况下二选一。

表 7–3 中国列入世界遗产（含预备名录）村落文化景观适用标准统计表

遗产名称＼标准	i	ii	iii	iv	v	vi
苗族村寨	1	0	0	1	1	1
藏羌碉楼与村寨	1	1	1	1	1	0
红河哈尼梯田	0	0	1	1	0	0
皖南古村落	0	0	1	1	1	0
开平碉楼与村落	0	1	1	1	0	0
福建土楼	0	0	1	1	1	0
景迈山茶文化景观	0	0	1	1	1	0
山陕古民居	0	1	1	1	1	0
总次数	2	3	7	8	6	1

标准Ⅳ多指建筑群或景观，而标准Ⅴ则指向居住地或使用地，前者强调对历史上某一阶段的记录而后者则强调其不可挽回的保存状况。在少数情况下同时使用这两条标准，比如瑞典南厄兰岛农业景观、叙利亚北部的古村落、菲律宾科迪勒拉梯田、日本白川乡和五屹山历史村落和瑞典吕勒欧的格默尔斯达德教堂村。若同时使用这两条标准，一般还会搭配标准Ⅱ或标准Ⅲ，这意味着其有显著的见证作用或产生了重大影响。具体来讲，国外传统村落申遗所使用标准Ⅲ的频率也远次于中国遗产项目。同时使用标准Ⅲ、标准Ⅳ和标准Ⅴ在国内申遗项目中较为常见，甚至超过半数；而国外村落遗产同时使用这三个标准的情况少之又少，仅有叙利亚北部的古村落和菲律宾科迪勒拉梯田两处。第二，统计数据中显著的差异的见于对标准Ⅵ的使用，国内仅有苗寨拟使用该条，而国外村落有五地使用了该标准。第三，标准Ⅱ与标准Ⅳ搭配的普遍性值得注意，二者都指向建筑或景观对象并强调其所在历史阶段的重要性及产生的影响。

综上所述，侗寨申遗有以下三种价值组合可资考虑：方案一是标准Ⅴ与标准Ⅵ连用；方案二是标准Ⅲ、标准Ⅳ与标准Ⅴ连用；方案三是标准Ⅱ与标准Ⅳ连用。总的来说，方案选择的关键在于标准Ⅲ、标准Ⅳ对侗寨的适用性。

若使用标准Ⅲ，其价值阐释可表述为：侗族村寨凝聚了侗族起源、迁徙和在当地生息的历史，是一座蕴含着大量历史信息和文化信息的大型资料库，是侗族历史和文化的集中体现。这种历史和文化历经千年依然存在并且不断发展演变，为正在快速消失的少数民族文化传统提供了鲜活的见证，是世界多元文化的重要组成部分。但从侗寨本身的定位来看，“历史村落”不及其“活态村落”的价值，而其历史的见证价值在同类古族村落中不具有唯一性，比如藏羌古族和苗族等。若使用标准Ⅳ，其价值阐释可表述为侗族村寨的传统建筑，尤其是鼓楼和风雨桥等公共建筑，集中地反映出侗族传统建筑的建造技术并呈现了侗族聚居区域的人文景观。这些侗族村寨的公共建筑单体与民居建筑群体间结合巧妙，村寨建筑与自然环境和谐共存。其建筑元

表 7-4 国际范围内列入世界遗产（含预备名录）村落文化景观适用标准统计表

遗产名称 \ 标准	i	ii	iii	iv	v	vi
阿曼阿夫拉贾灌溉体系	0	0	0	0	1	0
瑞典南厄兰岛农业景观	0	0	0	1	1	0
叙利亚北部的古村落	0	0	1	1	1	0
土耳其布尔萨和库马利吉兹克历史遗迹群：奥斯曼帝国的诞生	1	1	0	1	0	1
伊朗豪拉曼/乌拉玛纳特文化景观	0	0	1	0	1	0
西班牙特拉蒙塔那山区文化景观	0	1	0	1	1	0
荷兰贝姆斯特圩田	1	1	0	1	0	0
埃塞俄比亚孔索文化景观	0	0	1	0	1	0
多哥古帕玛库景观	0	0	0	0	1	1
丹麦格陵兰岛库加塔农业文化景观	0	0	0	0	1	0
加拿大格朗普雷景观	0	0	0	0	1	1
安道尔共和国马德留·配拉菲塔·克拉罗尔大峡谷	0	0	0	0	1	0
法国喀斯和塞文—地中海农牧文化景观	0	0	1	0	1	0
法国叙利和查隆内斯卢瓦尔河谷	0	1	0	1	0	0
意大利瓦尔·迪奥西亚	0	0	0	1	0	1
罗马尼亚带有防御性工事教堂的特兰西瓦尼亚村	0	0	0	1	0	0
菲律宾科迪勒拉梯田	0	0	1	1	1	0
日本白川乡和五屹山历史村座	0	0	0	1	1	0
韩国历史村落:河回村和良洞村	0	0	1	1	0	0
捷克霍拉索维茨历史村	0	1	0	1	0	0
瑞典吕勒欧的格默尔斯达德教堂村	0	1	0	1	1	0
塞内加尔巴萨里乡村-巴萨里-贝迪克文化景观	0	0	1	0	1	1
总次数	2	6	7	13	15	5

素和景观特征为侗族聚居区乃至周围其他民族聚居区的现代建筑设计采纳并发扬，成为地域建筑文化的典型代表。就侗寨而言，物质材料背后的社会组织是更本质的影响因素，在上述陈述中侗族建筑的关键意义被强化，但此种表述忽略了侗族建筑与山水并重的景观格局，仅以建筑为中心的保护不能有效而完整地维系区域生业经济等基本要求。此外，目前国内遗产预备名录中，建筑景观占比大，因此遗产的阐释还需考虑比较优势和稀有性，“人类居住地”或许是更为完整的保护范畴。

目前国际范围内同时使用标准Ⅴ与标准Ⅵ的仅有三处，它们分别是多哥古帕玛库景观、加拿大格朗普雷景观以及塞内加尔巴萨里乡村：巴萨里－贝迪克文化景观，现于表 7-3 中列述这三个遗产点的价值。

表 7–5 同时使用标准Ⅴ与标准Ⅵ的遗产点列表

遗产名称	价值标准	概述及价值
塞内加尔巴萨里乡村：巴萨里–贝迪克文化景观	Ⅲ Ⅴ Ⅵ	巴萨里的文化景观位于塞内加尔东南部，靠近马里和几内亚边界。该坐落于丘陵地带的景观呈现出两种截然不同的地理环境：北部是由耕种斑块、牧场、灌木组成的冲积平原马赛克景观；南部山脉则高而陡峭，山间散布着天然洞穴。多样的自然地理环境为建立不同的文化集群奠定了基础，早期人类占领的考古证据在该地区比比皆是。基于自然环境巴萨里形成了三个不同的地理文化区，每个地区都表现出特定的形态和文化特征。直至20世纪，人类依旧栖居于此。若干村庄由圆形茅草屋组成，茅屋围绕着中央空间，村庄聚集于可控制平原的高海拔地区。而今，人们选择靠近田地的地方作为迁移途中的巴萨里定居点，定期用于举办仪式或节日。巴萨里文化景观见证了土地的特殊用途，包括传统农业系统和在资源相对稀缺的地区通过轮作和施肥、公共播种、除草来收获粮食，它是一个杰出的人类与脆弱环境互动的例子。
加拿大格朗普雷景观	Ⅴ Ⅵ	格朗普雷景观囊括了广阔的圩田或沼泽地，承载阿卡迪亚记忆的象征性景观，是北美同类景观的杰出代表。17 世纪法国的殖民统治时期，沿海区域被分割为带状土地，由一个给水、排水网络串联。传统的农作物耕作技术和基于社区的农业管理一直持续至今。考古遗迹记录着阿卡迪亚定居者及其继任者的定居位置和生活方式，景观见证了他们穿过沼泽地、联通开拓相邻沿海地区的过去。格朗普雷还建有20 世纪的纪念建筑和纪念碑，以纪念阿卡迪亚先民自1755年开始的被驱逐的历史。
多哥古帕玛库景观	Ⅴ Ⅵ	古帕玛库景观位于多哥东北部，延伸入邻国贝宁，是巴塔马利巴人的居住区。当地富有特色的塔奇恩塔泥制塔屋，被认为是多哥著名的象征，是一个结合了技术、实用和象征元素的基本家庭住宅，这种风格反映了社会结构、当地的农田和森林、以及人与景观的联系。许多建筑物高为二层并且都带有谷仓，谷仓下面是圆柱形的基座，上面覆有圆形顶部。有些建筑物的屋顶是平的，其他建筑则带有锥形的干草屋顶。在这个景观里，自然和宗教仪式以及社会信仰被紧紧地联系在一起。

上述案例均指明了遗产所代表的一种或几种文化，标准Ⅴ中的“可作为传统的人类居住地或使用地的范例”在上述案例中分别表述为“包括传统农业系统和资源相对稀缺的地区通过轮作和施肥、公共播种、除草来收获粮食”“带状土地划分和农作物耕作方法”以及“基本家庭住宅——结合了技术、实用和象征元素的塔奇恩塔泥制塔屋”。标准Ⅴ中“处在不可挽回的变化之下容易损毁”仅见于塞内加尔巴萨里乡村：巴萨里–贝迪克文化景观对脆弱环境的提示。标准Ⅵ中的联系分别是塞内加尔巴萨里乡村：巴萨里–贝迪克文化景观中古村落与特定仪式或节日的联系；在加拿大格朗普雷景观案例中，20 世纪的纪念建筑和纪念碑见证了阿卡迪亚的传统和被驱逐的历史；在多哥古帕玛库景观，原始样态的景观与信仰的紧密联结。

二、侗寨遗产所依据的标准阐释

侗族村寨符合《实施保护世界文化与自然遗产公约操作指南》列入世界遗产标准的Ⅴ和Ⅵ条。

符合标准Ⅴ

可作为传统的人类居住地或使用地的范例，代表一种（或几种）文化，尤其是处在不可挽回的变化之下容易损毁的位置。

侗族村寨是侗族人民顺应自然、与环境和谐共生的传统聚居生活方式的代表，也是近千年来侗族人民对于自然资源可持续利用和土地良性使用模式的例证。向心性“林－田－寨”复合景观和稻鱼鸭的农业技术系统是侗族人民在长期的生产和生活实践中形成的生存智慧的集中体现，它是山区河谷传统农业文明的宝贵遗产。随着现代化、城市化和全球化进程的迅猛发展，这些侗族村寨已经是为数不多的保留着传统的“文化孤岛”。

符合标准Ⅵ

与具有突出的普遍意义的事件、活传统、观点、信仰、艺术作品或文学作品有直接或实质的联系。

自然环境催生了相对独立的聚居单元和严密的聚落的自组织，而这样的社会自组织巧妙地融合了血缘与地缘关系，从而使聚落兼顾平时自给自足的生业经济和战时的防御自卫功能。社会自组织结构影响着侗寨景观的方方面面，小到核心家庭的单体建筑、房族聚集的鼓楼片区，大到侗款联合的款坪，社群的组织结构贯穿于生产实践和宗教信仰，是活的传统侗族内核。

三、突出的普遍价值

侗族村寨是中国西南少数民族村落文化景观中最具特色的代表，它具有以下特点：

（1）侗族乡土建筑遗产和侗文化的典型代表

侗族村寨的建筑类型多样，以住宅为基底，包括了鼓楼、风雨桥、寨门、萨岁坛、款场、戏台、学馆、祠庙、老井、道路、会馆等多种建筑类型在内。民居建筑形式灵活，一般都在两层以上，有的达四层，最普遍的是三层吊脚楼。以三层建筑为例最常见的平面形式是长方形，穿斗木构架，木板墙，小青瓦屋面，清水脊，以悬山顶、歇山顶最为常见，在有些建筑的前、后或一侧还多建一“偏舍”之类的附属建筑物。

（2）村落文化景观的典型代表

人与自然的完美结合，集中地体现侗族族群顺应自然以求生存与发展。侗族村寨是有机进化而来的景观（Organically Evolved Landscape）。它产生于初始的一种社会、经济、行政以及宗教需要，并通过与周围自然环境相联系或相适应而发展到目前的形势，这一类以其形式和组成要素的特征反映出进化的过程。侗族村寨又具有延续性景观（Continuing Landscape）的特点，它在当今与传统生活方式相联系的社会中，保持一种积极的社会作用，而且其自身的演变仍在进行之中，同时又展示出历史上其演变发展的物证。

（3）文化人类学的活态遗产

数量大、分布广、族群多，保留的文化信息丰富，是侗族物质文化与非物质文化的突出表现特征。从内容上看，是侗族传统建筑、语言、节庆、歌舞、饮食等生活方式，以及习俗、精神、制度等是一个社会状况的缩影；从时间上看，提名的侗族村寨是对侗族主要族群及其发展演变过程的生动反映；从空间上看，提名的侗族村寨是对不同地区侗族特色文化的同时展现。

四、真实性与完整性阐述

真实性

侗族村寨的真实性表现在物质、非物质、精神与情感三个方面：

在物质文化方面，村寨公共建筑与民居建筑的形式与设计、材料与材质的真实性，由侗族村寨当前的客观形态所决定。村寨位置与环境的真实性体现在村寨一经选址，位置与环境便相对稳定，村寨的延展也依托于村落宏观自然环境而始终保持位置与环境的真实。物质层次的真实性以建造技术、传统工艺等方面的真实性为依托。

在非物质文化方面，侗族村寨在语言、节庆、歌舞、饮食、传统等非物质遗产要素方面具有真实性，这些内容使得侗族村寨内在文化区别于汉族及其他少数民族。村寨的社会生活和组织运转很大程度上仍沿袭了数百年来传统的村寨管理模式，因此，村寨也具有传统、技术与管理系统的真实性。

在精神与情感方面，较之汉族，侗族村寨充分地保留了山川、林木等自然崇拜以及祖先崇拜的信仰，二者均是村寨原居民精神与情感真实性的突出体现。

侗族村寨作为典型的活态遗产（living properties），其真实性的核心是原居民及社区的真实，这一因素是以上三方面真实性的承载体，原居民及社区维系着侗族村寨当前物质与文化生活的真实性，并将这种真实性延续下去。

完整性

首先，提名的侗族村寨包括了侗族不同族群支系，他们共同构筑了侗族文化的突出普遍价值。相比同类国内外村落文化景观，遗产所涉侗族村寨分布于西南三省，遗产地理范覆盖面更广。不同族群支系、不同语言、不同组织方式、各类传统社会以及多样的社区所构建的侗族文化具有完整性，即遗产点完整地概括了侗文化的价值和历史过程。

此外，提名侗族村寨的实体构造及其重要特征都保存完好，能表现遗产全部价值的绝大部分必要因素也要包括在内，例如鼓楼、风雨桥、民居、南侗、北侗、语言差别、不同族源、不同侗款。更重要的是，作为活态遗产（living properties），提名侗族村寨体现出侗族文化族群间的历史因缘、互动关系和能动机制。

最后，提名侗族村寨数百年来都保持着村落自我发展的规律，鲜少受到大规模来自外部环境及文化的侵袭，无形中促使侗族村寨的完好保留。

第八章

保存状况与影响因素评估

第一节 保护现状概述

侗族村寨所处地域比较封闭，除了个别位于城市周边外，大部分散落远离城镇的崇山峻岭之中、河流之畔，文化生态相对原始，一直保留着较为原始古朴的原生状态和民风，城市化的威胁还不太严重，没有受到外界的过多干扰和破坏。侗寨除了个别地区外，多数村民的生活都还比较贫困。但近年来，随着国家经济实力不断加强，乡乡有电讯、村村通公路已经基本完成，特别是在西部大开发和新农村建设的大环境下，各级政府加大了对少数民族地区资金的投入，侗寨村民也迫切希望能通过合村并寨建新镇、通过挖掘本地经济资源、发展旅游观光事业等举措来发展经济，提升生活的质量，改变村寨的落后面貌。目前侗族村寨虽然仍是以从事农业生产的家庭组成的村落，但即便是最为偏僻的侗寨，新的兼业代替传统兼业都是很普遍现象，且新的兼业在整个生产活动中的比重逐渐增大，村寨中的年轻人大多外出打工，寨内大都是老人、妇女及孩子，传统家庭农业和副业在经济收入中的比重大大降低。外来的观念、文化和设施都已经进入侗寨村民的日常生活中，使得原本相对封闭的侗寨变得不是那么封闭了。再加上旅游业的开发，使得一些村寨已经失去原有的风貌。尽管如此，侗寨的保护受到了各级政府的高度重视。20世纪80年代以来，部分侗寨及寨中建筑被陆续公布为民族保护村寨和各级文物保护单位，同时也在侗寨建立各种侗族生态博物馆进行保护，此外，侗寨所在县人民政府先后出台了一系列保护措施，加强对侗寨的保护。侗寨村民也制定了关于保护民族文化的乡规民约，传承民族文化，保持民族风情，并且增加消防安全措施，成立义务消防队。目前，贵州黔东南州六洞九洞地区侗族村寨、湖南坪坦河侗族村寨以及广西三江地区侗寨依然较为完好地保留和沿袭着历史文化原貌和千百年来形成的生活习俗，构成了独具侗族特色的村落文化景观。

第二节 村寨本体保护现状

一、六洞九洞侗族村寨保护现状

六洞九洞侗族村寨地属贵州省黔东南苗族侗族自治州，集中分布于黎平县、榕江县和从江县。侗寨的保护受到贵州省各级政府的高度重视，贵州省政府和黔东南州政府先后出台的《民族文化村寨保护条例（办法）》使贵州少数民族村寨的保护逐步走向规范化和制度化。除此之外，每年都有大量专家和学者前来六洞九洞侗族村寨考察，致力于保护贵州侗寨。六洞九洞侗族村寨及寨中侗族建筑被陆续公布为民族保护村寨和各级文物保护单位，侗寨的自然景观和人文景观得到了很好的保护。2012 年，贵州省从六洞九洞侗族村寨中选取了具有代表性的 12 个侗寨申报世界遗产预备名单，其中，地坪上寨的地坪风雨桥被公布为国家级重点文物保护单位，增冲村被公布为中国历史文化名村，述洞村独柱鼓楼公布为贵州省级重点文物保护单位。堂安村、厦格村、黄岗村、述洞村、地坪上寨 5 个侗寨被黔东南苗族侗族自治州公布为民族民间文化村寨。根据中挪奥斯陆协议，堂安村建立了堂安侗族生态博物馆以及侗族生态博物馆资料信息中心。目前，此次贵州省申报的 12 个侗寨的村寨本体保护现状较好，村寨民居及公共建筑基本保存了原有建筑格局和侗族风貌。

二、坪坦河侗族村寨保护现状

坪坦河侗族村寨分布在湖南省通道侗族自治县，侗寨的保护受到湖南省各级政府的高度重视，湖南省人大常委会批准的《万佛山·侗寨保护条列》及实施细则为加强通道侗族村寨的保护起到了至关重要的作用，通道县人民政府也先后出台了一系列措施，加强对侗族村寨的保护。坪坦河侗寨及其侗族建筑被陆续公布为民族保护村寨和各级文物保护单位。2012 年，湖南省从坪坦河流域侗族村寨中选取了具有代表性的 7 个侗寨申报世界遗产预备名单。其中，高步村的永福桥和回福桥，阳烂村的风雨桥、龙头寨门鼓，中步村中步头桥、中步二桥，坪坦村普济桥，横岭村回龙桥，芋头侗寨古建筑群被公布为全国重点文物保护单位，横岭鼓楼被公布为湖南省级文物保护单位，另有 10 处侗族建筑被公布为县级文物保护单位。此次湖南省申报的 7 个侗寨的村寨本体保护现状较好，村寨民居及公共建筑基本保存了原有建筑格局和侗族风貌。

三、三江地区侗寨保护现状

三江地区侗寨分布在广西三江侗族自治县，多依山傍水，民族传统建筑保护完好，房屋多用杉木建成，布局紧密有序，村寨树木葱茏，街道多以石板铺成。几乎每个村寨中央都有高出住屋的鼓楼，少则一座，多则六七座。吊脚楼建筑群、风雨桥及干栏式吊脚木楼多为三层以上。侗寨的保护受到了广西壮族自治区各级政府的高度重视，广西壮族自治区人民政府出台的《广西壮族自治区民族民间传统文化保护条例》及实施细则为加强三江地区侗寨的保护起到了至关重要的作用，使侗寨得到有效的保护。三江侗族自治县作为广西唯一的侗族县，县人民政府对民族村寨的保护工作做得较为出色，相继出台了一大批保护民族村寨的文件并把文件的精神传达到群众当中，还根据侗寨的普遍特点，制定了《村寨防火公约》和各个侗寨的《村规民约》。三江地区侗寨及其侗族建筑被陆续公布为民族保护村寨和各级文物保护单位。2012 年，广西壮族自治区从三江地区侗族村寨中选取了具有代表性的 6 个侗寨申报世界遗产预备名单。其中程阳风雨桥被公布为全国重点文物保护单位，另有 2 处侗族建筑被列为县级文物保护单位，马鞍村、平寨村、岩寨村则被评为中国历史文化名村。此次申报的 6 个侗族村寨本体保护现状较好，村寨民居及公共建筑基本保存了原有建筑格局和侗族风貌。

第三节 资源环境保护现状

一、人居环境保护现状

贵州黔东南六洞九洞地区侗族村寨，湖南坪坦河侗族村寨以及广西三江地区侗寨保存完好，原始自然生态环境未受到较大破坏和污染。尤其是退耕还林政策的实施，使原本被破坏的生态环境得以改善。目前，侗寨的环境压力主要来自当地群众生活垃圾污染。由于没有处理生活垃圾的意识、设施和污水处理系统，生活垃圾无固定堆放点，污水无固定排放点，污水均排入村中或附近的小溪里，对环境造成很大污染。

二、人文环境保护现状

服饰历来是侗族传统文化的重要组成部分。无论在贵州、湖南还是广西，侗寨村民在很大程度上还保持着民族着装传统。在侗布制作的程序上，包括纺线、织布、染色、晾晒、织锦、刺绣等也都遵从传统的纺织技艺。侗族造纸工艺、雕刻和竹编工艺也得到了较好的传承。

鼓楼和风雨桥等侗寨公共建筑都是侗族建筑艺术的精华，鼓楼文化是侗族传统文化的核心部分。在贵州、湖南、广西的侗寨，这些建筑依然发挥着重要的社会和文化功能。

本次申报世界遗产预备名单的 25 个侗寨，非物质文化遗产保存较完好，其中的侗族大歌、侗戏、吃新节、吃扁米、吹芦笙、祭萨、泥人节、侗族斗牛节等都得以继续传承。其中《贵州侗族大歌》被联合国教科文组织列入《人类非物质文化遗产代表作名录》。

第四节　影响遗产的因素

一、自然灾害对遗产的影响

侗寨地理环境较为稳定，极少有地震、暴雪、飓风、强沙尘、鼠害、虫害等灾害发生，主要面临的自然灾害有暴雨、冰冻、自然火灾等，这些自然灾害对遗产及其相关环境构成潜在威胁，严重时直接破坏。侗寨多处于山谷之中，寨中多有小溪流经或环绕，地质疏松，大多属于亚热带季风气候，容易出现突发性暴雨，发生泥石流、山洪及山体滑坡等灾害。如地坪上寨1994年发生洪灾，损失不详；2004年也发生了洪灾，全国重点文物保护单位地坪风雨桥被冲毁，于2008年重建。大利侗寨在民国初年发生水灾，冲毁花桥6座；1996年山洪暴发，淹没全寨。此外，雪凝冰冻对村寨的影响也很大，在2008年雪凝冰冻灾害期间，宰荡侗寨民居70%以上不同程度受损，损毁花桥一座，村头寨尾部分古树、竹林等亦受冰雪重压后折断。贵州、湖南、广西三省各级政府已经充分意识到自然灾害对侗寨所产生的危害，采取加强日常监测、制定应急预案、研究抢救保护措施、加强村民防灾抗灾技术培训等措施，大力加强灾害气象的预报、引导工作，并通过多方面的环境整治措施减少自然灾害的发生，降低灾害的破坏程度。

二、火灾对遗产本体的影响

侗寨民居绝大部分是木质结构，随着人口的增长，新建房屋逐年增多，民居之间间距小，房屋密度大，且大多数侗族缺乏消防措施及消防设备，传统的生活方式（如部分民居还在使用火塘），火灾隐患严重。如堂安侗寨，1951年火灾，全寨基本烧完；2002年火灾，烧毁10多户；2007年火灾，烧毁50多户。厦格侗寨，1971年厦格村发生火灾一次，全村寨基本烧毁，导致清代及民国古民居损毁，损失严重。黄岗侗寨1962年发生火灾，全寨大部分被烧毁。高阡宰俄村在1967年发生过一场火灾，当时宰俄整个寨子120户全部被烧毁。占里侗寨也发生过火灾，1954年，大火将寨子104栋房屋全部烧毁。银潭侗寨1959年发生重大火灾，烧毁房屋及禾（谷）仓140多栋。

贵州、湖南、广西三省各级政府已经充分意识到火灾对侗寨的巨大危害，加强组织领导和监督检查，开展日常监测、制定应急预案、开展火灾隐患治理，严格火源管理，落实各项制度，以避免火灾的发生。而各个侗寨相继制定《防火公约》和《村规民约》，将防火作为一件大事来抓，目前，多数侗寨民居完成了电改、灶改、水改，在保持村寨原貌和房屋原来特征的情况下开辟了防火线，配备了消防栓、水枪、消防池等防火设施，使侗寨的防火工作得到较大的保障。

三、现代建筑对遗产风貌的影响

现代建筑对侗寨风貌的影响主要有以下两方面：

一是随着经济社会的发展，侗寨人口的增加，村寨建设呈迅速增长之势。部分村民扩建房屋一定程度上破坏了整体的村寨风貌，如房屋的改造或扩大侵占了本寨的消防通道和人行主要通道。

二是随着社会主义新农村建设的开展和交通基础设施完善，钢筋、水泥等现代材料逐渐出现在民居建筑中，对维护侗族村寨的原真性构成压力和威胁。同时，盲目模仿城市建筑风格和时尚装修，很大程度上影响了侗族村寨古朴、原始的建筑风格。

四、外来文化对传统的影响

外来文化因素对侗寨传统的影响是迅速、整体和全方位的。其主要体现在以下五点。

（1）生产方式的改变对传统的影响

随着侗寨修通了公路，安装了电线，有了自来水以后，侗寨村民生活方式就改变了，传统手工的农耕技术模式，开始被电动的工业农耕技术模式所取代，虽然这里的机械化程度还不是太高，但传统农耕模式已开始解体。侗寨村民看到密集的劳动力不再是优势，机械带来的不仅仅是一种新型农耕模式、生产方式和技术，还是一整套的文化模式及社会结构，包括一种新的价值观念。

（2）生活方式的改变对传统的影响

手机、电视和互联网进入侗寨后，拓宽了侗寨村民的眼界。电视里的情景给了侗寨村民一种新的想象和追求，他们试图融入一个更大的世界。在电视中看到的新时尚也开始在寨子里传播，牛仔裤、T 恤、旅游鞋取代了民族服装，成为年轻人时髦的装扮。手机、电视和互联网的出现，带来了新的文化符号、新的审美和时尚，是新的文化象征。

（3）旅游业发展对传统的影响

在开展旅游业后，寨子里不再只有村民，还有许多中外游客、来视察的领导、来考察的学者，甚至还有来购买文物的商贩。随着一批一批游客的来临，传统的服饰及生活用具商品市场开始出现。寨子里，许多传统的“老东西”流失了，比如以前他们用过的许多传统服装，还有许多村民把自己祖辈留下的物品都出售给了游客及文物贩子。另外游客来到寨子，除了游览之外，大多还要看表演队的表演。而侗寨人的文化也开始从日常生活走向展示和表演。而且这种表演并不完全是传统的，大多数是经过了培训，为迎合、满足游客的需求而设计表演的。

（4）村寨和家族权威变化对传统的影响

在外来文化的冲击过程中传统家族权威的地位遭到了动摇。有许多家族的族长不再由老人来担任，而是由一些有能力有文化的中年人或年轻人来担任。因为这些有文化的中年人或年轻人的汉语好，能与不同的人沟通打交道，而且比老年人更能赚钱养家。因为侗寨不再封闭，作为一族之长，必须要具备这些能力。面对全球经济一体化的当今社会，他们发现书本上的知识、报纸上的知识和电视里的知识比老人们的知识更有用，老人们的权威地位因而迅速倒塌，有知识的年轻人越来越受到尊重。

（5）青壮年外出打工带来的外来文化冲击

侗寨里从 16 岁 –50 岁的青壮年劳力，有 85% 的人外出打工，18 岁 –30 岁之间的青年几乎占到了 95%。这些青壮年劳动力进入城市打工，他们发现自己所到的不仅是一个完全陌生的地理空间，同时还是一个完全陌生的文化空间，他们从小习得的本民族的文化知识、本民族的文化规则在城市全然无用，他们必须从头学习和理解外面文化，并将这些文化带回所在的侗寨。

五、影响因素分区列表

表 8–1 六洞九洞侗寨影响遗产因素一览表

六洞九洞侗寨名称	自然灾害	火灾	现代建筑	外来文化	旅游人数（人）
述洞村	山体滑坡，洪水	隐患较大	有影响	有影响	30000
大利村	山洪	隐患较小	影响较小	影响较小	少量自驾游客
宰荡村	无	隐患较大	影响较小	影响较小	无
朝利村	山洪影响严重	隐患严重	影响很大	影响很大	无
增冲村	山洪	隐患较大	影响较大	影响较大	少量游客
黄岗村	山体滑坡，水源轻微污染	隐患较大	有影响	有影响	无
堂安村	山体滑坡，水源轻微污染	隐患较大	有影响	有影响	40000
厦格村	山体滑坡，水源轻微污染	隐患较大	有影响	有影响	20000
高阡村	山洪影响	隐患较大	影响较大	影响较大	少量自驾游客
占里村	山洪	隐患较大	影响较大	影响较大	少量自驾游客
银潭村	山洪、山体滑坡	隐患较大	影响较大	影响较大	少量游客

表 8–2 三江地区侗寨名称

三江地区侗寨名称	自然灾害	火灾	现代建筑	外来文化	旅游人数（人）
地坪上寨	突发性暴雨、山洪严重，水源轻微污染	隐患严重	有较大影响	有较大影响	无
高定村	山洪	隐患小	影响小	有影响	少量游客
高秀村					
高友村	山洪旱灾	隐患大	影响小	有影响	逐年上升
马鞍村	山洪	隐患大	影响大	影响大	逐年上升
平寨村	山洪	隐患大	影响大	有影响	逐年上升
岩寨村	山洪	隐患大	影响大	有影响	大量游客

表 8–3 坪坦河流域侗寨名称

坪坦河流域侗寨名称	自然灾害	火灾	现代建筑	外来文化	旅游人数（人）
高步村	山洪	隐患较大	影响较大	有影响	逐年上升
阳烂村	山洪	隐患小	影响小	影响小	无
中步村					
坪坦村	山洪	隐患小	有影响	有影响	逐年上升
横岭村	山洪	隐患小	民居影响较大	有影响	少量游客
芋头村	山洪	隐患小	影响小	有影响	少量游客
路塘村	山洪	隐患小	影响小	有影响	少量游客

第九章

遗产保护与管理措施

第一节　遗产区及缓冲区的人口和面积

在申报遗产的27处侗族村寨中，仅有全国重点文物保护单位增冲侗寨和芋头侗寨划定了保护范围和建设控制地带。

其余侗族村寨正在制定文物保护规划的保护区与建设控制地带，等同于遗产区和缓冲区。

以下为区域内古迹人口：

申报遗产区28097人

缓冲区20401人

总计47883人

统计年份：2012年12月

序号	六洞九洞村寨名称	人口（人）			面积（公顷）		
		遗产区	缓冲区	总计	遗产区	缓冲区	总计
1	述洞村	1518	4935	6453	23.40	63.43	86.83
2	大利村	1311	1523	2834	16.89	58.78	75.67
3	宰荡村	1300	2130	3430	18.57	76.89	95.46
4	朝利村	1112	15	1127	11.66	87.64	99.3
5	增冲村	1297	26	1323	5.04	13.03	18.07
6	黄岗村	1578	80	1658	14.58	47.40	61.98
7	堂安村	850	1961	2469	4.23	37.63	41.86
8	厦格村	1700	820	2520	8.40	32.49	40.89
9	占里村	762	20	782	18.96	88.33	107.29
10	高阡村	2006	30	2036	4.82	14.18	19

续表

序号	六洞九洞村寨名称	人口（人）			面积（公顷）		
		遗产区	缓冲区	总计	遗产区	缓冲区	总计
11	银潭村	1260	28	1288	5.43	14.71	20.14
12	地坪上寨	518	779	1297	85.95	92.54	85.95
总计	六洞九洞村寨	15212	12347	27217	217.93	627.05	752.44
序号	三江地区村寨名称	人口（人）			面积（公顷）		
		遗产区	缓冲区	总计	遗产区	缓冲区	总计
1	高定村	2400		2400	115.85	143.2	115.85
2	高友村	1927		1927	25.49	60.92	86.41
3	高秀村				18.24	69.58	87.82
4	平岩村马鞍囤	820	150	970	210.70	240.75	210.70
5	平岩村平寨	1025		1025			
6	平岩村岩寨	1037		1037			
总计	三江地区村寨（不完全统计）	7209	150	7359	370.28	514.45	500.78
序号	坪坦河流域村寨名称	人口（人）			面积（公顷）		
		遗产区	缓冲区	总计	遗产区	缓冲区	总计
1	高步村	2500	3256	5756	17.84	552.11	569.95
2	阳烂村	665	2069	2734	10.28	128	138.28
3	中步村				41.91	123	164.91
4	坪坦村				18.61	94	112.61
5	横岭村	962	430	1392	21.21	88.22	109.43
6	芋头村	740	1879	2619	20.41	466.75	487.16
7	路塘村	806		806	27.34	544	571.34
8	上堡村				15.27	62.17	77.44
9	大团村				30.12	73.8	103.92
总计	坪坦河流域村寨（不完全统计）	5673	7634	13307	202.99	2132.05	2335.04
总计	六洞九洞、三江、坪坦河村寨（不完全统计）	28097	20401	47883	791.2	3273.55	3588.26

遗产范围图示保护范围缓冲区图示

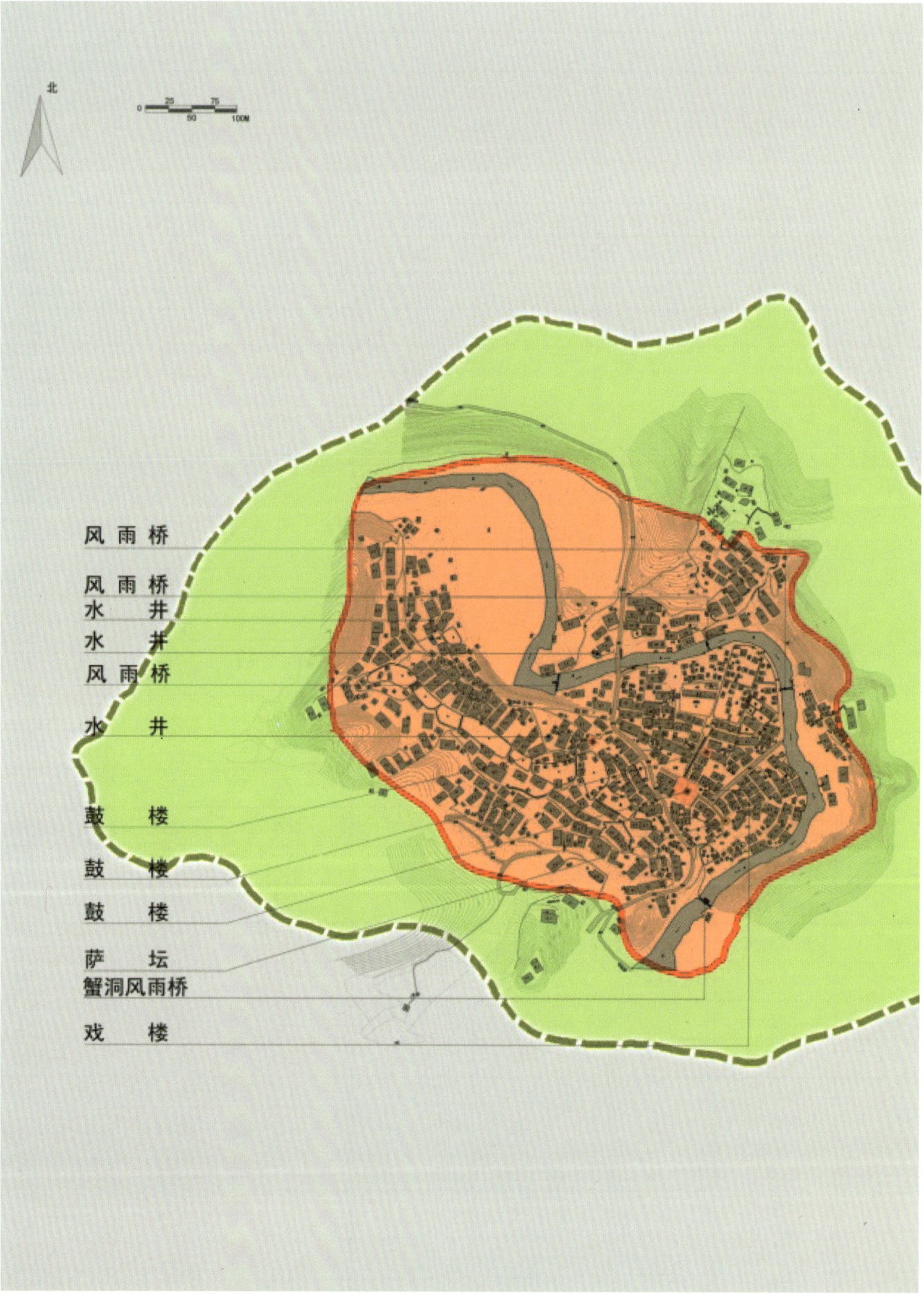

述洞侗寨遗产区与缓冲区示意图

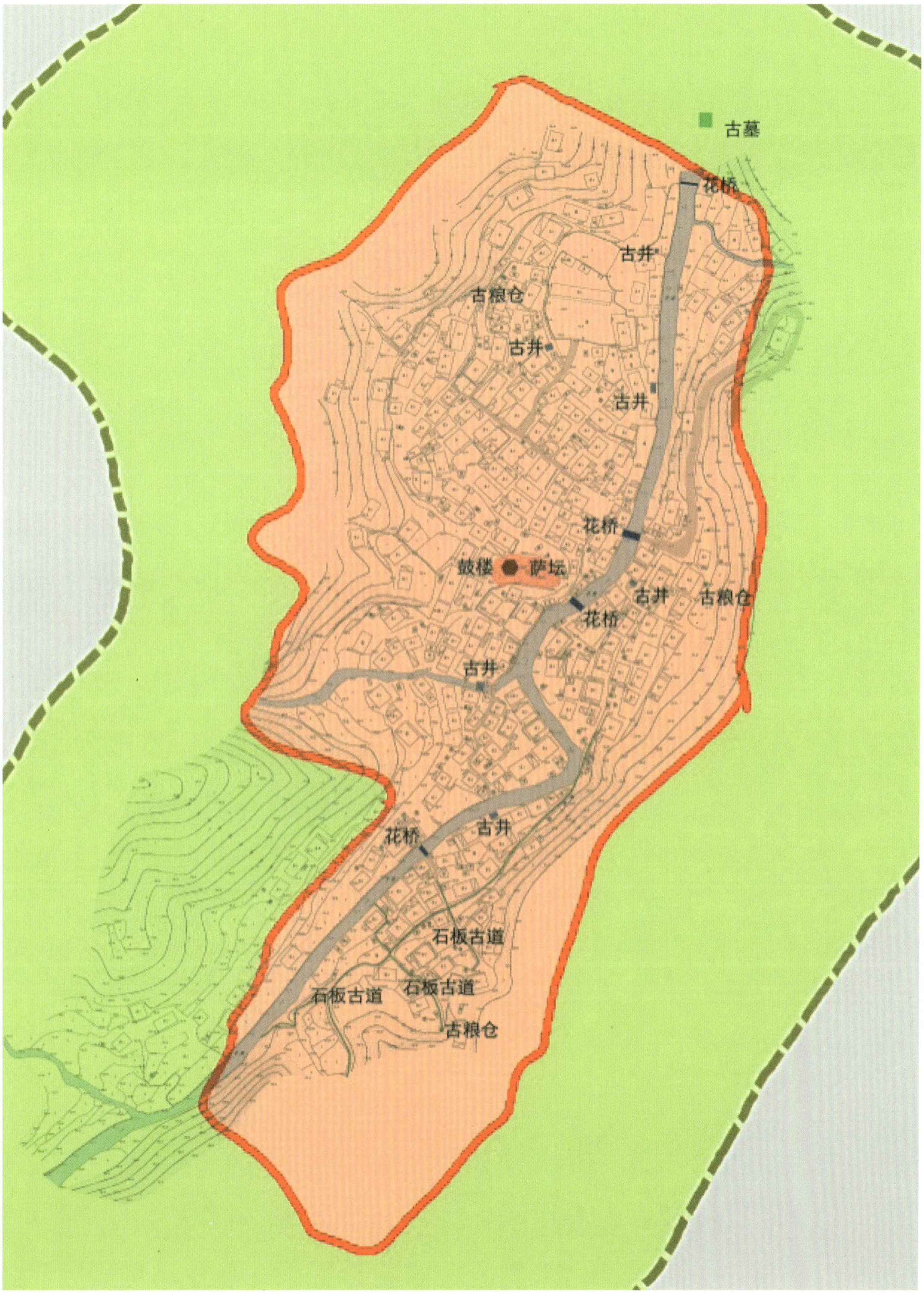

大利侗寨遗产区与缓冲区示意图

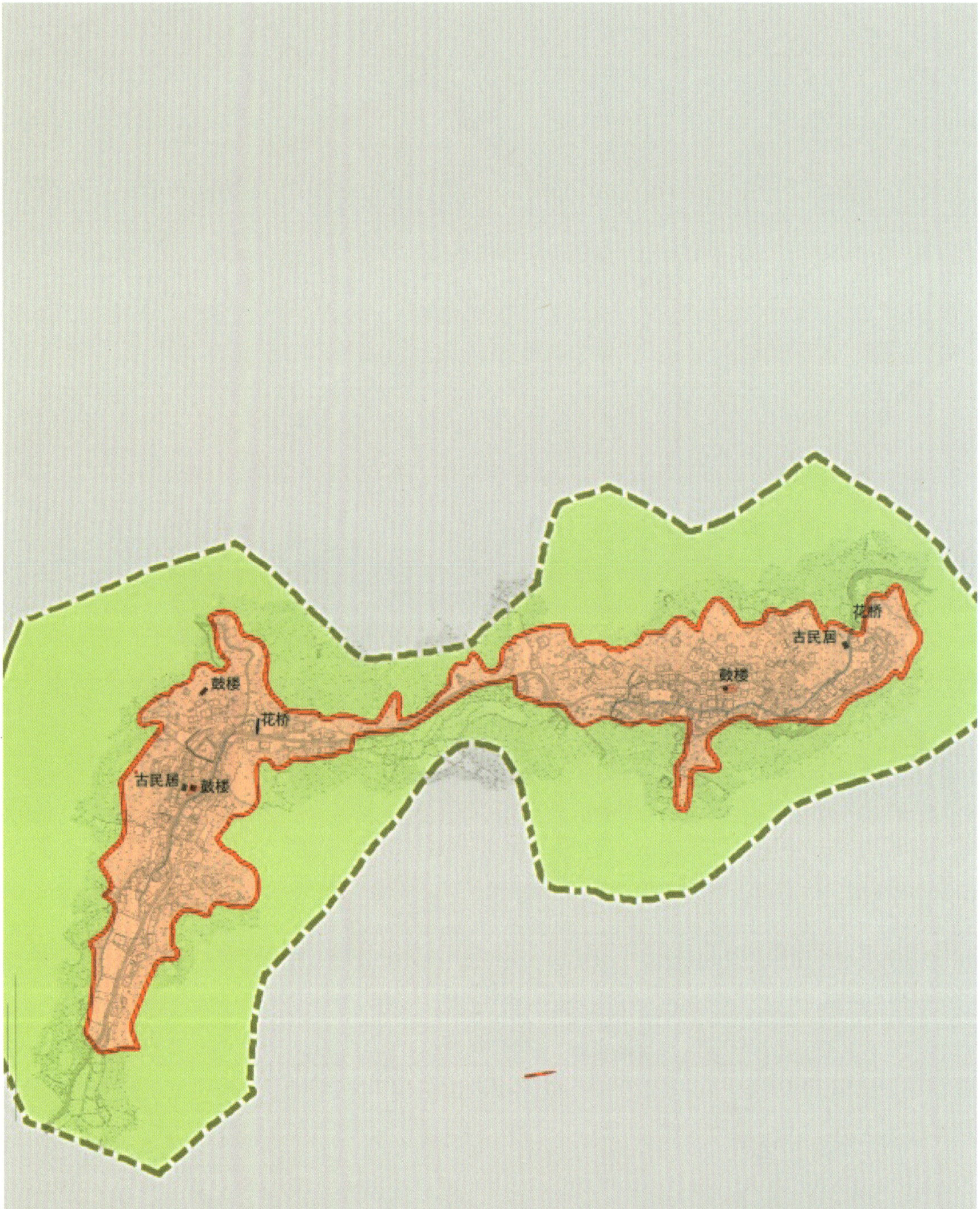

宰荡侗寨遗产区与缓冲区示意图

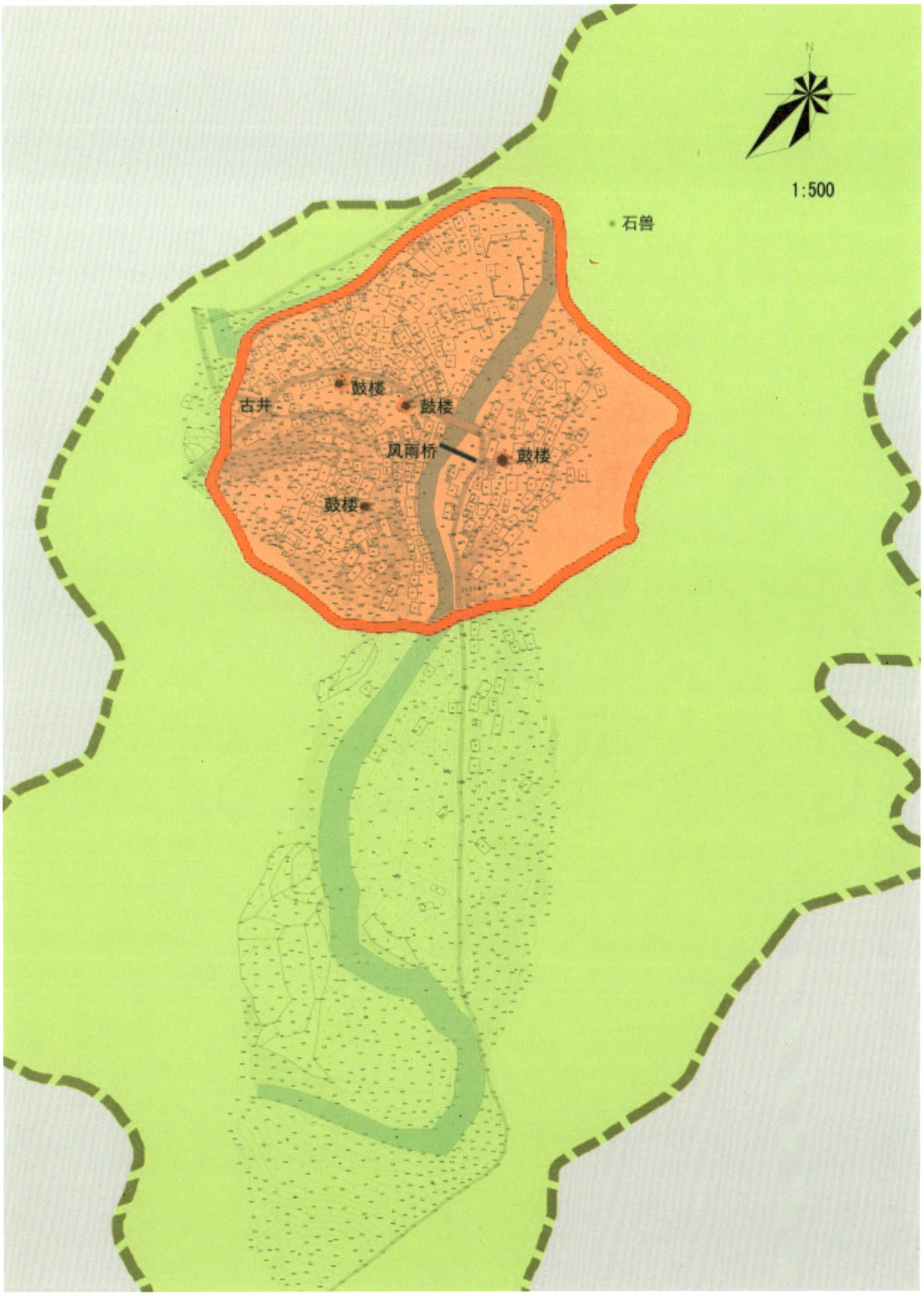

朝利侗寨遗产区与缓冲区示意图

增冲侗寨遗产区与缓冲区示意图

黄岗侗寨遗产区与缓冲区示意图

堂安侗寨遗产区与缓冲区示意图

厦格侗寨遗产区与缓冲区示意图

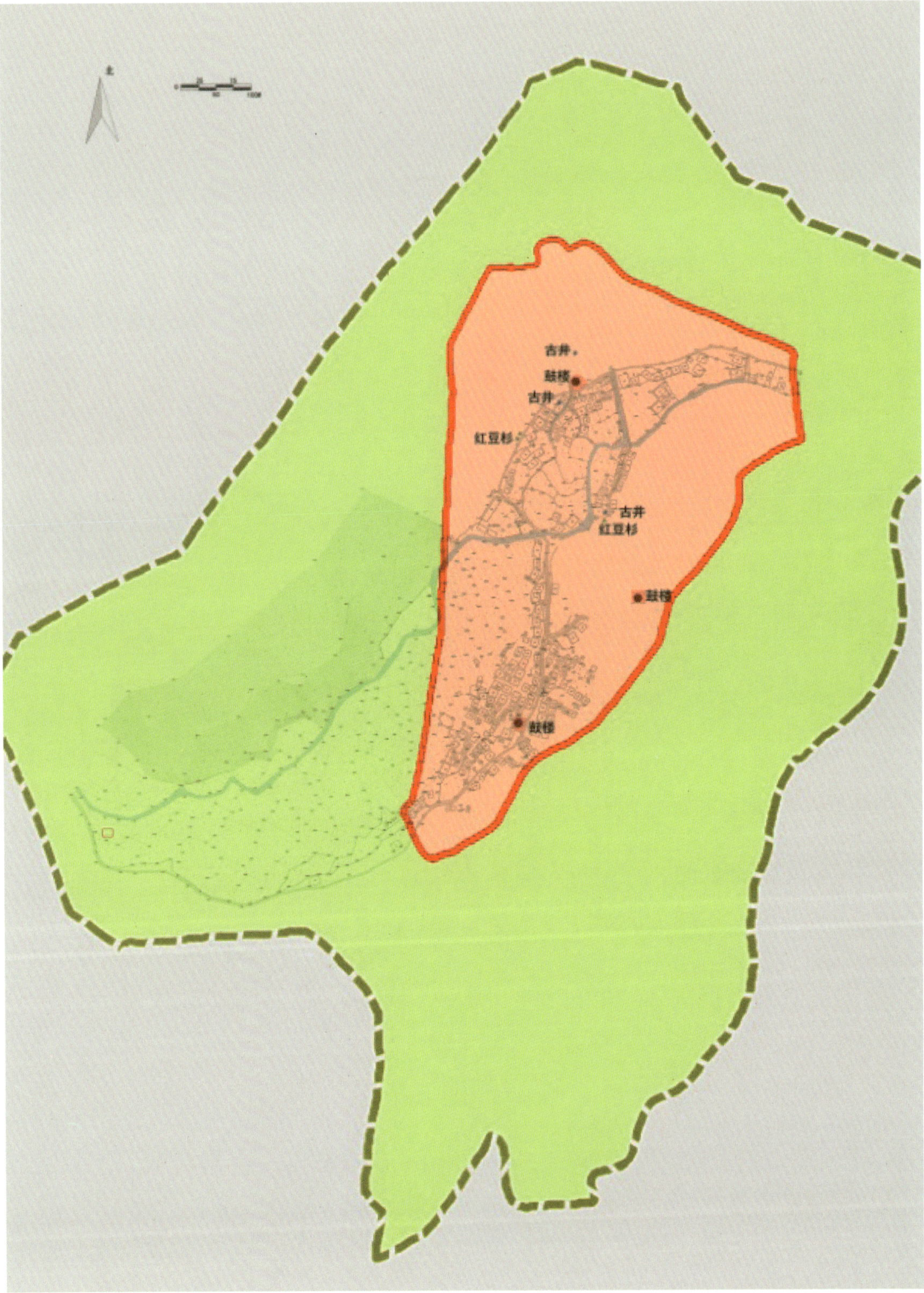

高阡侗寨遗产区与缓冲区示意图

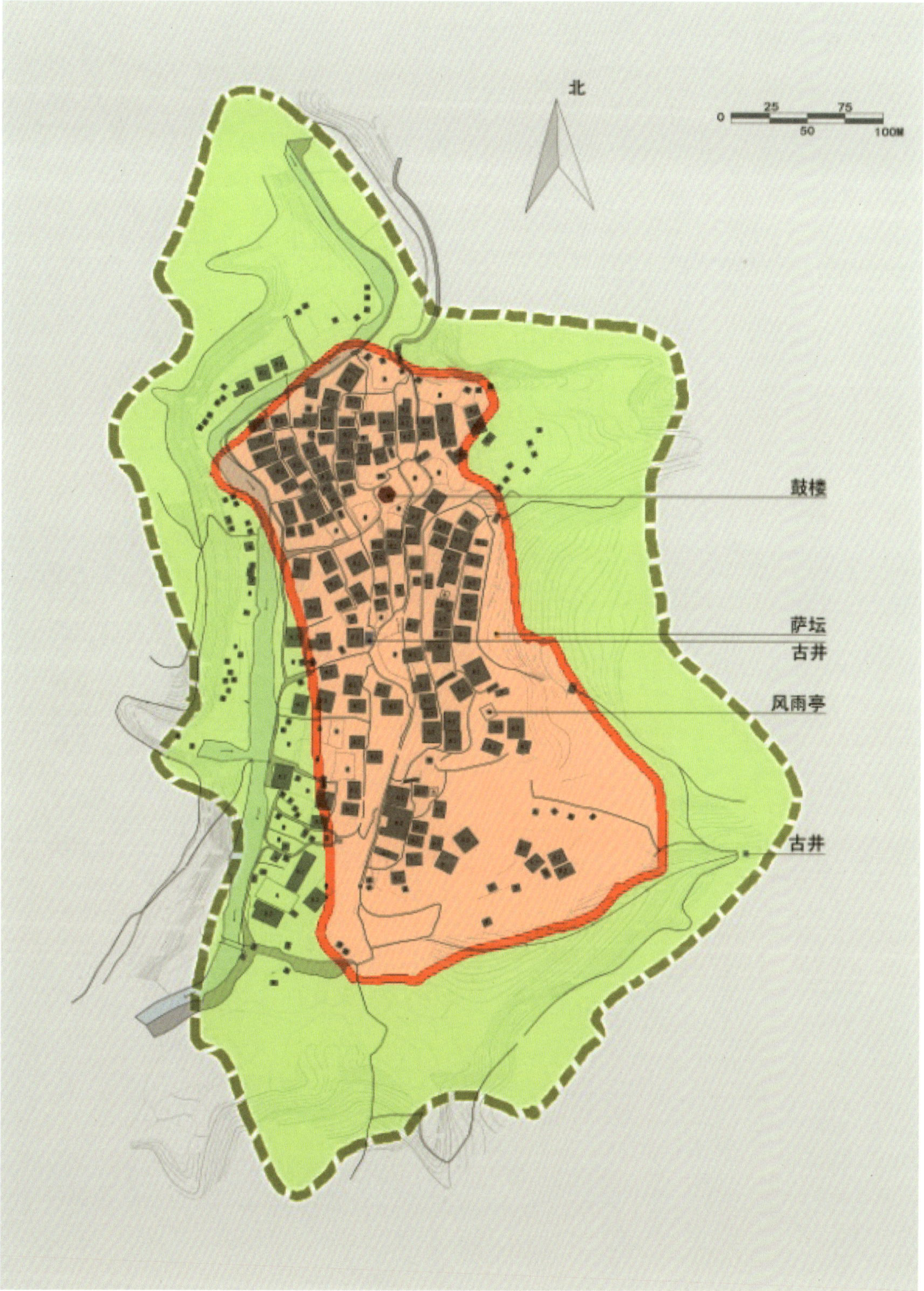

占里侗寨遗产区与缓冲区示意图

银潭侗寨遗产区与缓冲区示意图

地坪上寨侗寨遗产区与缓冲区示意图

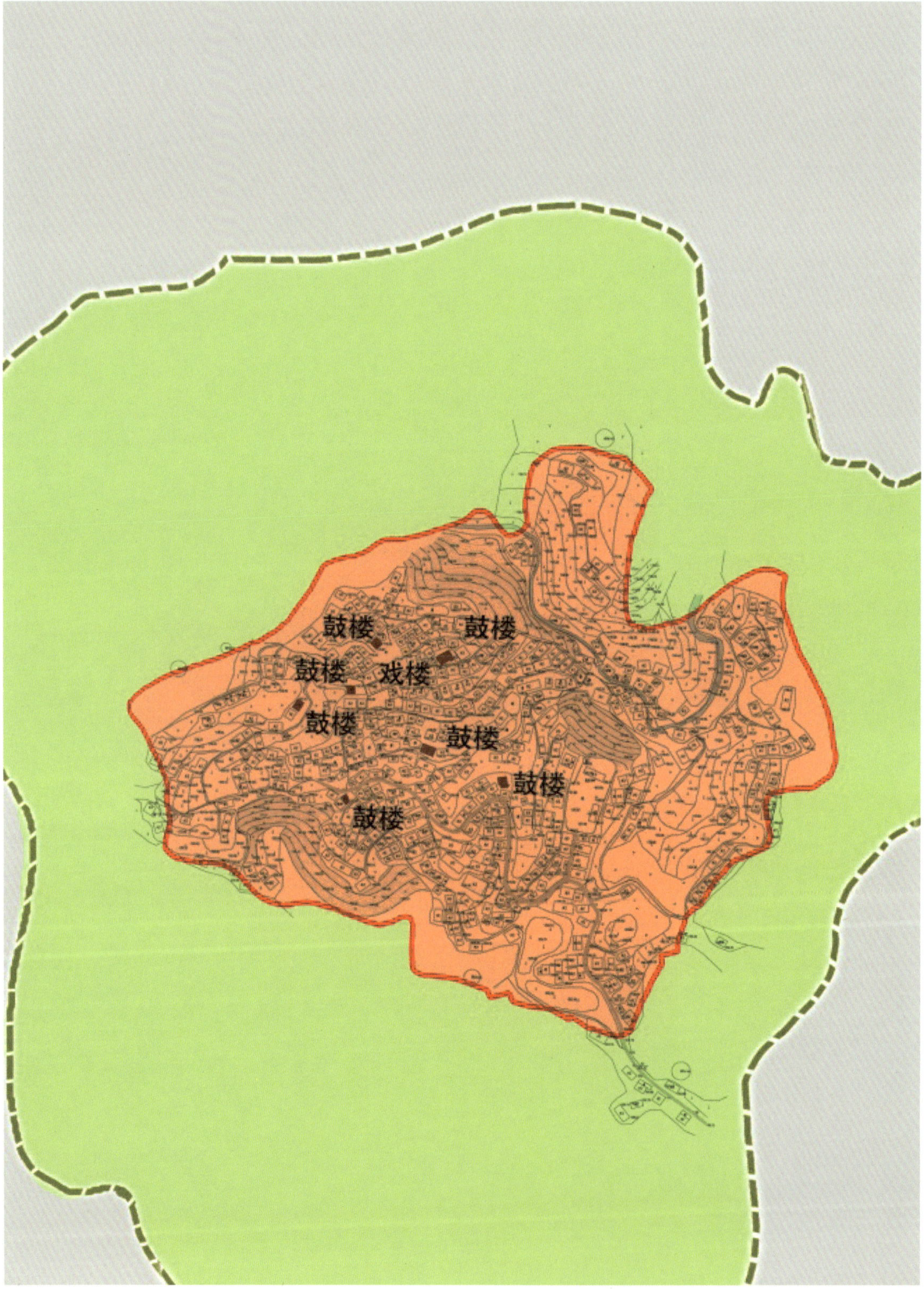

高定侗族遗产区与缓冲区示意图

程阳三寨（平寨侗寨、岩寨侗寨、马鞍侗寨）遗产区与缓冲区示意图

高秀侗寨遗产区与缓冲区示意图

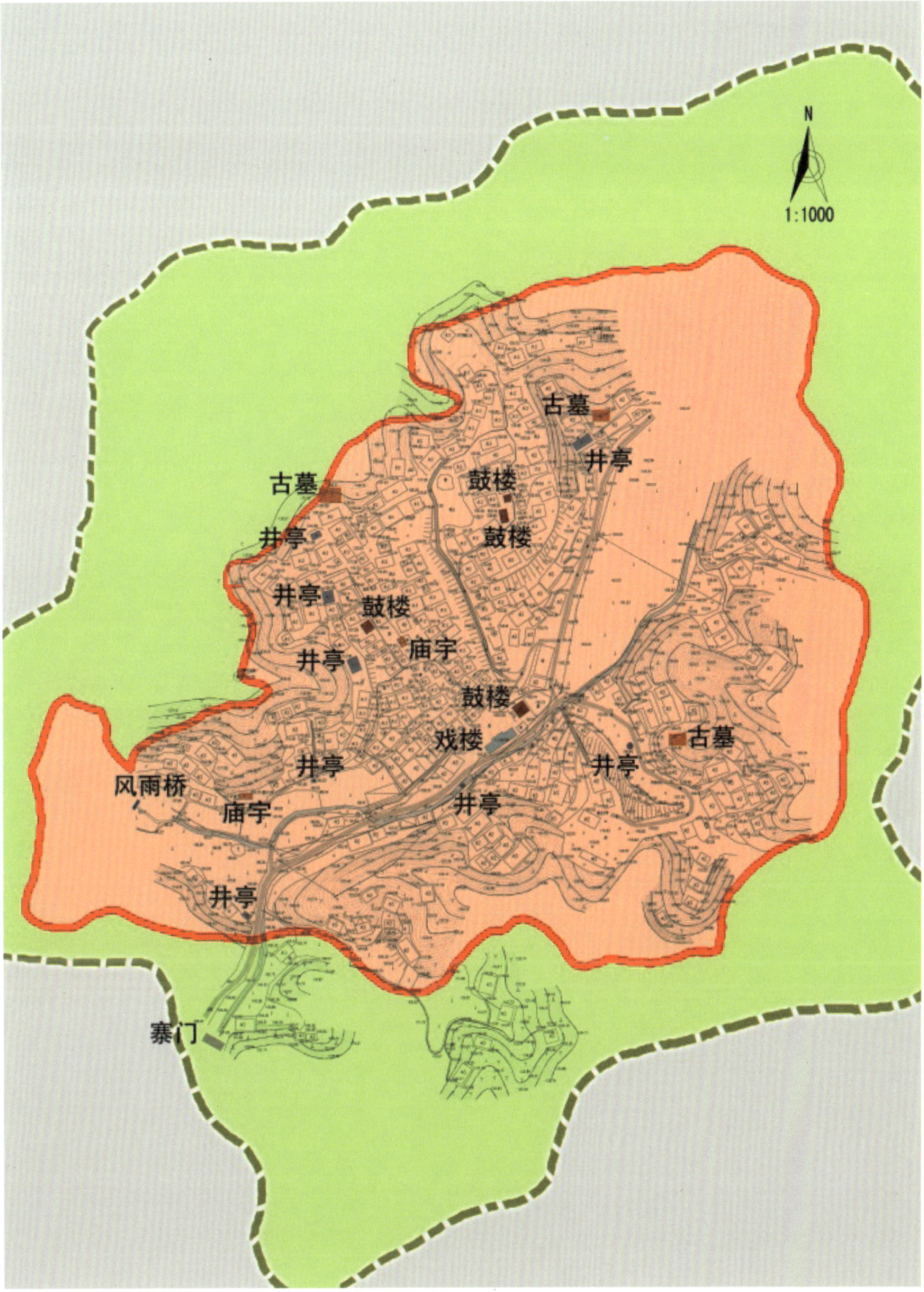

高友侗寨遗产区与缓冲区示意图

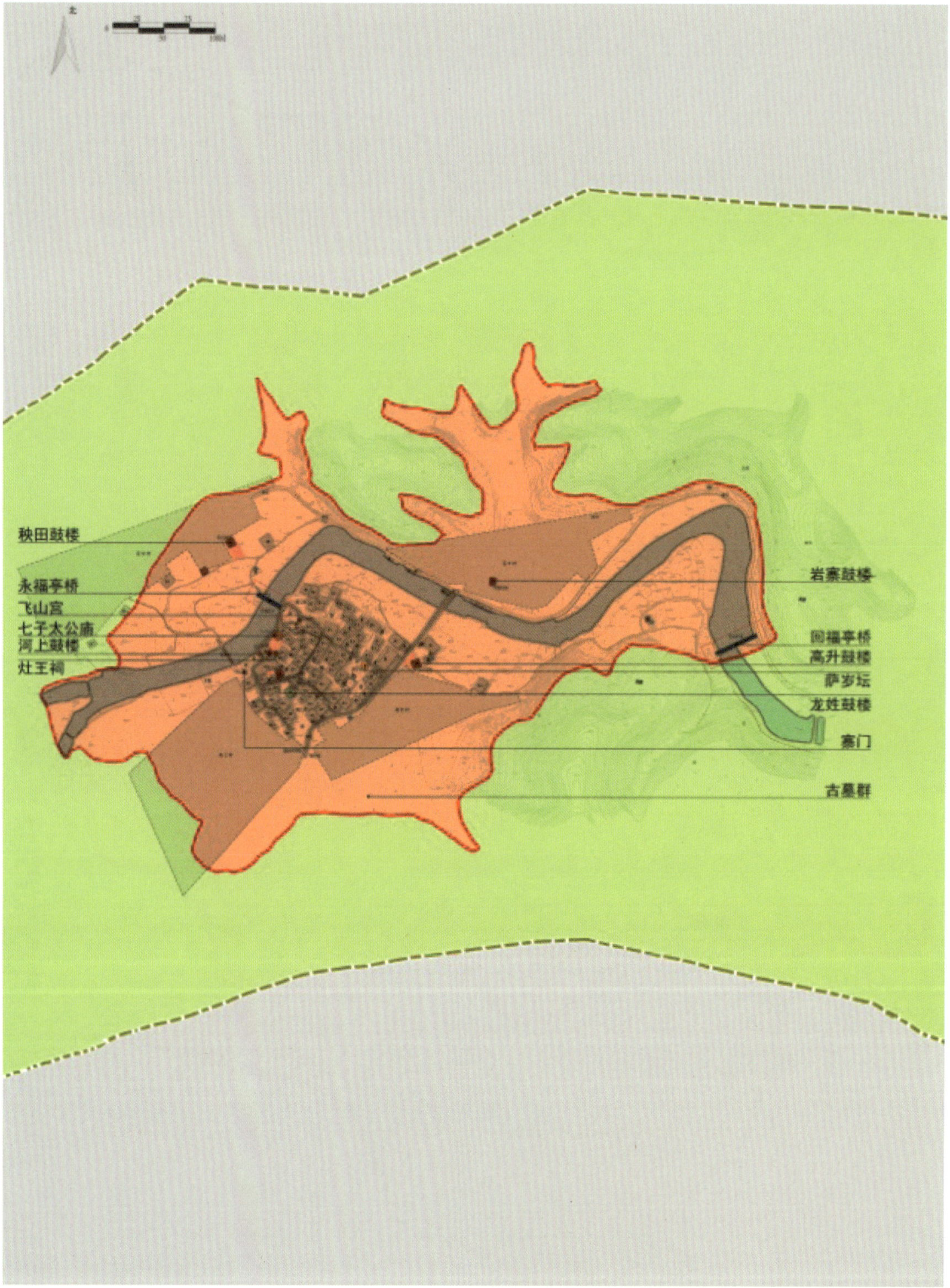

高步侗寨遗产区与缓冲区示意图

阳烂侗寨遗产区与缓冲区示意图

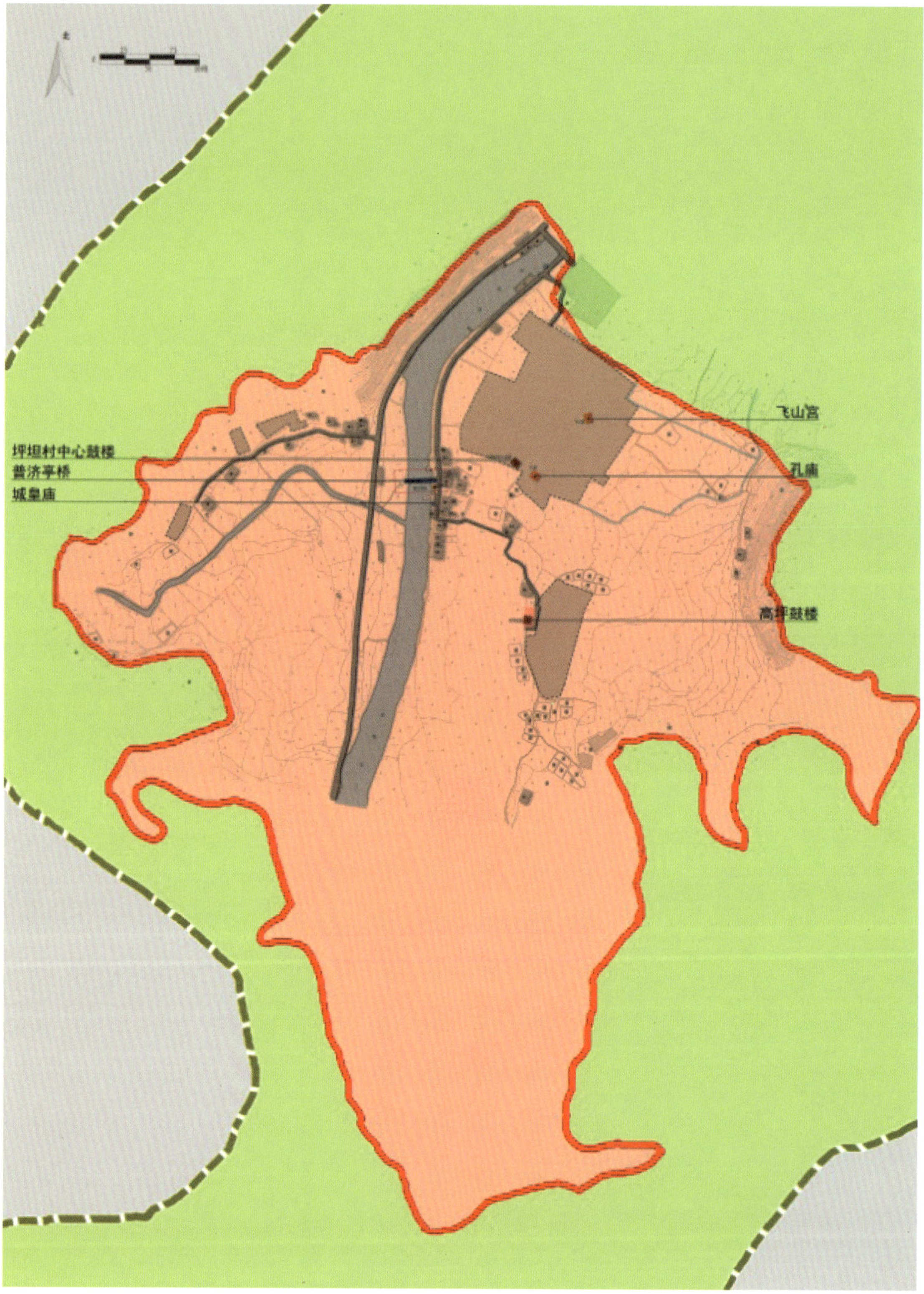

坪坦侗寨遗产区与缓冲区示意图

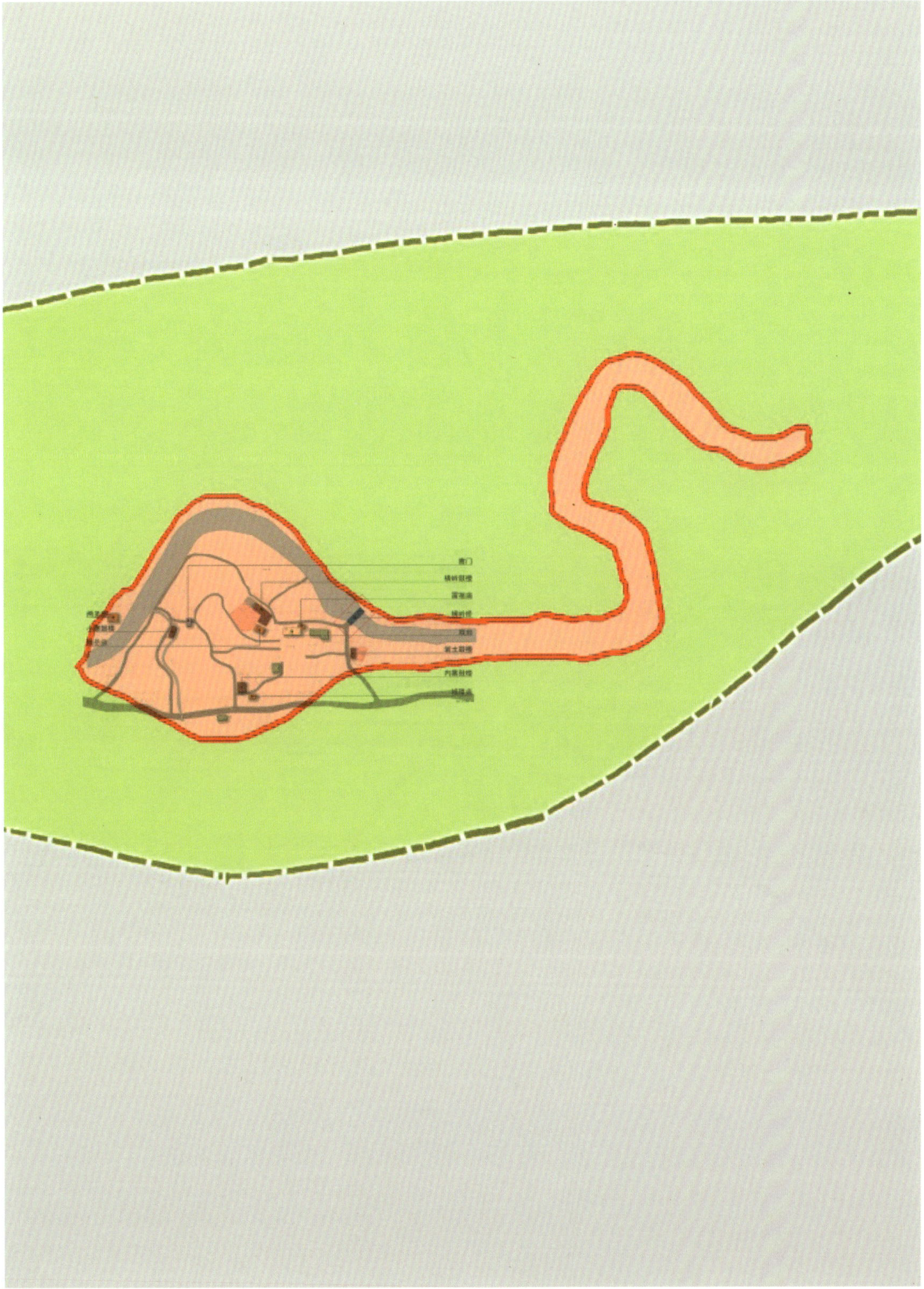

横岭侗寨遗产区与缓冲区示意图

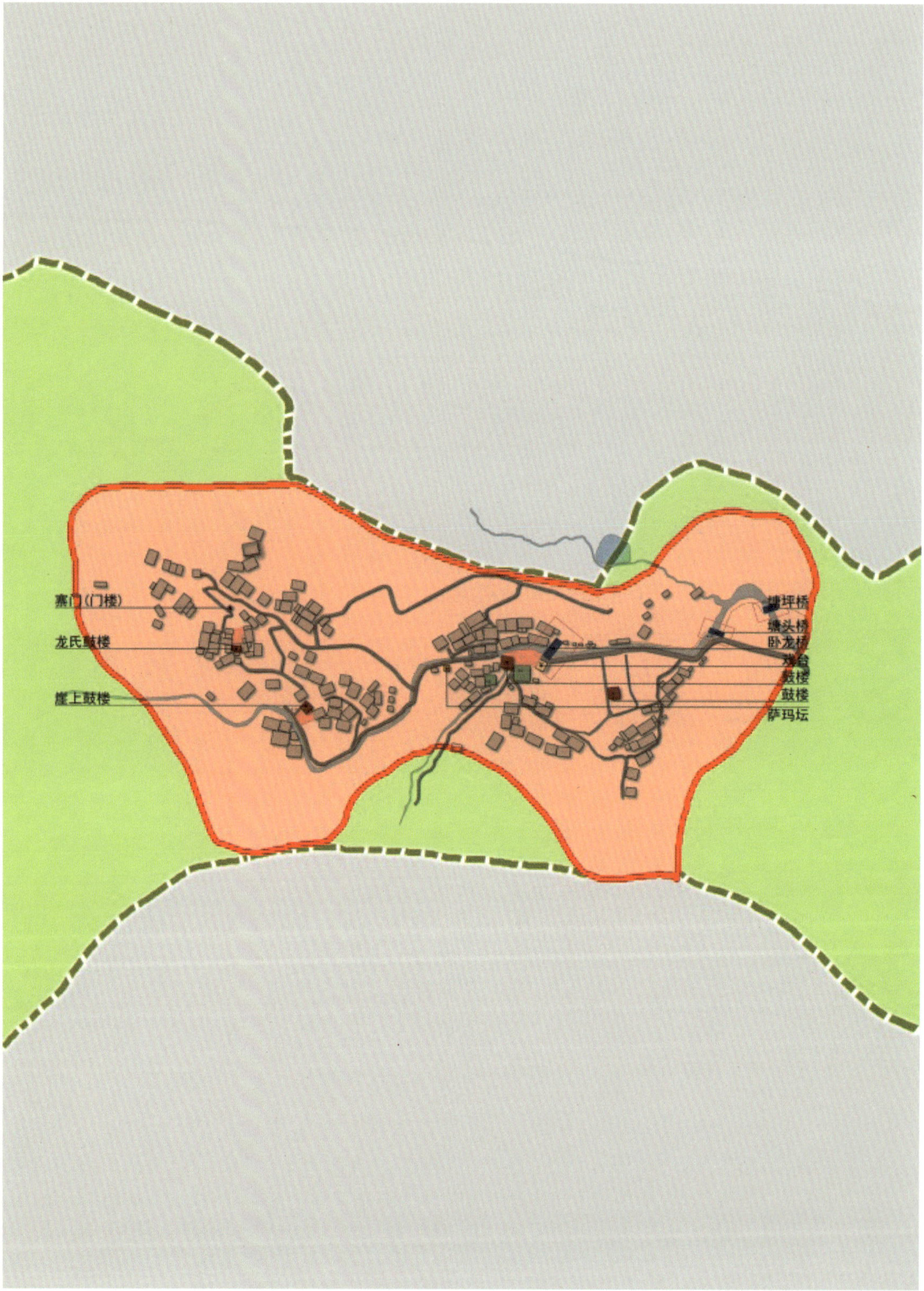

芋头侗寨遗产区与缓冲区示意图

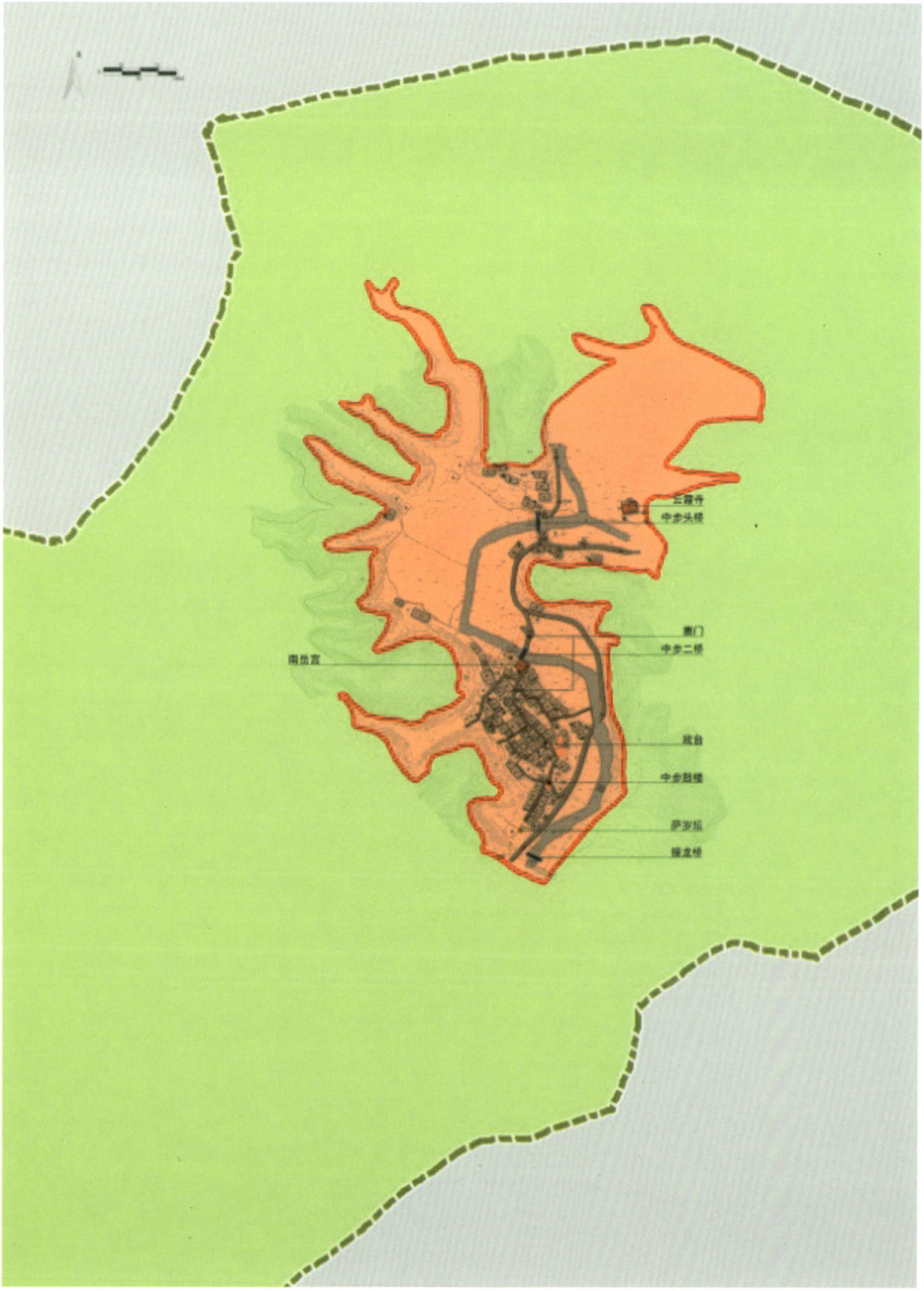

中步侗寨遗产区与缓冲区示意图

路塘侗寨遗产区与缓冲区示意图

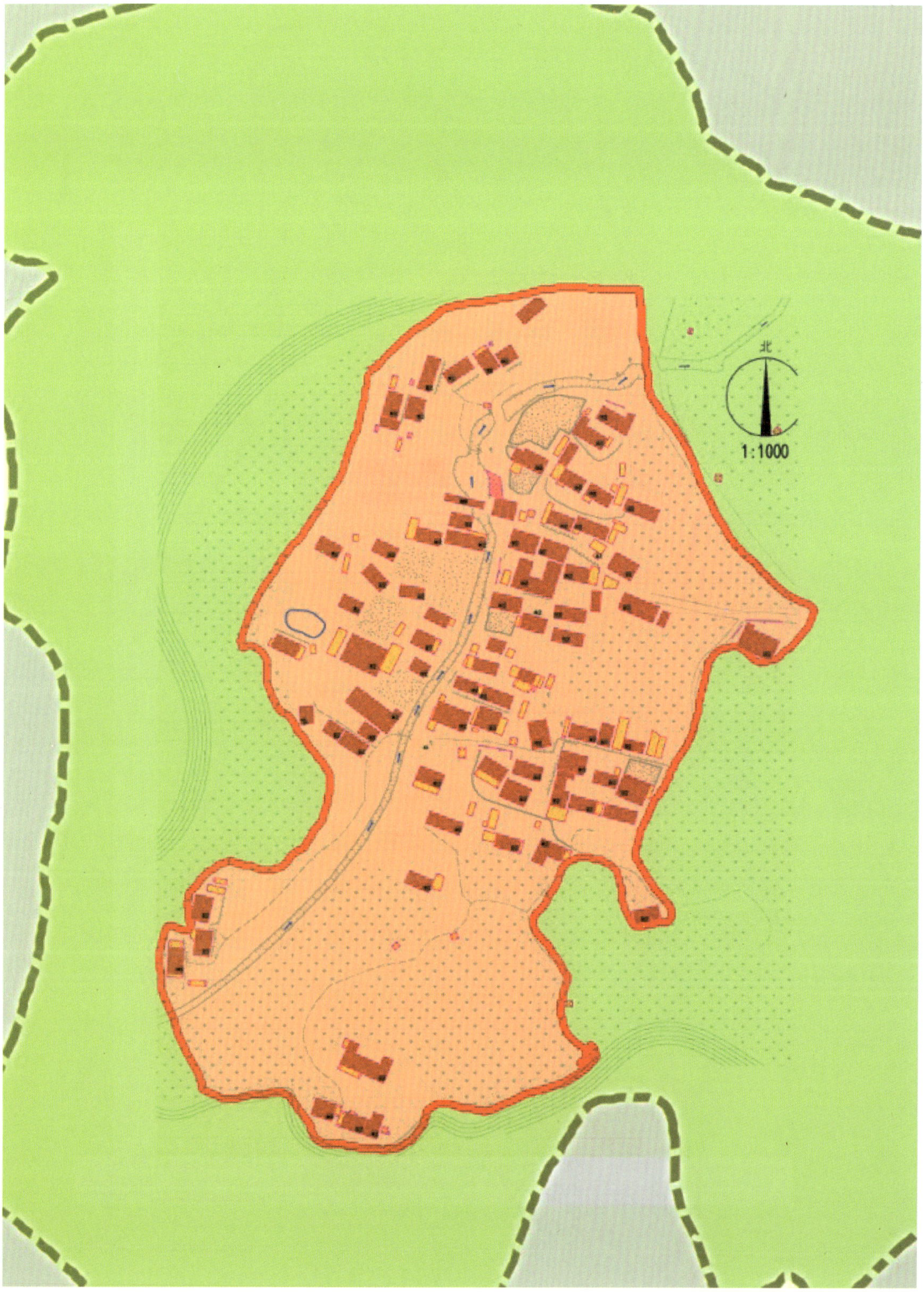

上堡侗寨遗产区与缓冲区示意图

大团侗寨遗产区与缓冲区示意图

第二节 遗产的保护与管理

一、基本权属

本次申报世界遗产预备清单的侗寨建筑，鼓楼、风雨桥、风雨亭、古井、萨坛等公共性建筑属侗寨集体所有，民居、禾仓其产权属私人所有。

二、保护称号

1、六洞九洞侗族村寨

2006 年 12 月，国家文物局公布六洞九洞侗族村寨（贵州省黎平县、从江县、榕江县）被列入《中国世界文化遗产预备名单》。截至 2012 年，六洞九洞侗族村寨中，有全国重点文物保护单位 2 处，省级文物保护单位 2 处，县级文物保护单位 9 处；另有增冲侗寨被授予中国历史文化名村称号，堂安、厦格、黄岗、地坪上寨、述洞、大利、宰荡、朝利、高阡、占里、银潭侗寨都被授予《黔东南州民族民间文化村寨》称号。

表 9–2 六洞九洞侗族村寨遗产保护单位

序号	保护称号	保护级别	公布机关	公布时间及文号
1	中国世界文化遗产预备名单	国家级	国家文物局	2006.12.15《中国世界文化遗产预备名单》目录
2	全国重点文物保护单位（增冲鼓楼）	国家级	国务院	1988.01.13国发［1988］5号
3	全国重点文物保护单位（地坪风雨桥）	国家级	国务院	2001.06.25国发［2001］4号
4	中国历史文化名村（增冲村）	国家级	建设部和国家文物局	2008年10月30日公布
5	省级文物保护单位（述洞独柱鼓楼）	省级	贵州省人民政府	2006.06.06黔府发［2006］16号
6	黔东南苗族侗族自治州民族民间文化村寨	州级	黔东南苗族侗族自治州人民政府	2005.12.26黔东南府发［2005］132号

2. 广西三江地区侗寨

截至 2012 年，广西三江地区侗寨有全国重点文物保护单位 1 处，县级文物保护单位 2 处。其中马鞍村的程阳永济桥被公布为第二批全国重点文物保护单位，平寨村的平寨鼓楼、岩寨村的岩寨老鼓楼被公布为县级文物保护单位。

表 9–3 三江侗族遗产保护单位

序号	保护称号	保护级别	公布机关	公布时间及文号
1	全国重点文物保护单位（程阳永济桥）	国家级	国务院	1982.02.23国发［1982］34号

3. 湖南坪坦河侗族村寨

截至 2012 年，坪坦河侗族村寨有全国重点文物保护单位 10 处，省级文物保护单位 2 处，县级文物保护单位 10 处。自 20 世纪 80 年代以来，坪坦河侗族村寨及寨中侗族建筑被陆续公布为民族保护村寨和各级文物保护单位。其中，高步侗寨的永福桥、回福桥被公布为全国重点文物保护单位，高升鼓楼、河上鼓楼、龙姓鼓楼、岩寨鼓楼、萨坛、社王祠被公布为县级文物保护单位；阳烂侗寨的文星桥为全国第六批重点文物保护单位，中心鼓楼为第四批县级文物保护单位；中步侗寨的中步头桥、中步二桥于 2006 年列为国家重点文物保护单位；坪坦侗寨坪坦村的普济桥为全国第六批重点文物保护单位；寨中鼓楼、高坪鼓楼为县级文物保护单位；横岭侗寨回龙桥为全国第六批重点文物保护单位，横岭鼓楼为湖南省级文物保护单位；芋头村的芋头侗寨古建筑群为全国重点文物保护单位；路塘村的观月桥 2006 年被列为国家重点文物保护单位。

表 9–4 平坦河侗族村寨遗产保护单位

序号	保护称号	保护级别	公布机关	公布时间及文号
1	全国重点文物保护单位（芋头侗寨古建筑群）	国家级	国务院	2001.06.25国发［2001］19号
2	全国重点文物保护单位 坪坦风雨桥（含普济桥、回龙桥、文星桥、永定桥、回福桥、永福桥、中步头桥、中步二桥、观月桥）	国家级	国务院	2006.05.25国发［2006］19号
4	省级文物保护单位（阳烂鼓楼）	省级	湖南省人民政府	1996.01.04湘政发［1996］1号
5	省级文物保护单位（横岭鼓楼）	省级	湖南省人民政府	2002.05.19湘政发［2002］11号

三、法律法规

侗族村寨主要依据下表所列的法律、法规及行政规章制度确定其法律地位，并进行保护和管理，主要涉及中华人民共和国、贵州省、湖南省、广西壮族自治区的有关文件。

序号	法律类型	法律名称	颁布机构	颁布日期
1	法律	中华人民共和国宪法	中华人民共和国全国人民代表大会	1982.12.04颁布 2004.03.14修订
2	法律	中华人民共和国文物保护法	中华人民共和国全国人民代表大会常务委员会	1982.11.19颁布 2007.12.29修订
3	法律	中华人民共和国城乡规划法	中华人民共和国全国人民代表大会常务委员会	2007.10.28颁布
4	法律	中华人民共和国环境保护法	中华人民共和国全国人民代表大会常务委员会	1992.05.05颁布
5	行政法规	中华人民共和国文物保护法实施条例	中华人民共和国国务院	1992.05.05颁布 2003.05.13修订
6	行政法规	历史文化名城名镇名村保护条例	中华人民共和国国务院	2008.04.22颁布
7	部门规章	世界文化遗产保护管理办法	中华人民共和国文化部	2006.11.14颁布
8	规范性文件	中国世界文化遗产保护管理监测巡视管理办法	国家文物局	2006.12.08颁布
9	地方法规	贵州省民族民间文化保护条例	贵州省人民代表大会常务委员会	2002.07.30.颁布
10	地方法规	黔东南苗族侗族自治州民族文化村寨保护条例（办法）	黔东南苗族侗族自治州人民代表大会常务委员会	2008.06.23颁布
11	地方法规	广西壮族自治区民族民间传统文化保护条例	广西壮族自治区人民代表大会常务委员会	2005.04.01颁布
12	地方法规	通道侗族自治县万佛山侗寨风景名胜区条例	通道侗族自治县人民代表大会	2011.05.27颁布
13	地方规范性文件	黎平县侗族大歌保护办法	黎平县人民代表大会	2010.03.06颁布

截至2012年，以上与遗产保护直接相关的法律、法规及行政规章制度是侗族村寨得以被有效保护的基础，兹将重要条款列出：

1. 中华人民共和国宪法（1982.12.04颁布，2004.03.14修订）

第二十二条 ……国家保护名胜古迹、珍贵文物和其他重要历史文化遗产。

2. 中华人民共和国文物保护法（1982.11.19颁布，2007.12.29修订）

第四条 文物工作贯彻保护为主、抢救第一、合理利用、加强管理的方针。

第五条 中华人民共和国境内地下、内水和领海中遗存的一切文物，属于国家所有。

第十条 国家发展文物保护事业。县级以上人民政府应当将文物保护事业纳入本级国民经济和社会发展规划，所需经费列入本级财政预算。

第二十七条　一切考古发掘工作，必须履行报批手续；从事考古发掘的单位，应当经国务院文物行政部门批准。

地下埋藏的文物，任何单位或者个人都不得私自发掘。

第三十六条　博物馆、图书馆和其他文物收藏单位对收藏的文物，必须区分文物等级，设置藏品档案，建立严格的管理制度，并报主管的文物行政部门备案。

3．中华人民共和国城乡规划法（2007.10.28 颁布）

第十七条　……规划区范围、规划区内建设用地规模、基础设施和公共服务设施用地、水源地和水系、基本农田和绿化用地、环境保护、自然与历史文化遗产保护以及防灾减灾等内容，应当作为城市总体规划、镇总体规划的强制性内容。

第三十一条　旧城区的改建，应当保护历史文化遗产和传统风貌，合理确定拆迁和建设规模，有计划地对危房集中、基础设施落后等地段进行改建。

4．中华人民共和国环境保护法（1992.05.05 颁布）

第十八条　在国务院、国务院有关主管部门和省、自治区、直辖市人民政府划定的风景名胜区、自然保护区和其他需要特别保护的区域内，不得建设污染环境的工业生产设施；建设其他设施，其污染物排放不得超过规定的排放标准。已经建成的设施，其污染物排放超过规定的排放标准的，限期治理。

5．中华人民共和国文物保护法实施条列（1992.05.05 颁布，2003.05.13 修订）

第八条　全国重点文物保护单位和省级文物保护单位自核定公布之日起 1 年内，由省、自治区、直辖市人民政府划定必要的保护范围，作出标志说明，建立记录档案，设置专门机构或者指定专人负责管理。

第十三条　文物保护单位的建设控制地带，是指在文物保护单位的保护范围外，为保护文物保护单位的安全、环境、历史风貌对建设项目加以限制的区域。

第二十八条　文物收藏单位应当建立馆藏文物的接收、鉴定、登记、编目和档案制度，库房管理制度，出入库、注销和统计制度，保养、修复和复制制度。

6．历史文化名城名镇名村保护条例（2008.04.22 颁布）

第三条　历史文化名城、名镇、名村的保护应当遵循科学规划、严格保护的原则，保持和延续其传统格局和历史风貌，维护历史文化遗产的真实性和完整性，继承和弘扬中华民族优秀传统文化，正确处理经济社会发展和历史文化遗产保护的关系。

第四条　国家对历史文化名城、名镇、名村的保护给予必要的资金支持。历史文化名城、名镇、名村所在地的县级以上地方人民政府，根据本地实际情况安排保护资金，列入本级财政预算。国家鼓励企业、事业单位、社会团体和个人参与历史文化名城、名镇、名村的保护。

第五条　国务院建设主管部门会同国务院文物主管部门负责全国历史文化名城、名镇、名村的保护和监督管理工作。地方各级人民政府负责本行政区域历史文化名城、名镇、名村的保护和监督管理工作。

第六条　县级以上人民政府及其有关部门对在历史文化名城、名镇、名村保护工作中做出突出贡献的单位和个人，按照国家有关规定给予表彰和奖励。

7. 世界文化遗产保护管理办法（2006.11.14 颁布）

第三条　世界文化遗产工作贯彻保护为主、抢救第一、合理利用、加强管理的方针，确保世界文化遗产的真实性和完整性。

第四条　国家文物局主管全国世界文化遗产工作，协调、解决世界文化遗产保护和管理中的重大问题，监督、检查世界文化遗产所在地的世界文化遗产工作。

第十八条　国家对世界文化遗产保护实行监测巡视制度，由国家文物局建立监测巡视机制开展相关工作。

世界文化遗产保护监测巡视工作制度由国家文物局制定并公布。

第二十一条　列入《中国世界文化遗产预备名单》的文化遗产，参照本办法的规定实施保护和管理。

8. 中国世界文化遗产保护管理监测巡视管理办法（2006.12.08 颁布）

第三条　国家对世界文化遗产实行国家、省、世界文化遗产地三级监测和国家、省两级巡视制度。监测包括日常监测、定期监测、反应性监测；巡视包括定期或不定期巡视。

第七条　国家、省、世界文化遗产保护管理机构分别对反应性监测、定期监测、日常监测工作形成记录档案，并妥善保管。

第十二条　列入《中国世界文化遗产预备名单》的文化遗产，其监测巡视工作参照本办法实行。

9. 贵州省民族民间文化保护条例（2002.03.30 颁布）

第二条　本条例所保护的民族民间文化是指：

（一）少数民族的语言、文字；

（二）具有代表性的民族民间文学、戏剧、曲艺、诗歌、音乐、舞蹈、绘画、工艺美术等；

（三）民族民间文化传承人及其所掌握的传统工艺制作技术和技艺；

（四）集中反映各民族生产、生活习俗和历史发展的民居、服饰、器具、用具等；

（五）具有民族民间文化特色的代表性建筑物、设施、标识以及在节日和庆典活动中使用的特定自然场所；

（六）保存比较完整的民族民间文化生态区域；

（七）具有学术、史料、艺术价值的手稿、经卷、典籍、文献、契约、谱牒、碑碣、楹联等；　（八）具有民族民间代表性的传统节日、庆典活动、民族体育和民间游艺活动以及具有研究价值的民俗活动；

（九）民族民间文化的其他表现形式。

第三条　在本省行政区域内的国家机关、社会团体、企业事业单位和个人，应当遵守本条例。

第四条 民族民间文化保护工作实行保护为主、合理开发、政府主导、社会参与的原则。

第五条 县级以上人民政府应当将民族民间文化保护工作纳入国民经济和社会发展计划。

第六条 县级以上人民政府文化行政部门主管本行政区域内民族民间文化的保护工作。

民族宗教事务、公安、工商、建设、规划、教育、旅游、环保、体育等有关部门应当按照各自的职责，配合文化行政部门做好民族民间文化保护工作。

第七条　在民族民间文化保护工作中作出显著成绩的单位或者个人，各级人民政府应当给予表彰和奖励。

10. 黔东南苗族侗族自治州民族文化村寨保护条例（办法）（2008.06.23 颁布）

第二条　本行政区域内民族文化村寨的规划、保护、建设、管理和利用，适用本条例。

第四条　县级以上人民政府应当把民族文化村寨的规划、保护、建设、管理和利用纳入本级国民经济和社会发展规划。民族文化村寨坚持保护为主、抢救第一、科学规划、合理利用、政府主导、社会参与的原则。

第五条　县级以上人民政府的财政预算应当安排民族文化村寨的规划、保护、建设、管理和利用专项资金。鼓励单位和个人赞助、捐赠、投资民族文化村寨保护、建设和利用。

第六条　自治州人民政府应当组织开展民族文化村寨的普查，制定民族文化村寨保护、建设、管理和利用的总体规划。县级以上人民政府文化、民族事务等行政主管部门，应当负责对民族文化村寨的物质文化、非物质文化进行收集整理、研究和管理，建立民族文化村寨相关资料、数据、影像档案。

第七条　自治州人民政府文化行政主管部门负责自治州民族文化村寨的保护、管理和利用工作。县级人民政府文化行政主管部门负责本行政区域内民族文化村寨的保护、管理和利用工作。县级以上人民政府相关行政主管部门按照各自职责，做好民族文化村寨的保护、管理和利用工作。乡（镇）人民政府负责辖区内民族文化村寨的保护、管理和利用工作。村民委员会依照本条例规定，负责辖区内民族文化村寨的保护、管理和利用工作。

第八条　县级以上人民政府应当对为民族文化村寨规划、保护、建设、管理和利用作出贡献的单位、个人予以表彰和奖励。

第九条 民族文化村寨的认定，由县级人民政府文化行政主管部门会同相关部门提出方案按程序报县级以上人民政府审定。经批准的民族文化村寨，应当向社会公布。

第十条 县级人民政府建设行政主管部门应当会同相关部门，对民族文化村寨的保护进行规划，划定保护区，明确禁建区和限建区。

第十一条 民族文化村寨内具有代表性的街道、建筑物、构筑物、公益活动场所和古树名木等应当设置标识。

11. 广西壮族自治区民族民间传统文化保护条例（2005.04.01 颁布）

第二条 在自治区行政区域内，下列具有历史、文学、艺术、科学、社会价值的民族民间传统文化受本条例保护：

（一）濒危的民族古文字和语言；

（二）记录民族民间传统文化的文献资料；

（三）具有代表性的文学、戏剧、曲艺、音乐、舞蹈等民族民间口头和非物质文化；

（四）具有特色的传统民俗文化活动和体育活动；

（五）民族民间传统生产、制作工艺和其他技艺；

（六）集中反映民族民间传统文化的代表性建筑、设施、标识、服饰、器物、工艺制品；

（七）集中反映民族民间传统文化并保存比较完整的自然场所；

（八）其他需要保护的民族民间传统文化形式。

前款所列需要保护的民族民间传统文化具体项目，由自治区人民政府和设区的市人民政府公布民族民间传统文化保护名录予以确认。

第三条 民族民间传统文化保护工作，实行保护为主、抢救第一，合理利用、继承发展的方针，确保民族民间优秀传统文化在得到及时抢救和有效保护的前提下，通过合理的开发利用得到继承和持续发展。

第四条 县级以上人民政府领导本行政区域内的民族民间传统文化保护工作，将民族民间传统文化保护工作纳入本级国民经济和社会发展计划，纳入城乡规划。

第五条 县级以上人民政府应当根据本地实际，对保护民族民间传统文化所需的经费给予保证。

任何单位和个人不得截留、挪用民族民间传统文化保护经费，审计机关应当对民族民间传统文化保护经费的使用依法进行审计监督。

第六条 鼓励通过社会组织和个人捐赠等方式依法建立民族民间传统文化保护基金，用于保护民族民间传统文化。捐赠者依照《中华人民共和国公益事业捐赠法》的规定，享受税收减免或者其他优惠。

第七条 县级以上人民政府文化行政部门负责组织和管理本行政区域内民族民间传统文化的保护工作。县级以上人民政府其他行政部门在各自的职责范围内，做好民族民间传统文化保护工作。

第八条 加强民族民间传统文化研究与管理人才的培养，鼓励社会组织和个人从事民族民间传统文化保护工作，促进国内外民族民间传统文化的交流与合作。

第九条 县级以上人民政府鼓励和支持开展健康有益的民族民间传统文化活动。

开展民族民间传统文化活动，必须遵守法律、法规的规定，维护民族团结，不得扰乱公共秩序、侵犯公民合法权益和损害公民身心健康。

第十条 宣传、传承和振兴民族民间优秀传统文化，弘扬民族精神，促进民族团结。

报刊、出版社、电台、电视台、网站等公共传媒采取各种形式介绍、宣传民族民间优秀传统文化。各级各类学校根据实际，开展民族民间优秀传统文化教育活动。

12．通道侗族自治县万佛山侗寨风景名胜区条例（2011.05.27 颁布）

第四条 风景名胜区的保护和管理应当遵循科学规划、统一管理、严格保护、永续利用的原则。

第七条 任何单位和个人都有保护风景名胜资源的义务，并有权制止、检举破坏风景名胜资源的行为。

第十一条 自治县人民政府在风景名胜区范围内确定、公布重点保护的侗族村寨。

重点保护的侗族村寨分核心景区和其他景区，其具体范围由自治县人民政府依据总体规划确定，并向社会公布。

侗族村寨保护的内容，包括侗族风雨桥、鼓楼、寨门等物质文化遗产，以及侗族芦笙音乐、侗戏、侗锦织造技艺和语言、岁时、饮食、信仰、婚俗、丧葬、仪礼、社交、社会组织等非物质文化遗产。

第十二条 风景名胜区管理机构应当对风景名胜区内的民俗文化、资源品牌、古树名木、珍稀动植物、古建筑、古墓葬、历史遗迹、地质遗迹等保护对象登记造册，建立档案，划定保护范围，作出标志说明，制定相应的措施，实行严格保护。

第十三条 风景名胜区管理机构应当加强对景区内地质环境的保护，防止发生地质灾害和地质遗迹的人为破坏，保持地貌的完整性。

第十七条 风景名胜区管理机构和有关行政主管部门应当加强对侗族村寨的防火安全设施建设，配备必要的消防安全设备。

侗族村寨的村民委员会、村民小组应当加强消防安全知识的宣传教育，建立消防安全制度，落实消防安全措施。

第十八条 侗族村寨的村民委员会、村民小组可以根据本条例规定制定侗族村寨保护的村规民约。

13．黎平县侗族大歌保护办法（2010.03.06 颁布）

第三条 侗族大歌保护工作坚持“以侗族群众为主体，政府主导，社会参与”的原则，贯彻“保护为主、抢救第一、合理利用、传承发展”的方针。

第四条 县人民政府应加强侗族大歌保护工作领导，并将侗族大歌保护工作纳入全县国民经济和社会发展规划与城乡建设规划，将侗族大歌保护所需经费列入本级财政预算。

第五条 县人民政府文化广播电视部门主管本行政区域内侗族大歌的保护工作。县人民政府发改委、教育、财政、民宗、建设、旅游、扶贫、农业、人事劳动和社会保障等有关部门按照各自职责，做好侗族大歌保护工作。

第六条 鼓励、支持社会团体、研究机构、大专院校、企事业单位和个人等社会各方面力量参与侗族大歌研究、宣传、保护工作。

第七条 鼓励、支持境内外的单位和个人依法开展侗族大歌的合作和交流活动。

第八条 在侗族大歌保护工作中做出显著成绩的单位和个人，由县人民政府予以表彰和奖励。

四、保护措施

保护以国际公约、宪章和文件，国内法律、法规和规章为实施保障，以文物事业管理行政机构和侗族村寨村委会为执行主体，通过建立有效的保护管理机制、健全保护管理机构、完善保护管理制度、制定专项保护规划，并在规划的基础上实施保护和展示方案，从而达到对遗产有效保护和管理的目的。

1. 保护措施的必要性

近 20 年来，是我国城市化进程最为快速的时期，一方面，原有的城市规模在无限扩大；另一方面，小城镇建设突飞猛进式的发展。同时，城市生活方式日益成为侗寨村民追逐的理想，城市化给侗寨文化景观带来前所未有的冲击。一方面表现在村落文化景观和城市的界限日渐模糊，乡村和城市逐渐趋同，村落文化景观呈现郊区化的趋势越来越明显；另一方面，是侗寨居民对自己文化传统的快速放弃和对城市生活的简单模仿，侗寨高度稳定的特质，随着大众传播、大众运输、大众迁徙活动而出现均质化。在城市化的过程中，乡村和都市的差异性在逐渐减小，村落文化景观逐渐沦为城市景观的配角，其自主性在不断降低，传统乡土文化的价值正在消失。

目前侗族村寨虽然仍是从事农业生产的家庭组成村落，但即便是最偏僻的侗寨，新的兼业代替传统兼业已是很普遍现象，且新的兼业在整个生产活动中的比重逐渐增大，村寨中的年轻人大多外出打工，寨内留下来的多为老人、妇女及孩子，传统家庭农业和副业在经济收入中的比重大大降低。外来的观念、外来的文化和外来的设施都已经进入侗寨村民的日常生活中，使得原本相对封闭的侗寨变得不是那么封闭了。再加上旅游业的开发，使得一些村寨已开始失去原有的风貌。因此，对侗寨选取必要的保护措施并实施是非常必需的。

2. 保护措施的选择

（1）保护侗寨的文化遗产、历史景观与风貌特色，保护、延续和提升其历史文化价值。在保护的基础上为侗寨的社会、经济、文化的可持续发展提供可能。

（2）坚持有效保护、合理利用、科学管理的工作原则，正确处理保护与发展的关系。通过增加必要的公共与基础设施和整合文物周边环境，更好地营造侗寨历史文化氛围。

（3）建立有效的保护管理机制和必要的技术支撑平台，为全面落实规划内容奠定坚实基础。

3. 保护措施的实施

（1）全面保护。拓展历史文化保护的对象和内涵，建立由整体风貌、村寨格局、历史建筑、文物古迹、非物质文化遗产等构成的保护框架，实现各类历史文化遗产的全面保护。

（2）整体保护。把历史文化资源及其所依托的村寨作为有机整体，统筹保护历史文化资源本体和周边环境，保护村寨及其相互依存的自然景观和环境，保持侗寨特有的民族村寨格局、历史风貌和空间尺度，形成民族整体风貌及历史文化氛围。

（3）积极保护。在保护历史文化的基础上强调文化的传承和复兴，加强各类历史文化资源与村寨功能的有机整合，促进历史文化永续利用，提升村寨活力。在此基础上，采用一些适当技术提升居民生活品质、改善村落环境以及区域山水环境。

4. 保护措施执行手段

（1）依据遗产保护法律法规执行保护

保护以国际公约、宪章和文件，国内法律、法规和规章为实施保障全面贯彻落实《中华人民共和国文物保护法》。物质文化遗产保护贯彻“保护为主、抢救第一、合理利用、加强管理”的方针，非物质文化遗产保护贯彻“保护为主、抢救第一、合理利用、传承发展”的方针。按照保护文化遗产的历史信息真实性、环境风貌完整性和生活延续性的原则，依法保护、科学保护和主动保护。形成较为完善的保护体系，使具有历史、文化和科学价值的侗寨文化遗产得到全面有效保护。

（2）保护管理机构

侗寨的保护、管理遵循统一领导、地方行政管理与专业管理相结合的原则。侗寨所属省级文物局进行侗寨保护的业务和技术指导，侗寨所属县级人民政府统筹协调有关部门的工作，文物局（县级文物管理所），统一负责保护区保护管理。县级文物局（文物管理所）设专职人员处理日常事务，地方行政管理由侗寨的村委会负责。现将各省情况罗列如下：

机构：贵州省文物局

地址：贵州省贵阳市遵义路 54 号

电话：0851-5570825

传真：0851-5570316

网址：http：//www.gzwht.gov.cn

行政级别：副厅级

上级行政主管部门：贵州省文化厅

机构：湖南省文物局

地址：湖南省长沙市蔡锷北路 153 号

电话：0731-4443179

传真：0731-4420182

网址：http：//www.hnwwj.com/

行政级别：副厅级

上级行政主管部门：湖南省文化厅

机构：广西壮族自治区文物局

地址：广西壮族自治区南宁市思贤路 38 号

电话：0771-5626764

传真：0771-5626764

电邮：a5626764@163.

网址：http：//www.gxwht.gov.cn

行政级别：副厅级

上级行政主管部门：广西壮族自治区文化厅

（3）专项政策法规的制定

贵州、湖南、广西三省文物局正在制定出台地方性文化遗产保护专项法规和规章，建立和完善文化遗产保护的各项管理制度，抓紧出台《侗寨保护管理办法》，研究制定基建、维修、文物流通等文化遗产保护的规范性文件和管理制度，形成良好的文化遗产保护法制环境。

（4）保护管理工作

在各县（自治县）人民政府部门指导下，成立村寨保护机构，负责日常文物保护和监测工作，宣传有关法规、规章等，并对村寨的发展与管理进行指导、协调；

完善村寨村委会及其管理机构设置，增加安全和灾害管理内容，制定各种应急措施和预案；

健全村寨管理规章制度；

完善村寨展示设施，加强安全防护报警设施，在村寨口设置游客服务中心，设置旅游管理机构。

5. 申报遗产所在地的现有规划

（1）遗产保护规划

2003 年国家为文物局通过《芋头侗寨古建筑群保护规划》，芋头侗寨古建筑群第一期、第二期修缮设计方案先后通过国家文物局审批，一期修缮工程已完成，目前正在实施二期修缮工程。

本次申报世界遗产预备名单的 25 个侗寨中，除了芋头侗寨外，其他 24 个侗寨遗产整体保护规划都还没进行。另外，侗寨中的全国重点文物保护单位和省级文物保护单位都按国家要求，制定有相关内容的单项保护规划和保护方案。湖南省制定了《坪坦河流域风雨桥保护规划》。

（2）与遗产保护的相关规划

《贵州省文化遗产保护“百村计划”》

《三江侗族自治县程阳八寨民族村寨保护方案》

《程阳八寨景区旅游规划方案》

6. 遗产管理及管理制度

《黔东南苗族侗族自治州民族文化村寨保护条例》

《黎平县风景名胜区保护管理暂行办法》

《通道侗族自治县万佛山·侗寨风景名胜区条例》

《程阳八寨景区旅游规划管理制度》

7. 资金来源和数量

侗寨保护的资金来源主要依靠国家、省、州、县等拨款，遗产保护资金缺口大。侗寨中属于全国重点文物保护单位的有国家专项保护资金，属省级文物保护单位的有省级专项保护资金，而侗寨的其他公共建筑的维修和消防设施的完善则依靠县级财政拨款。

8. 保护与管理技术的培训以及专业知识的普及

由主管单位部门负责对侗寨文物协管员进行专业知识及技能的培训，定期对侗寨管理小组以及其他成员、村民进行文物保护知识的普及教育。

9. 旅游设施和统计资料

在贵州六洞九洞侗族村寨中，堂安侗寨、夏格侗寨、述洞侗寨的游客量较大，每年大约有 1 万人 / 次，其他侗寨旅游开发较晚，随着公路的贯通和汽车逐步普及到家庭，自驾游家庭增多，游客人数也在逐年上升，到当地旅游的时间主要集中在“五一”和“十一”两个长假。湖南坪坦河侗族村寨由于靠近万佛山风景名胜区，游客人数也比较多，目前没有具体的统计数字。广西三江地区侗寨靠近“程阳八寨景区”（4A 风景区），每年的游客人数大约有 10 万。

侗寨的旅游设施，除广西三江地区马鞍村、平寨村、岩寨村位于国家 4A 风景区之中，旅游设施较为规范和完善外，其他侗寨旅游设施较少。目前游客接待多以村民自办“农家乐”为主，设施设备简单，档次不高。少量的侗寨建有有停车场、公厕及道路指示牌，基本不提供住宿。游客多为散客。没有旅游设施的统计资料。

10. 遗产展示和宣传相关的政策和方案

暂无遗产展示和宣传政策、法规，侗寨的宣传主要通过电视、报纸、网络等媒体，开辟侗寨的专题栏目，积极宣传侗寨的人文和民族文化特色价值，提高知名度。县域文物局（县文物管理所）配置管理人员 1 人，村民委员会配置管理人员 1–3 人。目前存在两种遗产展示：《堂安侗族生态博物馆・堂安侗寨》《侗族生态博物馆资料信息中心・堂安侗寨》。

附　录

附录一　中国世界遗产（名录与预备名录）村落文化景观列述

遗产名称	遗产简介
苗族村寨	苗寨背靠大山，正面开阔，近水或邻井，高能望远，后有依托，便于防守撤退，苗族以旱地烧耕为主。在建造住居时选在30–70度的斜坡陡坎上，在传承传统的干栏式建筑的基础上，创建了穿斗式木质结构吊脚楼。这种结构形式具有以下特点：一是结构简单且稳固性强，以柱、枋为基本构件，通过穿斗形成完整空间；二是充分利用当地木材的强度，采用穿斗结构，用小材可以盖大房；三是既节约了耕地又适应坡地斜坡建屋，并具有良好的通风、防潮效果。苗寨的布局和建筑形式具有鲜明的民族文化地方风格，体现了遗产真实性的关键价值。
藏羌碉楼与村寨	藏羌碉楼村落位于青藏高原东部的高山峡谷中。碉楼的起源与藏族、羌族先民对自然的崇拜和对外的防御要求有关，石质碉楼每层楼都设计有开口、楼板和一个木梯。外墙上常有凹痕。除方形平面外，羌族碉楼的平面图多为等边多边形，外墙多砌脊，而藏族碉楼平面多为星形。民居多为2–4层平顶碉楼长方形平面，石木结构，土屋顶。人们在底层圈养牲畜，在中上层居住和储存，并使用顶层作为晒台。主客厅设有壁炉，每层楼的面积向上逐渐缩小。屋顶的四个角堆放着白色的石头，体现了当地对雪山和白色石头的崇拜。其建造工艺代表了中国传统石塔建筑技术的最高水平。藏族和羌族村庄是高原上的农业聚居地，通常位于高山峡谷之间的梯田或缓坡上，碉楼被神山、神木、宗教和娱乐场所环绕。依功能不同，碉楼分布在村内外或紧邻重要战略要地。不同村庄的碉楼建筑数量各不相同，藏族村庄的建筑数量相对较多。
红河哈尼梯田	在高山、沟壑纵横、高雨量（1400毫米左右）的亚热带河谷气候下，哈尼族在茂密的森林中创造了沿着山脉的轮廓流动的渠道网络：山顶森林蓄水、花岗岩裂缝导水、砂岩储水至耕地出水。水稻梯田则沿着渠道网络立于三类阶地下伏地质条件不同、坡度不同的地质条件上。传统的“蘑菇”形乡土建筑的墙壁是用传统的夯土、土坯砖或土石砌成的、高高的四坡屋顶下铺着稻草。以户为单位的种植系统受到长期存在的“人与社区”传统社会和“人神合一”的宗教结构支撑，比如村神“昂玛”和土地保护神“米松”。其中，红稻是梯田的主要作物，基于复杂的综合耕作和育种系统进行养殖，鸭子为幼苗施肥，而鸡和猪则为更成熟的植物提供肥料，水牛为稻田耕播明年的种子以及梯田水中生长的蜗牛会消耗各种害虫，由此形成了循环的生态体系。
皖南古村落	西递和宏村这两个村落，深受安徽省传统文化的影响，由公职和经商归国的成功官员或商人建造，两村在很大程度上仍然保持着在20世纪已经消失或改变了的乡村的面貌，并逐渐发展成为中国传统乡村建设的典范。西递四面环山，建于三条东西向的溪流之间，在汇源桥向南汇合。宏村地处小山脚下，溪流成两池，月池在村中央，一池在南。以有节奏的空间变化和宁静的小巷为特征；水源于风景如画的花园，整体体现了人与自然共存、统一和谐的追求。徽派木构与砖石混合，黑瓦、白墙、马头墙的建筑别具一格，色彩素雅，山墙雕饰精致典雅，室内陈设品位高雅。僵硬的宗法制度和温厚淳朴的民风，体现了封建社会文人官僚特别崇尚儒家和新儒家的文化思想。
开平碉楼与村落	碉楼建筑分为三种形式：由若干户人家共同兴建的众楼，为临时避难之用，现存473座；由富有人家独自建造的居楼，同时具有防卫和居住的功能，现存1149座；出现时间最晚的更楼，为联防预警之用，现存221座。也可分为石楼、土楼、青砖楼、钢筋水泥楼，这反映了中西方建筑风格复杂而完美的融合，比如北美与当地农村传统融合的建筑风格。碉楼与周围的乡村景观和谐共生，见证了明代以来以防匪为目的的当地建筑传统的最后繁荣，反映出明代以来归国华人的显赫财富以及开平社区与世界华人社区的互动。

续表

遗产名称	遗产简介
福建土楼	这些建造在稻田、茶叶和烟草田间的土楼为土质建筑。土楼通常为多层，建筑内沿为圆形或方形，每座土楼可供800人居住。土楼最初是因防御目的而建造，四面的墙围绕中央的开放式庭院，只有一个入口，一楼以上方有对外侧的窗户。作为以土作墙而建造起来的集体建筑，土楼实际上成了村寨，常常被称为“家族的小王国”或“繁华的小城市”。土楼的外墙高大坚实、屋顶覆以瓦片，形成宽阔的屋檐。现存土楼中最精致的建筑可以追溯到17和18世纪。建筑内部纵向区分不同家庭，每户每层拥有两到三个房间。与其朴实的外墙相反，土楼内部是为舒适性而建造的，并具有极高的装饰性。精心划分的内部空间，其中一些表面装饰精美，满足了社区的物质和精神需求，并以独特的方式反映了在地处偏远以及在潜在敌对环境中复杂社会的发展。大型建筑与其景观的关系体现了风水学原理和景观美与和谐的理念。
景迈山茶文化景观	作为有机演进的延续性文化景观，景迈山遗产价值在于傣族、布朗族等世居民族为适应本地气候条件和地理环境，而选择茶业为主要的生产方式的生存背景下，景迈山茶采用“林下茶种植”方式，在森林中间砍伐高大乔木为茶树提供适宜的生长环境，采集茶籽点播种植，培育出本地群体种“景迈大叶种”茶树。他们在雾线之上、茶林附近选择适宜村寨建设的场地，结合种茶制茶的生产生活方式，建造发展出体现民族特征、符合地域条件的山地聚落和干栏式民居建筑。世居民族对自然环境的改造利用活动，形成了古茶林、传统村落、森林、生态茶园、耕地和山体、河流等文化景观要素，它们在空间上呈垂直分布，而文化景观特征的发展则持续演进了近千年，反映了人与自然长期和谐的互动关系，形成了相对稳定的生态人文系统。景迈山未曾中断的、悠久的、中国西南土著民族茶树资源利用的历史与传统，是世界茶文化多样性的典型代表之一，是中国乃至世界茶种植方式的早期样本，可称为茶种植的活化。
山陕古民居	在我国北方，很少能看到如此大规模建造的精美、精巧、保存完好的房屋。丁村建于明清两代的民居，现在有40间房子，最早建于1593年，最晚建于民国时期。他们有400多年的历史。房屋分布由东北向西南延伸，可分为北院、中院、南院和西北院四个部分。北院以明代建筑为主，中院为清初中期建筑。南院多为清道光、咸丰时期建筑，西北院为乾隆、嘉庆时期建筑。党村古群建设分3个阶段：正统至明景泰年间（1436−1456），明崇祯十六年至清康熙五十年（1643−1711），清乾隆至咸丰年间（1736−1861年）。党村古群中保存了123座地方风格的中式四合院和18处公共设施。巷道、道路、岗门等公共设施建设有序。主要车道、二级车道、末端车道和水道流向根据地形和地物特征确定。清咸丰元年（1851），村民为防盗、避险，集资购地，并利用村东北高原上的情况建炮台。党村古群遗址存在高山高原环抱、容貌掩映的沟壑中。它符合中国传统的“聚水避风”的风水观念。

附录二　中国重要稻作农业文化遗产列述

遗产名称	全球重要农业文化遗产价值
稻鱼共生系统(浙江陇县青田县)	陇县是著名的侨乡聚居村落之一，青田稻田养鱼历史悠久，有记载的历史就有1000多年。虽然村里只有 784 名居民，但有 650 名亲戚居住在 50 个国家，该村居民的广泛的海外移民使本地产品传播到世界各地。有水就有鱼，有房子就有鱼，居所与渔业的组合是特点。村里家家户户都有池塘，农民可以在稻田和池塘里轮流养鱼。鱼灯笼是这个村庄的传统习俗。

续表

遗产名称	全球重要农业文化遗产价值
万年稻作文化	万年仙人洞发现了大约一万年前的栽培水稻植硅体，为证明中国是世界水稻驯化发源地提供了极其有力的科学依据；同时，为江西省是中国乃至世界水稻的发源地提供了有利证据，万年县因此也被考古学界公认为世界水稻驯化的发源地之一。万年传统稻是原型栽培稻，有专家认为是野生稻的栽培型。东乡野生稻是这种栽培稻的始祖，被认为是世界上分布最北的野生稻，被誉为中国水稻种质资源的“国宝”。万年传统稻和东乡野生稻含有丰富的抗病抗虫基因、抗逆基因等优势基因，尤其是抗寒基因。它们是农业中罕见的遗传资源，同时都处于灭绝的边缘。历史悠久的先进水稻种植加工技术，使万年县成为现代化的水稻生产加工基地。这不仅对保障粮食安全有积极作用，也有利于稻米文化的传承。
哈尼稻作梯田	哈尼梯田位于云南省东南部的红河哈尼族彝族自治州。以哈尼族为主要少数民族的各族人民建造了这个壮观的农业和自然奇观。哈尼族梯田系统是哈尼族少数民族辉煌的杰作，他们在这片非凡的景观中生活了 1300 多年。梯田主要分布在红河哀牢山南部，分布在红河、元阳、绿春、金平四个县，面积约7万公顷。哈尼梯田是展示中国农民智慧的最好例子之一。哈尼族村落依山而建，村上是茂密的森林，村下是梯田。令人惊奇的是，哈尼梯田没有水库，但水源充足。森林、村庄、梯田和河流构成了哈尼梯田典型的生态景观。哈尼族的土著农业技术、聚居地的选择和环境保护的传统习俗，都体现了人与自然的和谐关系，以及他们与人类社会的关系。
侗乡稻鱼鸭系统	侗族稻鱼鸭农业生态系统作为一个整体，在生产、生态、社会、文化等领域具有多重价值。水稻等自然物种的多样性和维持机制对农业生态系统具有重要的示范意义。全球农场生物多样性保护系统的生物资源是全球农业基因库的宝贵财富和遗产。侗族稻鱼鸭农业生态系统也是一个优秀的农林生态系统。其特点是常年保水，土地可持续利用。作为生态农业、循环农业、低碳农业的典型代表，对其他类似地区农业的可持续发展具有重要意义。
中国南方稻作梯田	中国梯田建设历史悠久，以分布范围广、数量多而著称。水稻梯田主要分布在江南山区和丘陵地区。部分水稻梯田地处长江中下游，地处中国第三梯级，受亚热带季风气候影响，雨量充沛。本书推荐的崇义客家梯田、龙胜龙脊梯田、新华紫雀街梯田和尤溪联合梯田是这些地区水稻梯田的典型代表。由于种植方式和景观格局多样化，它们拥有丰富的生物多样性，对全球和国家生物多样性保护具有重要意义。它们是山区和丘陵地区水土资源可持续管理的典范，为应对气候变化引起的土地退化、极端干旱和洪水等全球生态问题提供了重要经验。它们是具有独特自然条件的不同民族共同适应的结果，形成了多样化的农业文化，对全球和国家层面的文化多样性保护具有重要意义。此外，由于显著的垂直景观和不同季节的变化景观，它们具有非凡的审美价值。尽管它们在粮食和生计安全、生物多样性和生态系统功能、知识体系和适应技术、文化、价值体系和社会组织、景观、土地和水资源管理等方面有很多共同点，但四个梯田也表现出大量的特异性。
遗产名称	**国家级重要农业文化遗产**
沼泽洼地土地利用模式（江苏兴化垛田传统农业系统）	垛田因地势低洼、湖荡沼泽，当地先民在沼泽高地之处垒土成垛，每块面积不一，形态各异，形同海上小岛，人称“千岛之乡”。兴化共有6万多亩这样的耕地，分布在垛田、缸顾、李中、西郊、周奋、沙沟、林湖一带。垛田独特的岛状耕地，是荒滩草地堆积而成，土质疏松养分丰富，加上光照足、通风好、易浇灌、易耕作，至今垛田还保存着传统的农耕方式，用天然生态的肥料种植蔬菜。

续表

遗产名称	全球重要农业文化遗产价值
竹林、村庄、梯田、水系综合利用模式（福建尤溪联合梯田）	自宋朝以来，联合村民使用木犁、锄头等工具开垦梯田、种植水稻，在险峻的金鸡山中创造了神奇壮丽的梯田，成为村民几百年来的主要生存方式。联合梯田通过山顶竹林截留、储存天然降水，再以溪流流入村庄和梯田，形成特有的“竹林–村庄–梯田–水流”山地农业体系。春天，灌水浸烂田泥；插秧时，种田埂豆以发达的根系能保护田埂、放鱼苗以减少田中杂草生长和虫害的发生；收获时，排干水、收鱼、收水稻、收黄豆；收获后，鸭子、山羊等被赶入田中，觅食遗撒的谷粒和新长出的杂草。动物粪便、作物秸梗和豆类的固氮功能，使土壤肥力得以不断提升。梯田垂直落差600多米，连延数十里，田在山中，群山环抱，土墙灰瓦的村落散落其间。
最大的客家梯田（江西崇义客家梯田系统）	崇义客家梯田位于江西省崇义县，位于海拔2061.3米的赣南第一高峰齐云山山脉之中，总面积达3万亩。梯田最高海拔1260米，最低280米，垂直落差近千米，最高达62梯层，且大多数为只能种一两行禾的“带子丘”和“青蛙一跳三块田”的碎田块。崇义客家梯田始建于元朝，完工于清初，距今已有800多年的历史。关于梯田的记载，最早见于明代理学家、明都御史王守仁撰写的《立崇义县治疏》，从广东迁入的客家先民来到这荒山野岭，为了维持生计，便依山建房，开山凿田。在长期耕作过程中，客家人逐渐形成不同于其他农区的文化习俗，如“舞春牛”。
南方稻作文化与苗瑶山地渔猎文化融合体系（湖南新化紫鹊界梯田）	紫鹊界梯田位于新化县水车镇，涉及13个行政村，属雪峰山余脉的奉家山地段，总面积26万余亩，是南方稻作文化与苗瑶山地渔猎文化交融糅合的历史遗存。紫鹊界梯田依靠森林植被、土壤和田埂综合形成自然的储水保水系统，凭借神奇独特的基岩裂隙孔隙水源，构成纯天然自流灌溉工程，是南方稻作文化与苗瑶山地渔猎文化交融糅合的历史遗存。
世界原始稻作文化的“活化石”——湖南新晃侗藏红米种植系统	湖南新晃侗藏红米种植系统是新晃侗乡数千年来农耕文明的历史传承，是重要的物种资源。新晃侗藏红米种植系统体现了生态农业和循环农业的理念。山上封山育林，山下引水灌溉，林稻相间，相辅相成。水旱轮作的循环系统，既丰富了农作物的种植结构，又改善了土壤的营养成分。种植系统与养鱼养鸭系统的有机结合，无形中建立了一套良性循环的农业生态体系。保留丰富的稻种资源不仅对丰富我国稻类遗传资源、稻作生产、品种改良、稻作科学研究及生态安全有着积极的作用，也是解决人类未来粮食安全的物质保证。
壮瑶人民农耕文明的结晶（广西龙胜龙脊梯田农业系统）	广西龙胜龙脊梯田系统地处广西桂北龙胜山区，分为平安壮寨梯田、龙脊梯田和金坑红瑶梯田三个部分。龙脊梯田始建于宋代，完工于清初，距今已有800多年的历史。居住在这里的少数民族先民用“刀耕火种”的方式开山造地，把坡地整为梯地，待田块逐渐定型后，再灌水、犁田、种植水稻，形成从山脚盘绕到山顶“小山如螺，大山成塔”的壮丽梯田景观。龙脊梯田地处亚热带，四季分明。梯田所在山脉山高谷深，落差巨大，海拔最高为1850米，最低只有300米。山顶是大面积的原始森林和次生林，森林下方是规模宏大的梯田，壮寨和瑶寨散布在山腰。当地壮、瑶居民根据海拔差异因地制宜的种植水稻、辣椒、红薯、芋头等普通作物和茶叶、罗汉果、凤鸡、翠鸭等地理标志性农副产品，保存并培育了丰富的作物种质资源。
云南壮族稻作文化的代表——云南广南八宝稻作生态系	广南八宝稻作生态系统位于云南省东南部，文山壮族苗族自治州东北部，地处滇、桂、黔三省交界，地域面积2800平方千米，适宜八宝稻种植总面积15万亩。八宝稻作生态系统最早可追溯到公元前1200年。历为明清贡米的八宝米品种优异，因产于广南县八宝镇而取名八宝米。
3000年水旱轮作的“活化石”——云南剑川稻麦复种系统	云南剑川稻麦复种系统位于云南省大理白族自治州剑川县，涵盖全县7万亩水稻面积，核心区为金华镇、甸南镇和沙溪镇，核心区面积3万亩。每年5—6月份栽种水稻，10—11月份水稻收获后，翻耕播种大麦或者小麦，来年5—6月收获，麦茬翻耕后再栽水稻。水旱轮作，提高复种指数，减轻病虫草害，改善土壤结构，促进养分循环。亘古不衰的稻麦复种系统蕴含的生态价值理念、自然农法思想以及古老农具、农耕技术，处处或隐或显地展现了白族先民的智慧。

续表

遗产名称	全球重要农业文化遗产价值
辽宁桓仁京租稻栽培系统	京租稻，起源于自然资源丰富、生态环境优越的桓仁满族自治县，因在清朝同治年间专供皇宫膳用而被御赐得名，距今已有140年的栽培历史。京租稻以其植株高、芒子长、芒色黄、米质好为显著特点，特殊的品种特性为培育优质水稻品种提供了良好的试材，是东北水稻种植最早的品种之一。高句丽民族在长期的生产、生活中编制了乞求稻谷丰收的民族舞蹈——乞粒舞，总结并传承了京租稻独特的农耕文化。
北京京西稻作文化系统	京西地区水稻种植可上溯至先秦时期，到东汉已有明确记载。辽、金时期，已是“粳稻之利，几如江南”。明朝迁都北京后，周边稻作生产开始供应宫廷。到清朝时，京西水稻得到多位皇帝的推广，形成了以“御稻”和“紫金箍”等品种为代表的京西稻稻作文化（海淀）和以石窝“御塘稻”等品种为代表的贡米稻作文化（房山）。海淀区京西稻清朝时种植在由皇帝亲自开辟的“官田”之中，以玉泉山山泉水灌溉，由国家机构管理，寄寓着数位清帝“以农为本”的治国理念，是农业生产的国家示范田。后发展为由国家管理和交于农民耕种两种形式；且保留了包括“御稻”和“紫金箍”在内的水稻品种核实1650个，是京西稻稻作品种种质资源库。稻田与明清皇家园林遗产相得益彰，是明清园林景观的标识之一。房山区石窝御塘稻种植于北京市三块“山前暖区”之一，依赖泉水灌溉，是生长期最长的水稻之一。米质优良，耐蒸煮，“七蒸七晒，色泽如初”，明清时即为御贡米。系统合理利用湿地水域，形成稻田与淡水泉、河流、湖泊、草本沼泽、库塘相协共建的湿地景观；因地制宜，在平原地区充分利用泉涌实现平原稻田的自流灌溉；区内“御米皇庄”的贡米文化和平民稻作文化相得益彰。
黑龙江宁安响水稻作文化系统	响水稻作文化系统重点区域位于宁安市渤海镇、东京城镇和三陵乡，包括18个行政村，总面积5334公顷（8万亩），是世界上唯一在火山熔岩台地上生产稻米的区域。响水稻米被称为千年贡米，根据《新唐书·渤海传》记载，1300年前的唐朝附属国——渤海国，就已经在这里利用石板田种植水稻。当时渤海国进贡给唐王朝的贡品之中，就有“太白之鹿、率滨之马、卢城之稻、北海之鲭”的描述，其中“卢城之稻”指的就是响水大米。目前，区域内还遗存几处1000多年前的水稻灌溉水利遗址。响水稻米生长的土壤是经过万年风化和侵蚀后积聚成的10−30厘米的腐植土，这种土土质松软、肥沃，含有丰富的有机质和矿物质。灌溉水源来自镜泊湖和小北湖，火山石的吸热、散热快，昼夜温差大，米粒中积累的干物质较多。
浙江云和梯田农业系统	云和梯田农业系统位于浙江省云和县崇头镇，最早开发于唐初，兴于元明，距今已有1000多年历史。该梯田系统横跨高山、丘陵、谷地三个地质景观带，最多处有700多层，不仅具有江南独特的山区农耕文化，而且拥有浓郁的畲族风情。
广西隆安壮族“那文化”稻作文化系统	隆安壮族“那文化”稻作文化系统位于北回归线以南的广西右江下游谷地。壮族人口占94%。区域内河道纵横，湿地密布，水、土、热资源丰富，发展稻作农业的自然条件优越。隆安以稻神山为中心的罗兴江、渌水江、右江三角洲区域，旧石器时代和新石器时代的稻作生产、生活和文化的遗址众多，形成了独特的稻作历史文化遗址景观，是我国栽培稻的重要起源地之一。远古时，壮族先民古骆越人在这一区域因地制宜创造了“依潮水上下”而耕作的“雒田”生产方式，开辟了我国最早的且有相当耕作规模和完备灌溉系统的水稻田，创造了石器时代稻作生产的专门工具大石铲，形成了许多流传至今的具有独特风情的壮族稻神祭祀习俗和生产生活民俗。
湖南花垣子腊贡米复合种养系统	湖南花垣子腊贡米复合种养系统位于湖南省湘西自治州花垣县，地处云贵高原东缘，武陵山脉中段。在神秘的“苗疆生界”中，明代初年设崇山卫时，开始大力推广水稻种植，并进贡宫廷，逐渐形成特色鲜明的苗族农耕文化。在苗疆，纵横交错的山泉溪流构建出脉络清晰的灌溉系统。连片稻田沿子腊河呈条带状分布。“铺树造田”“稻鱼鸭鸟蛙”复合种养、育林蓄水等传统农耕与生态技术，实现了水土资源的集约利用。区域内生物多样性和农业生物多样性丰富，子腊老谷种应当是明朝初年，由引进的贵阳粘经驯化后形成的本地稻谷品种，形成时间应该早于清代。

附录三　亚洲稻作农业系统遗产列述

亚洲稻作农业	基本情况及价值介绍
韩国青山岛古德尔传统梯田	传统上，青山岛的农业环境坡度陡峭，沙质土壤多石，所以排水快，造成水田缺水，对水田农业不利。“古德尔”是青山岛居民智慧的产物，它是在水土条件较差的地区重新设计自然环境以增加水稻产量的稻田。青山岛古德尔系统的主要特征是堆石构筑的涵洞。这些涵洞被用作地下灌溉和排水系统的渡槽，以保护稻田灌溉用水。青山岛的居民将这些建在石墙上的稻田称为古德尔梯田，因为用于建造它们的石头堆叠的技术和形式类似于一种用于暖炕的石板——韩国传统的家庭供暖系统。因此，其该梯田的核心价值在于梯田的水利设施及其衍生出的水利管理制度。 从 16 世纪到 20 世纪中叶，青山岛以九头江农稻田为主。古德尔的灌溉系统与其截然不同。为了提高耕地稀少的青山岛的农业生产效率，青山岛农通过在大小不一的岩石上建造水田，最大限度地扩大土地的耕种面积。在普通的梯田中，水和排水在地表流动，但古德尔是上下层使用地下导水管。独特的是，大石板（古德尔）用根据耕作的需要截断或将其释放到下面的稻田中来控制水流。由此，稻田可以在水田和旱地之间转换。 古德尔稻田传统的灌溉管理系统也有助于支持青山岛居民实行的“合作劳动制度”的持续运作。每年农季开始时，附近稻田的居民都会聚在一起建设和维护引水渠，并自主决定农业用水。此外，居民分享牛耕的制度也一直作为传统的合作耕作制度运作。
韩国济州岛巴特丹农业系统	济州岛是位于朝鲜半岛最南端的火山岛。火山岛的地形和地质特征造就了济州岛，成了农业荒岛。济州岛拥有丰富的火山灰土、岩石和风。济州开始耕作时，人们利用土壤中的石头，建造了超过 22000 千米长的济州巴特丹或石栅栏，以防止风和土壤流失以及大雨和牛马入侵的风险，济州巴特丹为保护济州的生物多样性和农业文化做出了贡献。因此，巴特丹梯田的核心价值在于农业设施有效应对了地方独特的环境。此外，济州巴特丹尤以优美的自然景观呈现济州农业文化，代表了济州美学。
菲律宾伊富高水稻梯田系统	伊富高梯田海拔在800至1500米之间，同纬高海拔地区一般都是草地景观，但是，充足的水分条件使其发展出成熟的、自给自足的农业体系。伊富高梯田由五个部分组成：林地（muyung），公有林（ala），轮垦田地（habal），水稻梯田（payo），聚落区（boble）和水体和灌溉系统（liting），它们共同构建了复合的生态系统。其中，林地由家庭或氏族私人所有，属于代际传承的遗产。林地在景观中发挥着重要的经济和环境功能，它不仅是木雕行业的主要木材来源，他还为当地居民提供薪材和建筑材料。林地位于俯瞰水稻梯田的上部边缘，降雨通过林地蕴藏的水将养分缓慢释放并滋养下面的轮垦田地、水稻梯田，以滋养田地；轮耕田的作物包括红薯、蔬菜和豆类，当田地休耕时，社区的任何成员都可以接手耕种，具有使用权。在贫瘠的月份或梯田作物歉收期间，这些作物保证了家庭的食物供应，论耕土地的还为本地猪和鸡提供全年的动物饲料供应；水稻梯田是伊富高景观中最主要的农业用地类型。水稻梯田需全年没于水下，以此保证水生生物的多样性，比如可以带来经济效益的鱼类、贝类。一般情况下，水稻梯田上下的水体（河流和小溪）用于灌溉、洗涤和饮用。这些定居点靠近农业区，各家各户分散于若干小村庄里，每个村庄有一户到几十户不等，定居点构成松散的社群组织。
日本宫城县大崎地稻田农业的水资源管理系统	大崎地区利用横跨英爱川和成濑川流域的低地沼泽和湿地，发展成为稻田农业区。该地区旱情频发，地貌从陡峭的山地到低坡度的平原，易发生洪涝灾害；受山势寒潮的影响，该地通过建造取水堰、隧道和排水隧道、水库和排灌渠道网络，确保了灌溉和排水的实施。此外，他们还采取了各种预防山势风的措施，包括巧妙利用水温育苗、实施“深水管理”（提高稻田水位）以及在白天停止灌溉。为了预防洪水，建立了防洪盆地以减少洪水造成的损失。这个巧妙的水管理系统由建立在九京屋（keiyakukō）——地方互惠组织基础上的用水者组织实施和制定管理制度。大崎古道的价值在于传统而巧妙的水资源管理系统、独特以水利管理为水堰、水道和水库为中心稻田景观。大崎古道培育的水和湿地生态系统衍生物了以水的恩惠为中心的传统稻作文化。

续表

亚洲稻作农业	基本情况及价值介绍
日本高千穗乡椎叶山间土地农林复合系统	椎叶山间被九州山脉的山峰包围，海拔从1000米到1700米不等。在《古事记》和《日本书纪》等古代日本编年史中提到了与该地相关的神话和传统。当地居民在山地遗址上建立了一个独特的、可持续的农林复合体系，将木材生产与每年创收的多元化农业相结合。家庭通过可持续的方式采伐和开垦利用森林来谋生，这使该地点成为世界的宝贵典范。这种平衡以独特的斑块式森林景观为代表，包括杉树和桧柏等针叶树，锯齿栎等落叶阔叶树，以及通过木材共同管理形成的以拼凑模式展开的常绿阔叶树、生产香菇栽培林。
日本国崎半岛宇佐农林水产复合系统	国崎半岛位于九州东北部，以中央的圆形半岛为主，一直延伸到濑户内海的南缘。该地区从二子山的中央海拔向外辐射，山脊之间有深谷和山谷，河流短而陡，土壤是高度多孔的火山土，保水困难。 锯齿橡树林和多个相互连接的灌溉池塘维持了农业稳定的水源供应。在耕地有限的情况下，当地居民使用传统锯齿橡木原木进行香菇种植。锯齿橡树按照 15 年的可持续伐木周期进行种植和管理。在该地区，以当地政府和以农林渔业户为主的区域居民为基础，保护木材和水资源的循环系统，在保护现有各种生物的同时，谋划发展农林产业。
日本石川县能登里山里海农业系统	能登半岛的特点是被称为里山的社会生态生产马赛克管理系统，包括次生林地、种植园、草地、农田、牧场、灌溉池塘和运河的陆地及水生景观生态系统，甚至包括海滨的里海，海洋-沿海生态系统、岩石海岸、潮滩和海藻/鳗草床，其核心价值在于多种景观下的生态系统有效保护了半岛的生物多样性。
印度科拉普特传统农业系统	奥里萨邦位于次大陆东部，在孟加拉湾和东高止山脉之间。位于南奥里萨邦部落带中心的是科拉普特高原，该地区根据海拔分为四个自然区域。奥里萨邦的 Jeypore 地区以亚洲栽培稻的遗传多样性而闻名，被认为是稻米 (Oryzasativa) 的起源中心。在这里生长的地方品种或传统品种被认为具有生物和遗传的显性基因，并有望在未来的植物育种和生物技术计划中加以利用。水稻遗传资源的驯化和保护、适用于不同农业生态区的传统耕作方法仍然由部落社区进行管控，部落社区提供他们在该地区稻米种植和古代稻米方面的本土技术知识。这些做法对可持续农业以及粮食和营养安全具有重要价值。 科拉普特地区62 个部落社区代表了印度社会结构的一个极其重要的类别。其中大部分属于原始澳大利亚族群，每个部落在语言、社会组织、宗教、文化、艺术和经济方面都有其独特的身份认同。它们主要以农业经营为中心，相关的日常性仪式和节日延续至今。
孟加拉国浮动花园农业实践	在孟加拉国南部的洪泛区漂浮花园是一种古老的作物种植方式。自古以来，就有在孟加拉国中南部沿海地区的湿地中盛行种植蔬菜和香料的浮动花园农业实践（Dhap）。利用可用的水葫芦和其他水草，当地社区开发了一种技术——建造尺寸合理的漂浮平台或筏子，这样的平台或筏子可以在上面种植蔬菜和其他作物。当地人利用他们的传统知识进行农业实践谋生，开发了独特的水培生产系统。多年来，生物多样性的蔬菜和香料作物在主要由水葫芦和淹没水中的其他次要水草组成的漂浮基质上持续种植。有水的土地用于在开阔水域生产鱼类和在浮床上生产农作物。因此，确保可持续利用农业生物多样性、自然资源和土地的多重利用。因此，这种传统的栽培技术主要是利用湿地自然资源种植蔬菜和其他作物。漂浮花园为当地居民带来了诸多社会、经济、农业和生态效益。

附录四　国外村落文化景观或农业景观列述

遗产名称	概述及价值
阿曼阿夫拉贯灌溉体系	利用重力将地底的山泉水导出，用来供应家庭用水以及农业灌溉所需，这是基于公平且有效的管理及分配水资源机制的土地使用形式。该村落的定位在于区域性资源的分配。

续表

遗产名称	概述及价值
瑞典南厄兰岛农业景观	厄兰岛是瑞典东南海岸附近波罗的海中的一个岛屿，其南部是一片广阔的石灰岩高原。石灰岩基岩和温暖干燥的气候限制了岛民利用他们的土地。早些时候，这片土地分为内田和牧场，内田距离村庄最近，由耕地和草地组成。后来牧场用于木材生产。铁器时代来临在土地利用、土地划分、地名、定居点和生物多样性方面的文化发生改变，其变化性延续至今。所以该村落的定位在于适应性复合景观的构建。
叙利亚北部的古村落	1–7世纪地中海气候背景下的中东中海拔石灰岩山脉下代表着中东乡村文明的生活方式和文化传统，其包含了古典末期和拜占庭时期的乡村农舍建筑、民用和宗教团体建筑以及水利工程、低矮的防护墙以及罗马时期的农业用地规划，并且这些都是可持续乡村聚落的组成部分，它是基督教在东方乡村社区发展的一个特殊例证。该村落的定位是文明更替之际的见证。
土耳其布尔萨和库马利吉兹克历史遗迹群：奥斯曼帝国的诞生	14 世纪初，在土耳其西北部的乌卢达格山的山坡上建立了奥斯曼帝国的第一个首都——布尔萨。在帝国的建立过程中，布尔萨成为第一个塑造库利耶斯的城市，在公共捐赠系统的背景下，它决定了城市的扩张及其建筑和文体传统。布尔萨历史中心外的一个组成部分是库马利吉兹克村，这是该系统中唯一显示为首都提供腹地支持的农村，是布尔萨保存最完好的宗教组织村庄。该村落的定位是城市–乡村区域关系中的组成部分。
伊朗豪拉曼/乌拉玛纳特文化景观	从旧石器时代到现在，库尔德农牧部落居住方式已经适应了崎岖的山区环境，具体包括中东部山谷和西部山谷。豪拉曼人是一个在扎格罗斯山脉居住了数千年的库尔德部落，他们创建出了自己的文化传统。这一杰出的文化传统体现在祖先的迁徙习俗、豪拉曼的季节性生活方式、陡坡梯田农业、水土管理、规划和建设陡坡村庄的传统知识以及丰富多样的非物质遗产，所有这些都体现了与自然的和谐共存，这些传统见证了一个组织良好的社会、农村、半游牧领域。在高高的扎格罗斯山脉，土壤贫瘠的挑战环境中，豪拉曼人通过巧妙地应用农业技术，凭借开明的生态世界观，形成了一种非凡的半游牧式农牧生活方式。该村落的定位在于以农牧生业为中心的社会构建。
西班牙特拉蒙塔那山区文化景观	特拉蒙塔那山区文化景观位于沿着马略卡岛西北海岸线平行伸展的一座单面为悬崖峭壁的山脉之中，数千年在一个资源稀缺的环境中发展起来的农业景观。该区围绕着源自封建时代的农业单位，建立起了一个相互连通的水管理设备网络（地中海景观中常见的梯田和鹅卵石道路网络系统在这里与水管理装置的铰接网络相结合），适用于极端地形条件的封建土地细分系统，由小农场过渡到大庄园。这一景观的特征由此可以概括为其所拥有的农业梯田、相互连通的包括水车在内的水利设施，以及干石建筑与农场。该农业景观的重点在于以农业技术为中心建立农业单元。
荷兰贝姆斯特圩田	17世纪初，荷兰利用风车技术开发新的农业用地和乡村住宅空间，以抵抗低洼地区的洪水。圩田按照古典和文艺复兴时期的规划原则以合理的几何图案布置。这种数学土地划分基于一个正方形系统，四个单元形成一个更大的广场。道路和水道格局北向南、东向西，沿路建筑林立。地块的短边由排水渠和通路连接。圩田本身沿湖的轮廓，方格的方向尽量与原岸线相对应，以免造成无用的地块。圩田还由环形堤坝、环形运河和带有树木大道的相对较高的道路组成并在此基础上规划了村庄。该地区的典型农场，其特点是凸起的棚屋屋顶演变成金字塔形状。农场的几何模块化单元具有典型的方形底座，与圩田的几何形状相对应。该农业景观的重点在于规划景观地块的划分。

续表

遗产名称	概述及价值
埃塞俄比亚孔索文化景观	占地面积55平方千米，位于干旱的埃塞俄比亚孔索高地，在这片高地上，除了石墙梯田构成的景观外，还分布着人类定居点。人类定居点因为战略防御需要选在高平原或山顶。作为人类克服干燥恶劣的自然环境，顽强生存下来的杰出范例，孔索文化景观代表着一个已传承了21代（即400多年）并依然具有活力的文化传统，并展现出各社区的共同价值观、社会凝聚力及其所拥有的工程知识。这里还保存具有人格化特征的木雕，这些木雕相互组合在一起，代表着受到尊敬的各社区成员，特别是英雄事件，对正处在消失边缘的丧葬传统而言，它们是特殊的活生生的见证。矗立在城镇中的石碑则共同构成了一种纪念一代代逝去的领导人的复杂体系。该文化景观的重点在于高度组织化的社会系统造就的极具地方特色的石质景观。
多哥古帕玛库景观	古帕玛库景观位于多哥东北部，延伸入邻国贝宁，是巴塔马利巴人的居住区。当地富有特色的塔奇恩塔泥制塔屋，被认为是多哥著名的象征，是一个结合了技术、实用和象征元素的基本家庭住宅，这种风格反映了社会结构、当地的农田和森林，以及人与景观的联系。许多建筑物高为二层并且都带有谷仓，谷仓下面是圆柱形的基座，上面覆有圆形顶部。有些建筑物的屋顶是平的，其他建筑则带有锥形的干草屋顶。在这个景观里，自然和宗教仪式以及社会信仰紧紧地联系在一起。该农业景观的特点在于原始样态的景观与信仰的紧密联结。
丹麦格陵兰岛库加塔农业文化景观	位于格陵兰岛南部地区的亚北极农业文化景观，由戏剧性的自然特征和过程组成，它们塑造了两个不同时期的农业、文化和放牧传统：北欧格陵兰人（10世纪–15世纪）和现代因纽特人（18 世纪至今）尽管创造的两种文化截然不同，但格陵兰南部相对温和的气候允许在两个主要历史时期发展以农业和狩猎为基础的定居点：10世纪–15世纪的北欧格陵兰农业定居点和 1780 年代的因纽特人欧洲农业到现在。该景观的特点在于“人群”的继承性。
加拿大格朗普雷景观	格朗普雷景观形成了广阔的圩田或沼泽地，其中的土地划分和农作物耕作方法延续了三个世纪，它是北美大西洋沿海地区适应环境的最好例证。沿着沿海地区的带状土地划分方式与农业景观相辅相成，见证了17世纪法国的殖民统治。液压系统基于一个典型的堤坝、疏散水的阿博伊托排水网络。这些技术基于社区的管理一直持续到今天。村庄的考古遗迹证明了阿卡迪亚定居者及其继任者的定居点和生活方式。该物业及其景观包括穿过沼泽地并组织相邻沿海地区的主要路径的痕迹。所在地建有20世纪的纪念建筑和纪念碑，以纪念阿卡迪亚先民的被驱逐，从1755年开始。整个财产构成了阿卡迪亚记忆的象征性参考景观和主要遗址它的纪念。该村落的重点在于某一历史时期的农业景观的样态。
安道尔共和国马德留·配拉菲塔·克拉罗尔大峡谷	大峡谷内四个社群在过去几千年里利用高比利牛斯山脉的稀缺资源，以创造与山地景观和谐相处的可持续生活环境的缩影。顶部冰川景观反映了气候变化、中部林木景观反映了畜牧业的持久性和强大的山区文化。 该物业是该国最后一个没有道路的地方，其中包括高山的各种农牧综合体、中山地区的农业中心、基于部分铺设的小径网络的通信系统以及一项特定的炼钢活动——加泰罗尼亚锻造厂。山谷反映了一个古老的公共土地管理系统，该系统已经存在了700多年。该村落景观展现的是生业管理制度与景观。
法国喀斯和塞文——地中海农牧文化景观	在法国中南部山脉与深谷交错的地区，农牧系统塑造了高地景观。它展现了地中海周围几乎所有类型的牧区组织（农牧业、森林牧业、迁徙和久坐的牧业），特别是在这一地区夏季上山放牧时，羊群走的山路更是这一纽带的直接反映。景区内的村庄以及喀斯梯田上坚固的石头农舍体现了11世纪大修道院组织形式，这种以独特的社会结构和当地绵羊品种为基础的文化传统反映在景观结构中，特别是农场、聚居地、田地、水管理、排水沟和开放放牧的公共土地模式，以及它揭示的方式尤其是自 12 世纪以来，农牧业传统仍然存在，并且在最近几十年中得到了振兴。该村落的价值主要在于复合生业系统的构建。

续表

遗产名称	概述及价值
法国叙利和查隆内斯卢瓦尔河谷	卢瓦尔河谷首先是河流航行和保护人类和土地免受洪水侵袭的工程的见证，还是点缀河流港口的堤防系统，有时也是石雕工程。在土地组织和文化类型（市场园艺、葡萄藤）方面，形成了与城市景观一样多的乡村景观。人类住区、孤立的农场、村庄和城镇，转化了河流不同部分的物理特征及其历史演变。石灰华和石板建筑、穴居人住宅、城市肌理，都反映了这一点。其中，首先作为修道院、中世纪的堡垒，在文艺复兴时期，被改造成休闲和娱乐的乡间别墅、花园和景观向乡村开放。卢瓦尔河谷构成了意大利地中海、法国和佛兰德斯之间相遇和影响的主要文化区，并参与了园林艺术的发展。该村落的价值主要在于历史的村落的审美价值展现和乡村生活本身。
意大利瓦尔·迪奥西亚	瓦尔·迪奥西亚的景观层层叠叠，有着数千年来人类占领和定居的证据。该地区在伊特鲁里亚时期很重要，并在罗马帝国时期得到发展。在中世纪，农业和畜牧业生产下降，大部分地区似乎已被废弃。10 世纪和11世纪经济复苏和政治稳定时期导致了修道院的建立，增加了罗马时期 Via Francigena（连接罗马和意大利北部的重要宗教和贸易路线）的使用以及村庄的发展封建制度。然而，正是13世纪–14世纪锡耶纳城邦的戏剧性扩张导致了奥尔恰谷独特的乡村景观的产生。该景观与文艺复兴时期（14世纪–15世纪）的乌托邦理想和意识形态密切相关。16世纪以后，该地区的相对贫困和边缘化具有维持传统土地利用模式和结构的影响，从而保留了文艺复兴时期的布局、特征和景观美感。农业景观中穿插着干草草地和放养牲畜的开阔牧场，成为文艺复兴时期农业景观的理想化美学的例证。该村落的价值在于审美理想的展现和景观演替的变迁。
罗马尼亚带有防御性工事教堂的特兰西瓦尼亚村	特兰西瓦尼亚村落和它的防御教堂，展现出了一幅生动的图画，为南部特兰西瓦尼亚的文化景观增色不少。这些村落有着自己独特的土地利用制度、居住方式以及农庄家庭组织单位，这些特点使特兰西瓦尼亚村落独具特色，自中世纪后期以来，村落及其设防的教堂一直完好保存下来，是13世纪–16世纪建筑史的见证。该村落的农业景观以社会制度为核心价值。
菲律宾科迪勒拉梯田	近两千年科迪勒拉梯田景观分为五类：一是一河分两岸式梯田，二是蜘蛛网式梯田，三是房屋粮仓散布式梯田，四是伊富高村庄位于田野底部的梯田，五是以村庄为中心的半圆式梯田。近千年来梯田是社区可持续的稻作生产公共系统的生动例证，人与环境相互和谐作用的土地利用的突出代表。 其中，活水稻梯田的维护反映了整个社区的主要合作方法，该方法基于对伊富高农业生态系统中存在的丰富生物资源多样性的详细了解，这是一个尊重月球周期、分区和规划的精细调整的年度系统，广泛的土壤保持，掌握基于各种草药加工的最复杂的害虫控制制度，并伴随着宗教仪式。该村落的价值在于以工程技术为中心的农业景观，展现出活态系统的价值。
日本白川乡和五屹山历史村座	在白川乡和五屹山的古村落中发现的合掌式房屋在日本很少见。这两个村庄位于日本中部崎岖的高山中部地区所环绕的河谷中，偏远而孤立，长期以来该地区难以进入。铭文包括白川乡地区的“荻町”村和五屹山地区的“相仓”和“菅沼”村，它们都位于岐阜县和富山县的正川沿岸。因应地理和社会背景，演变出特定的房屋类型——罕见的合掌式房屋，一种独特的农家风格，这种合掌式房屋利用高度合理的结构体系以适应自然环境和特定地点的社会经济情况特别是桑树的种植和蚕的饲养。大房子有陡峭的茅草屋顶，多位两层结构，许多房子都有原始的附属建筑。该村落景观的价值在于“房屋”建筑的中心地位。
韩国历史村落：河回村和良洞村	河回和良洞被森林覆盖的群山掩映，面朝河流和开阔的农田，其景观环境被视为韩国最具代表性的两个历史悠久的宗族村庄。它们建于14世纪–15世纪，随后在18世纪末和19世纪扩大到目前的规模和组成。它们的布局和选址，体现了朝鲜王朝初期独特的贵族儒家文化。这些村庄的位置是为了从周围的景观中获取物质和精神营养。既有本家的宅邸，也有其他宗族的大量木结构房屋，还有亭台楼阁、书院，还有一层层泥墙茅草房，原为平民居住。17世纪和18世纪的诗人赞颂村庄周围的山峦、树木和水景，以亭台楼阁和静修所的景色为框架。该村落的价值在于村落对于思想传统的理想实践。

续表

遗产名称	概述及价值
捷克霍拉索维茨历史村	霍拉索维茨历史村位于捷克共和国的南波希米亚地区，是一个保存的非常完整的传统中欧村庄的例子。村落包含许多18世纪–19世纪的高质量乡土建筑。U形农场围绕着南波西米亚“民间巴洛克”风格的建筑。内波穆克圣约翰小教堂的特点是高高的钟形立面。它的一侧有一个山墙屋顶和一个臀部屋顶，还有一个带铃铛立在四根柱子上的灯笼塔。内部是拱形的，由两个月饼封闭。村里的铁匠铺都是山墙屋顶的单层建筑。锻造厂有一个典型的拱形开口，可以俯瞰村庄的绿色。村落及其建筑的非凡完整性和出色保存使其成为中欧传统乡村聚居地的杰出典范。该村落的价值主要在于多类建筑本体的风格。
瑞典吕勒欧的格默尔斯达德教堂村	格默尔斯达德的城市规划完整地保存了下来，在几个世纪内有机地发展起来，径向通往教堂的道路和沿着山坡的道路环绕它。世界遗产内共有520座受保护建筑，包括 404 座教堂小屋，分为约552个独立的房间，以及116座其他建筑。用作礼拜者短期住房的教堂小屋与在定居点永久居住的官员和商人的更大、更传统的房屋并列。两种类型的房屋都聚集在15世纪晚期的教堂周围，教堂是该地区唯一的石头建筑，其规模证明了该地区的繁荣。其他著名的建筑有伯特利教堂、分离主义者小屋、教区大楼、什一税谷仓、市长官邸、船长官邸和招待所。教堂城镇成为这个人口稀少地区广泛分散的农业社区的宗教仪式的焦点，它是由人们的宗教和社会需求所塑造的，而非经济和地理力量。至今仍然运作，教堂城镇是这种聚落中最古老、最完整、保存最完好的聚落。该村落的价值在于其聚落功能的特殊性。
塞内加尔巴萨里乡村：巴萨里–贝迪克文化景观	巴萨里的文化景观位于塞内加尔东南部，靠近马里和几内亚边界，在一个丘陵地带，北接山麓。该地区有两种截然不同的地理环境：北部的冲积平原和准平原以及南部的山脉。前者展示了由耕种斑块、牧场、灌木组成的马赛克，后者地势相对较高而陡峭，散布着天然洞穴，为建立不同的文化集群及其防御提供了特别有利的环境。早期人类占领的考古证据在该地区比比皆是形成了三个不同的地理文化区，每个地区都表现出特定的形态和文化特征。直到20世纪，有人居住的村庄都聚集在高处，以方便控制平原，房屋由围绕中央空间聚集的圆形茅草屋组成。今天，分散和迁移是巴萨里定居点的主要特征，人们选择住在靠近田地的地方。古村落现在只定期用于仪式或节日。文化景观见证了土地的特殊用途，包括传统农业系统和资源相对稀缺所强加的轮作和施肥、公共播种、除草和收获以及通勤做法，因此代表了杰出的人类与脆弱环境互动的例子。该村落的价值在于表现了村落及生业模式的原始样态得以留存。

附录五　世界典型村落文化空间列述

遗产名称	概述及价值
俄罗斯联邦塞梅斯基的文化空间与口头文化	塞梅斯基是俄罗斯一个古老的信徒群体，居住在偏远的特兰斯贝卡地区。他们是在俄罗斯形成的由宗教信仰结合起来的社会群体，有着自己特有的文化要素和群体意识。塞梅斯基意为“以家庭为单位生活的人”，是一批忠实信奉17世纪前东正教的“老信徒”。他们有着一部饱受压迫、迫害和流亡的历史。17世纪东正教分裂后，他们先后受到了正统教会、苏联政权的冲击。女皇卡捷林娜二世统治时期他们被安置到西伯利亚，在这个人迹罕至的地方，保存着原地域的文化和旧俄罗斯的生活方式。他们使用的语言，是混合着白俄罗斯、乌克兰和布里亚特语的俄罗斯南方方言。生活方式的特点表现为家庭崇拜、严格的道德规范、传统服装、别具一格的住所和装饰。每逢家庭庆祝和民间节日，他们就组织合唱队演唱源自中世纪俄罗斯的礼拜音乐的歌曲，这些歌曲的“拉长音”，堪称复调歌曲的独特典范。该文化空间侧重对于由宗教信仰联结的社群经历的文化迁徙，在迁徙中保持着族群的文化特性，以具体的文化形式传达该文化特质。

续表

遗产名称	概述及价值
乌兹别克斯坦共和国博逊地区的文化空间	该地区位于从小亚细亚至印度的通道上，至今仍保留着古老的文化和诸多宗教遗迹，如拜火教、佛教、萨满教和8世纪时传入的伊斯兰教以及前伊斯兰信仰。很多传统仪式仍存在着，如在春节除夕，用食物作为播种仪式的供品。祈雨仪式由拜火教演变而来，方式是制作一个木偶，把它浸入水中。家庭习俗、婚礼、葬礼及治病的萨满仪式也流传下来。在民间传统中，还有与节日、牧歌、史诗传说和民族舞蹈相联系的传统歌曲。其中可见塔吉克和乌兹别克传统的相互影响。歌词是史诗里的神话题材，有些则与特定的仪式有关，有些是歌唱大自然的抒情歌曲，用管乐或弦乐伴奏。莎罗拉民乐团已经收集了一些民歌，对传统乐器和服饰进行清理统计。乐团还去村庄里收集记录传说、史诗和古乐。该文化空间侧重对于不同特质非物质文化交流的记录，以特定的地理空间为依托。
摩洛哥王国埃尔弗纳广场的文化空间	吉马·埃尔弗纳广场位于马拉喀什市老城入口处。该广场自11世纪马拉喀什建成之初，即成为该城的标志之一。当地人和远来的游客都被这个文化和民族交汇点所吸引，蜂拥而至。广场上生意火红，娱乐兴盛，直至午夜。演出包括讲故事、音乐演奏、舞蹈、耍蛇、吞玻璃和动物表演。同时还有各种服务项目，如算命、占星、牙医、传统草药、天然染料纹身，以及水果摊、运水和租借灯笼等。吉马·埃尔弗纳广场的世界性还体现在语言上，摩洛哥和欧洲的方言混合到一起。古老传统的故事及其讲述是吸引观众的基础，这就要求叙述技巧的丰富。吉马·埃尔弗纳广场是马拉喀什市的象征，它使摩洛哥民间的城市文化传统一直保持活力。摩洛哥王国埃尔弗纳广场的文化空间侧重对具体物质空间的象征性凝聚与表达。
哥伦比亚共和国帕兰克–德–圣巴西里奥的文化空间	帕兰克作为殖民时期防御性社区的唯一见证，留存至今。圣巴西里奥的帕兰克文化空间包含着独特的社会、医药与宗教习俗，以及音乐和口头传统，其中许多具有非洲、特别是班图的渊源。这一社区的社会组织建立于家族网络和年龄组之上。一个年龄组，由社区中所有连续几年内出生的人构成，他们终生相伴。每一年龄组的成员对于其他群体成员有一系列的权利和职责，内部团结更强。日常工作和特殊事件都由年龄组全体成员共同承担。帕兰克社区复杂的葬礼仪式和医药实践特殊的联系着生与死的精神和文化体系。圣巴西里奥的帕兰克居民使用的克里奥尔语。该文化空间的关键以“社群”的分布划定范围，以社群结构统摄相关文化。
几内亚共和国尼亚加索拉索索·巴拉文化空间	索索·巴拉是一种神圣的乐器，家族的族长是其守护神、演奏者和传承人。“索索·巴拉”就被视为曼丁格人民自由和团结的象征，曼丁格族群分散在原古代马里帝国的领土上。“索索·巴拉”文化流行的地域和多卡拉家族的领地是重叠的，这个家族住在几内亚的尼亚加索拉村。该文化空间的提炼在于族群与具体的文化表达形式分布区域高度重合。
约旦哈希姆王国佩特拉和维地拉姆的贝都人文化空间	贝都人是半定居的游牧民族，半干旱的高原和沙漠地区促使其群体定居与游牧结合的生活方式。该文化空间侧重具体的、特殊的自然环境下地方性知识体系和认知方式的口头传承。知识实践的成果包括“那巴提恩”蓄水池和凹洞物质遗存、植物和动物、传统医药、骆驼饲养、帐篷工艺、跟踪和爬行技术、咖啡制作和待客仪式等。在人地互动的基础上，贝都人产生了丰富的神话，它们以多样的口头表达形式得以表现。这些形式包括诗歌、民间故事、地区命名、歌曲以及故事讲述。
多米尼加共和国梅拉镇孔果圣灵兄弟会文化空间	用“孔果”的鼓式乐器在宗教节日（比如“圣灵节”）和葬礼及亡灵转为祖先时演奏并伴以舞蹈，兄弟会举办者，所以其主导的文化空间成为该族群和地域文化的重要标志之一。该文化空间侧重以关键群体的具体活动覆盖多个重要节日，以凸显文化特性。
马里共和国亚饶–戴高文化空间	亚饶–戴高文化空间是指举办渡河庆典的尼日尔三角洲泊尔的大片牧场，荒漠草原和尼日尔河冲击的大平原的结合地带。信仰日包括牛群选美、音乐和舞蹈表演、牧民诵叙事诗、年轻姑娘和望夫归来的妻子们盛装展示。该文化空间的重点是展示季节性牲畜迁徙生业方式，以节日为中心的牧民行规上升为“社区公约”，以增强泊尔牧牛人、马克或努努水稻种植者、班巴拉族粟米种植者和波佐渔夫等团体的社区凝聚力。

续表

遗产名称	概述及价值
科特迪瓦共和国塔格巴纳横吹喇叭音乐及文化空间	“格玻夫”既指横吹的喇叭，也指音乐、舞蹈、歌曲的表演整体艺术。该艺术通常用于传统的仪式和传统庆典上，根据不同的场合，传达不同的内容，诸如感恩道谢、赞扬、爱情、讥讽、哀痛、伦理道德教育等。它有着重要的社会作用，可使拥有这一传统技能的人得到尊敬和名望，还可使个人融入社会。“格玻夫”的艺人都要经过传习，最普遍的方式是父子相传。该文化空间侧重以复合的表演形式整体建构社会关系的关键。
爱沙尼亚共和国基努文化空间	以女性为中心的岛上的传统文化表达形式和农业传统被保存了，文化以口授的形式保存下来。歌唱是集体手工活动和庆祝宗教节日中的首选，鲁文歌或卡勒瓦拉歌是口头传统的重要曲目。基努文化最明显的特征体现在妇女们穿戴的羊毛手工制品上，这些手工制品上所描绘的象征性图案表达了丰富的文化和自然遗产的相互联系。该文化空间侧重以女性群体为中最关心的文化传承结构，以歌和编织物为载体。
越南社会主义共和国铜锣文化空间	越南中部高地的铜锣文化空间覆盖了多个省份和近17个属于太平洋–亚洲和太平洋中南部诸岛族群的少数民族。这些人靠传统农业生活并且发展了自己的工艺传统、装饰风格和房屋类型。他们最为普遍的信仰来源于对祖先的祭拜、萨满教和万物有灵。这些信仰组成了一个神秘的世界，同日常生活和季节周期紧密相关。他们相信每一面铜锣里都隐藏着一个与古代铜锣一样强大的男神或女神。每个家庭必须至少拥有一面铜锣以表明他们的财富、权力和声望，并得到它的保护。在很多的仪式上还使用一套铜管乐器，而铜锣毫不例外地出现在所有社会生活仪式上并且是主要的仪式器具。该文化空间的特性是提取了最具有代表性的物质要素串联起广泛分布的非物质文化，空间以空间分布的样态呈现。
乌拉圭东岸共和国冈东贝及其社会文化空间：一种社会活动	冈东贝活动有组织的召唤和回应结构既可以团结社区，又可以代表他们各自的身份。随着非洲裔家庭之间的传承，冈东贝成为了公认的表达抵抗的形式，也是一种乌拉圭人的音乐庆典和集体的社会活动，这种活动与这些区域的日常生活深深地交织在一起。该文化空间侧重表达社会群体的记忆的象征和表现，在特殊的日子里，让从前的居民重温冈东贝鼓所蕴涵的历史意义。
阿拉伯联合酋长国，阿曼苏丹国，卡塔尔国，沙特阿拉伯王国联合的马吉里斯文化和社会空间	马吉里斯是社区成员聚集在一起，围坐着讨论地方事件与问题、互通消息、接待客人、社交和娱乐的空间。社区成员聚集在马吉里斯解决问题、举行悼念活动、举办婚宴。社区年长者是该项目的真正传承人，尤其是那些精通自然、宗谱和部落历史的人。法官和宗教领袖在马吉里斯中有着特别重要的地位，因为他们负责裁定纠纷，阐明政治、社会、宗教的责任与权利。马吉里斯还在包括民间故事、民歌、“纳巴蒂体”诗歌在内的口头遗产的传承中，发挥着重要作用。该文化空间侧重以空间为依托的非正式知识传承与社群凝聚。
拉脱维亚苏伊提文化空间	苏伊提是拉脱维亚西部新教（路德宗）一个小的天主教社区。苏伊提文化空间具有许多显著特征，包括苏伊提妇女演唱的低音歌曲、婚礼传统、色彩缤纷的传统服装、苏伊提语、地方美食、宗教传统、一年一度的庆祝活动、数不胜数的民歌、舞蹈以及当地收录的歌曲集。大家庭结构的各种古老形式依旧很常见。在这些家庭中，特有的技艺代代相传，它们构成了苏伊提文化遗产的重要组成部分。基督教以前的传统和宗教礼仪融合在一起，形成了苏伊提社区非物质文化遗产的独特混合体。该文化空间侧重以社群空间为依托呈现文化特性。
厄瓜多尔–秘鲁扎巴拉人的口头遗产与文化活动	扎巴拉人居住在横跨厄瓜多尔和秘鲁的亚马逊丛林的一部分。扎巴拉人是在世界上生物多样性最丰富的地区之一发展起来的，并且是西班牙征服之前包括许多其他人口的民族语言群体的最后代表。在亚马逊河的中心地带，他们精心打造了一种口头文化，在他们对自然环境的理解方面尤为丰富。他们丰富的动植物词汇以及他们对森林药用植物的医学实践和知识证明了这一点。这种文化遗产通过他们的神话、仪式、艺术实践和语言来表达。他们的语言是传统知识和口述传统的宝库，构成了人民和地区的记忆。该遗产虽然以口头遗产的形式列入，但是在以“自然环境”为中心的陈述中，社群非常依赖地区的生态群落。

续表

遗产名称	概述及价值
肯尼亚米吉肯达卡亚圣林居住区的传统和习俗	米吉肯达人包括肯尼亚沿海森林中的九个讲班图语的民族。米吉肯达的身份通过与神圣森林相关的口头传统和表演艺术来表达，这些森林也是宝贵的药用植物来源。这些传统和习俗构成了他们的道德规范和管理体制，包括祈祷、宣誓、葬礼、护身符、新生儿的命名、入会、和解、婚姻和加冕礼。卡亚是坚固的定居点，其文化空间对于强调米吉肯达社区的身份、连续性和凝聚力的活传统的制定是必不可少的。卡亚内自然资源的使用受传统知识和做法的监管，这些知识和做法有助于保护其生物多样性。卡比（长老理事会）充当这些卡亚和相关文化表现形式的监护人。该遗产的特点在于依托特定的森林景观完成社群身份的认同。
肯尼亚基米卡伊神社相关仪式和习俗	基米卡伊神社相关的仪式和习俗与肯尼亚西部的洛人有关。传说基米卡伊神社与居住在神社飞地周围的色米人和其他洛族社区的好运有关。人们出于许多不同的原因进入神社，包括祈祷、宣誓、进行仪式、享受其自然美景或相关实践。饥荒之时，洛族长老会到神社祭祀，祈祷丰收。具有良好社会地位的老年男女将指导仪式；男人会参与屠宰动物等活动，而女人会唱歌、跳舞和烹饪伴随仪式的食物。几代人以来，社区一直将神社视为圣地，在那里他们可以参观并与神灵交流。然而，该元素现在受到各种因素的威胁，包括其制定频率的降低、承载者和实践者的老化以及对周围文化空间的侵占。该遗产的特点在于其直接以空间为对象建构社群。
蒙古传统习俗圣地崇拜	蒙古族崇拜圣地的习俗是在游牧生活方式的文化空间中发展起来的，其特点是与自然和环境密切相联。根据古代萨满教记载，这些习俗是基于对天空、地球、山脉和自然环境的无形神灵存在的信仰。当地长辈教年轻人如何参与仪式并在仪式中表现。崇拜仪式建立了一种社区感和团结感，并提高了人们对人类与环境相互依存关系的认识。该遗产的特点在于其以“圣地”为中心的信仰与自然环境密切相关。
巴西瓦雅皮人的口头和图画表达形式	图皮·瓜拉尼文化语言群体的瓦雅皮人是亚马逊北部地区的土著人。大约 580 名瓦雅皮人住在阿马帕州一个特别指定的领土上，分布在40个小村庄。瓦雅皮人使用植物染料用几何图案装饰自己的身体和物品有着悠久的历史。几个世纪以来，他们开发了一种独特的交流系统——图形和语言的丰富融合——反映了他们的世界观，并使他们能够传播有关社区生活的知识。这种图形艺术被称为库斯瓦，其设计采用从胭脂树中提取的红色植物染料与香味树脂混合绘制。事实上，库斯瓦 构成了瓦雅皮社会的框架，其意义远远超出了其作为图形艺术形式的作用。随着土著艺术家不断地重新配置主题和发明新的图案，这种编码似的传统知识剧目不断发展。该遗产的意义在于图像表达的世界观，世界观与地区的物理世界息息相关。
牙买加摩尔镇的马隆人传统	摩尔镇位于牙买加东部的高地，是前逃亡黑奴独立社区后裔的家园，被称为马隆人。摩尔镇马隆人的非洲祖先在16世纪−17世纪被西班牙奴隶贩子强行从他们的祖国带到加勒比地区。“马隆”一词源自西班牙语单词 cimarr ó n（野生），指的是那些在1600年代初期逃离种植园并在牙买加东部的蓝山和约翰克罗山建立自己的定居点的奴隶。到18世纪初，他们控制了该岛东部的大部分地区。反对英国人不断扩大的种植园系统，他们组建了组织严密、效率高的地下军事单位。经过数十年的战争，英国人终于在 1739 年与马隆人签订条约，承认社区其自治权的要求。 摩尔镇马隆人来自西非和中非地区，拥有多种语言和文化习俗，他们安定下来后，精心设计了新的集体宗教仪式，融合了各种宗教传统，即克罗曼蒂仪式，至今代表马隆人身份的标识。在克罗曼蒂仪式期间，人们会表演舞蹈、歌曲和特定的鼓声来唤起祖先的灵魂。这些仪式还以非洲衍生语言为特色，被称为克罗曼蒂语，以及稀有的药物制剂。作为他们遗产的一部分，摩尔镇的居民还拥有一个独特的公共“条约土地”系统、当地的政治结构和abeng号角的使用。abeng 是一种牙买加起源的侧吹“说话”号角，用作远距离通讯的一种方式。 该遗产的特点在于以具体的区域划定文化和族群的范围界线，相关的文化要素在该地集群。

续表

遗产名称	概述及价值
墨西哥托利曼的奥托米–希希美卡斯民族的纪念地和活态传统：伯纳尔巨石，圣地的守护者	奥托米–希希美卡斯人生活在墨西哥中部克雷塔罗州的半沙漠地带，他们一系列传统表达了与当地环境地形和生态的独特关系。他们的文化环境以萨莫拉诺和弗隆顿山以及伯纳尔岩石形成的三角形为主。人们每年都会带着神奇的十字架前往这些圣山朝圣，以祈求水和神的保护，祭祀他们的祖先，庆祝他们的共同身份和延续性。全年的其他社区庆祝活动构成了以水为中心的仪式日历，在这里水是种稀缺资源，并致力于奥托米–希希美卡斯人的忍耐力。这些仪式经常发生亲密家庭小教堂或临时搭建的祭台中，祭台是芦苇结构，树叶作为屋顶，是耐力的象征，也是活力和归属感的象征。精神文化与物理空间的关系影响该地区的艺术，包括宗教形像、壁画、舞蹈和音乐，而体现这种关系的传统是该社区文化认同的核心组成部分。该遗产的特点在于以具体的区域划定文化和族群的范围界线，相关的文化要素在该地集群。该文化空间的特点在于保护的中心对象便是空间本体，以及栖居在物理空间之上精神空间。
委内瑞拉马波约人世居领地上的口头传统及其符号体系	马波约人的口头传统及其祖先领地内具有象征意义的参考文献包含了一系列叙事，这些叙事构成了马波约人民的集体记忆。它与位于委内瑞拉瓜亚纳州奥里诺科河沿岸社区祖传领地内的一些地方有象征性的永久联系。传统的传承者会在进行日常活动时讲述这些故事。这种互动产生的象征性空间已成为活生生的历史参照点，将马波约人与他们的过去和他们的领土联系了起来。该传统涉及社会结构、知识、宇宙观和故事，使马波约人成为委内瑞拉共和国诞生的合法参与者。目前，社区长老是马波约人口头传统及其象征意义的主要守护者。然而，各种因素正在危及这种传统向新一代的传播。这些因素包括越来越多的年轻人向外迁移，寻找更好的经济和教育机会，采矿业造成的土地侵占，以及年轻人接触到不鼓励使用马波约语的正规公共教育。该遗产的特性在于提炼物质空间的象征性涵义。